社会科学
论文写作与量化研究

吴明隆　著

重庆大学出版社

图书在版编目（CIP）数据

社会科学论文写作与量化研究 / 吴明隆著. -- 重庆：重庆大学出版社，2022.3
   （万卷方法）
   ISBN 978-7-5689-3016-1

   Ⅰ.①社…　Ⅱ.①吴…　Ⅲ.①社会科学－论文－写作　Ⅳ.①H152.2

   中国版本图书馆 CIP 数据核字 (2021) 第249484号

社会科学论文写作与量化研究

吴明隆　著

策划编辑：林佳木

责任编辑：陈　力　　版式设计：林佳木

责任校对：谢　芳　　责任印制：张　策

*

重庆大学出版社出版发行

出版人：饶帮华

社址：重庆市沙坪坝区大学城西路 21 号

邮编：401331

电话：（023）88617190　88617185（中小学）

传真：（023）88617186　88617166

网址：http://www.cqup.com.cn

邮箱：fxk@cqup.com.cn（营销中心）

全国新华书店经销

重庆升光电力印务有限公司印刷

*

开本：787mm×1092mm　1/16　印张：25.25　字数：587 千

2022 年 3 月第 1 版　　2022 年 3 月第 1 次印刷

印数：1—4 000

ISBN 978-7-5689-3016-1　定价：88.00 元

序

　　《社会科学论文写作与量化研究》是研究生从事量化研究论文写作的必备工具书。

　　在社会科学领域的论文中有许多量化研究，量化研究的研究程序主要是从原始资料或二手资料中对资料进行有系统的统计分析，以演绎 (deduction) 的方法进行假设检验，回答研究问题，进而统合研究发现得出研究结论。量化研究属实征性研究范畴，实征性研究是研究者通过其研究目的或主题，编制或修订测量工具 (量表或问卷)，采用概率取样或非概率取样法抽取目标样本，对样本进行施测以搜集研究资料，借由统计软件来进行资料分析，将输出报表转换为完整的信息，以图表或数字的方式完整呈现结果，量化研究与统计分析方法有密不可分的关系。《社会科学论文写作与量化研究》一书兼具量化研究方法论的论述与统计分析应用的解析。

　　本书不是作统计方法操作或一般统计学原理的介绍，而是针对研究者从事量化研究前应有的心理准备，与进行量化研究时许多概念的厘清，此外也详细解析量化研究程序或统计分析时研究者常犯的错误或内容不恰当之处；同时书中也澄清从事量化研究时的许多误区与盲点。读者或研究者可以从本书中快速、完整而有系统地获知许多量化研究的注意事项以及如何正确建立概念；对于量化统计方法的应用与输出报表数据的解读，书中也有清晰的描述，对于读者日后从事实征性研究与论文的撰述有相当大的帮助。

　　本书首版出版后受到了许多读者的肯定，为让书籍内容更为充实，本书四版增补先前章节论述稍欠完整的地方，并订正部分先前版本遗漏之处。与之前版本相较之下，再版的内容更为丰富、说明更为清晰、解析更为详尽、涵盖范围更为宽广，书籍不仅内容更为完整，对于整个量化研究的论文写作与统计结果的撰写也有更为实质的帮助。

　　本书得以顺利出版，首先要感谢五南图书公司的鼎力支持与协助，尤其是张毓芬副总编辑与侯家岚编辑的各种支持。由于笔者所学有限，拙作虽经校对再三，恐仍有谬误或疏漏之处，此部分尚祈各方学者专家不吝指正。

吴明隆　谨志于　高雄师范大学师培中心

2014.3.1

目　录

第四章　量化研究的测量工具 ·········· **64**

第五章　量表的编制 ·········· **95**

［**说明**：本书主题之外补充的内容**附文 A** 和**附文 B** 以 PDF 形式放于出版社网站上。读者可扫描二维码自行下载阅读。］

第一章　量化研究的本质

　　科学方法包括系统性的观察、分类及对资料的诠释。现在，可以很明显地洞悉，几乎大多数的人每天都参与在这个课程中。而在我们每天所作的推论与科学研究之中，其主要的差异在于严谨性、可证明性及普遍的效度（Lungberg，1945，引自胡龙腾 等，译，2000）。

　　量化研究也是一种科学方法，重视的是实证性、系统性与客观性，强调的是数据结果的真实性、统整性与解释的合理性、明确性。

　　量化研究与质性研究是两种不同的研究范式，各有其适用时机与限制。统计分析是量化研究的核心，统计分析方法没有"优劣"之分，只有"适当与否"的区别。

　　研究（research）这个单词是由两个音节所构成，第一音节为"re"，第二音节为"search"。字典将第一音节定义为一个前缀，其意义是再一次、重新或一再；将第二音节定义为动词，意义是严密仔细地检查、试验或探测。两个音节合起来则是一个名词，其意义为在一些知识领域中小心谨慎、有系统的、耐心的研究与调查，试图发现现象事实或建立原则。可见研究是以科学方法来解决问题，科学方法包括系统性的观察、分类及对资料的合理解释，其主要特征为严谨性、系统性、实证性、可证明性、可批判性及普遍的效度（胡龙腾 等，译，2000；Grinnell，1993）。

一、量化研究的特征

　　针对资料搜集与资料分析的技术而言，研究历程大致可分为"量化研究"（quantitative research）与"质性研究"（qualitative research），量化研究与质性研究均为科学的研究方法。量化研究主要是将社会现象与人类行为用"数量"或"数值"等硬性资料（hard data）方式展现出来，搜集资料、分析、验证与解释现象或行为的方法的总称，其资料分析中以"数字"为基础，重"统计"应用，常用以搜集资料的方法称为"问卷"（questionnaires）、"测验／量表"、结构式或半结构式的访谈。量化研究和采用深入访谈或观察的质性研究是科学研究的两大领域，两者各有其适用范围，在研究取向上有很大的不同，但在许多方面，这两种不同的研究范式也可以互补。质性研究与量化研究是可以组合使用的，如经由质性研究来形成研究问题，再用量化研究进行验证；或是经由量化研究探究问题的普遍现象或事物现象，再结合质性研究深入了解社会现象或事物现象背后的可能因素或原因等。

质性研究的方法论根源于现象学、符号互动论与自然论，量化研究的方法论根源于实征论、逻辑经验论。Merrian（1988，pp.19-20）强调质性研究有六个特征：

1. 更关注事件的过程而非结果，包括事件发生的原因及如何发生等。
2. 研究者的兴趣在于对意义（meaning）的了解，如何解释、如何建构等，如人们对自己的生活如何建构意义。
3. 在质性的个案研究中，研究者是资料搜集与分析的主要工具，其重要性不能低估，资料借助于人为研究工具予以转换，对于无生命的量表、问卷或机器则较少采用。
4. 质性研究往往涉及田野工作（fieldwork），田野是指为了观察自然情境中的行为，所须访问的人们（people）、情境（setting）、现场（site）与机构（institution），研究者自然探究的情境是一种未加人为操作或控制的真实情境。
5. 质性研究在性质上是叙述的（descriptive），研究者较偏爱采用叙事或图像来诠释事件历程与事件意义，以表达对事物现象的认知，较少使用数字或表格作为表达媒介。
6. 质性研究的分析形式属于"归纳分析"（inductive analysis），研究者较致力于建构抽象（abstractions）、概念（concepts）、假设（hypotheses）以及理论（theories），而不关注理论的检验或假设概念的检验（邱兆伟，1995）。归纳分析是研究者投入翔实与特殊的资料，并对资料加以归类，找出不同维度（dimensions）与相互关系，发掘事件的前后脉络；着重于真实且开放地探索问题，而不赞成理论验证所采用的演绎法。

归纳分析的形式如 Glaser 与 Strauss（1967）所指出的：理论建构源于真相的发掘，而真相则源于特定系统的真实世界形态，研究者将所搜集到的资料予以归纳、解析、诠释，进而获得抽象概念，甚至建构理论。这是一种由下而上的整理分析过程，根据这种形式建立的理论称为"实地理论"（grounded theory）（江明修，1995），又名"扎根理论"（grounded theory）。扎根理论表示理论是从新搜集的资料中归纳而得，而不是从已有的理论中另外建构，资料搜集的方法一般为观察、访谈，理论的建立与实际情境中的资料结构或社会现象较为符合，扎根理论的目标在于使研究者建构的理论与其所搜集的资料契合。

"扎根理论"意味着理论建立在搜集的资料之上，为从观察、访谈的原始资料中统整有意义的信息，研究者必须采用一系列的系统方法，从多元方法搜集资料，确保所搜集到的资料是可靠的、有效的。多元方法即质性研究过程的"三角互证法"（triangulation），指的是最好从三种以上的不同角度来交叉比对资料。在立体几何中，三个角柱顶住的物体即可平稳，两个角柱或一个角柱构成的物体无法达到平稳的状态。平稳表示资料的稳定一致，资料一致性高即资料有信度，有信度才可能有效度。质性研究搜集的资料核心议题是："研究者如何确保访谈所得的资料是可靠、客观的""研究者如何确保观察所见的资料是可靠、客观的"。以访谈法获取的资料为例，研究者要比对资料，应以第三者对个案的观察记录文件或相关档案文件来佐证，资料相互比对结果如果大同小异，研究者根据资料统整成的信息才有实质意义。

扎根理论是一种理论的发展而非理论的验证（理论的验证是量化研究的程序），理论的发展要借由培根所提倡的"归纳法"（induction method），归纳法是统合描述性取向分析、解释性取向分析法，将搜集到的分散资料统整成有意义的信息，并以有系统的脉络将信息加以串联，发掘原始资料间的意义。归纳过程包括资料的编码、资料的转译、资料的简化、资料的串联、资料的展现等。质性研究（或称定性研究）的目的在于发展理论，回应待解决问题。质性研究资料的来源主要有三大部分：一为访谈（interview）、二为观察（observation）、三为档案文件分析（document analysis）。访谈法主要包括非结构访谈法（深度访谈法）、半结构访谈法与结构性访谈法；观察法根据观察者在整个研究历程中的角色分为完全观察者（不直接参与个案的任何活动或个案动态的情境，以旁观者或第三者的立场进行个案行为的观察，个案与研究间没有交集）、参与观察者（直接融入被观察的群体或情境中，借以观察个案的行为表现及与情境的互动情况，个案与研究者有直接的交互作用或互动）、完全参与者。

相对地，质性研究特征的另一向度就是量化研究的特性，量化研究相信社会现象有客观事实存在，获取社会现象的客观事实必须借助一些制式化的工具，以获得有效度和代表性的资料。量化研究常用的搜集工具有问卷、测验、量表、观察所得资料等，其抽样的样本是具代表性的大样本，这些样本必须是随机抽样而得；其分析形式为统计分析的演绎法，探讨目标是建立通则、预测控制及验证假设。量化研究中常见的内容术语如：统计的、实证的、客观的、假设检验、统计显著、随机与抽样、相关与预测、问卷、量表与测验、操作与控制、实验、调查与资料搜集等。

无论是质性研究还是量化研究，其研究程序都是一种科学（science）方法，科学方法是客观的、系统的、实证的、关注相关理论的（理论发展或理论检验），如图1-1所示。科学方法的基本流程是：发现问题、形成假设或发展待答问题、搜集资料与分析资料（采用归纳或演绎）、验证假设或回答待答问题、形成结论或发展理论等。科学方法的目标在于发展新的知识或验证已有的知识理论。

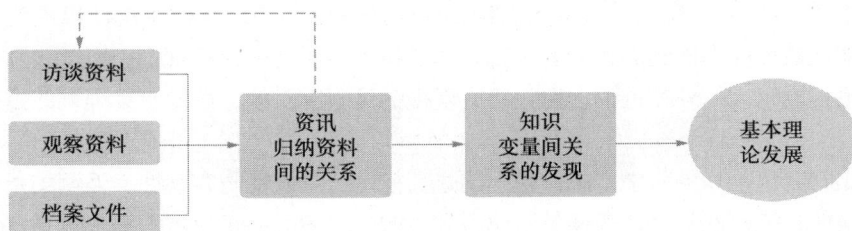

图1-1 理论发展脉络图

量化研究中常用的方法为调查研究（survey research），质性研究中常用的是个案研究，调查研究与个案研究两者在研究变量、分析形式、探讨目标，以及研究结果上有各自不同的取向（邱兆伟，1995；Merrian,1988）：

1. 在研究变量方面

调查研究关注较多受试者（具代表性的大样本），探讨数目不多但却可能有某种关系的变量；个案研究则专注于单一的受试者，进行许多变量的探究。

2. 在分析形式方面

调查研究在性质上是演绎的，是根据研究前已有的理论或概念架构，选取部分关联较为密切的变量进行研究；个案研究通常是偏向归纳取向的方法，其变量通常不是在研究前已事先选取的。

3. 在探讨目标方面

调查研究的研究假设，对有关变量间的范围、性质、频率，以及关系均有明确的陈述，以作为进行研究的指引；个案研究则是研究进行的过程中或结束后，才衍生或建立研究假设，作为开展进一步研究或其他研究的参考依据。

4. 在研究结果方面

调查研究的结果以量化的方式陈述，以表格及数字呈现变量间的关系，对社会现象结果的广度有较多的论述；个案研究则多以文字或图示呈现其结果，很少采用数字，对社会事件的深度解析较多。

量化研究的资料搜集一般是在非自然情境中，而质性研究的资料搜集是在自然的情境中（田野）；量化研究的资料以数字或数值呈现为主，多以"表格"方式呈现，质性研究的资料多以文字或图像的方式呈现，甚少以数字或图表的形式出现；量性研究事先拟订研究问题与研究假设，借统计分析进行假设验证并回答研究问题，质性研究无法事先研拟探究的问题，而是从整个研究历程中发现研究问题；量化研究借由演绎方法来进行假设检验，质性研究是研究者从现实情境所见、所闻与所记录的事件中整理归纳出研究结果，形成新的研究问题；量化研究比较重视研究的最后结果，即搜集资料后的统计分析结果数据，对于受试者填写答案的历程与心理感受较少关注，而质性研究则同时关注受试者在研究历程及研究结果中所展现的行为、心理感受；量化研究较强调社会现象或现况如何，质性研究则较重视这些社会现象（phenomena）、方案（program）、问题的前后脉络（contexts）及生活事件的诠释；量化研究强调的是从样本统计量推论至总体参数，即从抽样样本得到的数据推论到总体的特性，质性研究重视的个案或少数群体的研究，不强调研究的外在推论；量化研究重视的是研究广度，质性研究强调的是研究的深度。

量化研究也是一种科学方法，重视的是实证性、系统性与客观性，强调的是数据结果的真实性、统整性与合理解释。量化研究中的资料多数是研究者根据测量工具调查而得（此为原始资料或一手资料），若是进行所谓的元分析（meta-analysis），采用的则是二手资料；量化研究从研究主题的确立、研究问题的拟订、受试对象的选取、测量工具的编制、实验变量的操作与干扰变量的控制、研究资料的搜集等均有一定的流程；量化研究诠释统计分析结果时，研究者必须排除主观偏见与意识，客观中性地对数据结果加以诠释。对于统计分析结果，必须准确呈现，并给以完整而合理的解释，量化研究即是一分证据，论述一分结果，十分证据，论述十分结果。

二、获取知识的方法

McBurney 与 White（2007，pp.2-4）认为人们获取知识或了解事象的来源有两个：一为非实征性方法（nonempirical methods）；二为实征性方法（empirical methods）。非实征性方法包括权威（authority）与逻辑（logic）；实征性方法包括直觉（intuition）与科学（science），这两种方法获得的知识是根据经验而来的。权威指的是人们之所以相信某些事情，是因为某些值得尊敬的人告知人们事件是真实的。权威来源是多元的，许多有专门知识或地位者都可作为权威者，诉诸权威者来论述内容较易取得别人信服，但权威者的论点有时不一定正确；此外，权威者的观点有时主观意识很强，对同一事件的看法可能有很大的分歧。逻辑方法也可以帮助人们了解行为或事象，如：

"所有动物的行为都受制于自然科学法则。"（大前提）

"人是动物。"（小前提）

"因此，人类行为也受制于自然科学法则。"（结论）

逻辑方法即是亚里士多德所倡导的演绎法，演绎法与三段论推演法是相同的，典型的亚里士多德的三段论推演法为：1. 所有人都会死（大前提）；2. 哲学家苏格拉底是人（小前提）；3. 哲学家苏格拉底也会死。上述叙述的结果是合乎逻辑思维的，如果前面两个命题是真的，则第三个命题的结论是合乎逻辑的。逻辑推理必须有合理性，把逻辑作为了解行为或事象的方法有其局限，逻辑方法告知人们的叙述可能为假时，推理所得的结论就是不适当的；另一方面，如果个别前提的假定不是真，即使前提叙述是合乎逻辑效度的，但演绎结论可能仍然是错误的，如范例中"所有动物的行为并不是都受制于自然科学法则"，此前提本身叙述并非正确的，演绎推论所得的"人类行为都受制于自然科学法则"即是错误的。正因为逻辑演绎推理历程所得的结果并非全部正确的知识，如果大前提假定错误，则逻辑推演的结论也可能是错误的。由于此种逻辑推演的知识是否为真，与前提假定的内容对错息息相关，因而又引出了新的知识或事象获取方法——归纳法。归纳法是从个别特定命题或叙述统整推导到一般法则的方法。

归纳法为培根所倡导，培根认为对事象的了解或知识的获取，要从许多现象的直接观察做起。当人们从不同角度或方法观察到许多个别现象时，可从现象中发现某些共同的准则或相同点，这些准则或相同点即是知识。培根所倡导的归纳法即是质性研究资料推理的方法，如研究者采用观察法，观察某中学教师进校门口的情形，观察两个星期，发现多数教师在到达校门口时候会自动将车子熄火，而以走路方式进入学校，避免与上学的学生发生擦撞，研究者即会论述："此中学的教师落实以学生为主体的生活教育"。这就是借由直接对事象的观察而归纳推理的一个结论。

直觉是根据自愿的、本能的历程来判定行为或事象，而非依靠逻辑或推理。人们常以直觉引发的信念来判断他人，直觉是一种个人表面化的感受，受主观信念影响，因而根据直觉判断行为或了解事象常会发生错误。常识也属直觉的一种，以常识作为获取知识的方法有两个限制：一是常识会因文化、经验态度而异，某些常识会随时空而改变；二是作为常识的某些知识可能是错误的，以此错误常识为信息判断准则，所得到的结论也是错误的。McBurney 与 White 将直觉法作为实证方法之一其实不是十分恰当。从心理学的观点而言，直觉法类似第一印象，第一印象的推论常会导致"月晕效应"——一种以偏概全的效应，如主考官看到一个不重视外表穿着的应征者，可能就认定此人行为散漫、做事欠积极用心；教师看到蓬头垢面的学生，可能就认为他是"坏学生"或"成绩不佳"的学生。由于直觉方法过于主观化及武断化，因而以直觉方法得到的知识或所作的判断可能会是错误的。最佳获取知识或了解事象的方法应是"科学"方法。

另外，"经验法"也是获取知识的一个方法。所谓"不经一事、不长一智"，先人留传下来的经验是人们从社会情境中体会或不断修正的知识结晶。这些经验所得的知识，让后人可以不用再从头摸索或重新实践探究，便能取得知识或对事象的了解，如祖传秘方、草药疗效。通过个人的实际经验可以发现问题、解决问题，但是经验来源事例的考证不足或欠乏效度，如果仅仅依靠某个人的经验，则当事人对事象的了解可能就会有所偏误。如校长巡视课堂发现教学时有同学趴在桌上睡觉，校长认为教师没有担起责任、学生不认真学习，因为"教师教学、学生睡觉"是校长亲眼所见的经验行为。其实学生睡觉是因为觉得有点不舒服，报告老师后想趴在桌上休息一下，如果校长经验所得的事象未进行进一步查证，则可能误会教师及学生。经验法也是人们了解事象的方法，但要对事象内容有深入客观了解，不能只依据表象或现象。有时要借用多种经验交互验证，才能对经验事件的真相有正确的判断，获取的信息才不会产生偏误。

Rubin 与 Babbie 认为"科学是一种演绎（deduction）与归纳（induction）的历程"（1993，p.54）。他们把科学视为符合某种研究规范的历程或方法；McBurney 与 White（2007，p.6）将科学一词界定为"借由客观观察的手段以获取知识的一种方法"，并进一步认为以简单词句来界定科学本质是不大可能的，因为科学的本质是极复杂与随时变动的；此外，研究历程中"并不是只有一种研究方法，而是有许多种研究方法"。一般科学方法的研究步骤为：①界定问题；②形成假设；③搜集资料；④提出结论。这个基本步骤并不是直线式发展的，研究程序会适时修正，并反复某个程序地执行。

综上所述，人们了解事象的方法或获得知识的来源可以用图 1-2 说明：

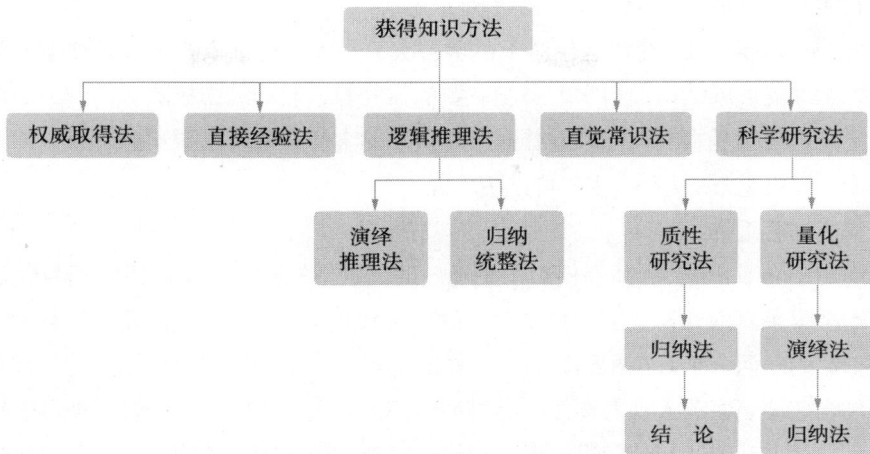

图 1-2　获取知识方法的架构图

　　在上述获取知识方法的架构图中，科学研究法主要结合演绎与归纳两种推理方法，就研究方法论的分类形态而言，主要包括定性（质性）研究及定量（量化）研究。从研究形式与资料分析方法的使用来区别，质性研究一般是采用归纳法形成结论，而量化研究则是先使用演绎法推论研究发现，之后再采用归纳法，以宏观角度统整为研究结论。量化研究的资料分析形式之所以称为演绎推理，是因为研究者采用的是随机取样，从一个目标群体总体中随机抽取一部分样本，根据抽取的样本数据统计分析样本属性，之后再根据样本属性推演至目标群体总体的特征或属性，目标群体总体的特征或属性即为研究发现。这种研究发现通常是根据微观角度论述——个别研究假设的检验（接受零假设或拒绝零假设）与研究假设是否获得支持的论证，之后，研究者根据研究发现采用归纳法，从宏观角度统整归纳为结论。由于结论是从宏观角度论述，而研究发现是从微观方向论述，所以研究发现的条目或个别内容会多于结论的条目。

　　量化研究同时采用演绎 – 归纳法（deductive–inductive method）的科学研究方法，如图 1–3 所示。

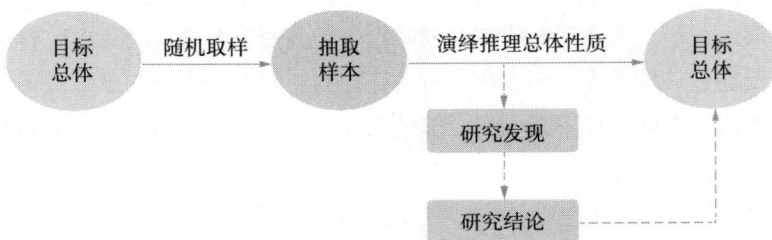

图 1-3　量化研究采用演绎 - 归纳系统图

三、科学方法的特征

　　McBurney 与 White（2007）从定义科学的内涵出发，认为科学有以下几个特征（pp.6–9）：

1. 科学是实征的

实征的（empirical）特性是相对于哲学层次的历程，对事象的了解必须借由观察或实践的经验才能形成结论，科学的态度主要依靠经验，而非经由权威、常识或逻辑。虽然实证主义是科学基本的特性，但并非所有认知的实征方法都是科学的，直觉的方法是实征经验，但直觉方法却不是科学的方法。

2. 科学是客观的

客观的（objective）特性是相对于主观性的判别或知觉，科学最重要的特性是要根据客观的观察来获取知识，因而科学简短的定义即是"客观的"。客观的观察指的是具有正常知觉的任何一个人在相同地方、同样时间点所观察到的事象是相同的，客观的特性并不是要把被观察的人视为物件，而是把他们视为活生生的个体。客观观察的特性是要研究者排除主观的认知或偏见，不因政治、宗教或权威因素来观察事件，而要从事件的脉络与情境来观察和论述。

3. 科学是自我校正的

因为科学是实征的、复杂的，所以常会因发现新的证据而推翻先前的知识，新的证据发现时，科学会自我校正（self-correcting）先前的信念，代之以新的知识或信念，此种自我校正的特性即研究历程的创新或新的研究发现。在宗教领域中常会用预言、先知或直觉来论定或评析、校正事件的现象，此种校正并非科学方法。就心理学研究领域的例子来看，影响个体行为的变量包括遗传与环境因素，20世纪中叶，许多心理学家通过经验与观察发现，强调行为塑造或人格发展中环境角色的重要性。最近发现的证据表明，遗传因子对个人人格及其他行为特性的影响也不能忽略，因而心理学教科书的内容必须适时更新。由于科学具有随时自我校正的特性，许多科学知识才能推陈出新、不断有创新发现。

4. 科学是进展的

进展的（progressive）特性指的是因为科学有实征与自我校正的特征，所以科学知识会不断发展、进步。人类活动的其他领域也可能改变，但这种改变很难界定性质，有时不是进步反而是一种退步。而以科学方法获取的新知识，表示的是系统知识不论在量的多元或质的内容方面都在不断进步，如医疗领域不断会有新的药物或新的疾病治疗方法出现。

5. 科学是暂时的

许多科学知识的内容明显具有"暂时的"（tentative）特性，科学领域绝不会宣称某个问题的解答是一种完整的真理，因为新的信息或新的经验知识会使得已有的知识变得过时，这与科学进展的特征相呼应。从科学方法获得的真理或事实经验是可能改变的，研究者采用科学方法从观察或经验中得到知识，要有合理的信心宣称其发现的知识趋近于真理，但也不能只根据灵感或社会变革很快改变科学理念，因为这种理念的改变是欠缺合理性与客观性的。

6. 科学是简约的

根据字典解释，简约（parsimony）一词意谓吝啬，文字表达的吝啬即为简明扼要。科学简约的特性指的是研究者要尽可能地使用最简单的解释来诠释某个现象或事象，避免使用艰涩、不易理解的词句、术语或概念来陈述科学知识，否则不仅无法达成知识传播的目的，反而会引起他人对知识的误解，误导人们对事象的了解。

7. 科学是关注理论的

科学关注的最主要的一点是发展的理论如何运作。理论与科学的关系如科学与科技的关联一样，科学可以引导理论的发展，它是理论运作的实践面；相对地，理论也可以引导科学实践的进一步完成，是科学研究的指导面。从此论点不难看出为何每个研究议题要以理论文献为基础，因为已有的理论文献可作为实证研究的指引，从实证研究中也可以进一步得知理论于实际情境中的运作情形，可作为理论的验证或修正。

量化研究主要借数字、图表来诠释事象的意义，常用的量化研究形式有以下几个目的：

（1）描述性目的

描述性的研究目的旨在说明人们对事件现象的看法，或者说明某个事件的现象。描述性目的的研究程序一般采用问卷调查法（包括纸笔式问卷调查、电话访问调查、网络在线问卷调查以及访问调查），统计方法为次数、百分比及描述性统计量。描述性目的如"中小学教师对教师评价制度看法的调查研究""民众对成人进修教育制度看法的探究""小学家长对十二年义务教育实施态度的调查研究""私立高职学生生活压力事项的调查研究"等，此类主题关注的不是变量间相关的探究，而是强调样本对研究主题相关议题看法的分析。一般描述性研究采用逐题分析法，问卷中可能包含多选题。描述性量化的目的是说明已存在的某个事象或现象，因而也可以进行不同时间差异的比较。

（2）预测性目的

预测性目的在于探究变量间的相关，若是变量间有某种程度的关联，可进一步采用预测的目标探究预测变量对效果变量或结果变量的影响。预测性目的研究程序一般采用相关研究法，如"高中学生的生活压力与忧郁倾向关系的研究""私立高职学生生活压力、忧郁倾向与自杀意向关系的研究"。相关研究法所探究的变量一般为二至三个，少数为四至五个。相关研究法旨在探究变量间的关联，两个变量显著相关（$p < 0.05$），并不表示两个变量间有因果关系，但变量间没有显著相关或相关程度太低，则一定没有因果关系存在。研究者如果要进行预测性的研究，变量间的因果关系最好有理论文献支持或经验法则佐证，如此才能确定预测变量（因变量）与效标变量（果变量）。预测功能指的是知道了预测变量的"正确信息"，可以推估预测结果变量的"可能信息"，由于是预测推估，因而会有误差存在，误差值越大，表示预测推估的正确度越低。

（3）控制性目的

控制目标程序的量化研究法一般为实验研究设计，自然科学领域多数采用真正实验设计、社会科学领域多数采用准实验设计。实验设计或实验研究法是唯一可以确认变量间因果关系的一种研究方法，此种研究方法借由操作自变量，控制影响结果变量的干扰变因，进而观察结果变量受自变量影响的程度。行为及社会科学领域的变量操作，由于无法控制所有影响结果变量的干扰变因，因而一般除运用实验控制法外，也会借由统计控制法的使用来排除组别间的差异存在。实验控制要借助于配合随机化的程序，包括随机抽样与随机分派受试者两个步骤；统计控制一般采用共变量分析法，借由统计控制来排除组别间的差异。实验设计如："自我导向学习与讲述法对学生阅读理解能力影响的效果研究""企业咨询中现实治疗团体对绩效落后员工辅导成效的效果研究""现实治疗方案对高焦虑学生辅导效果的研究"等。

(4) 验证性目的

验证性目的是利用搜集的资料来验证研究者建构的理论。此种研究程序为扎根理论的延续，扎根理论是借由观察、访谈等方法搜集资料，借以建立理论的。这种借由小部分样本建构的理论是理论初探，为了进一步验证扎根理论的合理性与适用性，研究者必须进一步以问卷调查法搜集具有代表性的样本资料，借由回收资料来检验理论的适配度。理论的建构研究者也可以根据之前的文献或实证研究结果归纳统整，这种理论模型因有相关文献支持，合理性基本没有问题；最后一种理论模型的建构方式是根据经验法则，经验法则也是另一类别的文献，因为它是研究者于长期实际工作情境中发现的准则或关系，因而也可作为理论模型的建构基础。不论研究者采用何种方法建构模型，模型变量间的关系必须有其合理性与说服性，理论模型要经过验证才能确认其适用性。一个适配的理论模型，并不一定是最佳的理论模型，从结构方程模型的观点来看，只能说研究者建构的模型与样本资料可以契合或适配而已，至于研究者建构的理论模型是否为最佳模型，还需要有更深入研究程序配合方能得知。

四、量化研究与质性研究的统合

量化研究与质性研究并不是两个单独分离的研究过程，两种方法是可以互补与整合的。如在一个创新研究中，对于变量间的关系或某个理论概念之前很少有人提及，研究者可以先从质性研究的待答问题中找出变量间的关系，进而形成新的研究假设，由此研究假设再延伸为量化研究的"研究问题"。在上述研究过程中，研究者经由质的研究发掘新的研究假设，再通过量的研究来验证研究假设。相对地，研究者经由量的研究过程，得出研究假设获得支持与否的结果，此种结果是社会现象的一般化情况，对于造成此社会现象背后的缘由，研究者可进一步借由质的深度访谈或个案研究方式加以探究。量的研究与质的研究是两种不同研究范式（paradigm）的应用，两种研究范式各有其适用时机与局限，两种研究范式可以单独进行，也可以加以整合应用。研究者应根据研究主题与研究目的，挑选适合的研究方法。研究方法只是一种研究历程而非研究目的，只要挑选的研究方法能达成研究目的即可。

质性研究与量化研究整合的架构模型如图 1-4 所示：

质性研究	→	少数个案	→	形成问题	→	量化研究	→	待答问题

建立通则	←	推论总体	←	回答问题	←	统计分析	←	多数样本

量化研究	→	待答问题	→	多数样本	→	统计分析	→	回答问题

发掘原因	←	观察访谈	←	少数个案	←	质性研究	←	发现通则

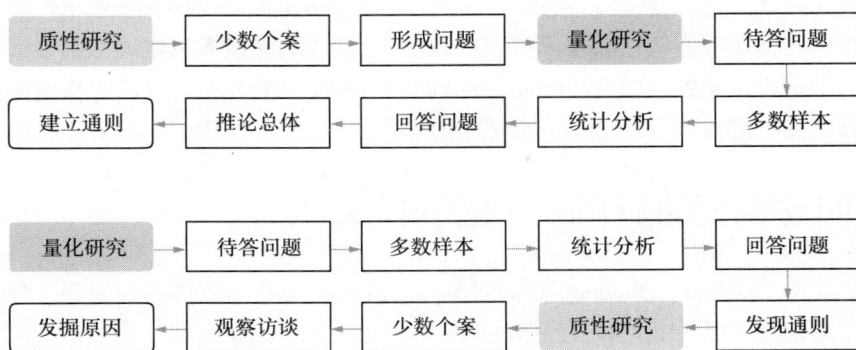

图 1-4 质性研究与量化研究整合的架构模型

量化研究的资料搜集程序中，研究者无法得知受试者或填答人现场的填答情况或填答时内心的真实感受与所持的态度，此程序就像一个"黑箱"（black box），可以借由质性研究的观察、访谈加以探究（见图 1-5）。若研究者没有配合质性研究，要让受试者能真正将其内心感受、态度意象反映于测量工具上，测量工具的编制就显得十分重要了。研究者除强调测量工具的内容效度外，也要重视其表面效度，其中一个非常重要的问题就是测量工具题目的多寡。测量题目数越少，受试者填答的意愿越高，填答的效度或可靠性也就越高。

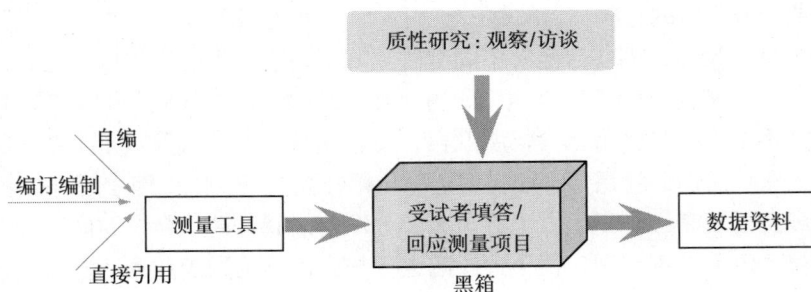

图 1-5 量化研究的资料搜集

至于量化研究的主题，最好有价值性、创新性，此外，研究者也应考虑其可行性。研究主题来源主要包括以下几个方面：一是理论导向的实证性研究，研究者为验证理论在现实情境中应用的可行性，将原先抽象的理论构念转化为具体可测量的项目，如"竞值途径理论在中小学的应用""企业组织知识管理可行策略的研究"等；二是验证先前已有的研究，研究者长期关注某个研究议题，而此研究议题之前虽有人研究过，但由于某些社会变因或政策的变革，研究结果可能会有所不同，如"九年一贯制实施前后教师工作压力的调查研究"；三是研究者自觉有研究价值又感兴趣的主题，这部分的议题通常与研究者所在的工作情境或所接触的环境有关。

另一种量化研究为行动研究取向中的量表编制，以实务导向，并能真正应用于社会情境中。这种测量工具的编制或研发并不重视其学术取向，以能实际应用为主，但编制的整个流程也符合学术研究的一般程序。这种量表或测验的编制一般会通过焦点访谈或团体访谈的方式，建构测量工具的面向或构面，之后再编制各构面的测量指标。若应用于特殊群体（如医疗上的重大伤病或其照顾者），量表的测量指标数通常不会太多，此外，也必须进行效标关联效度（criterion-related validity）的建构，以确定量表能真正而明确地测出其所要测得的心理特质或态度反应。

五、问卷调查的应用——德尔菲法

德尔菲法（Delphi technique）是针对某个行为及社会科学领域研究主题，经由学者专家通过问卷的评析与个人看法而形成的一种团体共识。为了形成团体共识，问卷内容要根据学者专家的意见修正，因而德尔菲法的问卷调查通常要进行三至四次。德尔菲法调查是一种借书面问卷往返于被调查者与调查者之间的访问调查，它兼具会议与问卷的功能。在团体焦点访谈中，意见共识的形成是借由面对面地不断论述个人观点与意见，不断论述与评析、内容修正，达成多数与会者都可以接受的观点。当某位与会者对内容论点不同意时可立即表达看法与修正意见，若是修正内容多数与会者同意，则形成共识不再讨论，若修正内容欠缺周延，与会者可以再提出个人论点加以论述并评析，经由与会者脑力激荡程序，某一论点或主题的修正会更为周延及有说明性。

会议式的团体焦点访谈或会议的沟通效果，有时又会受到会议中"权威者"的影响，当某一权威者论述完意见后，即使与会者有不同的论点或看法，也不便表达意见，此为"权威者效应"的影响；其次是进行正式面对面的沟通时，某些与会者因为听到多数人支持某一论点，即使自己有不同看法或观点也不便再提出加以论述，造成某些与会者无法完全将自己的意见表达，此为社会心理学"从众效应"的影响。传统会议讨论中，并不是所有与会者都会畅所欲言，发言或意见表达者只限于少数人身上。这些人不是较有权威性，就是善于语言表达与运用社会技巧，因而能引起与会者的共鸣；某些与会成员重复表达意见，占用会议大部分发言时间，造成会议时间资源分布的不均衡，或权力运用的不合理，整个会议的进行与会议结论为少数人所左右或垄断，造成结论客观性的不足。上述开会结论的偏差效应若采用德尔菲法则可以避免，但相对地，采用德尔菲法技术，研究者所花费的时间较长，而会议式的团体焦点访谈更具时效性。

（一）德尔菲法的特性

德尔菲法的程序基本上是问卷调查法的扩大应用策略中的一种，经由三至四次的问卷调查，借由书面文字的沟通，把学者专家的分歧观点或不同看法转换为一种共识感。由于是问卷填答，填答者可以畅所欲言，根据自己专业知识或实际经验回答或勾选，回答时不会受到权威者的影响。德尔菲法虽是问卷调查法的一种，但与传统问卷调查法的实施是不同的：一是传统问卷调查法只实施一次，根据正式问卷施测结果进行资料统计分析、讨论，最后形成结果；德尔菲法问卷调查法通常要实施三至四次，每次施测完均要对资料内容加以统计分析；二是传统问卷调查法所需的样本数较大，若是一般总体，正式取样的样本数通常有数百人；德尔菲法的样本一般为学者专家及对研究主题有涉猎的实务工作者，样本数一般为 10 至 15 人，较多的样本数为 20 至 25 人，多数德尔菲法研究的样本数为 15 至 25 人；三是问卷调查采用演绎法，从选取样本回答结果类推总体的性质，德尔菲法的研究目的不在于总体属性的推估，而在于寻求所有群体成员的共识感及样本对题目回应的一致性程度。一般而言，德尔菲法问卷调查的结果要所有成员对于全部测量题目的回应情形，要有三分之二以上测量题目达到一致性程度（严格要求要有四分之三以上的测量题目的一致性达到临界值），并达到回应稳定情形。

德尔菲法反复调查问卷除传统纸笔式的作答形式外（问卷题目内容以纸张打印），也可采用在线调查问卷形式。在线调查问卷是一种通过网络的填答，个别小组成员经由研究者给予的账号、密码及在线问卷网址即可登录作答。采用在线调查问卷时必须考虑所有小组成员中文输入能力，若是少数几位中文输入能力较差或中文打字能力较慢，采用在线调查问卷可能影响题目内容修正意见的表达，研究者必须加以考虑。目前，由于信息科技的普及化，德尔菲法采用在线调查问卷形式是一种可行的研究途径，不但可提升问卷填答的效率，而且对于后续资料的整理也较为便利。

德尔菲法乃是专家团体间，针对某一主题，进行匿名的（指个别成员彼此不知对方的身份，非指填答者匿名回答，相对地，德尔菲法的问卷填答必须是具名回答，如此才能在下一次回答的问卷实施中提供个别成员上一次回答勾选的数据内容，以作为其回答的参考，如坚持己见勾选原先选项，或修改个人观点更改勾选的选项）、非面对面的意见沟通，经由反复多次的问卷填答，借着多次文字信息的交流方式来取得共识的一种研究方法。与团体焦点访谈相比，德尔菲法也是一种脑力激荡的运用，只是德尔菲法个别成员间并不知参与意见或态度表达的其他成员为何人，在对主题内容的评析及决定方面不会产生"权威者效应"。德尔菲法的研究程序一般来说有以下特性或优点：

1. 简单易行、节约成本

德尔菲法研究程序不像问卷调查法需要中大样本数，参与德尔菲法的咨询成员只有约 15 位，较多时也只有 25 位，在问卷邮寄、资料回收上较为方便，不像团体焦点访谈或会议讨论，需要花费较多的交通费；此外，德尔菲法的研究程序属传统问卷调查法的一种，资料回收的统计方法只采用较为简易的描述性统计量，如平均数、标准差、四分差、众数、全距等集中量数或分散量数，并非如问卷调查法使用到的多变量的统计方法，或平均数的差异检验、相关分析等。

2. 匿名特性、降低争执

德尔菲法采用传统问卷方式进行沟通或网络问卷调查进行内容填写，个别咨询小组成员互不知道对方的姓名、身份，如此可使成员不受权威者或多数人的意见影响，能完全自主表达个人的意见与观点。因只有通过文字信息的互动，可以避免传统的面对面沟通互动时的争执或僵持不下的窘态，也可避免少数人左右结论的形成；此外，因不知最具权威者为何人，可以减少面对面从众反应行为，降低权威者效应的影响。

3. 专家参与、完整表达

德尔菲法的参与成员都是对研究主题有相关专业知识或实务经验的工作者，这些专家学者参与研究议题的意见表达或内容评析的修正，使研究样本更具有代表性与合理性；

此外，德尔菲法是以问卷方式进行意见的表达，参与咨询的成员无须如会议一般，要立即表达个人的看法或意见，在对研究议题的表达上，参与咨询成员有足够的时间可以思考，其考虑更为周延，也有充足的时间认真深思问题的适当性与合理性，进而可提出更为完整或明确的论点或看法。以问卷填答作为意见表达，每位成员都可表达个人论点，时间资源的分布较为均等。

4. 提供反馈、反思决定

德尔菲法研究程序通常为三至四次，虽然个别咨询成员彼此不知对方身份，但在进行第二次的问卷填答时，研究者会提供所有填答者在前一次（前一轮问卷调查）的群体统计结果与意见反馈，使个别成员可以得知其他成员的想法或观点，这为个别成员之后的问卷填答提供更多参考的讯息及更完整的信息。从群体的数据资料中可以看到，个别成员得以更深入地思索题目的适当性，从群体的回应中检视个人观点的周延性，个别成员可以更改填答的选项或增列修正题目内容，或维持原先的观点并提出个人坚持的论点等。

5. 反复进行、寻求共识

德尔菲法采用连续多次的问卷调查，经由多次的沟通与反复思考，通过成员书面或网络意见交流，直到个别咨询小组成员对题目或指标变量的内容达到高度的共识及认同。在最后的调查结果中，所有个别成员的意见或观点是否达成共识，必须有统计量化数据支持，如标准差数值很小表示个别差异间的歧义很小，此外，四分差或全距也可作为群体是否达共识的统计量数。

（二）德尔菲法的稳定度或一致性指标判别

德尔菲法的稳定度或一致性指标判别量数，一般有下述几种（王光明，2007）。

1. 小组成员稳定度判别

在德尔菲法数回合调查的填答中，小组成员在某些题目的评析中会发生些许改变。因此，在每次进行德尔菲法问卷调查后，即计算小组成员对各评价指标的改变。德尔菲法稳定度可参考 Linstone 与 Turoff 于 1975 年所提出的论点：德尔菲法小组成员对每项指标的改变度小于或等于 15% 时，就称小组成员对此项目的评估结果达到稳定状态。

> 例一：若德尔菲法小组成员共 17 人，其中 2 人改变填答的结果，改变度即为 $2 \div 17 = 0.118$，其改变度小于 15%，即达稳定状态。
>
> 例二：若德尔菲法小组成员共 25 人，其中 4 人改变填答的结果，改变度即为 $4 \div 25 = 0.16$，其改变度大于 15%，个别成员的共识感或认同度未达稳定状态。

当德尔菲法问卷中的所有指标项目，其稳定度的平均值大于或等于 70% 时，德尔菲法的问卷调查即可停止进行。

例一：如小组成员共评估 45 项评价指标，其中有 35 项的改变度已达稳定，则稳定度的平均值为 35 ÷ 45 = 0.778，已达停止德尔菲法问卷调查的标准。

例二：如小组成员共评估 50 项评价指标，其中有 34 项的改变度已达稳定，则稳定度的平均值为 34 ÷ 50 = 0.68，稳定度的平均数小于 70.0%，未达停止德尔菲法问卷调查的标准。若是至第三回合德尔菲法的调查问卷，整体问题题目的稳定性尚未达到，研究者必须再根据成员提供的反馈及意见，进行部分测量题目的修正，并进行第四回合的德尔菲法问卷调查。

2. 小组成员一致性的判别

根据 Faherty 于 1979 年所提的论点，小组成员一致性的判别指标以问卷评估等级十分之一的值，即四分差小于或等于此值，作为判断德尔菲法小组成员对问卷中的各个项目的看法是否高度一致性的依据（四分差为群体分数最中间 50% 的成员的分数全距的一半）。若是研究问卷为五点量表，当该题目的四分差小于或等于 0.50 时（$Q \leq 0.50$），即可判定小组成员对该变量已达高度一致性，达到高度共识感。

四分差分数的图示见图 1-6：

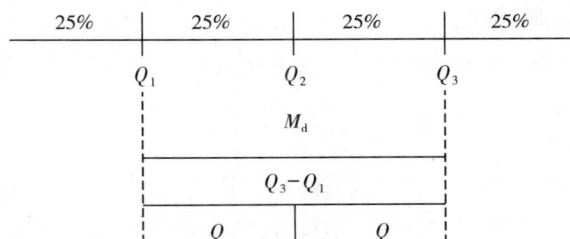

图 1-6

3. 个别题目一致性指标的判别

描述性统计量中用以表示群体分数趋中的量数称为 "集中量数"（measures of central location），常用的集中量数有算术平均数（M）、中位数（Md）、众数（Mo）；用以表示团体分数分散程度的量数称为变异量数（measures of variation），变异量数是一个群体个别差异大小的指标，一般常用的变异量数有全距（R）、平均差（AD）、方差及标准差（SD）、四分差 $[Q - (Q_3 - Q_1)/2]$，变异量数数值越大，表示群体分数的分散程度越大；相对地，变异量数数值越小，表示群体分数的分散程度越小。四个变异量数中又以标准差量数在测验与评量领域中应用最为普遍，标准差的含义应用于德尔菲法全体成员的共识感指标时有以下两点：①标准差越接近 0，表示所有成员勾选的测量分数值越接近，标准差若等于 0，则所有成员勾选的选项是相同的；②标准差的数值越大，表示成员间的勾选的测量分数或选项差异越大，群体分数离平均数越大，标准差的数值会越大，因而当群体成员的看法越分歧时，标准差的测量值越大。

以五点量表选项而言（最小值为 1、最大值为 5、中位数为 3），所有参与咨询的成员若有偶数位，则标准差的数值为 0 至 2.00；就六点量表选项而言（最小值为 1、最大值为 6、中位数为 3.5），各选项分数标准差的数值为 0 至 2.50；就四点量表选项而言（最小值为 1、最大值为 4、中位数为 2.5），各选项分数标准差的数值为 0 至 1.50。若以标准差数值全距的一半作为临界指标值，五点量表选项的标准差数值小于 1.00、六点量表选项的标准差数值小于 1.25，表示样本成员达成共识；较为严苛标准的临界指标值为标准差全距的三分之一，四点量表选项的标准差在 0.50 以下、五点量表选项的标准差在 0.67 以下、六点量表选项的标准差在 0.83 以下。以标准差作为所有成员共识感的判别指标，其临界指标值见表 1–1：

表 1-1

量表形态	一般指标值	严格指标值	备 注
四点量表	≤ 0.75	≤ 0.50	标准差为 0 ~ 1.50
五点量表	≤ 1.00	≤ 0.67	标准差为 0 ~ 2.00
六点量表	≤ 1.25	≤ 0.83	标准差为 0 ~ 2.50

（三）德尔菲法的限制

德尔菲法技术上虽然有以上的优点，但在方法与技术上仍有一些有待考量的问题，如下所述。

1. 样本代表性问题

德尔菲法虽属问卷调查的一种，但其样本通常很小，与一般问卷调查的样本相较之下，两者人数相差甚大。此外，德尔菲法样本的选取一般不是采用概率取样，而是立意取样，若是研究选取的咨询个别成员不具代表性，或对主题的专业知识与经验不够，则研究所得的结果可能会有所偏误或成员所获得的共识有偏颇。为避免此类问题发生，研究者在选取德尔菲法的样本时，必须考量以下几个因素：一是成员的专业知识与经验；二是尽量包含不同阶层的人士，成员的同质性不应太高，所选的样本能代表该领域或该阶层的意见。如此得到的结果才不会有偏颇。

2. 时间的考量问题

德尔菲法研究程序一般要经过三至四回合的调查问卷，每回合的问卷回收快则一星期、慢则两星期至一个月，多回合的意见调查过程中需要耗费大量的时间；此外，学者专家除了须具备专业的知识或实际经验外，还须有高度的热情与参与感，若是选取成员的配合度不高或因事搁置无法填答问卷，容易造成人员的流失，影响研究结果的代表性。采用德尔菲法进行相关议题的研究，研究者在选取样本程序时，必须详细告知每位成员研究流程及可能需要的时间，如此，参与意见回应的成员才会有心理准备，不会因填答第二回合的调查问卷或第三回合的调查问卷而感到厌烦。此部分实施的技巧是，可于正式邀请时赠送成员一份小礼物，并提供研究者议题研究的整个流程，如此可减少成员的中途流失。

3. 书面沟通的周延问题

非公开的书面互动方式固然降低了人际沟通争执或权威者效应的影响力，但相对地，这种只靠书面文字的沟通模式，可能也会牺牲团体社群的功能，降低群体面对面论辩脑力激荡的效益，某些重要的核心概念或内涵纯粹借由书面文字表达可能欠缺周延与完整性。为避免书面文字沟通的争议，研究者在统整成员回应的意见时必须翔实周延，必要时可提供如范例中的意见修正摘要表。研究者对某些回应意见于次一回合问卷题目中未加以修正的部分也要完整说明，否则个别成员无法了解其意见未被采纳的缘由。

（四）德尔菲法的实施步骤

德尔菲法是问卷调查法的一种应用，与一般问卷调查法最大的差异有三点：一是一般问卷调查法程序的正式问卷只施测一次，德尔菲法的调查问卷则施测三至四次；二是一般问卷调查法程序抽取的样本数较大，德尔菲法调查问卷的填答对象人数只有15至25位；三是一般调查问卷的正式问卷施测后不会再修改问卷题目内容，德尔菲法的调查问卷每次施测完后会根据受试对象所回应的内容，增加题目或修改题目内容。德尔菲法的实施程序可细分为下述几个步骤。

1. 选择学者专家作为德尔菲法的咨询小组

德尔菲法实施的第一步在于挑选对研究主题有涉猎的学者专家。学者专家一般包括两个群体：第一个群体为学者，学者的专业知识领域受到人们的肯定，其作出的判断或评析较之他人更为客观或更接近事实；第二个群体为研究主题情境的实务工作者，实务工作者由于实际经验，了解现实情况的情境，其评析的标准得以考量实务情境，因而意见的表达较为中肯、合理。作为德尔菲法咨询小组成员，成员的样本数虽然不多，但成员的代表性很高，以包括研究领域各阶层的人员为最佳。以"中小学教师评价指标的制订研究"为例，作为德尔菲法的学者专家应包括一般教育领域的学者、中小学的行政人员与教师，此外，也应纳入主管教育行政机关的教育行政人员与家长代表。

2. 根据研究主题编制问卷作为施测工具

德尔菲法的问卷最好采用结构式的题目，若是指标变量的来源不明确，研究者可以先采用开放式问卷调查、访谈法或团体焦点访谈法，搜集样本对相关议题的意见或看法，进而编制测量变量（题目）。在进行问卷编制时，对于重要名词，研究者应予以明确定义说明或界定其操作性定义，避免产生曲解，误导作答方向。

（1）第一次德尔菲法问卷编制

第一次问卷编制内容与一般问卷调查编制的测量工具类似，其中最大的差别在于德尔菲法问卷要增列"意见修正"栏，目的在于让咨询小组成员对测量题目的内容、词句、合理性、恰当性等提供具体明确的看法或修正。以"高雄市小学学校评价指标再建构的研究"问卷的部分题目指标为例（王光明，2007），见表1–2。

（2）第二次德尔菲法问卷编制

第二次德尔菲法问卷的测量题目或指标变量要根据第一次德尔菲法问卷调查结果加

表 1-2　高雄市小学学校评价指标再建构调查问卷（一）

评价指标	重要性 非常不重要←→非常重要	请针对此题内容提供意见、修改建议及理由
1-1 学校能明确制订学校愿景及教育目标,并能落实于教学活动中	□ 1 □ 2 □ 3 □ 4 □ 5	
1-2 校长能明列办学理念及学校经营特色,并能落实于学校经营中	□ 1 □ 2 □ 3 □ 4 □ 5	
1-3 行政人员明确了解学校愿景、教育目标及校长办学理念,并能落实于各项行政计划中推展	□ 1 □ 2 □ 3 □ 4 □ 5	
1-4 学校经营能体现以学生为教育主体的理念	□ 1 □ 2 □ 3 □ 4 □ 5	
1-5 学校活动能具体显现维护学生安全与尊严的理念	□ 1 □ 2 □ 3 □ 4 □ 5	

以整理，包括词句修改、内容的增删等，若是某一个指标变量学者专家都没有提供修正意见或建议，则表示咨询小组成员对这一指标变量的恰当性认同。此外，为便于咨询小组成员对整体成员的回应与同意，问卷中要增列第一次学者专家意见勾选的描述性统计量，一般包括众数（M_O）、平均数（M）、标准差（SD），并提供个别样本第一次填答的内容。当提供整体样本的描述性统计量数据供填答者参考时，部分填答者可能改变原先的看法，以符合多数人的观点，这是会议讨论时的服从多数的行为；或是经由测量变量内容的修正，个别样本也可能改变原先的态度或看法。第二次调查问卷内容的修正，必须根据第一次调查问卷个别成员在修正意见栏（列）表达文字或书写意见，加以统整分析，若是多数成员认为需要进行文字或内容增删，研究者必须加以修正，否则之后调查问卷的共识感很难形成。

在研究范例中，第二次德尔菲法的调查问卷在第一个项目（理念与目标）的评价指标根据专家的意见加以修订简化，由原先五个评价指标简化为三个指标题目，原指标编号及题目内容："1-3 行政人员明确了解学校愿景、教育目标及校长办学理念，并能落实于各项行政计划中推展""1-1 学校能明确制订学校愿景及教育目标，并能落实于教学活动中"合并为一个指标："1-1 学校能明确制订符合学校特色的学校愿景及教育目标，并能落实于校务经营与发展目标、教育活动"；原指标编号及题目内容："1-2 校长能明列办学理念及学校经营特色，并能落实于学校经营中"，修正为"1-2 校长能具体阐述办学理念，并能落实于校务发展"；原指标编号及题目内容："1-4 学校经营能体现以学生为教育主体的理念"及"1-5 学校活动能具体显现维护学生安全与尊严的理念"合并修正为一个指标题目"1-3 学校经营与教学活动能实践学生为教育主体的理念"。

表 1-3　高雄市小学学校评价指标再建构调查问卷(二)

评价指标	重要性 非常不重要←—→非常重要				请针对此题内容提供意见、修改建议及理由
1-1 学校能明确制订符合学校特色的学校愿景及教育目标,并能落实于校务经营与发展目标、教育活动	□1 □2 □3 □4 □5				
综合全体专家的意见修正后的指标,原指标为: 1-1 学校能明确制订学校愿景及教育目标,并能落实于教学活动中	您第一次勾选	第一次描述统计量			
		Mo	M	SD	
		5	4.72	0.98	
1-3 行政人员明确了解学校愿景、教育目标及校长办学理念,并能落实于各项行政计划中推展		5	4.36	0.87	
1-2 校长能具体阐述办学理念,并能落实于校务发展	□1 □2 □3 □4 □5				
综合全体专家的意见修正后的指标,原指标为: 1-2 校长能明列办学理念及学校经营特色,并能落实学校经营中	您第一次勾选	第一次描述统计量			
		Mo	M	SD	
		5	4.65	0.99	
1-3 学校经营与教学活动能实践学生为教育主体的理念	□1 □2 □3 □4 □5				
综合全体专家的意见修正后的指标,原指标为: 1-4 学校经营能体现以学生为教育主体的理念	您第一次勾选	第一次描述统计量			
		Mo	M	SD	
		5	4.65	0.89	
1-5 学校活动能具体显现维护学生安全与尊严的理念		4.5	4.05	0.96	

表 1-4　第一次德尔菲法检核表专家意见汇整、指标修正对照表

第一次德尔菲法检核表评价指标	第一次德尔菲法检核表专家小组意见	修订缘由与修正后的评价指标
一、理念与目标		
1-1 学校能明确制订学校愿景及教育目标,并能落实于教学活动中	F:修正为"学校能明确……于教学活动","中"删除 G:已有小学教育目标,拟订愿景仅是突显在地性,愿的作用不像企业那样重要 J:修正为"学校能……,并能落实于校务经营与发展目标、教学活动中"	综合全体专家的意见修正指标: 1-1 学校能明确制订符合学校特色的学校愿景及教育目标,并能落实于校务经营与发展目标、教育活动

续表

第一次德尔菲法检核表评价指标	第一次德尔菲法检核表专家小组意见	修订缘由与修正后的评价指标
	K:应注意学校愿景的塑造乃由下而上 M:修正为"学校能明确制订……,并落实于教育活动中" N:已有每学期课程计划备查及抽查,建议删除本项指标 O:建议修改为:"能明确制订符合学校特色的愿景及教育目标……"用意为:不随波逐流、盲目跟从,而要制订符合学校特殊环境与特色的发展愿景 Q:修改为"学校能明确制订符合学校特色的愿景及教育目标,并能落实于教学活动中"。应先参考学校特色状况再去结合社区资源制订出愿景	
1-2 校长能明列办学理念及学校经营特色,并能落实于学校经营中	F:修正为"校长能明列……落实于学校经营","中"删除 J:修正为"校长能……,并能落实于校务发展中" L:修正为"校长能具体阐述办学理念,……" M:"学校经营特色"放在"理念与目标"的向度下比较不恰当,建议删除 O:建议此条删除。通过全校的讨论,其共识(包括愿景及具体做法、计划)已于指标 1-1 呈现	综合全体专家的意见修正指标: 1-2 校长能具体阐述办学理念,并能落实于校务发展
1-3 行政人员明确了解学校愿景、教育目标及校长办学理念,并能落实于各项行政计划中推展	N:已有每学期课程计划备查及抽查,建议删除本项指标 O:建议此条删除。理由同上 Q:删除。理由:在指标 1-1 应含括	删除,在指标 1-1 已包括
1-4 学校经营能体现以学生为教育主体的理念	G:评价标准不易拟订 H、L:修正为"学校经营能实践学生为教育主体的理念" K:可否能和 1-2 加以整合 N:较难量化评价,建议删除本项指标	综合全体专家的意见修正指标: 1-3 学校经营与教学活动能实践以学生为教育主体的理念

续表

第一次德尔菲法检核表评价指标	第一次德尔菲法检核表专家小组意见	修订缘由与修正后的评价指标
1-5 学校活动能具体显现维护学生安全与尊严的理念	F:非仅在"学校活动"才显现维护学生安全与尊严的理念,而是在全部的教学历程均需注意,因此建议修正为"学校各项行政作为及教学活动能具体……" G:安全与尊严是各自独立的概念,应分开列举 H: 1. 安全与尊严属性不同,宜分开。 　　2. 尊严是否为学生的教育主体的一项核心概念 J:修正为"学校经营与教学活动能具体显现……" L:修正为"学校活动能具体呈现维护学生……" N:较难量化评价,建议删除本项指标 O:建议此条删除。因与上一指标概念相同,无须另立指标。能考虑以学生为主体,理应维护学生的安全与尊严 Q:删除。理由:在指标 1-4 应含括	删除,在指标 1-3 已包括
建议增订指标	F:建议增订指标 1-4 学校所有人员正确认识教育政策目标(学校人员除了应熟悉学校愿景外,对于整体教育政策或教育局各年度重点工作均应有正确的认识)	评估不易。当前教育政策受外力(政治)影响,变动性、争议性、突发性大,不宜列为评价指标

注:A,B,C,…,P,Q 为德尔菲法专家小组成员代号,成员共 17 人。

(3) 第三次德尔菲法问卷编制

将第二次回收问卷加以统计分析,于问卷中增列与第二次问卷调查不同的测量变量,并增列第二次全部学者专家回应的描述性统计量,包括众数、平均数、标准差等;此外,应告知每位咨询小组成员第二次调查问卷每个题目指标的勾选情况。在范例问卷中,根据第二次调查问卷专家的意见回应情况只进行指标项目 1-2 内容的修正,原指标题目内容为:"1-2 校长能具体阐述办学理念,并能落实于校务发展",修正为:"1-2 校长能具体阐述办学理念,并能形成共识,落实于校务发展"。题目指标"1-1 学校能明确制订符合学校特色的学校愿景及教育目标,并能落实于校务经营与发展目标、教育活动"所有专家均未提供修正意见,因而题目编号及指标内容保留;题目指标"1-3 学校经营与教学活动能实践以学生为教育主体的理念"于第二次调查问卷时有一位成员提供修正意见,但考量指标评估的内涵与完整性,题目内容未加以修正。

表 1-5　高雄市小学学校评价指标再建构调查问卷（三）

评价指标	重要性 非常不重要←→非常重要			请针对此题内容提供意见、修改建议及理由
1-1 学校能明确制订符合学校特色的学校愿景及教育目标,并能落实于校务经营与发展目标、教育活动	□1 □2 □3 □4 □5			
全体专家无修正意见	您第二次勾选	第一次描述统计量		
		Mo	*M*	*SD*
		5	4.78	0.85
1-2 校长能具体阐述办学理念,并能形成共识,落实于校务发展	□1 □2 □3 □4 □5			
综合全体专家的意见修正指标,原指标为: 1-2 校长能具体阐述办学理念,并能落实于校务发展	您第二次勾选	第一次描述统计量		
		Mo	*M*	*SD*
		5	4.71	0.65
1-3 学校经营与教学活动能实践以学生为教育主体的理念	□1 □2 □3 □4 □5			
指标复量与第二次调查问卷相同,未加以修正	您第二次勾选	第一次描述统计量		
		Mo	*M*	*SD*
		5	4.65	0.69

表 1-6　第二次德尔菲法检核表专家意见汇整、指标修正对照表

第二次德尔菲法检核表评价指标	第二次德尔菲法检核表专家小组的意见	修订原由与修正后的评价指标
一、理念与目标		
1-1 学校能明确制订符合学校特色的学校愿景及教育目标,并能落实于校务经营与发展目标、教育活动	全体专家无修正意见	未修正
1-2 校长能具体阐述办学理念,并能落实于校务发展	O:建议修改为"校长能具体阐述办学理念,并能形成共识,落实于校务发展" M:"具体阐述"感觉较难,"具体明列"是否较容易些?	修正指标为: 1-2 校长能具体阐述办学理念,并能形成共识,落实于校务发展

续表

第二次德尔菲法检核表 评价指标	第二次德尔菲法检核表 专家小组的意见	修订原由与修正后的 评价指标
1–3 学校经营与教学活动能实践以学生为教育主体的理念	H:学校经营与教学活动是以学生为教者的主体	未修正

注:A,B,C,…,P,Q 为德尔菲法专家小组成员代号,成员约 17 人。

笔者将德尔菲法整个研究流程统整如图 1–7 所示。

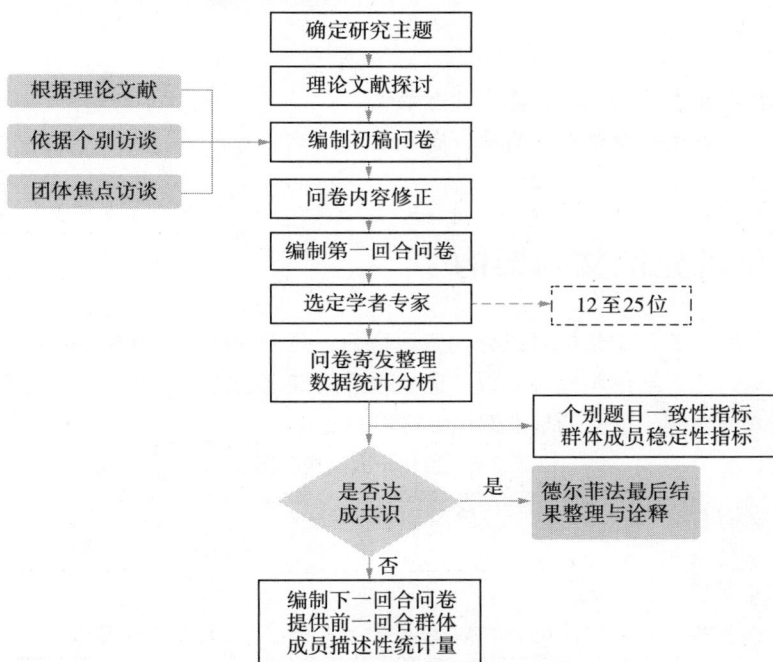

图 1-7 德尔菲法研究流程图

第二章　量化研究论述的架构

量化统计数据表格要完整、真实、有系统。

表格数据论述说明要合理、明确、有价值。

一、量化研究论文的架构

一般量化研究的基本架构可以分为五大章节，分别为绪论、文献综述、研究设计与实施、结果与讨论、结论与建议。以"语文教师的情绪智能、外向性人格与其教学满意度的相关研究"为例，论文的基本架构编排见表 2–1：

表 2-1　量化研究架构示例

中文摘要

英文摘要

目录

表录

图目录

第一章　绪论

　　第一节　研究背景与重要性

　　第二节　研究动机与目的

　　第三节　研究问题与方法

　　第四节　名词释义

　　第五节　研究范围与限制

第二章　文献综述

　　第一节　语文教师情绪智能的理论及其相关研究

　　第二节　语文教师外向性人格的理论及其相关研究

　　第三节　语文教师教学满意度的理论及其相关研究

　　第四节　语文教师情绪智能、外向性人格与教学满意度的相关研究

第三章　研究设计与实施

　第一节　研究架构

　第二节　研究假设

　第三节　研究对象

　第四节　研究工具

　第五节　实施程度与进度

　第六节　资料处理

第四章　研究结果与讨论

　第一节　依照研究问题逐一进行分析资料并进行假设检验Ⅰ

　第二节　依照研究问题逐一进行分析资料并进行假设检验Ⅱ

　第三节　对统计分析结果进行讨论

　……

第五章　结论与建议

　第一节　主要研究发现——第四章条列式摘要

　第二节　结论——归纳发现

　第三节　建议（包括研究主要建议及进一步研究建议）

参考文献

中文部分——按拼音排序

英文部分——按字母排序

附录

[专家效度审核摘要表]

[预试问卷]

[正式问卷]

就论文通用格式来看，量化研究与质性研究论文架构最大的差异在于第三章研究设计与实施，此外，第四章资料分析的形式与呈现内容有很大的差异，质性研究以文字为主干，采用归纳法统整资料；量化研究以数字及表格为主干，采用演绎法进行假设检验。质性研究通用的一般格式见表2-2：

表 2-2　质性研究架构示例

中文摘要

英文摘要

目录

表目录

图目录

第一章　绪论

　第一节　研究背景

　　在量化论文章节架构中，名词释义指变量的概念性定义与操作性定义。在行为及社会科学领域中，有些变量会随研究者的不同而有不同的界定，因而研究者必须对其加以明确界定，才能让读者知悉。架构中的第一章主要介绍研究主题的重要性、研究动机与目的、研究问题与方法、研究主要变量的含义。第二章的文献综述应针对与研究主题有关的文献或相关理论加以描述，研究者应聚焦于跟研究主题有密切关系者，对于文献的整理不应是一种资料的堆砌，而应把资料加以归纳整理并加以批评。以范例主题为例，研究者在介绍"情绪智能"（emotional intelligence）定义或含义时，引用了之前许多学者或他人对情绪智能的看法与论点，但最后却没有加以统整归纳提出个人对"情绪智能"一词的界定，如此撰写是堆砌资料而非呈现信息。在将文字内容转换为表格形式时，表格内容过于冗长，占了好几页篇幅，无法突显表格简要的特性，此外，未对整理过的表格内容加以论述、评析或统整。如此的文献综述与写法，只是研究者将文献内容堆砌成横列式表格形式，而表格内容代表的真正含义则留给读者自己体会。

第三章研究的设计与实施主要就研究架构、研究对象（包含预试抽样对象与正式抽样对象）、研究工具、研究假设与资料处理（研究假设检验采用的统计方法）等加以说明，第三章为量化研究的骨干，从此章中可使读者完整地了解研究者整个研究的历程，以及如何进行研究。第四章研究结果与讨论为资料处理后的统计分析，各章节资料处理采用的统计方法必须与之前的研究问题、研究假设相互呼应，结果分析方面必须根据呈现的数据以"中性"的语句撰写，之后再将数据结果与之前的文献相互对照。不论与先前他人研究的结果是否相同，研究者可根据数据结果论述数据背后可能的原因，其论述的词句只是研究者的一种推测，且不能违背经验法则或合理法则，研究者可采用的描述语如"……，对于此种结果，研究者论述可能的原因有以下几点：……"。第五章结论与建议中，结论根据第四章研究发现而得。由于第四章研究发现内容包含许多表格，又加上讨论内容，因而研究者可将第四章资料统计分析的发现摘录出来，于第五章第一节"主要研究发现"中呈现，根据主要研究发现内容统整归纳为研究结论，并根据研究结论提出应用及对未来研究的建议等。

第三章中的研究架构为整个研究的核心。若是相关研究，研究者必须详列变量的关系，在其常用的符号中，单箭头符号表示两个变量中一个为自变量、另一个为因变量，双箭头符号表示两个变量的相关。以图 2-1 中的左图为例，架构图中探讨的问题为："情绪智能与外向性人格是否有显著相关？""不同情绪智能的教师所感受的教学满意度是否有显著不同？""不同外向性人格的教师所感受的教学满意度是否有显著不同？"若是研究者认为"外向性人格"变量在整个研究中是作为中间变量，对自变量情绪智能而言，它是一个因变量，对因变量教学满意度而言，它又是一个自变量，则研究架构图可以绘成图 2-1 右图所示形式。

图 2-1　变量关系图对比

研究内文的引注与参考文献的写法均要按照美国心理学学会（American Psychological Association，APA）及国内一般论文的格式，如内文引注时，第一次在内文出现、作者在五位以内的，五位作者的姓名要全部列出（西文列出其姓氏）。同时有多位中文作者时，撰写的顺序为按作者姓氏笔画排列；多位西文作者时，则按作者姓氏字母排序，若引注中同时有中文及西文，则中文作者在前、西文作者在后。至于表格式的资料汇整，为便于读者看出年代的变化情况，可统一采用按"年代远近"的顺序排列，中文的资料在前、西文的资料在后。

多数学校硕博士论文答辩的流程为选定指导教授、确定研究主题、提出论文计划、按照修改的计划内容进行研究、提出论文答辩。研究计划的内容一般为正式论文的前三章，包括第一章绪论、第二章文献综述、第三章研究设计与实施。研究计划第一章绪论和正式论文或研究成果的主要差异在于，研究计划中通常会增列一节预期效益或研究价值性或研究贡献，由于研究有正向的效益或价值性存在，所以论文才有研究的必要性与合理性，如果研究者认为研究没有预期效益或贡献，研究就不值得继续进行。以"中学生学习压力的调查研究"为例，研究计划中研究者论述的预期效益为：

① 从实征调查研究中可以了解目前中学生学习压力的实际情况，以验证与教育行政单位所宣示的"目前教改政策可以减轻中学生的学习压力"的情况是否符合。

② 研究调查可以了解中学生的学习压力的事项以作为学校教学辅导的参，并作为中学阶段教育相关制度改革及实务政策推展的参考。

研究计划提出时会于第三章增列一节研究的程序与进度，此节旨在说明研究进行的程度，通常研究者会以研究流程的甘特图（Grant chart/time-line chart）表示。甘特图一般有以下两种形式，第一栏的工作项目，研究者可以根据自己的计划内容主要进程呈现。

表 2-3　研究进程的甘特图

月份 / 工作项目	第一月	第二月	第三月	第四月	第五月	第六月	第七月	第八月	第九月	第十月	第十一月	第十二月
确定研究主题	■											
搜集文献资料	■	■	■	■	■	■						
编制问卷初稿		■										
专家效度检核			■									
编制预试问卷				■								
实施问卷预试					■							
信效度的建构						■						
编制正式问卷						■						
再测信度建构						■						
寄发正式问卷							■					
统计分析资料								■				
研究结果撰写			■	■	■	■	■	■	■	■		
论文修正装订											■	

二、量化研究论文呈现原则

量化研究数据尽量要以"图""表"方式将统计结果呈现，再辅以文字说明。量化研究的结果呈现要把握以下几个原则：

1. 真实数值——真实性的结果

根据搜集的资料进行统计分析，统计分析须依据研究问题与研究假设，不论统计分析结果是否达到统计上的显著水平（$p<\alpha$，第 I 类型错误率的显著水平 α 一般设为 0.05），均须把资料分析结果真实地呈现，这是一项非常重要的研究伦理。研究者切勿乱改数据结果或呈现不真实的数据报表，即使统计分析结果无法支持多数的研究假设，研究本身多少均有其价值性，如之后的研究者从事相类似的研究，可以修改之前研究的架构、采用不同的测量工具与更严谨的抽样方法等。真实数据表示研究者对整个研究论文的负责态度，在实验研究中，研究者要翔实记录实验所得或观察的数据；在问卷调查中，研究者要翔实输入受试者勾选或回应的内容资料；统计分析程序要依据分析输出结果翔实呈现数据表格，量化研究的过程绝不能任意窜改输出结果或实验数据。

2. 完整报表——数据的完整性

呈现的数据必须完整，如方差分析中应呈现完整的方差分析摘要表，而不应只呈现 F 统计量，因为方差分析摘要表中的 F 统计量是组间平方和、组内平方和、组间均方（处理效果均方值）与组内均方值导出，若研究者能将整个方差分析摘要表呈现，则能让读者对输出结果有更清晰的了解；在多变量方差分析中，除了呈现多变量统计量外，也应呈现交乘积和与平方和（sum of squares and cross product）矩阵（SSCP 矩阵）；因素分析中除呈现转轴后的因素负荷量矩阵外，也应呈现各共同因素的特征值与各测量指标项目的共同性。

3. 客观诠释——根据数据说话

量化研究的数据是中性的，不论是否达到统计显著水平皆有其意义存在，统计数值虽是中性的，但研究者可以进一步去诠释数值结果背后的意义。如研究者在进行小学生学习压力的调查研究时，社会媒体或多数教师宣称"……课程改革造成小学生的学习压力更大……"，但研究者调查分析的结果显示，有效样本在学习压力感受的总平均数为 2.90 分（测量工具的形式为李克特五点量表法），低于中位数 3 分，表示小学生所感受的学习压力不大。研究者调查分析的结果与经验法则的差距甚大，此时，研究者应针对此种现象加以客观诠释，并推论可能的原因。若发现量化研究资料分析结果与逻辑法则、经验法则或之前多数研究不同，研究者应就其可能原因加以探究：也许是一项创新的发现，也许是测量工具的偏误、也许是抽样误差的不同、也许是时空情境不同等因素造成的。

4. 统整归纳——信息而非资料

量化的统计分析结果所要呈现的是数据信息（information），而非原始报表结果，原始报表输出结果是尚未统整的资料（data），而数据信息是完整、简约而有系统性的。有些研究者在呈现统计分析的数据表格时，直接复制 SPSS 统计软件输出的格式，表格过于纷乱，并欠缺系统性与简约性。如在方差分析中，未将事后多重比较结果整理，直接将比较表格数据呈现出来。量化研究的数据表格除重视完整性与真实性外，也要关注系统性与资料的统整归纳。

数化研究结果呈现主要以"数字"为主，但要将统计量数系统地呈现出来，最好采用"表格"方式。研究者必须将各统计量数整理成表格形式，再辅以文字说明，如此读者才易于明了，并增加论文的可读性。若是第四章研究结果的表格太多，可将部分表格移至最后的"附录"。以高职学生在生活压力五个向度的单题平均数而言，研究者将其整理成表 2-4，再辅以文字说明，读者很快就可以看出高职学生生活压力感受的程度。

表 2-4 高职学生在五个生活压力向度的单题平均得分

生活压力向度	学校压力	家庭压力	个人压力	情感压力	升学压力
单题平均数	3.52	4.85	3.12	2.15	4.23
换算百分值 /%	63.00	96.25	53.00	28.75	80.75

从表 2-4 可以看出，高职学生在"学校压力""家庭压力""个人压力""情感压力""升学压力"五个生活压力向度的单题平均得分分别为 3.52、4.85、3.12、2.15、4.23，其中"家庭压力"向度（分量表）单题的平均得分最高，换算成百分比达 96.25%（各压力向度的总分为 100 分时，受试者在家庭压力的得分高达 96.25 分），可见高职学生的生活压力的感受程度中"家庭压力"最高；至于"情感压力"向度（分量表）单题的平均得分只有 2.15，换算成百分比只有 28.75%（各压力向度的总分为 100 分时，受试者在情感压力的得分只有 28.75 分），因而高职学生所感受的"情感压力"并不高。

量化研究除将数字整理成系统表格外，重要的表格最好也能辅以图的方式呈现。SPSS 功能列"统计图（G）"可以绘制各种统计图，除直接采用 SPSS 绘制图表外，研究者也可以使用微软 Excel 试算表的图表精灵来绘制各式图表。在图表大小方面，最好能符合黄金分割比，即长与宽的比值约为 5 ∶ 3（图的长度约为图宽度的 1.67 倍）。

公立高职、私立高职两种学校类型的高职学生在五个生活压力向度的单题平均得分除可以表格呈现外，也可以采用直方图或折线图呈现（表 2-5），如此更能明确两种不同学校类型的学生在生活压力感受现况方面的不同。

表 2-5 不同学校类型的高职学生在五个生活压力向度的单题平均得分

学校类型	学校压力	家庭压力	个人压力	情感压力	升学压力
公立	3.95	2.98	3.12	2.24	4.46
私立	3.10	4.86	3.74	3.10	4.00

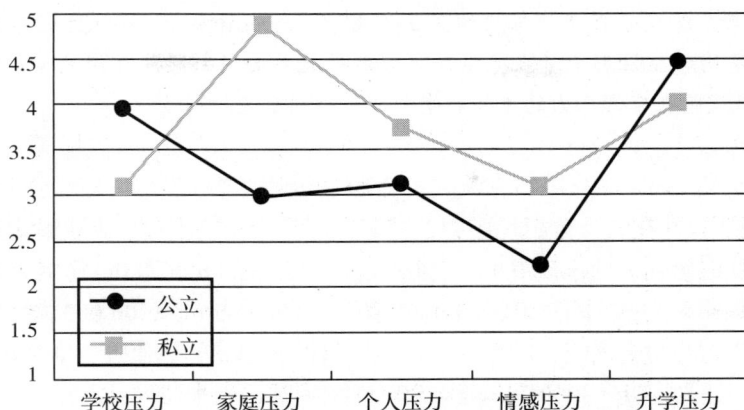

图 2-2　不同学校类型的高职学生在五个生活压力向度的折线图

在一项高中学生性别（名义二分变量）与年级（名义三分变量）在生活压力是否有显著交互作用的假设检验中，样本资料的二因子方差分析输出整理表格见表 2-6、表 2-7。

表 2-6　不同高中学生性别与年级在生活压力变量的单元格平均数与边缘平均数摘要表

性别 ＼ 年级	高一	高二	高三	边缘平均数
男生	4.900（$n=10$）	9.500（$n=10$）	6.400（$n=10$）	6.933（$n=30$）
女生	9.800（$n=10$）	5.000（$n=10$）	11.800（$n=10$）	8.867（$n=30$）
边缘平均数	7.350（$n=20$）	7.250（$n=20$）	9.100（$n=20$）	

表 2-7　不同高中学生性别与年级在生活压力变量的二因子方差分析摘要表

来　源	型 III 平方和	自由度	平均 平方和	F 检验	显著性	净相关 η^2
性别	56.067	1	56.067	7.905	0.007	0.128
年级	43.300	2	21.650	3.025	0.055	0.102
性别 × 年级	311.033	2	155.517	21.927	0.000	0.448
误差	383.000	54	7.093			
校正后的总数	793.400	59				

从二因子方差分析摘要表中可以发现：

① 性别变量的主要效果达到显著（$F=7.905$，$p=0.007<0.05$），表示高中男生与高中女生在生活压力的感受方面有显著的不同；年级变量的主要效果未达到 0.05 显著水平（$F=3.052$，$p=0.055>0.05$），表示不同年级的高中学生在生活压力的感受方面没有显著的差异存在。

②性别与年级变量在生活压力的交互作用项达到显著水平（$F = 21.927$，$p = 0.000 <$ 0.05），表示不同学生性别变量在生活压力方面的差异会受到学生年级变量的影响；或是不同学生年级变量在生活压力的差异会受到学生性别变量的影响。

【提示】

SPSS 统计软件在统计分析程序中，显著性概率值 p 的小数点内定输出至小数点后第三位，若是显著性 p 值出现 0.000，并不是表示真正的 p 值为 0，研究者不能论述拒绝零假设的错误率为 0，因为真正的 p 值可能为 0.000 05 或 0.000 003。统计输出结果的显著性 p 值为四舍五入值，因而若是报表显著性概率 p 的数值等于 0.000，研究者最好将显著性表述为："$p < 0.001$"，范例交互作用项的适当表述为：

性别与年级变量在生活压力的交互作用项达到显著水平（$F = 21.927$，$p < 0.001$），表示不同学生性别变量在生活压力方面的差异会受到学生年级变量的影响；或是不同学生年级变量在生活压力的差异会受到学生性别变量的影响。

上述二因子交互作用项显著，其交互作用如图 2-3 所示。

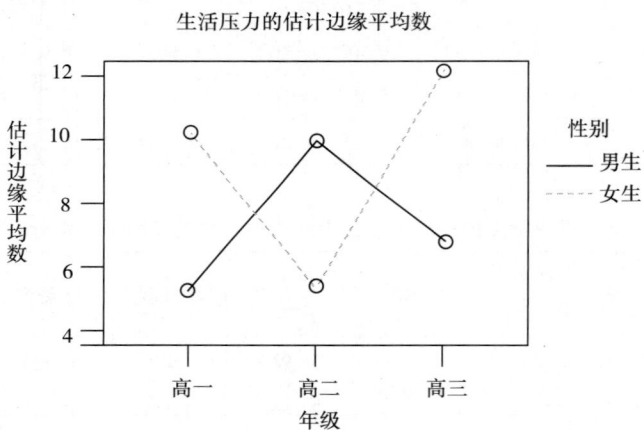

图 2-3　性别与年级在生活压力的交互作用图（一）

从图 2-3 中可以发现：就高中一年级与高中三年级学生而言，女生的学习压力高于男生的学习压力；但就高中二年级学生而言，男生的学习压力反而高于女生的学习压力。至于在各年级群体中，男、女生学习压力平均数的差异是否达到显著水准，必须进一步进行单纯主要效果检验方能得知。

年级变量在生活压力的差异受到学生性别变量的影响，就高中男生而言，高二学生在生活压力测量值的平均数高于高三学生及高一学生；但就高中女生而言，高二学生在生活压力测量值的平均数则低于高三学生及高一学生。就男生群体而言，高二男学生的平均数最高、高一男学生的平均数最低；就女生群体而言，高三女学生的平均数最高、高二女学生的平均数最低。

生活压力的估计边缘平均数

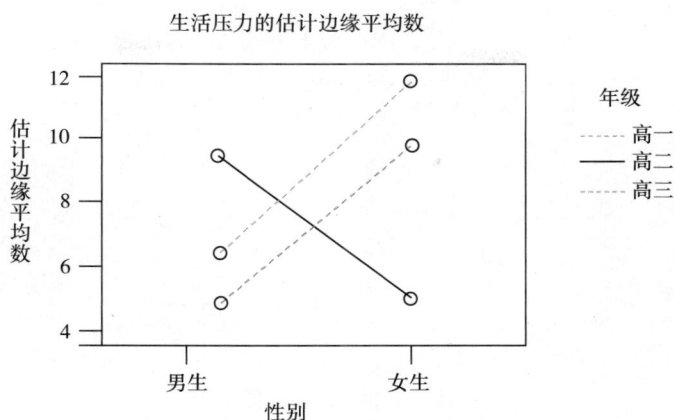

图 2-4　性别与年级在生活压力的交互作用图（二）

量化研究论文的呈现要借由"数值、图、表"等辅助，配合文字解析，数值是量化研究的核心，文字是质性研究的中心，数值的呈现若没有借由表格形式，会显得过于凌乱。表格是统计量数数值的骨架，表格中的统计量数是表格内的实体，数值借由表格才能呈现完整、系统的面貌；表格内的统计量数要有实质意义，才能让表格更有效力。量化研究的论文若是没有表格与数值，则无法完整、明确地说明数据或相关统计量数的意义以及变量间的关系。表格的呈现必须是统整后的有意义信息，而非是统计分析软件直接执行后的结果资料，这样的资料表格是未经整理的、有些数据是多余的、有些数值内容是累赘重复的；信息表格的数值应是有意义的，表格是完整、简约的。

再以"小学生家庭结构调查"为例，研究者将四种形态的家庭结构人次及百分比以表格 2-8 呈现，可以让读者明确了解四种形态的有效人次及其所占百分比。

表 2-8　小学生家庭结构四种形态的次数分布表

家庭结构	次　数	百分比	有效百分比	累积百分比	百分比排序
单亲家庭	151	32.8	32.8	32.8	2
核心家庭	186	40.3	40.3	73.1	1
大家庭	105	22.8	22.8	95.9	3
隔代教养家庭	19	4.1	4.1	100.0	4
总和	461	100.0	100.0		

量化研究的数据或统计量除了以表格形式呈现外，一些数据也可以图的方式呈现，计量变量（连续变量）常以直方图、茎叶图或折线图表示，计质变量（间断变量）常以直条图（长条图）或圆饼图等表示。范例中家庭结构变量四种形态的人次及百分比的图示见图 2-5：从圆饼图可以看出，四种形态的家庭结构所占的区块以核心家庭最大，其次是单亲家庭、大家庭，而隔代教养家庭形态的占比最小。

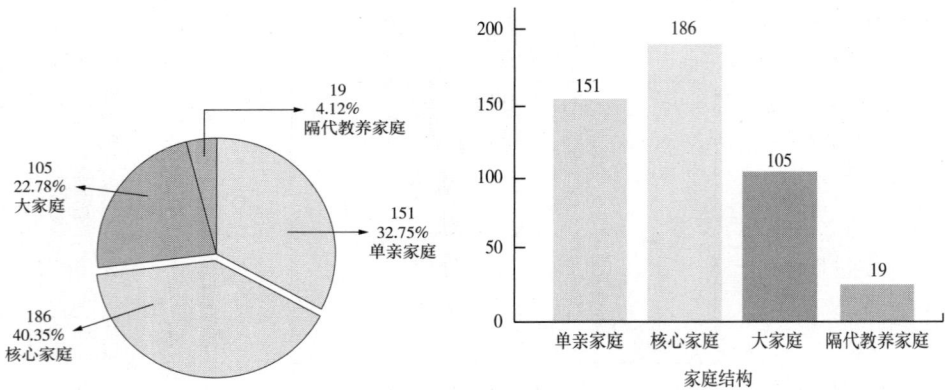

图 2-5　圆饼图、直条图示例

【统计图的制作与编修】

　　统计分析数据的各种统计图绘制及编修，研究者可使用微软开发的试算表（Excel）应用软件，或直接使用 SPSS 统计应用套装软件。在 SPSS PASW 套装软件功能表视窗列有一个"统计图（G）"的功能表，可以绘制各种量化研究中常用的标准图（standard chart）。以"圆饼图"的绘制为例，其简要操作见图 2-5：

1. 执行功能列"统计图（G）"/"历史对话记录（L）"/"圆饼图（P）"程序。
2. 开启"圆饼图"对话视窗，选取内定选项"⊙观察值组别的摘要（G）"，选择"定义"。
3. 开启"定义圆饼图：采观察值组别的摘要"对话视窗，在左边变量清单中选取目标变量"家庭结构"，将其选入右边"定义图块依据（B）"下的方格中，选择"确定"。

图 2-6

PASW 图形的编修与试算表图形编修的操作程序大同小异，鼠标移到要编修的物件上，双击左键即可开启相对应的图编辑器（chart editor）。绘制图形的数据可以直接使用原始数据文件变量或使用输出结果后的表格资料，这种表格数据绘制的图形即利用枢轴表二手数据，二手数据是之前已执行过统计分析程序、经由统计分析程序所整理的数据。

以不同性别（男生、女生两个群体）在家庭结构形态的交叉表为例，研究者想探究的是不同性别的四个家庭结构形态的样本数分布情形。SPSS PASW 统计软件的操作见图 2-7：

1. 执行功能表"叙述统计（E）" / "交叉表（C）"程序。
2. 开启"交叉表"的对话视窗，在左边变量清单中将目标变量一"性别"选入中间"列（W）"下的方格中、将目标变量二"家庭结构"选入中间"栏（C）"下的方格中，选择"确定"。（如果研究者要增列行、列及总和百分比，选择"储存格（E）"，可开启"交叉表：储存格显示"次对话视窗；如果执行程序要输出交叉表相关统计量，如卡方值、列联系数等，选择"统计量（S）"，可开启"交叉表：统计量"次对话视窗）。

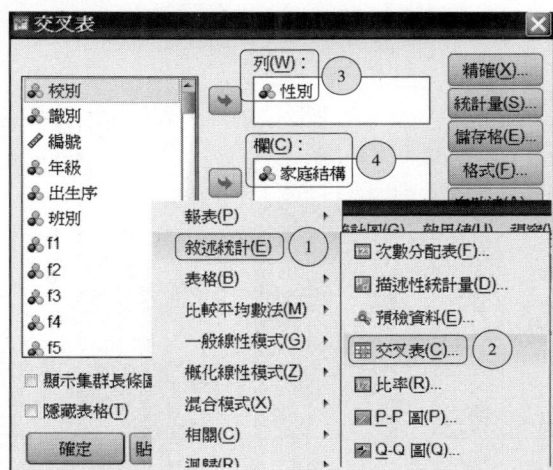

图 2-7

3. 在"性别＊家庭结构交叉表"中单击鼠标左键两下，开启表格编辑状态。此状态称为枢轴表，按鼠标左键不放选取中间交叉表的八个单元格。

图 2-8

4. 在枢轴表开启状态，按鼠标右键出现快显功能表选项，选取"建立图形"→"条形图（B）"选项，可以绘出选取单元格数据的条形图（建立图形下的次选项共有五种图形：条形图、点图、线形图、区域图、圆饼图）。在枢轴表开启状态下，可进行储存格文字及格式编辑，或整个表格的编辑，操作程序为：选取储存格，执行功能列"格式（O）→"储存格性质（C）"程序，或执行功能列"格式（O）→"表格性质（T）"程序。

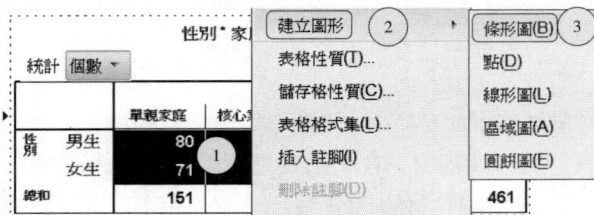

图 2-9

性别 * 家庭结构交叉表
统计:个数

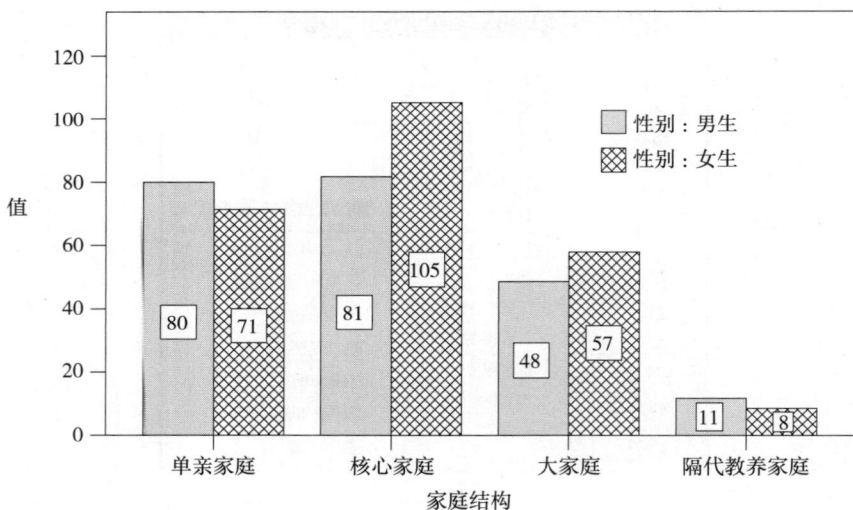

图 2-10

三、量化研究的误差

量化研究是根据样本统计量来推估总体的真正性质或特征，各阶段的误差（error）值越小或研究设计越严谨，测量结果越能反映出总体真正的特征或属性。量化研究设计中误差项的主要来源有以下几种。

（一）测量工具的误差

题目编制不适当，量表的信效度不佳，修订编制的量表／测验未经预试等都是测量工具误差的来源。如研究者以高中生为研究对象，却直接选用原先以大学生为受试对象的量表作为研究测量工具之一，由于大学生与高中生的群体属性不同，量表未经修订或编修即直接采用是不适当的。此外，就相同的群体而言，直接采用测量工具也应考虑时间性问题。所谓时间性问题是原编制者编制量表的时间与研究者采用其进行研究的时间应在五年以内（严格标准为三年以内），若是使用的量表编制时间已超过五年，直接作为研究测量工具也是不适当的，因为随社会脉动与大环境的改变，许多事象及社会现象也会随之改变。

另一个误差来源为研究者直接采用的量表或测验，其原先编制修订后信度不高或效度不佳，或某些题目内容词句的叙述表达不顺畅，但研究者因怕麻烦而直接采用，未加以修订和预试。由于量表本身的信效度就不佳，直接作为研究的测量工具，获得的数据资料当然与原始总体真正属性有很大的差异。

（二）抽样程序的误差

未采取概率抽样而是立意取样，造成抽取样本的代表性不足。在推论统计中，分析样本（sample）是从目标群体总体（population）抽出，要从样本的属性特征类推到总体的属性特征，分析的样本必须与目标群体总体的属性特征相同，即分析的小样本资料属性必须能真正反映样本所归属的总体。如果从总体抽取的样本无法有效或真正反映总体的性质，以样本的统计量数（statistics）推论总体的参数（parameter），其间就会有很大的误差值。

要让分析样本群体的统计量数能作为总体参数的有效估计值，研究抽取的小样本要有效代表实际大样本总体的性质。研究取样时应采取概率抽样法，随机从总体选取样本，若是研究者直接采用非概率抽样法，则从抽取样本推论至总体的属性特征时会产生较大的误差。当采用概率抽样法无法选取到足够的样本或研究总体属于特殊群体时，研究者可采用非概率抽样，如立意抽样（purposive sampling）或滚雪球抽样（snowball sampling）法等弹性取样方法。抽取样本属性特征无法有效反映样本总体的真正属性特征时，从样本获取的数据统计量数也无法作为总体的有效估计值，无代表性的样本群体与总体关系的图示如下。从图 2-11 中可以发现抽取分析样本的成员种类形态只有两种，但目标群体总体的成员形态有五种，研究者抽取的样本代表性明显不足。

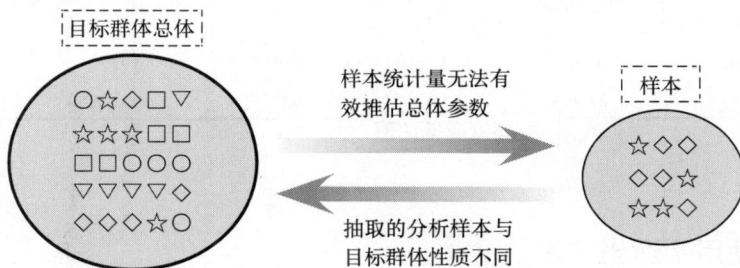

图 2-11 无代表性的样本群体与总体的关系

（三）资料检核的错误

资料输入不正确，极端的偏离值未发现，会造成测量分数加总或转换的错误。就实验研究程序而言，研究者在抄录实验数据时将小数点位置写错或将数据抄错，如原始数据为 10.85，研究者误写或抄录为 108.5 或 1.085，整个统计分析结果就会错误；或是问卷调查回收的问卷在录入计算机时，将数值输入错误，如将选项 5 录成 55，或将选项 2 录成 222，由于数据有偏离值或极端值（outlier）出现，它们会影响统计分析结果各种统计量数的正确性。研究者在抄录实验数据时要格外注意，做好检查比对；此外，为避免输入计算机的数据文件有误，研究者可使用 SPSS 统计分析软件进行资料查核，如以描述性统计量查看各变量的最小值、最大值，若是出现不合理数值，表示资料输入有误，例如学生成就测验成绩的最低分为 0 分、最高分为 100 分，若是最小值出现负数、最大值高于 100，则表示录入的资料有误。再以中学生 100 米跑的测验时间为例，多数时间为 11 至 25 秒，如果出现个位数的秒数或有三位数以上的数值，表示原始资料有极端值存在（不合理的量数或不太可能的测量值）。

资料检核的另一个方法是检核变量的次数分布表或测量值分布图。如研究者采用的量表为李克特六点量表，次数分布表中变量的水平数值只有 1、2、3、4、5、6 等六种测量值，排除研究者自行确定的遗漏值外，若出现其余数值则表示资料输入有误。下述范例为 25 位学生 100 米跑的测验成绩，由于研究者小数点的录入错误，出现了 185.4 秒的不合理数值。

极端值或偏离值的茎叶图			正确测量值的茎叶图		
时间 Stem–and–Leaf Plot			正确时间 Stem–and–Leaf Plot		
Frequency	Stem &	Leaf	Frequency	Stem &	Leaf
3.00	13.	026	3.00	13.	026
3.00	14.	235	3.00	14.	235
3.00	15.	256	3.00	15.	256
3.00	16.	557	3.00	16.	557
4.00	17.	5 667	4.00	17.	5 667
2.00	18.	48	3.00	18.	458
2.00	19.	26	2.00	19.	26
2.00	20.	25	2.00	20.	25
1.00	21.	3	1.00	21.	3
1.00	22.	6	1.00	22.	6
1.00 Extremes		(≥185.4)			
Stem width:	1.00		Stem width:	1.00	
Each leaf:	1 case(s)		Each leaf:	1 case(s)	

极端值或偏离值

图 2-12

（四）使用不适当方法

对资料结构变量测量尺度不了解，误用统计方法，会造成输出数据结果的偏误。如两个变量为次序等级变量，研究者未采用等级相关求出两个变量间的等级一致性相关系数，而直接使用积差相关方法，以积差相关系数与决定系数来解释两个变量的相关与解释变异。回归分析时未将人口变量（背景变量）转换为虚拟变量，直接将人口变量（背景变量）作为自变量代入回归方程式内，造成回归分析输出结果的错误；或将同一量表的构面变量与构面加总后的整体变量同时作为预测变量，一起投入复回归模型内，违反复回归分析的假定（预测变量的测量值分数间要彼此独立）。在准实验设计程序中，未采用共变量分析进行实验数据的分析，而直接采用独立样本 t 检验或方差分析进行组别平均数间的差异检验。在进行复选项的题目分析时，以平均数差异检验法进行背景变量在多选题题目次数的差异比较。

要能正确使用统计方法，研究者必须对各统计方法的适用时机与变量属性有真正的了解。统计变量的四大属性变量资料为类别变量资料／名义变量资料、次序变量资料、等距变量资料、比率变量资料，前两者变量资料归为计质变量／间断变量／不连续变量（discontinuous data），后两者变量资料归为计量变量／连续变量（continuous data）。计质变量资料表示的是一个点，计量变量资料表示的是一段距离，由于变量资料的属性不同，因而有其相对应的统计方法。

不适当的方法还包括 SPSS 统计软件操作程序中自行确定各种参数。如在因素分析程序界面的"因子分析：萃取"对话视窗中，共同因素萃取的准则设定，将潜在根值由1.00 改为其余数值，如 1.12 或 2.00 等，这种方式当然可以找出共同因素，但随意更改内定选项"特征值大于1"的准则，没有合理的统计理论或文献可支持。这样研究者的喜好任意更改的准则数值，也无法对因素分析程序作合理而完整的说明。

（五）结果诠释的错误

对于输出结果的解释前后颠倒或不合逻辑，写的文字无法与表格数据相契合。推论统计输出结果的解读有其逻辑性，研究者若是逻辑性判别错误，解读就会出现偏误。推论统计的报表应该先解读统计量数的显著性 p（概率值或错误率），之后才解释统计量数的意义，如果显著性概率值 $p > 0.05$，表示没有足够的证据可以拒绝零假设，此时统计量数数值的高低是没有意义的。以两个变量的积差相关为例，研究者探究的是"产品包装认同度"与"购买意愿"的关系，统计分析结果的积差相关系数为 0.39、显著性概率值 p 等于 0.28，研究者不能解释为"产品包装认同度"与"购买意愿"有显著正相关，研究者下此结论时错误率高达28%，行为及社会科学领域一般的错误率为5%（$\alpha = 0.05$，α 称为显著水平）。当 p 大于或等于 0.05 时，说明两个变量间没有显著相关，即"产品包装认同度"与"购买意愿"的相关未达显著。研究者在解读时，应先查看显著性概率值 p，再解读统计量数的意义。

推论统计的程序为：

对立假设："产品包装认同度"与"购买意愿"有显著相关，$r \neq 0$。
零假设："产品包装认同度"与"购买意愿"没有显著相关，$r = 0$。
研究推论的显著水平 α 设为 0.05（显著水平 α 也可设为 0.01）。

显著性概率值 $p = 0.28 > 0.05$，没有足够证据推翻零假设，因而必须接受零假设："产品包装认同度"与"购买意愿"没有显著相关，两变量没有相关即相关系数 $r = 0$。统计分析所得的相关系数 $r = 0.39$（样本的统计量数 r）是抽样误差造成的，当研究者将样本数扩大或进行普查时，两个变量间的相关系数会趋近于 0（总体的相关系数称为参数 α）。

再以单一平均数的推估为例，研究问题为甲县（市）中学三年级的基本学力测验（基测）平均分数是否高于基测总分的一半量测值 206（总分满分为 412）分，研究者采用分层随机取样方法，共抽取县（市）内 1 023 位中学三年级学生，经统计分析，样本平均数 $\bar{X} = 208$，显著性概率值 $p = 0.14$，推论统计的程序为：

对立假设：$\mu > 206$（总体总分平均高于 206 分）。

零假设：$\mu \leqslant 206$（总体总分低于或等于 206 分）。

显著性概率值 $p = 0.14 > 0.05$，双尾检验时 p 为 0.14，在单尾检验时 $p = 0.14 \div 2 = 0.07 > 0.05$，没有足够证据推翻零假设（没有足够的信息说零假设是错误的），因而必须接受零假设："中学三年级学生的基测总平均成绩并未显著高于 206 分"，即 "$\mu \leqslant 206$" 是对的，如果研究者未先解读显著性 p 值（错误率），而直接以样本的统计量平均数 208 来解释："因为样本平均数 $\bar{X} = 208 > 206$，因而甲县（市）中学三年级的基本学力测验（基测）的总平均分数高于 206 分"，研究者下此结论时错误率高达 7%。

当零假设为真，将显著水平 α 定为 0.05 时，也可能拒绝零假设，支持对立假设，此种统计推论的错误称为第一类型错误 / Ⅰ型错误（Type Ⅰ error），表示零假设是真的，但研究者根据样本分析的数据结果认为零假设是假的，没有接受零假设反而支持对立假设，如果零假设为假，研究者的决定也是拒绝零假设时，即为正确裁决 / 正确决定；若是零假设为假，研究者反而接受零假设（没有拒绝零假设），而否定对立假设，所犯的统计推论错误称为第二类型错误 / Ⅱ型错误（Type Ⅱ error）。统计论中Ⅰ型错误、Ⅱ型错误与正确决定的关系摘要表见表 2-9。

表 2-9　关于拒绝零假设的决定的可能结果摘要表

	零假设为真	零假设为假 （对立假设为真）
接受零假设	正确决定（$1-\alpha$）	错误决定，Ⅱ型错误（β）
拒绝零假设	错误决定，Ⅰ型错误（α）	正确决定，统计检验力（$1-\beta$）

　　如果统计分析的显著性很小（一般 $p = 0.05$），研究者宁愿说零假设是假（对立假设可以得到支持），但研究者拒绝零假设时，零假设也有很小的概率可能为真，此时如果零假设真的为"真"，但研究者根据统计数据认为零假设是假而加以拒绝，称为Ⅰ型错误，一般将Ⅰ型错误率定为 0.05。SPSS 输出报表的显著性 p 值是四舍五入值，如果出现 0.000，其真正的数值可能为 0.000 1 或 0.000 003，因而即使 p 值为 0.000，还是有很低的概率出现Ⅰ型错误。

将上面摘要表以线图图示如下 (McBurney & White, 2007, p.391)（图 2-13 ）:

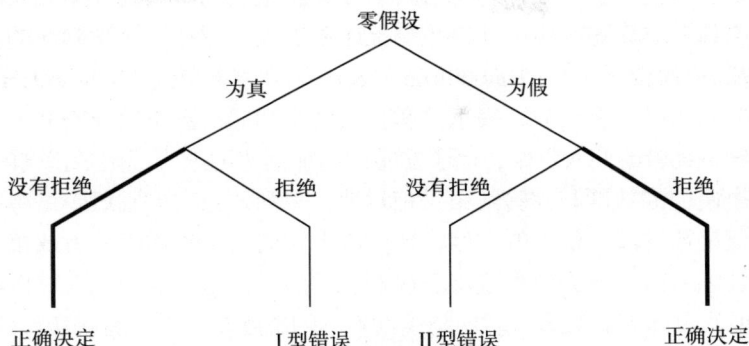

图 2-13　摘要表线图图示

量化研究的各项误差所推论的总体特性与真正总体特征的差异图见图 2-14，从图中可以看出，在量化研究程序中，最重要的是"测量工具"，若是测量工具（量表或测验）编制的过程欠缺严谨，测量工具的信效度不佳，则研究所搜集的资料本身就欠缺可靠性，之后统计分析结果的偏误就会很大。测量工具不仅要有高信度，也要有高效度，对于想以问卷调查法作为资料搜集的研究者，问卷编制过程要格外谨慎，不要为了方便，随便挑选信效度不佳的量表或不适合的测验。

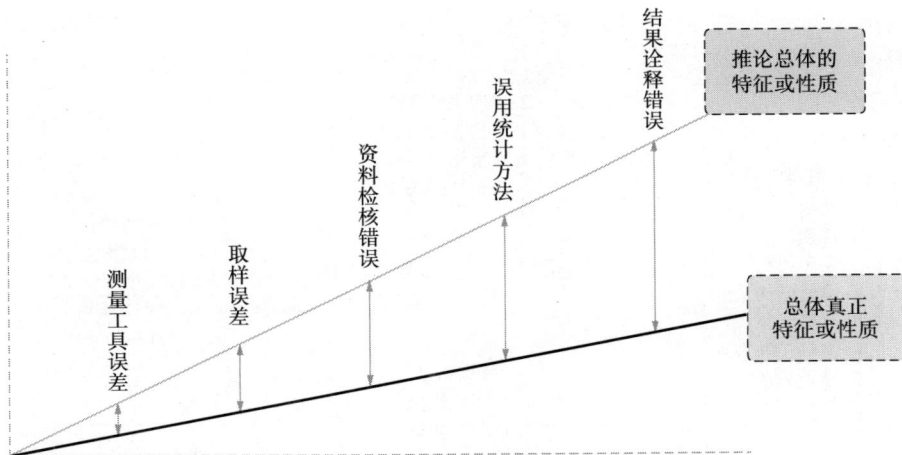

图 2-14　推论总体特征与真正总体特征差异图

此外，研究者要以客观的立场来设计与完成研究，尤其是在实验设计中要避免"实验者效应"（experimenter effect）或"月晕效应"的出现，如实验处理时，实验者或教学者对实验处理组表现产生误导，观察记录实验组与控制组的受试者行为表现时未持客观中立立场，检核表的勾选不符合实际等。如果研究者在研究过程中能持客观中立、受试者量表填答或行为表现诚实，则研究者误差及受试者误差两项误差项可以从研究设计中排除。自然科学或理工实验结果的误差，除实验过程造成的差异外，常见的是数据抄录错误，由于研究者或观察者的疏忽，统计分析的结果可能出现矛盾，或无法与先前理论契合。

以人为受试对象的实验处理与自然科学或理工领域的实验处理有很大的不同。人为活生生的个体，容易与周遭生态产生交互作用，因而在社会科学领域的实验研究容易产生所谓的"霍桑效应"（Hawthorne effect）与"亨利效应"（John Henry effect）。霍桑效应为实验组受试者效应，表示当实验组成员知道自己正接受研究者的实验处理时，自觉受到研究者或他人肯定，而于实验期间加倍努力或表现更多正向的行为态度，进而影响整个研究的效度与实验结果；相对地，亨利效应为控制组受试者效应，表示的是一种不服输精神或补偿性的态度，当受试者知道自己未被研究者或相关人员选为实验组时，误以为自己不受重视或是表现较差的成员，为了改变他人对自我的看法或态度，实验期间反而加倍认真，展现与平常不同的态度与行为，造成实验效果的偏误，不仅影响实验内在效度的客观性与正确性，也降低了实验的外在效度。

四、相关研究与比较研究

量化研究的问卷调查探究的变量主要有两种形态：一是相关研究或关系研究；一是比较研究。相关研究如"高雄市小学高年级学生的生命意义感、自我概念与忧郁倾向的相关研究"（或"高雄市小学高年级学生的生命意义感、自我概念与忧郁倾向间关系的研究"）。三个变量的相关研究图示见图 2-15（徐香景，2009）：

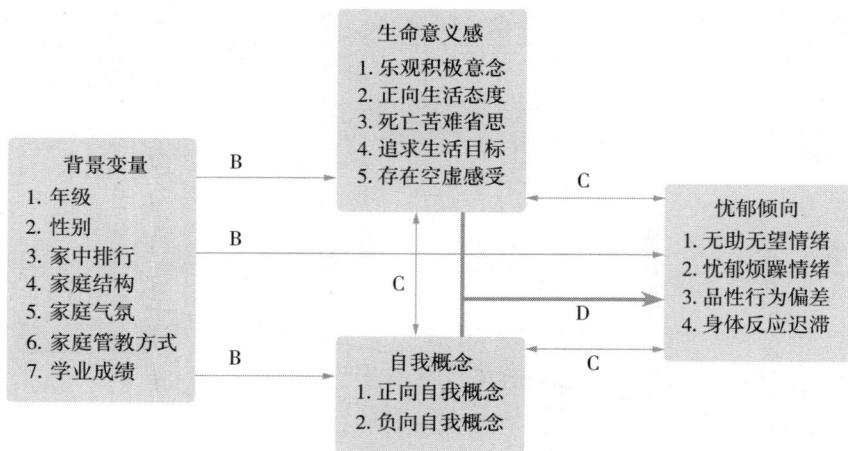

B：探讨背景变量在生命意义感、自我概念与忧郁倾向的差异情况。
C：探讨生命意义感、自我概念与忧郁倾向间的相关情况。
D：探讨生命意义感、自我概念对忧郁倾向变量的预测情况。

图 2-15　研究架构图

相关研究关注的是变量间的相关是否达到显著（$p < 0.05$），变量间的解释变异程度的高低为何（决定系数 r^2），范例研究架构中，研究者关注的三个研究问题为：

1. 高雄市小学高年级学生的生命意义感与自我概念间是否有显著的相关？

2.高雄市小学高年级学生的生命意义感与忧郁倾向间是否有显著的相关？

3.高雄市小学高年级学生的自我概念与忧郁倾向间是否有显著的相关？

上述研究问题以表格呈现的变量间的相关格式如下（表2-10—表2-12）：

表 2-10 生命意义感与自我概念的相关系数摘要表

生命意义感		乐观积极意念	正向生活态度	死亡苦难省思	追求生活目标	存在空虚感受
自我概念	相关系数 r	相关系数 r	相关系数 r	相关系数 r	相关系数 r	相关系数 r

表 2-11 生命意义感与忧郁倾向的相关系数摘要表

生命意义感 忧郁倾向	乐观积极意念	正向生活态度	死亡苦难省思	追求生活目标	存在空虚感受
忧郁倾向	相关系数 r	相关系数 r	相关系数 r	相关系数 r	相关系数 r
无助无望情绪	相关系数 r	相关系数 r	相关系数 r	相关系数 r	相关系数 r
忧郁烦躁情绪	相关系数 r	相关系数 r	相关系数 r	相关系数 r	相关系数 r
品性行为偏差	相关系数 r	相关系数 r	相关系数 r	相关系数 r	相关系数 r
身体反应迟滞	相关系数 r	相关系数 r	相关系数 r	相关系数 r	相关系数 r

表 2-12 自我概念与忧郁倾向的相关系数摘要表

忧郁倾向 自我概念	忧郁倾向	无助无望情绪	忧郁烦躁情绪	品行行为偏差	身体反应迟滞
自我概念	相关系数 r	相关系数 r	相关系数 r	相关系数 r	相关系数 r

研究统计分析的焦点在于研究者所列变量间的相关（包含自变量、中间变量、因变量）关系，上述三个研究问题与统计分析目的在于回答下列变量间关系：

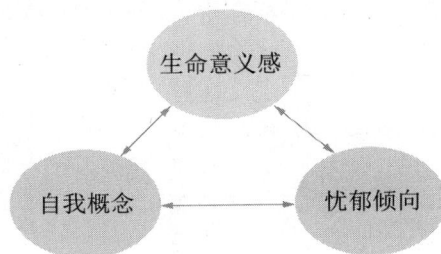

图 2-16 三个变量关系

如果检验结果证明，变量间相关显著且变量间彼此可解释的变异量达16%（变量间有中度相关），表示变量间可能有因果关系，进一步用其他多变量统计分析，如回归分析或结构方程模型等才更有价值性，如果变量的相关很低或构面间的相关多数未达显著，研究者采用复回归或其他多变量统计方法的实质意义不大。当三个潜在变量间的相关达到显著水平，且效果值（决定系数）达到 0.16 以上（变量间的相关系数达 0.40 以上），研究者可进一步探究三个潜在变量间的影响路径，见图 2-17：

图 2-17　三个潜在变量间的影响路径

在研究架构图中，研究者一般会根据文献理论或先前实证研究，增列相关人口变量（或称背景变量／人口背景变量），增列的研究问题为：

"背景变量在生命意义感、自我概念与忧郁倾向的差异情况是否达到显著？"人口背景变量在变量的差异检验一般采用 t 检验或方差分析 F 检验，平均数差异检验的变量摘要表如下（表 2-13—表 2-15）：

表 2-13　不同背景变量的小学高年级学生在生命意义感的差异分析结果摘要表

背景变量	整体生命意义感	乐观积极意念	正向生活态度	死亡苦难省思	追求生活目标	存在空虚感受
年级	t 检验	t 检验	t 检验	t 检验	t 检验	t 检验
性别	t 检验	t 检验	t 检验	t 检验	t 检验	t 检验
家中排行	F 值检验	F 值检验	F 值检验	F 值检验	F 值检验	F 值检验
家庭结构 与父母同住（G1） 与父同住（G2） 与母同住（G3） 与祖父母或其他亲戚同住（G4）	F 值检验	F 值检验	F 值检验	F 值检验	F 值检验	F 值检验
家庭气氛 很和谐（G1） 普通（G2） 不和谐（G3）	F 值检验	F 值检验	F 值检验	F 值检验	F 值检验	F 值检验
家庭管教方式 民主式（G1） 权威式（G2） 放任式（G3）	F 值检验	F 值检验	F 值检验	F 值检验	F 值检验	F 值检验
学业成绩 90 分以上（G1） 80 ~ 89 分（G2） 70 ~ 79 分（G3） 60 ~ 69 分（G4） 60 分以下（G5）	F 值检验	F 值检验	F 值检验	F 值检验	F 值检验	F 值检验

表 2-14　不同背景变量的小学高年级学生自我概念的差异分析结果摘要表

背景 变量	年级	性别	家中 排行	家庭结构 与父母同住（G1） 与父同住（G2） 与母同住（G3） 与祖父母或其他亲 戚同住（G4）	家庭气氛 很和谐（G1） 普通（G2） 不和谐（G3）	家庭管教方式 民主式（G1） 权威式（G2） 放任式（G3）	学业成绩 90分以上（G1） 80～89分（G2） 70～79分（G3） 60～69分（G4） 60分以下（G5）
自我 概念	t 检验	t 检验	F值 检验	F值检验	F值检验	F值检验	F值检验

表 2-15　不同背景变量的小学高年级学生在忧郁倾向的差异分析结果摘要表

背景变量	整体忧郁 倾向	无助无望 情绪	忧郁烦躁 情绪	品性行为 偏差	身体反应 迟滞
年级	t检验	t检验	t检验	t检验	t检验
性别	t检验	t检验	t检验	t检验	t检验
家中排行	F值检验	F值检验	F值检验	F值检验	F值检验
家庭结构	F值检验	F值检验	F值检验	F值检验	F值检验
家庭气氛 很和谐（G1） 普通（G2） 不和谐（G3）	F值检验	F值检验	F值检验	F值检验	F值检验
家庭管教方式 民主式（G1） 权威式（G2） 放任式（G3）	F值检验	F值检验	F值检验	F值检验	F值检验
学业成绩 90分以上（G1） 80～89分（G2） 70～79分（G3） 60～69分（G4） 60分以下（G5）	F值检验	F值检验	F值检验	F值检验	F值检验

　　假设所有人口背景变量在生命意义感各构面及整体生命意义感、自我概念、忧郁倾向各构面及整体忧郁倾向的差异统计量均未达显著水平（$p > 0.05$），研究也有价值，因为研究的焦点是"变量间的关系探究"，而非"人口背景变量在各变量的差异比较研究"。因而即使所有人口背景变量在所有变量的 t 值统计量／F 值统计量均未达 0.05 显著水平，只要研究架构中探究变量的相关达到显著，研究的整体结果也有很高价值。

人口背景变量在所有变量间的差异都未达到显著，其中可能的原因很多：一是事实现象如此，不同群体或多数样本在量表感受的情况或知觉态度差不多；二是研究测量工具的信效度可能有问题；三是研究程序不够严谨，如未采取概率取样，直接选用便利抽样法，造成填答样本的同质性过大等。

量化研究变量间的比较研究如"小学艺术才能班与普通班学生父母教养方式、学习压力与幸福感的比较研究"。两个群体变量间的比较差异探究的架构图一般如图2-18所示（陈怡年，2010）：

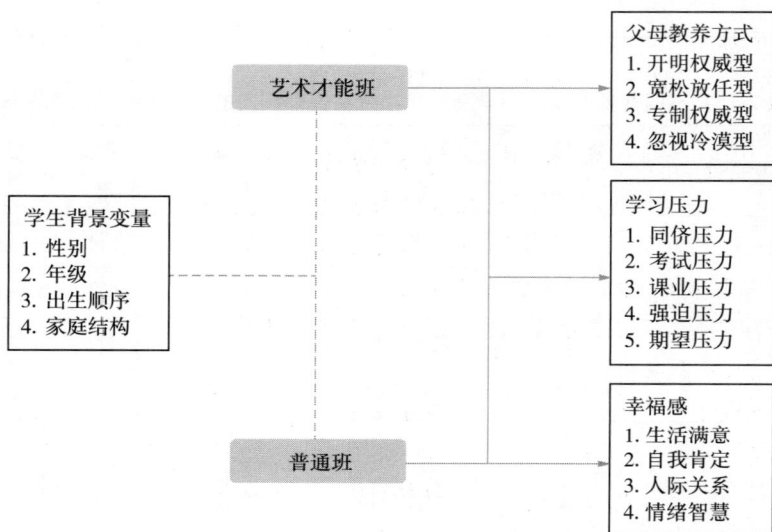

图 2-18　比较差异探究架构图

比较研究关注的重点是两个目标群体（艺术才能班与普通班）在因变量的差异，统计分析时两个群体的资料要分开。研究程序着重探讨三个主要研究问题：

1. 艺术才能班（以下简称"艺才班"）与普通班学生在父母教养方式的形态感受上是否有显著不同？
2. 艺术才能班与普通班学生在学习压力感受上是否有显著不同？
3. 艺术才能班与普通班学生在幸福感上是否有显著不同？

在图2-18中，研究者增列四个学生背景变量：性别、年级、出生顺序、家庭结构。以性别变量而言，比较差异研究纳入性别变量（男生、女生），一为比较艺术才能班男生与普通班男生父母教养方式、学习压力、幸福感的差异；二为比较艺术才能班女生与普通班女生父母教养方式、学习压力、幸福感的差异；探究以下四个次研究问题：

1. 三年级群体中艺术才能班与普通班学生在父母教养方式、学习压力、幸福感的差异是否达到显著？

2. 四年级群体中艺术才能班与普通班学生在父母教养方式、学习压力、幸福感的差异是否达到显著？

3. 五年级群体中艺术才能班与普通班学生在父母教养方式、学习压力、幸福感的差异是否达到显著？

4. 六年级群体中艺术才能班与普通班学生在父母教养方式、学习压力、幸福感的差异是否达到显著？

家庭结构分为四个群体（四个水平）：单亲家庭、核心家庭、大家庭、隔代教养家庭。将家庭结构变量纳入分析，探究以下四个次研究问题：

1. 单亲家庭群体中艺术才能班与普通班学生在父母教养方式、学习压力、幸福感的差异是否达到显著？此研究问题可以改写为：
   艺术才能班学生（为单亲家庭者）与普通班学生（为单亲家庭者）在父母教养方式、学习压力、幸福感的差异是否达到显著？

2. 核心家庭群体中艺术才能班与普通班学生在父母教养方式、学习压力、幸福感的差异是否达到显著？

3. 大家庭群体中艺术才能班与普通班学生在父母教养方式、学习压力、幸福感的差异是否达到显著？

4. 隔代教养家庭群体中艺术才能班与普通班学生在父母教养方式、学习压力、幸福感的差异是否达到显著？

出生顺序变量分为四个群体（四个水平）：独生子女、老大、中间子女、老幺。将出生顺序变量纳入分析，探究以下四个次研究问题：

1. 独生子女群体中艺术才能班与普通班学生在父母教养方式、学习压力、幸福感的差异是否达到显著？

2. 老大群体中艺术才能班与普通班学生在父母教养方式、学习压力、幸福感的差异是否达到显著？

3. 中间子女群体中艺术才能班与普通班学生在父母教养方式、学习压力、幸福感的差异是否达到显著？

4. 老幺群体中艺术才能班与普通班学生在父母教养方式、学习压力、幸福感的差异是否达到显著？

将四个学生个人变量纳入分析，探究艺术才能班与普通班学生在学习压力变量的差异时，其综合摘要表见表2–16。由于进行的是两个群体平均数的差异比较，因而研究者可以直接采用独立样本 *t* 检验或独立样本方差分析加以检验。

表 2-16　不同背景变量艺才班与普通班学生在"学习压力"变量差异综合摘要表

对　象	组　别	班　别	考试压力	强迫压力	同侪压力	课业压力	期望压力	学习压力整体
性别	男生	艺才班	t 值	t 值	t 值	t 值	t 值	t 值
		普通班						
	女生	艺才班	t 值	t 值	t 值	t 值	t 值	t 值
		普通班						
年级	三年级	艺才班	t 值	t 值	t 值	t 值	t 值	t 值
		普通班						
	四年级	艺才班	t 值	t 值	t 值	t 值	t 值	t 值
		普通班						
年级	五年级	艺才班	t 值	t 值	t 值	t 值	t 值	t 值
		普通班						
	六年级	艺才班	t 值	t 值	t 值	t 值	t 值	t 值
		普通班						
出生顺序	独生子女	艺才班	t 值	t 值	t 值	t 值	t 值	t 值
		普通班						
	老大	艺才班	t 值	t 值	t 值	t 值	t 值	t 值
		普通班						
	中间子女	艺才班	t 值	t 值	t 值	t 值	t 值	t 值
		普通班						
	老幺	艺才班	t 值	t 值	t 值	t 值	t 值	t 值
		普通班						
家庭结构	单亲家庭	艺才班	t 值	t 值	t 值	t 值	t 值	t 值
		普通班						
	核心家庭	艺才班	t 值	t 值	t 值	t 值	t 值	t 值
		普通班						
	大家庭	艺才班	t 值	t 值	t 值	t 值	t 值	t 值
		普通班						
	隔代教养家庭	艺才班	t 值	t 值	t 值	t 值	t 值	t 值
		普通班						

如果所有差异比较的 t 统计量或卡方统计量都未达显著水平（$p > 0.05$），说明艺术

才能班与普通班学生在父母教养方式、学习压力、幸福感的差异上并没有显著不同，所有研究假设都无法获得支持，研究者探究的所有因变量在两个目标群体间都没有显著差异存在。这一研究结果可能是界定比较的因变量不适合，或是两个目标群体的样本数不足。此时要统整归纳研究结论比较困难。在进行两个群体在某些人格特质、学习形式、兴趣动机、态度感受等变量的差异比较时，界定的目标因变量最好有理论文献基础或经验法则支持。

若是研究者改用相关探究父母教养方式、学习压力、幸福感三个变量间的关系，即使达到显著相关也没有实质意义，因为研究者探究的目标是两个不同目标群体在父母教养方式、学习压力、幸福感三个变量间的差异比较，关注的统计量数是统计量或 t 统计量是否达到显著水平（$p < 0.05$），至于全部样本与三个变量间的相关则不是研究者探究的重点。因而两个或多个群体的比较研究的整个核心关注的是："目标群体在因变量间的差异是否达到显著（$p < 0.05$），而非因变量间的相关系数是否达到显著（$p < 0.05$）"。

表 2-17　不同背景小学艺术才能班与普通班学生在幸福感变量的差异综合分析表

对　象	组　别	班　别	生活满意	自我肯定	人际关系	情绪智慧	幸福感整体
性别	男生	艺才班	t 值	t 值	t 值	t 值	t 值
		普通班					
	女生	艺才班	t 值	t 值	t 值	t 值	t 值
		普通班					
年级	三年级	艺才班	t 值	t 值	t 值	t 值	t 值
		普通班					
	四年级	艺才班	t 值	t 值	t 值	t 值	t 值
		普通班					
	五年级	艺才班	t 值	t 值	t 值	t 值	t 值
		普通班					
	六年级	艺才班	t 值	t 值	t 值	t 值	t 值
		普通班					
出生顺序	独生子女	艺才班	t 值	t 值	t 值	t 值	t 值
		普通班					
	老大	艺才班	t 值	t 值	t 值	t 值	t 值
		普通班					
	中间子女	艺才班	t 值	t 值	t 值	t 值	t 值
		普通班					
	老幺	艺才班	t 值	t 值	t 值	t 值	t 值
		普通班					

续表

对 象	组 别	班 别	生活满意	自我肯定	人际关系	情绪智慧	幸福感整体
家庭结构	单亲家庭	艺才班	t 值	t 值	t 值	t 值	t 值
		普通班					
	核心家庭	艺才班	t 值	t 值	t 值	t 值	t 值
		普通班					
	大家庭	艺才班	t 值	t 值	t 值	t 值	t 值
		普通班					
	隔代教养家庭	艺才班	t 值	t 值	t 值	t 值	t 值
		普通班					

第三章　研究问题与假设

量化研究一般应用于对统计分析结果进行假设的检验，统计分析的本质在于应用，而非玩弄表面数字。

一、研究问题与研究假设

量化研究中的研究问题有三大类：一是社会事实现象的调查研究（调查法）；二是态度或心理特质的测量（相关研究法）；三是实验处理研究效果的衡量（实验研究法）。就社会事实现象的调查研究而言，研究者研究的主要目的在于了解"现象"或"事实现象的程度"或"行为频率"，此种社会现象的事实并不需要提出研究假设，也不需要假设检验。

大一学生曾有作弊行为者的比例是多少？

中小学教师对九年一贯课程满意者有多少？

退休教师每周平均从事有氧运动的时间是多少？

家长对十年教改满意的比例是多少？

上述研究问题只要简单以描述性统计量的平均数、人数及百分比即可回答研究问题，因而不需进行假设检验。如资料结构显示：家长对十年教改满意的为 45.0%、不满意的为 55.0%，如此以百分比即可回答研究者所要探究的问题。对于社会现象、方案现象的调查研究一般不用提出研究假设及进行假设检验，因为调查研究的目的是了解受试者对于某个方案、现象或问题的一般性看法，当然，若是研究者要进一步探究不同背景受试者在看法上的差异是否有所不同，也可以进行假设检验，如卡方检验。

第二种为相关或差异检验的问题（相关研究或调查研究），通常要增列研究假设，并进行研究假设的检验，如在"高职学生生活压力与自杀倾向的相关研究"中，研究者拟探讨的研究目的有：

1. 探讨不同背景的高职学生在生活压力、自杀倾向感受的差异情况。
2. 探讨高职学生的生活压力与其自杀倾向间的关系程度。
3. 探讨高职学生的生活压力构面对自杀倾向的解释力情况。

根据研究目的，研究者所要探讨的问题有：

1. 不同背景变量（性别、学校类别、家庭社会经济地位）的高职学生在生活压力、
   自杀倾向上是否有显著的不同？
2. 高职学生的生活压力与自杀倾向间是否显著相关？
3. 高职学生生活压力的五个向度是否对自杀倾向有显著的解释力？

对照上述三个研究问题，研究者所拟的三个研究假设如下：

假设 1：不同背景变量的高职学生在生活压力、自杀倾向上有显著的不同。
假设 1-1：不同性别（男生、女生）的高职学生在生活压力、自杀倾向上有显著的
　　　　　不同。
假设 1-2：不同学校类别（公立、私立）的高职学生在生活压力、自杀倾向上有显
　　　　　著的不同。
假设 1-3：不同社会经济地位（高社会经济地位、中社会经济地位、低社会经济地
　　　　　位）的高职学生在生活压力、自杀倾向上有显著的不同。
假设 2：高职学生的生活压力与自杀倾向间有显著相关。
假设 3：高职学生生活压力的五个向度（家庭压力、学校压力、自我压力、情感压
　　　　　力、人际压力）对自杀倾向有显著的解释力。

为验证上述研究假设，资料处理相对应的统计方法为：

验证假设 1：采用独立样本 t 检验与单因子方差分析，若达到统计显著性（$p < 0.05$），
　　　　　　进而求出效果值或关联强度，以探究自变量对因变量的解释变异程度。
验证假设 2：采用皮尔逊积差相关方法，若达到统计显著性（$p < 0.05$），则求出
　　　　　　决定系数，以探究生活压力变量对自杀倾向的解释变异程度。
验证假设 3：采用解释型复回归方法（Enter 法），以探究生活压力五个向度变量对
　　　　　　自杀倾向的解释力。

就实验研究而言（实验法），研究的主要目的在于探究实验处理的效果。以"现实
治疗团体对语文低成绩学生的辅导效果研究"为例，研究者所要探讨的研究问题有：

1. 现实治疗团体对语文低成绩学生是否有正向的立即效果？

1-1　现实治疗团体对语文低成绩学生的学习态度是否有正向的立即效果？

1-2　现实治疗团体对语文低成绩学生的语文学业成绩是否有正向的立即效果？

2. 现实治疗团体对语文低成绩学生是否有正向的保留效果？

2-1　现实治疗团体对语文低成绩学生的学习态度是否有正向的保留效果？

2-2　现实治疗团体对语文低成绩学生的语文学业成绩是否有正向的保留效果？

对应的研究假设如下：

假设 1：现实治疗团体对语文低成绩学生有正向的立即效果。

假设 1-1：实验组经实验处理后，在学习态度的测量分数显著高于控制组。

假设 1-2：实验组经实验处理后，在语文学业成绩的测量分数显著高于控制组。

假设 2：现实治疗团体对语文低成绩学生有正向的保留效果。

假设 2-1：实验组经实验处理后六周，在学习态度的测量分数显著高于控制组。

假设 2-2：实验组经实验处理后六周，在语文学业成绩的测量分数显著高于控制组。

为进行假设检验，研究者采用统计控制方法进行资料处理。

验证假设 1、2：若资料结构符合组合回归同质性假定，则直接采用传统单因子共变量分析，如果资料结构未符合组合回归同质性假定，则改用詹森—内曼法进行实验处理效果组间的差异比较。

上述研究问题是依据研究目的延伸而来的，而研究假设又根据研究问题而得，但不一定每个研究问题均要对应一个研究假设，若是一种社会事实现象看法的调查通常不需要罗列研究假设，此种研究问题通常借由描述性统计量的平均数、标准差、全距，或人数及百分比即可回答。研究目的的叙写必须以具体明确的正向词句描述并能回应研究主题，或能说明变量与变量间的关系。研究问题则必须扣紧研究目的，有时一个研究目的会有一至三个研究问题。研究问题通常以疑问句的形式出现，是从调查研究或实验研究搜集的资料中可以回答的，即从资料结构中可以回答的问题，如在"中学教师外向性人格、情绪智能与工作压力的关系研究"中，研究者的研究目的有四个：

研究目的 1：了解中学教师外向性人格、情绪智能与工作压力感受的实际情况。

研究目的 2：探究不同背景变量的中学教师在外向性人格、情绪智能与工作压力感受上的差异。

研究目的 3：探究中学教师的外向性人格、情绪智能与其工作压力感受间的关系。

研究目的 4：探讨中学教师的外向性人格与情绪智能两个变量在工作压力感受的交互作用情况。

依据研究动机与研究目的，研究者拟探讨的研究问题如下：

研究问题 1：中学教师外向性人格、情绪智能与工作压力感受的现象为何？
研究问题 2：中学教师的外向性人格、情绪智能与工作压力感受，是否因背景变量不同而有显著的不同？
研究问题 3：中学教师的外向性人格、情绪智能与工作压力感受之间，是否有显著关系存在？
研究问题 4：中学教师不同程度的外向性人格与情绪智能在工作压力上是否有显著的交互作用存在？（中学教师不同程度的外向性人格在工作压力上的差异是否受到情绪智能变量的影响？或探讨中学教师不同程度的情绪智能在工作压力的差异是否受到外向性人格变量的影响？）

研究假设如下：

研究假设 1：中学教师的外向性人格、情绪智能与工作压力感受，因背景变量的不同而有显著的不同。
研究假设 2：中学教师的外向性人格、情绪智能与工作压力感受间有显著关系存在。
研究假设 2-1：中学教师的外向性人格与工作压力感受间有显著关系存在。
研究假设 2-2：中学教师的情绪智能与工作压力感受间有显著关系存在。
研究问题 3：中学教师不同程度的外向性人格与情绪智能在工作压力感受上有显著的交互作用存在。

研究假设必须采用肯定句的陈述，此外要采用"对立假设"（alternative hypothesis）的形式，即假设中明确指出变量间有显著相关或有显著的差异性；此外，也应采用双尾检验（双侧检验）的模型描述，除非有丰富及一致性的理论文献支持，否则不应采用单尾检验。单尾检验的假设是包含方向性的，如显著正相关、显著负相关、显著高于、显著大于、显著优于、显著低于、显著小于等。如研究假设 2-1：中学教师的外向性人格与工作压力感受间有显著关系存在。此假设是一种没有方向性的假设（non directional hypothesis），被称为双侧检验（two-tailed test）。若是将研究假设 2-1 改为："中学教师的外向性人格与工作压力感受间有显著'负'相关存在"，则此种假设是一种有方向性的假设，又称为单侧检验（one-tailed test）。单侧检验较易拒绝零假设（接受对立假设），同样的资料结构，统计分析结果在双侧检验的假设下，可能无法拒绝零假设。研究者提出有方向性研究假设必须要有充足的理由与合理的说明，尤其是要有一致性的文献来做背后的理论支持。

研究目的、研究问题、研究假设与采用的统计方法应当互相匹配。

二、量化研究的迷思

量化研究即根据相关文献（理论基础或经验法则）提出变量间的关系，根据研究架构提出研究假设，进而依据研究设计编制测量工具并以问卷调查或观察法来搜集资料，最后再根据搜集的资料进行统计分析，以验证研究者所提的研究假设是否得支持。量化研究主要有两大类型："非操作性研究"（nonmanipulative research）与"操作性研究"（manipulative research）。操作性研究即为实验研究，研究者控制干扰变量，操作自变量（实验处理）以探究其对因变量的影响；非操作性研究如问卷调查法或观察法，指研究者未操作任何变量，而是在自然情境中搜集受试者的反应或行为表现。不论是操作性研究或非操作性研究，在搜集受试者相关资料后，均要对资料进行数量化分析处理，此时必须根据资料属性与变量尺度采用合适的统计方法。统计是让资料数据说话的工具，有些研究者受到先前经验的制约，一谈到"统计"就退避三舍，想从事量化研究又迟疑不决，这就是研究者的"迷思"。

（一）迷思一：做量化研究的人统计方法一定很强？

目前统计软件（SPSS、AMOS、SAS、LISREL）的操作界面十分简易，只要使用者资料建档正确，统计分析的工作不会十分困难，研究者只要参考使用手册或相关书籍，均能将输出结果转化为图表信息，并进行诠释。只要研究者用点心思，一定能克服报表解读及诠释的困惑。统计分析的一般程序为：

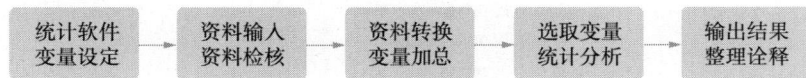

统计软件 变量设定 → 资料输入 资料检核 → 资料转换 变量加总 → 选取变量 统计分析 → 输出结果 整理诠释

图 3-1 统计分析的一般程序

对应 SPSS PASW 统计软件的操作视窗界面如下：

1. 在"PASW Statistics Data Editor"资料编辑视窗的"变量检视"工作表中设定所有的变量及变量属性，"测量"栏中的选项有"名义（N）""次序（O）""尺度（S）"三种变量尺度，前两个为间断变量，"尺度（S）"测量值为连续变量，如图 3-2 所示。

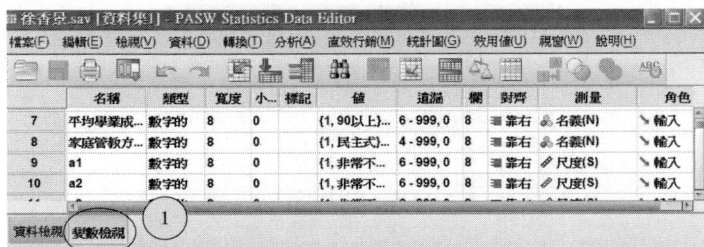

图 3-2 设定变量及变量属性

2. 在"PASW Statistics Data Editor"资料编辑视窗的"资料检视"工作表中输入所有受试者填答的资料或实验的数据，编号栏中的横列为一位受试者的所有数据资料，如图 3–3 所示。

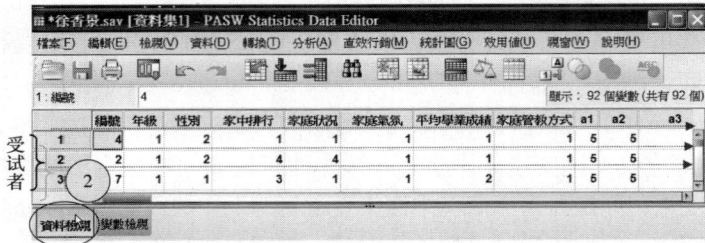

图 3-3　数据输入

3. 功能列的"资料（D）""转换（T）"可进行资料的排序、分割、观察值加权、数据资料转换、数据的重新编码、数据资料的运算（变量间的四则运算）、变量资料的分组、合并等工作，如图 3–4 所示。

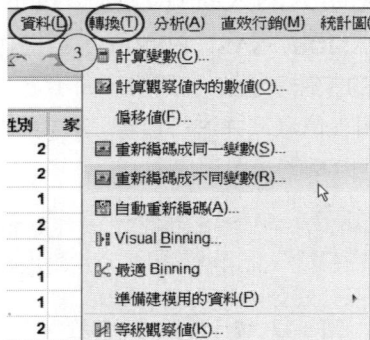

图 3-4　其他操作

4. 功能列的"分析（A）"程序可以进行所有的统计分析，范例中包括报表、叙述统计量、平均数的差异检验、一般线性模型、概化线性模型、混合模型、相关、回归等主菜单，各主菜单旁如有"▶"符号，表示还有子菜单，范例"叙述统计"主菜单下有次数分布表、描述性统计量、预检资料等子菜单。进入各菜单视窗中，选取各目标变量及输出选项钮，即可输出统计分析结果，如图 3–5 所示。

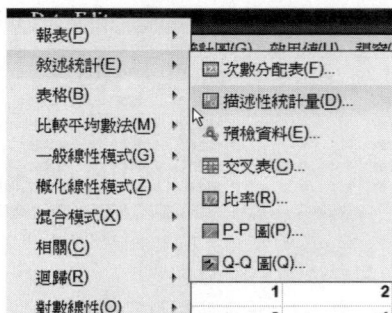

图 3-5　数据分析

5. 选择功能列"视窗（W）"可切换视窗界面，输出文件"PASW Statistics Viewer"统计浏览视窗可查看所有统计分析结果，每个表格可以复制至 Word 文件中，所有统计分析结果也可整批输出，如图 3-6 所示。

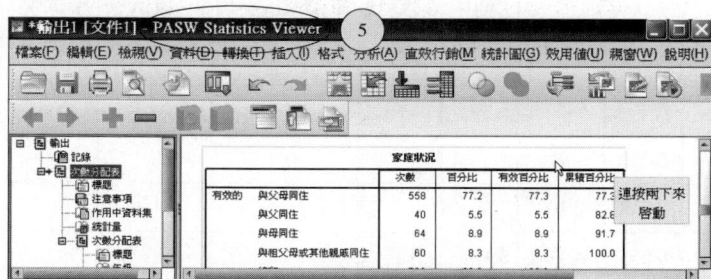

图 3-6　数据输出

（二）迷思二：为了节省时间，直接引用先前的研究工具？

若之前的研究工具题目适合且信效度均佳，直接采用当然可以；但若是之前编制的量表／测验或问卷所要测得的潜在特质或构念与目前研究不同，信效度不佳，或是研究对象不同等，研究者均不应直接采用，而需加以修订或根据理论文献自编。研究工具直接影响搜集的资料，如果研究工具不适合，之后所搜集的资料与统计分析结果均会有偏误。问卷调查法采用的测量工具，除了标准化测验外，最好经过编修或修订，若是一般群体，必须经过预试分析与正式施测两个阶段，当研究者进行量表或测验题目的逐题审核时，才能提升测量工具的信效度；从预试分析程序中，才能学会项目分析、因素分析与信度检验的统计方法，这对于量化研究或统计分析专业知识能力的提升都有正面的效益。

（三）迷思三：参考前人的写法，依样画葫芦，一定不会错？

参考前人的论文格式与撰写方式的确可减少许多错误，但并非每个答辩委员均能巨细无遗地指出论文稍欠严谨或不周延之处，或是之前的研究者转引注的文献内容有误，或是对量化数据的解释或图表呈现欠缺完整，研究者再次引用，会再发生相同的偏误，因而研究者最好对输出的报表数据能完全理解。

如乙研究者撰写论文时，参阅近似研究主题甲的论文，甲在论文定稿装订前未更正以下错误："以积差相关求出所有人口变量／背景变量与计量变量间的相关"，乙研究者在数据统计分析中也依照甲的使用方法，以积差相关求出所有人口变量／背景变量与计量变量间的相关情形，并根据积差相关系数摘要表洋洋洒洒加以论述（积差相关系数适用于两个变量均为计量变量，人口变量／背景变量均为间断变量，不能以积差相关求出其与计量变量间的相关情形）。

以"高雄市小学高年级学生的生命意义感、自我概念与忧郁倾向间关系的研究"为例，研究者也以积差相关求出背景变量与自我概念与忧郁倾向间的相关。

研究者利用 SPSS 统计软件执行下列程序："分析（A）"→"相关（C）"→"双变量

（B）"，可求出背景变量与自我概念、忧郁倾向间的相关系数摘要表。

表 3-1　学生背景变量、自我概念与忧郁倾向相关系数摘要表
——误用统计方法的输出表格

	年级	性别	家中排行	家庭状况	家庭气氛	平均学业成绩	家庭管教方式	整体忧郁倾向	正向自我概念	负向自我概念
年级	1									
性别	0.032	1								
家中排行	0.018	-0.103**	1							
家庭状况	0.055	-0.018	0.114**	1						
家庭气氛	-0.013	-0.098**	0.029	0.171***	1					
平均学业成绩	0.036	-0.060	0.048	0.148***	0.165***	1				
家庭管教方式	-0.028	-0.091*	0.046	0.033	0.222***	0.169***	1			
整体忧郁倾向	0.036	-0.035	0.055	0.069	0.287***	0.195***	0.214***	1		
正向自我概念	0.004	0.017	-0.012	-0.042	-0.246***	-0.131***	-0.122**	-0.420***	1	
负向自我概念	0.023	0.005	-0.047	-0.042	-0.252***	-0.219***	-0.142	-0.515***	0.512***	1

注：*$p<0.05$，**$p<0.01$，***$p<0.001$。

在上面相关系数摘要表中，除了两个自我概念变量与整体忧郁倾向变量间的相关系数有意义外，其余的统计量数均是没有意义的，于推论统计中也无法合理解释。因为年级、性别、家中排行、家庭状况、家庭气氛、平均学业成绩、家庭管教方式等七个变量均为间断变量，间断变量间的相关一般采用列联相关及卡方检验，间断变量与连续变量间的相关一般采用点二系列相关及多系列相关，研究者把背景变量作为连续变量，求出与其余连续变量间的积差相关，是误用统计方法，其结果推论是错误的。

（四）迷思四：研究变量越多，表示题目越有深度？

每个研究均有其价值性、教育性与限制性，价值性高低要视研究主题与整个研究进程的严谨性而异。研究时要考量研究者的财力、时间与人力，这是研究的"可行性"。探究的变量越多当然越能了解行为或现象的全貌，但研究设计会变得更为复杂，此时，是否能在有限时间内独立完成，研究者必须加以缜密考量。对于某些事实现象的调查研究，研究者主要就重要研究主题加以探究即可，不必纳入无关的变量，如在"大学生自尊信念与作弊行为"的调查研究中，研究者想要探究的主要问题一是大学生作弊的现象及比例约为多少，二是大学生的作弊行为是否与其自尊信念有密切关系。若是研究者纳入的变量越多，研究的架构则会较为繁杂。

（五）迷思五：统计方法越复杂，表示分析越深入？

量化研究统计分析需要的不是越深入、越复杂的统计方法；统计方法的使用需配合研究目的与研究问题，并能回应假设验证，进而清楚、正确地呈现研究结论。若是统计方法运用不当，反而是在"玩数字游戏"，而非是进行有意义的资料分析。就事实现象调查的研究问题而言，如"在抽样有效样本中，曾有考试作弊行为的样本个数占全体有效样本的百分比约为多少"，回答此问题最佳的统计量数即为次数、百分比。如在有效样本 500 位中，曾有考试作弊行为者有 50 位，则曾有考试作弊行为大学生的比例为 10%，回应研究问题 最适宜的数值即为"10%"，之后，研究者若要探究男女生作弊行为比例人数是否有显著不同，一样采用次数百分比并增列卡方统计量即可。

曾有考试作弊行为者中，男生有 40 位、女生有 10 位，未曾有考试作弊行为者中，男生有 210 位、女生有 240 位。执行 SPSS 功能列"分析（A）"→"叙述统计（E）"→"交叉表（C）"程序，可以求出各单元格的个数、行百分比、列百分比、总和百分比、调整后的残差值及卡方统计量等数值。

表 3-2　考试行为与性别的交叉表

			性　别		总　和
			男　生	女　生	
考试行为	曾有作弊行为	个　数	40	10	50
		考试行为内的 /%	80.0	20.0	100.0
		性别内的 /%	16.0	4.0	10.0
		总和的 /%	8.0	2.0	10.0
		调整后的残差	4.5	−4.5	
	从无作弊行为	个数	210	240	450
		考试行为内的 /%	46.7	53.3	100.0
		性别内的 /%	84.0	96.0	90.0
		总和的 /%	42.0	48.0	90.0
		调整后的残差	−4.5	4.5	
		个数	250	250	500
总和		考试行为内的 /%	50.0	50.0	100.0
		性别内的 /%	100.0	100.0	100.0
		总和的 /%	50.0	50.0	100.0

表 3-3　卡方检验摘要表

	数　值	自由度	渐近显著性（双尾）	精确显著性（双尾）	精确显著性（单尾）
Pearson 卡方	20.000[b]	1	0.000		
连续性校正[a]	18.689	1	0.000		

续表

	数　值	自由度	渐近显著性（双尾）	精确显著性（双尾）	精确显著性（单尾）
概似比	21.276	1	0.000		
Fisher's 精确检验				0.000	0.000
线性对线性的关联	19.960	1	0.000		
有效观察值的个数	500				

注：a. 只能计算 2×2 的表格。

　　b. 0 格（0.0%）的预期个数少于 5。最小的预期个数为 25.00。

　　Pearson 卡方值为 20.000，显著性概率值 p = 0.000 < 0.05，表示男生、女生有作弊行为的人数百分比的差异达到显著水平，男生有作弊行为的人数百分比（16.0%）显著高于女生有作弊行为的人数百分比（4.0%）。量化研究统计方法的选用必须与假设检验有关，如此才能回应研究问题，再以多选题为例，最适当的统计分析方法是统计各选项被受试者勾选的人次及百分比，并采用逐题分析法解答研究者问题。如果研究者编制的调查问卷形式是单选题或重要性等级排列题目，改用多变量统计方法无法回答研究问题。长期投入量化研究议题的笔者，诚恳地和想从事量化研究的研究者共勉：

　　统计分析方法是拿来解决问题的，不是拿来玩弄的，统计方法是应用导向性；统计方法不是越困难或越复杂越好，而是要看能否回应研究问题与进行假设检验，研究者不要玩弄表面上的统计数字游戏。要让统计方法发挥实质效益与功能，必须将各统计方法平等视之，将它们置放于最适当的位置。

（六）迷思六：问卷题目的题目越多，越能测得所要的特质？

　　一般而言，问卷中各量表的题目越多，越能测得研究者所要测得的潜在特质或心理构念，但同时，受试者填答的填答意愿会降低，如此获得的数据效度（受试者填答的真实性）有待商榷。当研究者搜集的资料可靠性较低时，资料统计分析结果的正确性也会降低。在量化研究中，测量资料的搜集均通过问卷或测验等自陈量表的形式，当题目越多，受试者填答配合度不高，即使问卷回收率很高，数据的可靠性也可能很低。因而在实施问卷调查法时，研究者题目的数量多寡要考虑受试对象，此外，也要考虑研究的层级，若是博士论文，可能探究的潜在特质或构念较多，因而测量指标也较多。对于问卷题目的取舍，研究者要把握的原则是：

　　量表或测验的信效度达到基本的准则后，测量指标数越少越好，因为题目越少受试者填答的意愿越高、内在效度会越佳。

（七）迷思七：取样的样本数越大，表示研究推论效度越高？

一般而言，从总体抽取的样本数越大，样本越能有效代表总体，但研究者必须考量到取样代表性与研究可行性，若研究者不是采取随机取样方式，而是便利抽样或立意取样，即使样本数很大，抽样误差也会很大。如在某个总统选举民调中，调查者只集中抽取所居住县市的民众作为样本，但此县市的民众多数偏向于某个政党，即使调查者抽样的样本高达 5 000 位，这种调查研究（电话调查或问卷调查）的结果可靠性及可信度均不高。在正式问卷调查实施中，要抽取多少样本才算足够？问卷调查样本数抽取的人数问题，读者可参阅第六章的内容。推论统计的抽样程序，最重要是从总体中抽取的样本要有代表性，即抽取样本的属性或特征能有效反映样本所隶属的总体的属性或特征，如此，从样本统计而得的统计量数才能推估至总体。

（八）迷思八：差异或相关的显著性没有达到显著水平，研究是否就欠缺价值性？

在量化研究中，许多社会现象或人类行为会随环境或时间而有所改变，经验法则并非一成不变。相关的变量对不同的受试者而言，其结果可能与之前的调查结果不同，没有达到统计上显著水平的数据，或许是研究者不同的发现。因而在假设验证方面，研究者不应过度关注于统计显著水平（$p < 0.05$）或所提假设均要得到支持，而应关注研究过程的严谨性如何？研究结果的内在及外在效度如何？研究过程所采用的方法是否已解决研究问题？研究目的是否确实达成？在相关研究或因果研究中，统计分析关注的是潜在变量（无法观察变量）间的相关或预测情形，至于人口变量／背景变量在计量变量的差异则不是探究的重点，若是潜在变量（无法观察变量）间的相关或预测达到 0.05 显著水平，即使人口变量／背景变量在所有计量变量的差异都未达到 0.05 显著水平，也有学术或应用价值性。至于准实验研究，统计分析关注的重点是组别（实验组、控制组）在排除前测成绩影响后，实验处理效果的差异是否达到显著，其强调的是调整后平均数的差异是否达到 0.05 显著水平，而非变量间的相关是否达到显著。

（九）迷思九：只用到简单的次数百分比及卡方检验，统计方法是否太简单？

任何统计方法均有其适用的时机，对于类别变量（名义变量或次序变量）资料，要比较观察次数（observed frequency）与期望次数（expected frequency）间的差异，最佳的统计方法即是卡方检验，因为卡方检验特别适用于适合度检验或百分比同质性检验；再如多选题题目，统计各选项被勾选的次数与百分比即是最适宜的资料分析方法。采用单变量统计方法即可回应研究问题，就不需采用多变量统计分析。各种统计方法均有其适用时机与适用的变量尺度，研究者要考虑的是：选取的测量尺度属性或变量是否符合该统计方法的基本假定？多变量统计分析法并不表示优于单变量统计分析法，只是多变量统计方法的程序可以对变量间的关系有更多的了解。

（十）迷思十：研究变量的相关文献很少，研究主题是否值得探究？

量化研究主题可以是研究者关注或有兴趣的议题，此议题若是相关的文献很多，表示过去已经有太多人探究过，研究主题的价值性与创新性可能较低；相对地，相关的文献很少或没有可能才是一个值得探究的新议题，但研究者要考量的是之前为何没有人从事此议题的探究，是主题没有研究的价值，或是研究的可行性有问题？若是研究主题有其价值性，或能成为一项新的议题，即使文献很少，只要可行也是值得探究的。创新性的研究相关的文献资料可能比较少，但研究者应尽可能搜集到类似或相关的文献资料来说明，此外，研究者也可以从经验法则加以论述，因为经验法则或实务经验也是形成问题与发掘问题的一个途径。

如果问卷调查抽取的对象为全部总体的样本（称为普查），统计分析时是否可以采用推论统计法？这个议题可以从两个部分来说明，一是如果研究者想要了解某个有限而明确的小规范总体的描述性统计量，则不用采取推论统计法，如某小学六年级田径队有30位成员，研究者想了解这些学生的身高、体重与六年级上学期语文、数学的学业成绩，最简便而经济的方法就是直接测量30位学生的身高、体重，并从学籍资料表查核上学期的数学、语文成绩，从量测值的次数分布及描述性统计量可以得到精确结果，此种统计分析通常是行动研究的历程。

统计推论程序的样本总体有两种类型：第一种类型是有形总体（tangible population），统计分析的样本全部来自有形总体中，样本统计量数也是推论至这个有形总体的参数；第二种类型是受试者来自有形总体中全部样本（普测），统计推论时可推论样本产生的抽象总体（abstract population）或未来总体，此种普测的推论，研究者感兴趣的是全部样本扩展延伸至未来的总体（Huck,2008）。第二种类型，例如研究者以甲市的市立中学校长为研究对象，探究校长的人格特质、领导策略与学校经营的关系，由于中学校长的人数只有100位，研究者采用普测方法搜集资料，统计分析时将显著水平 α 定为0.05，进行统计推论与假设检验。研究者之所以采用推论统计是因为研究结果假定可以类推至以后担任甲市中学的校长总体（产生的抽象总体），如从普测统计分析中发现校长的人格特质、领导策略与学校经营有显著相关，则研究者可以推论未来甲市中学的学校经营会受到校长人格特质与领导策略的影响。样本统计量数推论至未来抽象总体的架构图见图3-7。由于是采用普测，有形总体的人数等于抽取样本的有效人数（假设全部样本均为有效样本），因而有形总体的圆形区块大小等同于统计分析样本的圆形区块大小，至于由样本产生的抽象总体或未来总体的圆形区块不一定会与原有总体大小相等（表示两者的总样本人数不一定相等，但两个总体的属性或特征是相似的）。

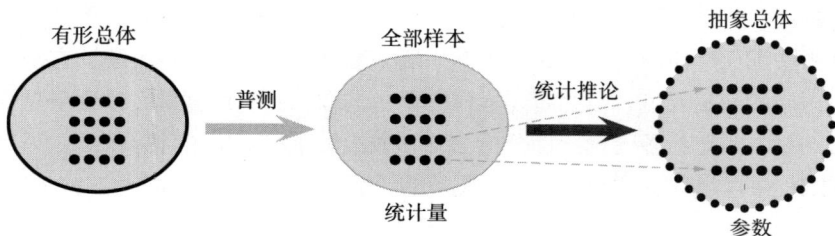

图 3-7 抽象总体的架构图 1

普测之所以能够采用统计推论，其所持的理由是从有形总体中普测所得的统计量数，可以推估到样本延展的总体（抽象总体），样本产生的抽象总体的属性与特征与原先普测的有形总体的属性或特征差不多，因为抽象总体是由抽取全部样本产生而成的。抽象总体的推论范例再如研究者想探究某一县市小学主任的角色冲突与工作压力情况，该县市有小学 70 所，主任 132 位，由于总体总人数远少于 300 位，因而研究者采用普测方式，数据资料的有效样本数为 132 位。统计分析结果发现：女性主任的工作压力与角色冲突均显著高于男性主任，对于这种现象，研究者推估该县市小学教师兼主任者，与男性主任工作相较之下，女性主任的工作压力较大、角色冲突也较高。范例中的小学主任产生了一个抽象总体作为普测推估的总体，如图 3-8 所示。

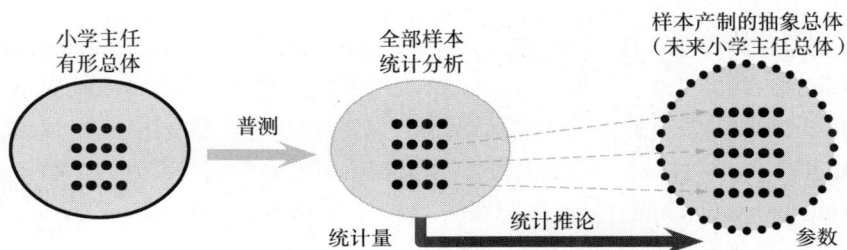

图 3-8　抽样总体架构图 2

如果研究者采用抽样方法，则目标样本来自有形总体，样本统计量推论则是推论至原先样本所属的有形总体。此种抽样推论的架构图见图 3-9，由于样本人数是从有形总体中抽样而得，因而样本人数远小于总体人数（中间样本的圆形区块小于有形总体的圆形区块），统计分析样本的原始有形总体与统计量数推论的有形总体是同一个总体。

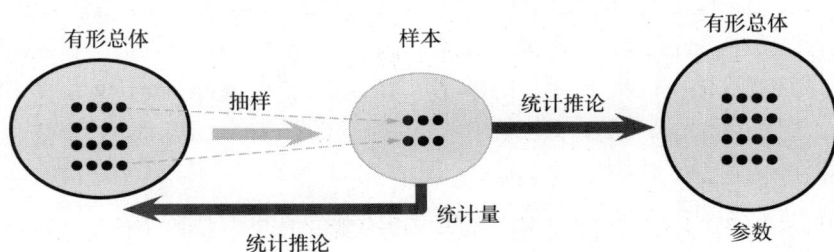

图 3-9　抽样推论架构图

第四章　量化研究的测量工具

　　不论是量化或质性研究，资料包括研究者直接搜集的"原始资料"（primary data）（一手资料）或通过各种文件、刊物、官方报告等所获得的"次级资料"（secondary data）（二手资料）。获得原始资料的方法包括问卷调查、测验资料、观察及访谈。问卷或测验可能为研究者自编、修订或引用，观察的类型又根据研究者参与与否分为"参与观察法"（participant observation）与"非参与观察法"（non-participant observation）两种。参与观察是研究者与被观察者成员一起参与各式活动，而被观察者并不知其行为正接受研究者的观察；非参与观察是研究者以旁观者的立场，独立于被观察者群体之外，观察、记录被观察者群体成员的活动。如在教室学生学习活动的观察中，观察者通常采用的是非参与观察法，而田野研究通常会采用参与观察法。访谈法是借由研究者与受试者不同形式的互动来搜集受试者有关的信息，又分为非结构性访谈（unstructured interview）、半结构性访谈（semi-structured interview）与结构性访谈（structured interview）。半结构性访谈为一种介于结构性访谈与非结构性访谈中间的访谈法，是质性研究主要的资料搜集方法。在问卷调查中，研究者为了深究受试者行为特质或感受内在的原因，有时会辅以半结构性访谈或结构性访谈；此外，有时会采用"团体访谈"（group interview），借由专家学者及实务工作者的意见及看法，得出群体对事件或议题的共同反应，借以形成共识。

　　原始资料搜集方法可以用图4-1表示，图示中资料搜集的工具为量表、测验或问卷时，研究程序偏向于定量研究；以观察法或访谈法作为资料搜集的方法，则归类质性研究。

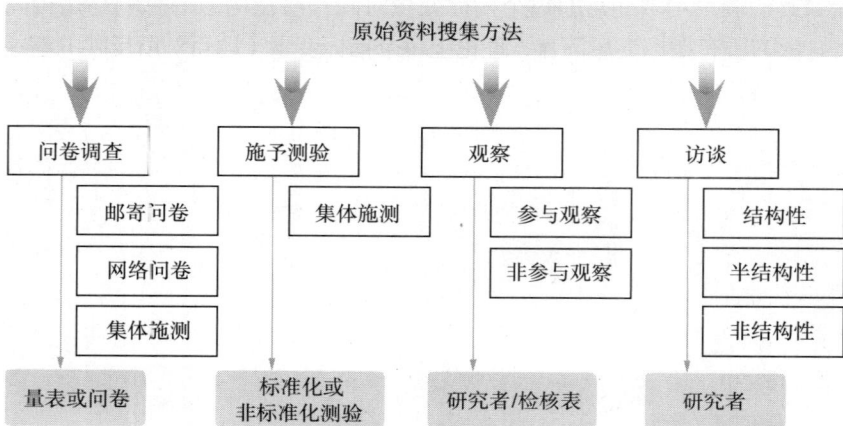

图 4-1

就问卷调查形态而言，目前常用邮寄调查问卷与在线调查问卷（网上填答问卷），若是问卷题目较少且容易回答，也可以采用电话访谈调查。一般正式研究论文或项目，多数采用邮寄问卷与在线问卷调查，因为这两种形式与电话访谈调查相比，在施测上较为简易，受试者对于较为复杂或需要较多时间填答的问卷较有意愿与耐心。

一、总加评定量表的特性

量化研究中测量反应者潜在心理特质或受试者反应倾向最常使用的量表形态为"李克特量表"（Likert Scales）（R.A.Likert 于 1932 年所创）及"语意差异量表"（semantic difference scale）。"李克特量表"及"语意差异量表"均可视为一种"总加评定量表"（summated rating scales）。总加评定量表有以下特性（简春安、邹平仪，2005）：

（一）是一种自陈量表

总加评定量表是一种自陈量表（self-report inventories），是受试者自评产生的一种"主观意见"，而非是领域专家所认定的"客观事实"。自陈量表是受试者根据量表的测量项目描述的现象、问题等加以主观回应，所以受试者填答的意愿与真实性十分重要。当受试者没有能力、填答意愿不高、不愿据实填答、没有充足时间作答等，研究者所搜集的资料可靠性就不高（效度不佳）。此外，个别测量项目的词句若是编制不适当，也会误导受试者，自陈量表要让受试者能真实回答，一般采用无记名式的调查问卷，若是具名（德尔菲法除外），多数受试者填答或勾选时会有所保留。

（二）题目的权重相等

在总加评定量表中每个题目或测量项目（item）的"分量"或"重要性"是相同的，量表中不能说某个题目或项目的权重比较重，而须另外加权计分。以生活压力量表的感受为例，若是在五点量表中，研究者于下列两个题目："家庭经济有困难""家庭居住环境不佳"均勾选"非常困扰"选项，则两个选项的计分是相同的，如都计五分（分数越高，表示受试者感受到的困扰程度就越高，即知觉的生活压力越大）。就潜在构念及指标项目的理论观点而言，每个指标变量对同一潜在构念的影响均是相同的，就同一潜在变量的所有指标变量而言，理论上每个指标变量（题目）所反映的潜在变量的权重是相同的，研究者不能把某些测量题目视为重要指标、把某些测量题目视为不重要指标。

理论上，总加评定量表选项变量原为次序变量，但问卷调查研究中多数将其视为等距变量，若是各选项测量值间非等距关系，则统计分析会有偏误。如研究者在探究消费者对产品购买意愿的主题中，量表五个选项为"非常符合""大部分符合""一半符合""少部分符合""非常不符合"，研究者编码时给予五个选项词的量测值分别为 7、6、4、2、1 或 8、6、3、2、1，则选项词之间的关系并非"等距"，因而所有受试者的得分无法与界定的操作性定义相呼应，之后所有统计分析都是不准确的结果。

（三）包含数个分量表

每个总加评定量表通常会再划分成数个分量表，分量表又称层面、构念、向度、面向或构面，如在企业组织知识管理量表中，又分为三个构面："知识获取""知识流通""知识创新"；高年级学生自我概念量表又分为五个分量表："能力自我""社会自我""家庭自我""心理自我""生理自我"，每个分量表均包含数个题目或测量项目，可以单独进行分数加总，而视为一个"变量"，分量表的总分和为整体量表的得分。总加评定量表中的变量名称或分量表变量名称通常为潜在变量（latent variables）或构面（或称向度、层面或因子），而个别指标项目或题目称为"观察变量"、测量题目或指标变量。就探索性因素分析而言，分量表即为因素分析程序中，从测量题目萃取的共同因素，采用总加评定量表作为测量工具时，资料统计分析的目标变量一般是构面或共同因素，而不是个别测量题目。

（四）采用不同选项词

总加评定量表的测量选项通常采用 4 至 7 个选项来测量，一般使用较多的是五点评定量表形式（5–point rating scale），包含正向、反向及中间反应，中间反应选项如"没有意见""无法确定"；若是研究者要强迫被研究者勾选一个反应选项，避免选取中间选项，可以改为采用四点评定量表或六点评定量表。行为及社会科学领域中奇数点评定量表法较符合总体的特征，此外，选项词的编制较能符合精确化准则。选项词的形态与个数并非绝对的，选项词的内容与数目要视研究需要而定，其中最重要的是选项词的内涵要与测量题目可以契合，此外，选项词的表达要能精准、互斥与周延。

（五）多元的计分方式

总加评定量表每一个题目或测量项目的分数不是由受试者来决定，而是由研究者主观判断及根据研究目的决定。在一份学习焦虑量表中，四点评定量表选项"非常符合、符合、不符合、非常不符合"，研究者可以根据选项顺序分别给予 4、3、2、1 分，此时研究的操作性定义为：学习焦虑量表中的得分越高，受试者学习焦虑程度感受越大；相反地，研究者也可以根据选项顺序分别给予 1、2、3、4 分，此时研究的操作性定义为：学习焦虑量表中的得分越低，受试者学习焦虑程度感受越大。若是研究者资料输入正确且反向计分也正确，不同的计分方式并不会影响最后统计分析结果。

（六）关注加总后分数

受试者对个别题目的回答反应结果并不重要，重要的是整个量表或分量表的"加总分数"，对不同项目或题目作出不同回答的受试者，若分量表加总的总分相同，表示受试者对问题的反应态度倾向是相同的；如果总量表加总分数相同，表示受试者对问题的反应态度倾向是一样的（如均为高焦虑者）。总加量表的态度倾向反应主要不是看个别题目或测量项目上的得分，研究者关注的是总量表或分量表上的加总分数。

总加评定量表或相关的态度量表（如塞斯通等距量表形态）的测量题目或测量项目所要测量的构念或现象是"无法观察的变量"，又称为潜在变量。潜在变量所显示的态度或行为特质是无法直接观察到的，它是隐藏的而不是显性的，这些态度是受试者的"典型表现"（typical performance）行为，而非如成绩测验的最佳表现或最大表现行为。受试者的态度或潜在行为特质有些是会随着时间、情境或成长等变量而改变的，如教师的工作压力感受可能受校长领导方式、教改发展政策、教师人格特质等变量影响，因施测时间的不同而得到不同结果。数年前相同的研究显示教师的工作压力较轻，但目前的研究却显示教师有很大的工作压力。对于相同的变量有不同的研究结果，在问卷调查中是合理的，因为受试者某些行为特质或感受会因时间、情境等变量而改变。

　　"语意差异量表"乃是题目的反应，包括二元相反的形容词或个体两种极端的行为表现或行为属性，关注的是物体、概念或个体的描述或特质的测量。语意差异量表中两个相对立的语词通常采用相反的形容词或词组，如个体行为表现为"友善的—不友善的"、学校位置为"便利—不便利"、办学绩效为"高质量—低质量"、学生个性为"独立的—依赖的"、警察行为特质的描述为"正义的—功利的"等。以学校效能的三大评价指标为例，采用语意差异量表法的设计如下：

表 4-1　语言差异量表法样表

(一)学生向度							
	7	6	5	4	3	2	1
品德良好								品德欠佳
主动积极								被动消极
学习动机强								学习动机弱
学业成绩好								学业成绩差
(二)行政向度							
效率高								效率低
计算机化								人工作业
主动服务								被动应付
民主								权威
(三)教师向度							
热情投入								低迷被动
主动积极								被动消极
和谐								冲突
相互帮助								独立自我

　　范例中语意差异量表的选项为七点量尺，因而其计分为 1 至 7 分，由于每个概念行

为采用的是两个极端相反的形容词或语词，均可以单独给予一个测量分数，每个向度中的行为或属性也可以进行分数加总。一般语意差异量表的选项最好为 4 ~ 7 个，选项量尺划分太细，受试者不易填答，选项量尺低于 4 个，也无法明确测出受试者的真正感受，而负向行为特质或属性特征的测量值通常给予 1 分。

李克特量表是种连续潜在特质反应倾向（李克特量表的数据在理论上是次序测量尺度，但在实际的统计分析中均将其视为计量测量尺度）。李克特量表的形式见表 4-2。

表 4-2　李克特量表样表

极少如此 1	偶尔如此 2	经常如此 3	经常如此 4			
非常不同意 1	有点不同意 2	没有同意,也没有不同意 3	有点同意 4	非常同意 5		
非常不符合 1	有点不符合 2	无法确定 3	有点符合 4	非常符合 5		
每周一天以下 1	每周一两天 2	每周三四天 3	每周五六天 4	每周天天如此 5		
完全不符合 1	很不符合 2	有点不符合 3	有点符合 4	很符合 5	完全符合 6	
非常不重要 1	很不重要 2	不重要 3	普通 4	重要 5	很重要 6	非常重要 7
完全不满意 1	很不满意 2	有点不满意 3	没有意见 4	有点满意 5	很满意 6	完全满意 7
非常不喜爱 1	大部分不喜爱 2	有点不喜爱 3	无法确定 4	有点喜爱 5	大部分喜爱 6	非常喜爱 7

在李克特量表编制中，最感困惑的是选项词要采用多少个，一般而言，选项词太多，受试者填答较为不易，且问卷编制也较为困难；但选项词太少，又无法正确地测出所要测量的潜在特质或心向反应。就多数研究而言，选项词的数目以"四点量表至七点量表"较为适宜，每个分量表的题目以 3 至 10 题为宜，整个量表的题目总数以 20 至 30 题为最佳。若量表的构面数在五个以上，则每个构面数以 3 至 5 题为宜，如果量表的分量表数目在五个以下，每个分量表的测量指标题目可以稍微多一些，测量指标题目要能有效测出受试者的行为反应或潜在特质，每个层面或分量表的指标变量至少要有三题。

在问卷调查中，研究者通常会探究数个变量间的关系，每个变量（潜在变量）可能皆有一种量表，因而一份调查问卷可能包含 2 ~ 4 种不同的量表，若是量表的种类越多，每份量表的题目或测量项目数应相对减少，这样问卷内容包含的总题目数才不会过多。若是研究要经预试程序，则预试量表的题目或测量项目数为将来要保留的正式量表题目数的 1.2 至 1.5 倍，如在成年人公民素养的调查研究中，"公民素养量表"研究者计划采用 25 题，则预试问卷的题目为 30 题至 38 题。

问卷（questionnaire）、量表（scale/inventory）、构念（construct）及测量项目（items）间的关系见图 4-2。由于一份调查问卷可能包含数个不同类型的量表，因而问卷标题的名称最好不要偏向于某一个量表的内容，要尽量中性化，尤其是敏感性议题的量表。如在"大学生自我概念与作弊行为的调查研究"中，问卷的标题若出现"考试作弊"词语，会让受试者看到问卷后第一印象有所迟疑，对于填答内容可能有所保留，研究者可改用"大学生考试行为调查问卷"作为标题；在"高职学生生活压力与忧郁倾向的调查研究"中，问卷标题可采用"高职学生生活事件感受调查问卷"。采用中性化的问卷标题名称，能消除受试者自我防卫的心理，使其真实地就描述的问题进行回答。

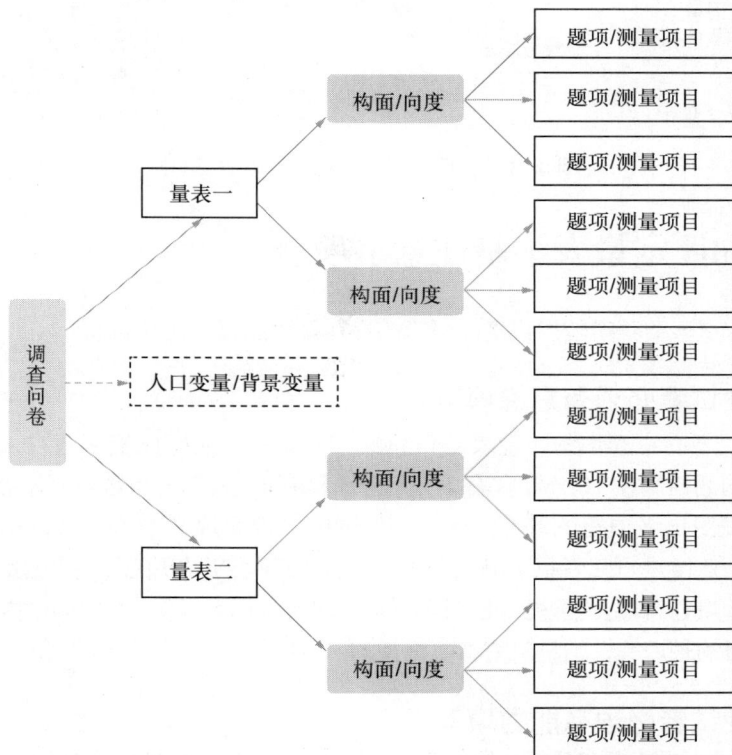

图 4-2　问卷、量表、构念及测量项目的关系图

问卷中各量表的构念或向度的来源有二：一是根据理论文献发展而成；二是根据经验法则编制。各量表编制后最好经专家审核，以检验各题目的适当性，建立专家效度或内容效度（content validity），并经预试过程，进一步确认各量表的构念效度。若是研究者可以取得受试者与研究相关的行为，量表的效度也可以采用效标关联效度（criterion related validity），如研究者进行一项"中学生人际关系与忧郁倾向相关"的研究，编制两种量表："学生人际关系量表""忧郁倾向量表"。预试时研究者可同时搜集受试者在班级内人际关系情况与生活态度，并由任课教师给予 1 至 10 分的量测值，教师所评定的测量值越高，表示受试者的人际关系越佳或忧郁倾向程度越高，之后，再求受试者量表所勾选的分数与教师评定分数间的相关，即可求出量表的同时效度（concurrent validity）。以人际关系量表为例，同时效度的关系图见图 4-3：

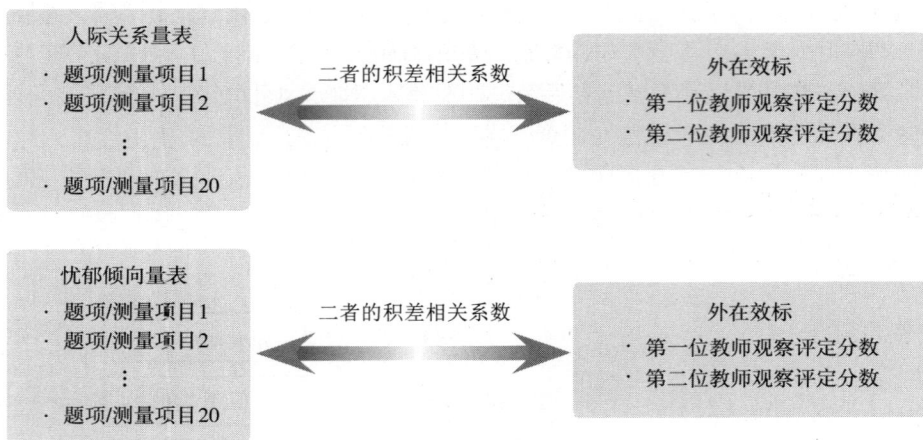

图 4-3　人际关系量表之效度关系图

二、总加评定量表编制注意事项

总加评定量表要获得较为正确而可靠的资料必须注意下述几点。

（一）受试者必须有意愿填答

要让受试者有意愿填答，量表题目总数不应太多，最好让受试者在 15 至 20 分钟填完（可以的话控制在 10 分钟左右填完问卷），每种量表的题目数最好不要超过 30 个；此外，为激发受试者填答的意愿，问卷印刷时的"表面效度"（face validity）要格外注意。所谓表面效度是研究者基于测量题目与研究目的间的逻辑联系，要让受试者看到量表就有很高的填答意愿。要达到此目标，问卷印刷的质量、版面的排列、内容文字的大小、问卷题目的长短等，均是研究者要重视的。

（二）受试者必须有能力填答

各量表测量题目的词句必须尽量简洁，并符合问卷编制原则，如避免模棱两可及双重否定的问题、测量题目的题意要具体清楚、多用肯定正向语词、避免假设性假定描述、不要诱导及出现学术性用词等。尤其是选项词的使用要"精确化"，才能真正反映受试者的主观感受。若是研究者探究的对象为小学三年级以下的学生，问卷题目内容词句要符合其年龄段的用语，此外，最好增列注音符号，这样才不会有学生看不懂的字词或文义。如果研究者探究的总体为高龄化的老人，若老人视力不好，问卷施测时可以采用一对一的读题方式，由施测者逐一读出题目，让受试者回答，这种施测方式较为费时，但能搜集到客观、可靠的数据资料。

（三）选项词必须精确易懂

李克特量表是一种总加评定量表，不同的选项词能反映受试者对描述题目的感受。其勾选的选项词必须能使填答者明白且易于区分，如"总是如此""常常如此""经常如此"三个选项词，对多数的受试者而言不易区分。过多繁杂不明确的选项词不仅会造成受试者填答困难，也会影响填答的意愿。如研究者量表的题目是询问受试者对"中学生入学常态编班的支持程度"，但选项词却采用"非常满意"至"非常不满意"选项尺度，使受试者产生困惑。

（四）加入反向题／不计分题

问卷调查受人质疑的原因之一是受试者填答资料的真实性。为简要判别受试者是否乱填答，在问卷中可挑选一份量表，将量表中原来的正向题描述改为反向题描述，并与原来正向题目分开；若是研究的题目是有关自我社会观感的议题（如考试作弊、婚前性行为等），可在量表中加入一两道不计分数的测谎题。以学生为样本的群体，研究者可增列的中性效度评估题目如"我每次考试都得 100 分"；以成人为样本的群体，研究者可增列题目如"我从小到大都没有生过气"，若是受试者于上面两个题目勾选"完全同意"或"完全符合"，资料建档时可将其列为无效问卷。我们相信真的有每次考试都得100 分的学生和至成年时都没有生过气的人，但其出现的概率极低，因而可将其列为无效问卷。

（五）受试者有充足时间作答

问卷调查实施的一个重要原则是，问卷施测时要让受试者有充足的时间回答。若是受试者在很仓促的时间下填写问卷，可能会因时间不足而无法完全看清测量题目。为了赶时间或快速交卷而乱填或随便勾选选项的情况通常发生在研究者／施测者现场施测的情境下。若是受试者填答时间不足或无法配合，研究者或施测者最好重新安排时间施测问卷，因为无效度的问卷即使样本数再多，对整个研究而言，也并没有学术或应用的价值性。

（六）确实依照问卷编制原则

问卷题目的编制有其基本原则，如多用正向肯定叙述词句，不宜用双重否定的描述语；每个题目语句要叙述明确，所用语句是受试者能明了的，尤其是避免使用学术性用语；每个题目只测量一个主要概念或行为属性，题目所要测得的潜在构念是和研究确实相关的；避免具有诱导性及有不当假定的提示语词；问卷题目内容不要造成受试者的困扰；若是语句为反向叙述应在反向叙述词句下加下画线等。

不适当的问卷题目内容举例如下：

范例 1："您反对中学生下午第一节不能排体育课吗？"（双重否定）
　　　　描述语中同时包含两个否定词语："反对""不能"，会造成受试者填答的困扰或误解题目意思。研究者可将题目改为：
　　　　"您反对中学生下午第一节排体育课吗？"或"您赞同中学生下午第一节排体育课吗？"
范例 2："您的婚姻状况为何？ □已婚　□未婚"（勾选的选项欠周延）

上述测量的选项词欠周延，因为成年人的婚姻状况除了已婚、未婚外，也包括结婚后又离婚者、结婚后配偶已去世者、同居而未结婚者，因而若是填答受试者属于后面三种婚姻状况，则无法勾选。研究者可将调查题目改为：

"您的婚姻状况为何？□已婚 □未婚 □离异 □丧偶"或"您的婚姻状况为何？□已婚 □未婚 □其他"。

范例3： "退休后您常常从事爬山及慢跑等休闲运动？□总是 □偶尔 □从不"（一个题目包含两个行为属性）

上述测量题目是要调查退休者是否有从事爬山或慢跑等休闲运动，但一个题目却同时包含两个行为属性，有些受试者只从事爬山休闲运动、有些受试者则只从事慢跑等休闲运动，研究者在题目中加入"及"，表示要受试者同时参与此两种及以上的休闲运动。"及""或"的用语在题目中最好不要使用，若要使用，最好使用"或"，而把"及""与"所描述的行为特质拆开为单独的题目。上述题目可改为：

"退休后您常常从事爬山或慢跑等休闲运动？□总是 □偶尔 □从不"，或"退休后您常常从事有氧类的休闲运动吗？□总是 □偶尔 □从不"

范例4： "教师必须具备良好的班级经营策略，您认为新进教师是否需要再接受班级经营策略的相关研习？□非常需要 □需要 □不需要 □非常不需要"（提示具有诱导性）

研究者已有不当假定，具有明显诱导受试者填答的倾向，当受试者阅读到"教师必须具备良好的班级经营策略"，其先入为主的观念是教师具备班级经营策略的重要性，对于新进教师是否需要再接受班级经营策略的相关研习，受试者会产生一种期望效应，因而定会勾选"□非常需要"或"□需要"两个选项。诱导性的题目包括社会的期望、医疗变量的因果现象、伦理道德规范等，如题目叙述："人们都认为考试作弊是不好的行为，您对考试作弊的看法为何？□可以接受 □无法接受 □没有意见"，测量题目叙述词："人们都认为考试作弊是不好的行为"是一种社会期许的诱导性效应语词，具有不当假定或诱导性，表示研究者已有偏见或不中立的立场，受试者的填答内容会朝着研究者所期望的方向回应。题目范例4可改为：

"您认为新进教师是否需要再接受班级经营策略的相关研习？□非常需要 □需要 □不需要 □非常不需要"

范例5： "您认同班级青少年的亚文化吗？□认同 □不认同 □没有意见"（出现学术用语）

上述受试者为中学生家长，多数家长可能不知道"亚文化"一词的内涵，因而填答者可能无法据实回应题目内容，研究者可在"亚文化量表"

填答前简要叙述亚文化的含义，或将学术文化用语重新撰写。再如"您认同学校知识管理的做法吗？ □认同 □不认同 □没有意见"，"知识管理"一词对多数家长而言，其含义不易了解，此外，多数家长对于学校知识管理的做法与相关策略也根本不会关注，因而这种题目对家长而言"没有能力回答"，当受试对象无法理解题目所描述的内容或所表达的含义时，如何能够作出判断及意见回应？

范例 6："您第一次考试作弊是在哪个求学阶段？ □小学 □中学 □高中职 □大学"（题目涉及记忆保留）

一般受试者会因事隔太久而无法回忆确切时间，此外，在填答问卷时，均不会花太多时间来思考题目内容，这样的题目只会造成受试者填答的困扰。因而有关记忆回溯的测量题目，在调查研究中尽量不要出现。

反向题作为效度评定题目，以下述组织员工"工作投入量表"为例。题目 02"我喜爱我目前的工作"为正向题、题目 05"我不喜爱我现在的工作"为反向题，若是受试者在两个题目均勾选同一个选项词如："非常同意"或"非常不同意"，则表示填答者量表的填答效度有问题。若是受试者不喜爱其目前工作，则题目 02"我喜爱我目前的工作"应勾选"不同意"或"非常不同意"选项；题目 05"我不喜爱我现在的工作"应勾选"同意"或"非常同意"选项。简单的测谎题如："我从小到大均没有生过气""每次考试都得 100 分"等，题目属性最好不要和原来量表题目要测的行为特质或潜在构念差异太大。

【工作投入感受量表 _ 增列效度检核题目】

	非常同意	同意	不同意	非常不同意
	4	3	2	1
01. 生活中最大的成就感是来自我的工作。	□	□	□	□
02. 我喜爱我目前的工作。	□	□	□	□
03. 我认为工作是我目前最重要的生活重心。	□	□	□	□
04. 若是可以再作选择，我仍会选择目前的工作。	□	□	□	□
05. 我不喜爱我现在的工作（反向题）。	□	□	□	□

在上述范例中，如果受试者于第二个题目"我喜爱目前的工作"勾选"非常同意"，于第五题"我不喜爱现在的工作"也勾选"非常同意"，那么受试者是否真的喜爱目前的工作就无法判别。问卷检核程序中若是发现这种情况，研究者应将此问卷视为无效问卷，从正式问卷中排除。反向题可作为问卷效度检核的题目，测知受试者是否乱填或任意勾选，研究者使用问卷调查法搜集资料时，编制或修改的量表中最好增列 1 至 2 题的

反向题或效度检核题目。

李克特总加评定量表在应用上，要注意选项词的计分，进行分量表的加总前要先进行反向题的反向计分，否则加总的分数是不正确的。以下列中学生"生活压力感受量表"为例，研究者采用五点量表法的选项词为"非常困扰""很困扰""没有困扰""有些困扰""很少困扰"，在选项词的计分上研究者分别给予5、4、3、2、1分，界定受试者量表得分越高，困扰程度越高（生活压力的感受越大），其中中性选项词"没有困扰"研究者给予3分，在计分上是错误的，因为受试者对题目事件并没有感受到任何困扰，其计分应是0分。

【生活压力感受量表 I ——错误的计分形态】

最近半年来，下列事件对您造成困扰的程度：

> 以总加评定量表形态计分时,将没有困扰选项给予3分是不适当的

	非常困扰	很困扰	没有困扰	有些困扰	很少困扰
	5	4	3	2	1
01. 家庭经济有困难	□	□	□	□	□
02. 家庭居住环境不佳	□	□	□	□	□
03. 担心学校考试	□	□	□	□	□
04. 觉得自己外表比不上别人	□	□	□	□	□
05. 家中有人严重生病或身体不适	□	□	□	□	□

在生活压力感受量表 II 中，研究者增列"没有发生过"选项，此选项和原来选项词中的"没有困扰"对受试者而言是相同的知觉感受，若是受试者勾选"没有发生过"或"没有困扰"选项，其计分应均为0分，而"非常困扰""很困扰""有些困扰""很少困扰"4个选项的分数要分别给予4、3、2、1分。

【生活压力感受量表 II ——错误的计分形态】

最近半年来，下列事件对您造成困扰的程度：

	没有发生过	非常困扰	很困扰	没有困扰	有些困扰	很少困扰
	N	5	4	3	2	1
01. 家庭经济有困难	□	□	□	□	□	□
02. 家庭居住环境不佳	□	□	□	□	□	□
03. 担心学校考试	□	□	□	□	□	□
04. 觉得自己外表比不上别人	□	□	□	□	□	□
05. 家中有人严重生病或身体不适	□	□	□	□	□	□

最近半年来，下列事件对您造成困扰的程度：

	没有发生过	非常困扰	很困扰	没有困扰	有些困扰	很少困扰
	N	5	4	0	2	1
01. 家庭经济有困难	☐	☐	☐	☐	☐	☐
02. 家庭居住环境不佳	☐	☐	☐	☐	☐	☐
03. 担心学校考试	☐	☐	☐	☐	☐	☐
04. 觉得自己外表比不上别人	☐	☐	☐	☐	☐	☐
05. 家中有人严重生病或身体不适	☐	☐	☐	☐	☐	☐

在上述错误的计分形态中，研究者将"没有困扰"选项的测量值改为0分是合理的，但其余4个选项：非常困扰、很困扰、有些困扰、很少困扰的分数分别为5、4、2、1分，选项测量值之间并非等距，最后会造成分数加总的错误。

【生活压力感受量表 II _ 正确的计分形态】

最近半年来，下列事件对您造成困扰的程度：

	没有发生过	非常困扰	很困扰	没有困扰	有些困扰	很少困扰
	0	4	3	0	2	1
01. 家庭经济有困难	☐	☐	☐	☐	☐	☐
02. 家庭居住环境不佳	☐	☐	☐	☐	☐	☐
03. 担心学校考试	☐	☐	☐	☐	☐	☐
04. 觉得自己外表比不上别人	☐	☐	☐	☐	☐	☐
05. 家中有人严重生病或身体不适	☐	☐	☐	☐	☐	☐

生活压力感受量表各选项严谨的计分及"精确化"的选项词如下："非常困扰""很困扰""有些困扰""很少困扰"4个选项的分数分别给予4、3、2、1分，"没有困扰"选项的计分为0分。若是研究者要详细呈现受试者对事件的感受程度，最好增列"没有发生过"选项，这类选项必须根据量表题项所描述的具体内容选用，大多数态度或感受量表不会呈现。

【生活压力感受量表III】

最近半年来，下列事件对您造成困扰的程度：

	非常困扰	很困扰	没有困扰	有些困扰	很少困扰
	4	3	0	2	1
01. 家庭经济有困难	☐	☐	☐	☐	☐
02. 家庭居住环境不佳	☐	☐	☐	☐	☐
03. 担心学校考试	☐	☐	☐	☐	☐
04. 觉得自己外表比不上别人	☐	☐	☐	☐	☐
05. 家中有人严重生病或身体不适	☐	☐	☐	☐	☐

为避免受试者对"没有发生过"选项与"没有困扰"选项感到混淆，造成填答的困难，研究者采用其中一个即可。

有些学者认为李克特量表为次序变量，不能进行题目间的加总，也不能进行平均数的差异检验。但若是将李克特量表作为次序变量（间断变量），则多数多变量统计方法皆不能采用，对受试对象的行为与态度无法进行深入探究分析，故之后研究者多将李克特量表视为等距变量。在采用这种问卷形态进行资料搜集时，要减少统计分析的误差，提高统计分析的内在效度，必须慎用量表的选项词。

以高中学生学习压力量表为例，研究者采用五点量表，中间选项词为中性语词"无意见"或"无法确定"，此种选项可反映总体受试者的真正性质，但在选项词计分时不应给予 3 分，因为研究者界定量表的得分越高，受试者的学习压力感受程度也越高，但此选项词所显示的是受试者"既没有表示'同意'也没有表示'不同意'"，从受试者勾选"无意见"或"无法确定"选项来看，无法判定受试者对该题目的压力感受情况，因而将勾选"无意见"或"无法确定"选项的受试者给予 3 分是不合理的。如果研究者探究的是受试者对事实现象的看法（描述性目的），采用逐题分析法，增列"无意见"或"无法确定"选项是合理的，水平数值以 3 表示也是正确的，但若是作为潜在变量的指标变量，将"无意见"或"无法确定"选项的测量值给予 3 分，与研究者界定的变量操作性定义无法契合。

【学习压力量表 I ——错误计分 1】

	非常同意	同意	无意见	不同意	非常不同意
	5	4	3	2	1
01. 我担心考试成绩会落后其他同学很多	☐	☐	☐	☐	☐
02. 我担心考不好，家人会责备我	☐	☐	☐	☐	☐
03. 只要一想到考试，我就害怕起来	☐	☐	☐	☐	☐
04. 我害怕考不好，会被老师处罚	☐	☐	☐	☐	☐

【学习压力量表Ⅰ——错误计分2】

"无法确定"与"没有意见"选项无法判别受试者符合的程度高低 ←

	非常符合	符合	无法确定	不符合	非常不符合
	5	4	3	2	1
01. 我担心考试成绩会落后其他同学很多	□	□	□	□	□
02. 我担心考不好，家人会责备我	□	□	□	□	□
03. 只要一想到考试，我就害怕起来	□	□	□	□	□
04. 我害怕考不好，会被老师处罚	□	□	□	□	□

【学习压力量表Ⅰ——合理计分1】

	无法确定	非常符合	符合	不符合	非常不符合
	0	4	3	2	1
01. 我担心考试成绩会落后其他同学很多	□	□	□	□	□
02. 我担心考不好，家人会责备我	□	□	□	□	□
03. 只要一想到考试，我就害怕起来	□	□	□	□	□
04. 我害怕考不好，会被老师处罚	□	□	□	□	□

【学习压力量表Ⅰ——合理计分2】

	没有意见	非常同意	同意	不同意	非常不同意
	0	4	3	2	1
01. 我担心考试成绩会落后其他同学很多	□	□	□	□	□
02. 我担心考不好，家人会责备我	□	□	□	□	□
03. 只要一想到考试，我就害怕起来	□	□	□	□	□
04. 我害怕考不好，会被老师处罚	□	□	□	□	□

在四点量表或六点量表中因为没有中性选项词，可强迫受试者勾选一个感受选项词，但选项词意义不能重叠，其感受的程度应有所差异，计分时才能明确地对概念界定其操作性定义，以下列量表为例：6个选项词分别为："非常符合""大部分符合""少部分符合"和"少部分不符合""大部分不符合""非常不符合"，计分时分别给予6、5、4、3、2、1分。研究者对学习压力界定的操作性定义为"受试者在研究者编制的学习压

力量表上的得分，得分越高，表示受试者感受的学习压力越大；相对地，得分越低，表示受试者感受的学习压力越低"。此种计分与资料处理看似正确，但仔细比较研究者所设定的 6 个选项词："大部分符合"与"少部分不符合"和"少部分符合"与"大部分不符合"应是相同的感受程度，如第一位受试者在 4 个测量题目均勾选"大部分符合"，第二位受试者在 4 个测量题目均勾选"少部分不符合"，两位受试者学习压力的感受应是相同的，但研究者对于第一位受试者分数给予 20 分（即 5×4）、第二位受试者的分数给予 12 分（即 3×4），此种结果将造成原始数据的误差，进而影响所有统计分析结果的正确性。

【学习压力量表 II _1】

	非常符合	大部分符合	少部分符合	少部分不符合	大部分不符合	非常不符合
选项词表达的感受程度是相同的，相同的感受程度，给予不同的测量值是错误的	6	5	4	3	2	1
01. 我担心考试成绩会落后其他同学很多	□	□	□	□	□	□
02. 我担心考不好，家人会责备我	□	□	□	□	□	□
03. 只要一想到考试，我就害怕起来	□	□	□	□	□	□
04. 我害怕考不好，会被老师处罚	□	□	□	□	□	□

以第二种不同的选项词来说，研究者界定的 6 个选项词分别为："完全同意""大部分同意""少部分同意""少部分不同意""大部分不同意""完全不同意"，计分时正向题分别给予 6、5、4、3、2、1 分，反向题分别给予 1、2、3、4、5、6 分，量表的总分越高，表示受试者所感受到的学习压力越大。选项词中"大部分同意"与"少部分不同意"及"少部分同意"与"大部分不同意"所表示的感受程度是相同的，但研究者对相同学习压力感受的受试者却给予不同的测量数值，因而也会造成资料计分的误差。

【学习压力量表 II _2】

	完全同意	大部分同意	少部分同意	少部分不同意	大部分不同意	完全不同意
选项词表达的感受程度是相同的，相同的感受程度，给予不同的测量值是错误的	6	5	4	3	2	1
01. 我担心考试成绩会落后其他同学很多	□	□	□	□	□	□
02. 我担心考不好，家人会责备我	□	□	□	□	□	□

03. 只要一想到考试，我就害怕起来 ☐ ☐ ☐ ☐ ☐ ☐
04. 我害怕考不好，会被老师处罚 ☐ ☐ ☐ ☐ ☐ ☐

研究者若采用五点量表法，受试者若勾选"无意见"选项，该题的计分应给予0分。

【学习压力量表Ⅲ】

	无意见	非常同意	同意	不同意	非常不同意
	0	4	3	2	1
01. 我担心考试成绩会落后其他同学很多	☐	☐	☐	☐	☐
02. 我担心考不好，家人会责备我	☐	☐	☐	☐	☐
03. 只要一想到考试，我就害怕起来	☐	☐	☐	☐	☐
04. 我害怕考不好，会被老师处罚	☐	☐	☐	☐	☐

研究者若怕过多受试者勾选中性选项词，无法测出受试者对指标变量的真正反应态度，上述五点量表选项词可改为："非常同意""大多数同意""一半同意""少部分同意""非常不同意"，正向题的计分分别给予 5、4、3、2、1 分，反向题的计分分别给予 1、2、3、4、5 分，量表/分量表的总得分越高，表示受试者的学习压力感受程度越大。

如果以"符合程度"表达受试者对题目事件所描述内容程度的感受，精确的选项词可采用："非常符合""大部分符合""一半符合""少部分符合""非常不符合"或是"完全符合""大部分符合""一半符合""少部分符合""完全不符合"，正向题的计分分别给予 5、4、3、2、1 分，反向题的计分分别给予 1、2、3、4、5 分，量表/分量表的总得分越高，表示受试者的学习压力感受程度越大。此种选项词的分类符合"具体化""明确化""等距化"的特征。

另一种李克特量表选项词的形式为语差异量表法，选项词只以两个相反极端的语词呈现，中间的感受程度由受试者依其主观认知勾选，此种量表不太适合中小学生作答。

	非常同意				非常不同意
	5	4	3	2	1
01. 我担心考试成绩会落后其他同学很多	☐	☐	☐	☐	☐
02. 我担心考不好，家人会责备我	☐	☐	☐	☐	☐
03. 只要一想到考试，我就害怕起来	☐	☐	☐	☐	☐
04. 我害怕考不好，会被老师处罚	☐	☐	☐	☐	☐

	完全 符合	← →	完全 不符合

	7	6	5	4	3	2	1
01. 我担心考试成绩会落后其他同学很多	□	□	□	□	□	□	□
02. 我担心考不好，家人会责备我	□	□	□	□	□	□	□
03. 只要一想到考试，我就害怕起来	□	□	□	□	□	□	□
04. 我害怕考不好，会被老师处罚	□	□	□	□	□	□	□

量表或测验如果编制不当，可能无法反映受试者的真实情况或特征，如测验编制中题目太难或太容易，均会使测验的鉴别度（高分组答对的百分比与低分组答对百分比的相减值）过低。一份优良的测验，其总平均难度约为 0.50，个别试题的鉴别度均在 0.30 以上。一份不良的量表或测验可能会产生地板效应（floor effect，或称下向效应）或天花板效应（ceiling effect，或称上限效应）（董奇、申继亮，2003）。所谓地板效应指的是测验试题太难，即使整份测验中最容易的题目，对大多数受试者而言，答对的比例仍然很低，在大家都不会或无法作答的情况下，测验本身即失去对受试者个别差异的鉴别程度；反之，若测验试题太容易，即使整份测验中被视为最困难的题目，对大多数的受试者而言，答错的比例仍然很低，在大家都会或可以作答的情况下，测验本身也失去对受试者个别差异的鉴别程度。前者由于试题太难，所有受试者的分数偏向于低分群，靠近于分数的下限（地板部分）；后者由于试题太容易，所有受试者的分数偏向于高分区域，靠近于分数的上限（天花板部分），不论是地板效应还是天花板效应，受试者的反应情况是因测验本身试题不佳所造成的虚假结果，研究者搜集的资料结果无法真正反映受试者真实能力。

以成就测验的编制为例，一般研究者在编制成就测验时会参照"双向细目表"（two-way specification table），双向细目表的两个向度分别为"教材内容"与"教学目标"，教学目标从低阶目标至高阶目标又分为知识（记忆）、理解、应用、分析、综合、评价，越高阶的目标越不普遍，因而不是每份成就测验的教学目标均会包含这 6 个目标，许多研究者也会将较高阶的目标加以合并，以语文成就测验为例，简化后的双向细目表见表 4-3：

表 4-3　简化后的双向细目表

教学目标 教材内容	知　识	理　解	应　用	批判性思考
生字				
词义				
句子				
文章				

续表

教学目标 教材内容	知 识	理 解	应 用	批判性思考
文化常识				
成语应用				

不论研究者采用何种双向细目表，编制出的成就测验要能真正反映受试者的学习表现，因而测验内容要有良好的信效度，若是试题不当，学生的测验分数即会产生地板效应或天花板效应。良好的成就测验题目必须经试题分析程序，试题分析主要包括难度与鉴别度，所谓难度即高分组（前27%）答对题目的百分比与低分组（后27%）答对题目百分比的平均值，此平均值数值越接近1（100%），表示试题太简单；相对地，难度数值越小，表示题目答对的人数越少，此种试题难度越高，一份良好的试题其平均总难度约为0.50（50%）；至于鉴别度是指测验试题能区分高分组与低分组的程度，一份具有鉴别度的试题，高分组答对的百分比应多于低分组答对的百分比，鉴别度指标值最好在0.30以上，当试题鉴别度指标出现负值时，表示试题有问题，要优先删除。假设 P_H 为高分组答对的百分比、P_L 为低分组答对的百分比，则试题难度与鉴别度指标值分别为：

$$P = \frac{P_H + P_L}{2}$$
$$D = P_H - P_L$$

当测验试题的难度太容易（多数受试者都答对）或太难（多数受试者都答错）时，试题均无法呈现良好的鉴别度，当试题难度在0.50时，试题鉴别度最佳。难度指标值与鉴别度指标值的关系可以用图4-4表示：

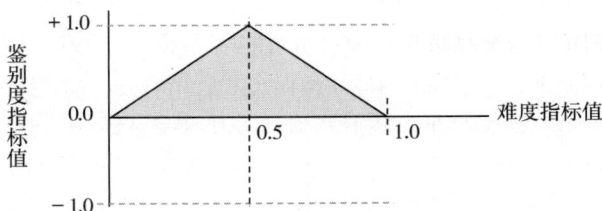

图4-4 难度指标值与鉴别度指标值关系图

从图4-4中可以发现，试题难度指标为1.0（天花板效应）表示所有受试者均答错（答对人数的百分比为0.0%），此时试题完全没有鉴别度，鉴别度指标值为0.0；相对地，试题难度指标为0.0（地板效应）表示所有受试者均答对（答对人数的百分比为100.0%），此时试题也完全没有鉴别度，鉴别度指标值为0.0；当难度指标值为0.50时，鉴别度的指标值最大。但要设计1份每个试题难度指标值均为0.50的测验是不太可能的，若是试题难度指标为0.2～0.8（更为严格的需介于0.3～0.7），而试题又有不错的鉴别度（$D \geq 0.30$），则试题即可称为最佳的测量题目，若整体测验的难度能维持在0.5附近，则测验的鉴别力会更好。

三、选项词精确化范例解析

【六点量表的学习压力感受题目】

非常符合	大部分符合	少部分符合	少部分不符合	大部分不符合	非常不符合
6	5	4	3	2	1

01. 我觉得中学的学习压力很大　　□　□　□　□　□　□

在六点量表选项中，"大部分符合"选项（水平数值编码为5）的感受与"少部分不符合"选项（水平数值编码为3）的感受相同，"少部分符合"选项（水平数值编码为4）的感受与"大部分不符合"选项（水平数值编码为2）的感受也相同，因此给予不同的测量值是不合适的。

【四点量表的学习压力感受题目】

非常符合	大部分符合	少部分符合	非常不符合
4	3	2	1

01. 我觉得中学的学习压力很大　　□　□　□　□

将六点量表选项形态改为四点量表形态，原始填答数据中的编码情况对照如下：$1 \to 1$、$2 \to 2$、$3 \to 3$、$4 \to 2$、$5 \to 3$、$6 \to 4$。范例数据中共有24位受试者，年级变量有二分水平变量，水平1表示中学一年级群体、水平2表示中学二年级群体。

表4-4　六点量表改四点量表的编码对应

年级	1	2	1	1	1	1	1	1	2	2	2	2	2	2	1	1	1	1	2	2	2	1	1	1
6个选项	4	4	5	6	5	3	5	3	2	2	1	2	5	5	6	4	1	4	4	6	5	5	4	4
4个选项	2	2	3	4	3	3	3	3	2	2	1	2	3	3	4	2	1	2	2	4	3	3	2	2

表 4-5 描述性统计量摘要表

	个 数	范 围	最小值	最大值	平均数	标准差	百分比 /%
6 个选项	24	5	1	6	3.96	1.49	59.20
4 个选项	24	3	1	4	2.54	0.83	51.40

从表 4-5 可以发现：采用原始 6 个选项计分形态，6 个选项测量值分别给予 6 分、5 分、4 分、3 分、2 分、1 分，24 位有样本的总平均数为 3.96，换算成百分比为 59.20%；将 6 个选项合并为 4 个不重叠的选项词，计分分别给予 4 分、3 分、2 分、1 分，24 位有样本的总平均数为 2.54，换算成百分比为 51.40%。

表 4-6 组别统计量摘要表

选项个数	年 级	个 数	平均数	标准差	平均数的标准误
6 个选项	一年级	13	4.00	1.22	0.34
	二年级	11	3.91	1.81	0.55
4 个选项	一年级	13	2.46	0.78	0.22
	二年级	11	2.64	0.92	0.28

从表 4-6 可以看出：在 6 个选项形态的组别统计量中，13 位一年级受试者的平均数为 4.00、11 位二年级受试者的平均数为 3.91；在改为 4 个明确而不重叠的选项词后，13 位一年级受试者的平均数为 2.46、11 位二年级受试者的平均数为 2.64。当样本数越大时，描述语内涵相同的重叠词所造成的统计偏差会越明显，此部分研究者在问卷编制时要特别谨慎。

【五点量表计分的生活压力感受题目】

最近半年来，下列事件对您造成困扰的程度：

	非常困扰	很困扰	没有困扰	有些困扰	很少困扰
	5	4	3	2	1
01. 整体家庭经济的负担	□	□	□	□	□

就整体家庭经济负担的困扰程度感受而言，研究者最初采用五点量表形态，5 个选项分别为"非常困扰""很困扰""没有困扰""有些困扰""很少困扰"，若是研究者采用逐题分析，探究每个选项被勾选次数、百分比，此种选项词设置是合适的。若是研究者将各选项作为等距变量，分别给予 5 分、4 分、3 分、2 分、1 分，操作性定义界定量表或构面的得分越高，表示受试者的困扰程度越高、生活压力感越大；相对地，量表或构面的得分越低，表示受试者的困扰程度越低、生活压力感越小，那么此种态

度量表选项词就欠缺精确化。因为"没有困扰"选项是一个状况事实，无法看出受试者生活压力困扰程度的高低。

将上述选项词的计分重新改为四点量表形态，中间"没有困扰"选项的计分应改为0分，因为受试者勾选此选项表示在测量题目的感受上是没有困扰的。

【四点量表计分的生活压力感受题目】

最近半年来，下列事件对您造成困扰的程度：

	非常困扰	很困扰	没有困扰	有些困扰	很少困扰
	4	3	0	2	1
01. 整体家庭经济的负担	□	□	□	□	□

上表选项词的形态位置可按下列方式排列：

【四点量表计分的生活压力感受题目】

最近半年来，下列事件对您造成困扰的程度：

	没有困扰	非常困扰	很困扰	有些困扰	很少困扰
	0	4	3	2	1
01. 整体家庭经济的负担	□	□	□	□	□

以24位学生的数据为例，年级变量为二分背景变量，水平数值1为一年级、水平数值2为二年级。

表 4-7

年级	1	1	1	1	1	1	1	1	1	1	1	1	2	2	2	2	2	2	2	2	2	2	2	2
5 个选项	1	2	3	4	5	2	1	1	2	2	1	3	1	5	3	5	4	5	3	4	3	4	5	3
4 个选项	1	2	0	3	4	2	1	1	2	2	1	0	1	4	0	4	3	4	0	3	0	3	4	0

两种不同计分方法在 t 检验统计量的差异比较摘要表见表 4-8：

表 4-8　描述性统计量摘要表

选项形态	个 数	范 围	最小值	最大值	平均数	标准差	百分比 /%
5 个选项	24	4	1	5	3.00	1.45	50.0
4 个选项	24	4	0	4	1.87	1.51	29.0

从表 4–8 可以发现：采用原先 5 至 1 分的计分形态，24 位受试者总平均数为 3.00、标准差为 1.45，换算成百分比为 50.0%，表示受试者平均困扰程度为中等；改为 0 至 4 分 4 个选项的计分形态（没有困扰选项计分为 0 分），24 位受试者总平均数为 1.87、标准差为 1.51，换算成百分比为 29.0%，表示受试者平均困扰程度约为 30.0%。

表 4-9　组别统计量及 t 检验统计量摘要表

	年级	个数	平均数	标准差	Levene检验	F 检验	显著性	t	自由度	显著性（双尾）
5 个选项	一年级	12	2.25	1.29	假设方差相等	0.02	0.889	−2.93	22	0.008
	二年级	12	3.75	1.22	不假设方差相等			−2.93	21.93	0.008
4 个选项	一年级	12	1.58	1.17	假设方差相等	8.34	0.009	−0.94	22	0.356
	二年级	12	2.17	1.80	不假设方差相等			−0.94	18.83	0.358

从表 4–9 可知：采用原来 5 至 1 分的计分形态，年级在整体生活压力感受的差异达到 0.05 显著水平（$t = -2.93$，$p = 0.008 < 0.01$），二年级学生的生活压力（$M = 3.75$）显著高于一年级学生的生活压力（$M = 2.25$）。若将选项词计分改为 4 至 0 分的形态，年级在整体生活压力感受的差异未达到 0.05 显著水平（$t = -0.94$、$p = 0.358 > 0.05$），一年级学生的生活压力（$M = 1.58$）与二年级学生的生活压力（$M = 2.17$）并没有显著不同。

另外一种计分形态是将勾选"没有困扰"选项的受试者设为遗漏值，因为研究者是要探究指标事项对受试者造成的困扰程度，若是受试者勾选"没有困扰"选项，表示此事件对受试者而言完全没有困扰，亦即对生活压力没有影响。计分时将测量值为"0"分设为遗漏值。

表 4-10　描述性统计量摘要表

	个　数	范　围	最小值	最大值	平均数	标准差	百分比/%
4 个选项	18	3	1	4	2.50	1.20	50.0
有效的 N（完全排除）	18						

从表 4–10 可以看出，有效样本数为 18 位，而全部的受试者有 24 位，表示有 6 位受试者勾选"没有困扰"选项。18 位受试者在事件得分的最小值为 1、最大值为 4，总平均数为 2.50，换算成百分比为 50.0%，表示 18 位受试者整体生活压力的感受程度为 50.0%。

表 4-11　级别统计量摘要表

	年级	个数	平均数	标准差	Levene检验	F检验	显著性	t	自由度	显著性（双尾）
4个选项	一年级	10	1.90	0.99	假设相等	0.01	0.92	−2.81	16	0.013
	二年级	8	3.25	1.04	不假设相等			−2.80	14.85	0.014

从表 4-11 可知：排除勾选"没有困扰"选项的 6 位受试者后，年级在整体生活压力感受的差异达到 0.05 显著水平（$t = -2.81$、$p = 0.013 < 0.05$），二年级学生的生活压力（$M = 3.25$）显著高于一年级学生的生活压力（$M = 1.90$）。

四、总加量表的分组

在李克特量表中，研究者若是探讨两个变量间的关系，如高中学生学习压力与忧郁倾向间的关系（图 4-5），可以采用积差相关或典型相关统计分析。

学习压力　⟷　忧郁倾向

图 4-5　高中学生学习压力与忧郁倾向间的关系

除了以相关方法探究两个变量的关系外，研究者也可以采用平均数差异检验法进行资料分析，可采用独立样本 t 检验、独立样本方差分析或多变量方差分析（MANOVA）探讨不同学习压力组在忧郁倾向感受的差异情况。进行差异检验，学习压力变量要由计量变量重新编码为间断变量，分组时可按样本在学习压力变量的得分高低分为高分组（高学习压力群体）、中分组（中学习压力群体）、低分组（低学习压力群体）3 个群体，或分为高分组（高学习压力群体）、低分组（低学习压力群体）两个群体，如图 4-6 所示。

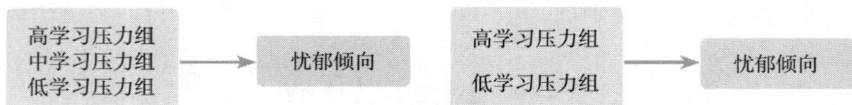

高学习压力组 / 中学习压力组 / 低学习压力组　→　忧郁倾向　　高学习压力组 / 低学习压力组　→　忧郁倾向

图 4-6

若是研究者将"忧郁倾向"计量变量重新编码为间断变量，如分为 3 个群组：高分组（高忧郁倾向群体）、中分组（中忧郁倾向群体）、低分组（低忧郁倾向群体），统计方法可改用区别方法，探究自变量对高、中、低 3 个群组的区别情况；如果分为两个群组：高分组（高忧郁倾向群体）、低分组（低忧郁倾向群体），统计方法可采用 Logistic 回归方法，探讨自变量对高、低忧郁倾向群体的预测力，如图 4-7 所示。

学习压力　—区别分析→　高忧郁倾向组 / 中忧郁倾向组 / 低忧郁倾向组　　学习压力　—Logistic回归→　高忧郁倾向组 / 低忧郁倾向组

图 4-7

（一）相对分组

与正态分布的形态相比，如果多数受试者的分数偏低或偏高，分数的分布情形不会形成左右对称的钟形曲线。若是测量值的分布形成了一条指向左边的尾巴，此种形态即为负偏态的分布，多数受试者的分数在中位数的右边，表示高于群体平均数。相对地，如果测量值的分布形成了一条指向右边的尾巴，即为正偏态的分布。此种分布多数受试者的分数在中位数的左边，低于群体平均数。相对分组不参照样本在变量或构面上的分数分布情形，而是根据样本在变量的得分高低排序，选取一定比例百分比的人数，组别选取时通常有两种情况（图 4-8）：

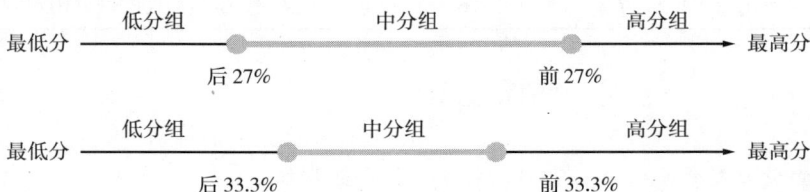

图 4-8

第一种是根据总分高低排序后，测量分数的前 27% 样本为高分组群体、后 27% 样本为低分组群体，中间 46% 样本为中分组群体；第二种是根据总分高低排序后，测量分数的前 33.3% 样本为高分组群体、后 33.3% 样本为低分组群体，中间 33.3% 样本为中分组群体。由于相对分组采用的是测量分数的相对位置，即受试者在量表得分的高低是与其余受试者测量值的高低进行比较的结果，这种依总分（所有题目的加总）的排序将样本分组的方法称为相对分组。若是所有受试者在某个量表的得分都偏高，实际的"低分组"可能并非量表中测量值分数较低的群体；相对地，如果所有受试者在某个量表的得分都偏低，则实际的"高分组"可能并非量表中测量值分数较高的群体。

【相对分组的操作】

若要根据某个计量变量测量值的高低将样本平均分为 3 组，其操作方法有两种：一是根据目标变量排序，选取高低 33.3% 的临界分数，执行功能列"转换（T）"/"重新编码成不同变量（R）"的程序；二是执行功能列"转换（T）"/"Visual Binning"的程序，选择"制作分割点"，选取"以扫描的观察值为基础的相对百分比位数"选项，"分割点数目"界定为二（一个分割点可以将样本分为两个群体、两个分割点可以将样本分为 3 个群体、3 个分割点可以将样本分成 4 个群体）。

（二）绝对分组

若是李克特量表有 5 个选项，绝对分组则根据选项个数的中位数 3 或某个测量值作为分组的临界点。不管全部样本的总平均数的数值高低，分组时以单题平均 3.8 分以上为"高分组"（百分比为 70.0% 以上）、单题平均 3.01 至 3.79 分为"中分组"，单题平均 3.0 分以下为"低分组"（百分比为 50.0% 以下）。班级经营效能量表总共有 24 题，高分组临界点为每题平均为 3.8 分，总分为 91.2 分；低分组临界点为每题平均为 3.0 分，总分为 72.0 分（见本章附文）。

表 4-12

绝对分组	绝对低分组			绝对中分组			绝对高分组			
	←									→
单题分数	2.6	2.8	3	3.2	3.4	3.6	3.8	4.2	4.6	4.8
百分比 /%	40.0	45.0	50.0	55.0	60.0	65.0	70.0	80.0	90.0	95.0
总分（24 题）	62.4	67.2	72.0	76.8	81.6	86.4	91.2	100.8	110.4	115.2

绝对分组时，三个级别群体的分数为：

班级经营效能量表总分 ≤ 72.0 的样本为低分组群体。
班级经营效能量表总分 ≥ 91.2 的样本为高分组群体。
班级经营效能量表总分为 72.01 至 91.19 的样本为中分组群体。

由于研究者编制的测量工具的选项个数并非都是五点量表，可能是四点量表形态或六点量表形态，当量表选项数不同，中位数的数字也不一样，因而，研究者最好以量表单题平均分数的百分比作为绝对分组的参考。绝对分组常用的低分组、中分组、高分组与百分比对应情况的图示如下（表 4-13）：

表 4-13

百分比 /%	0	10	20	30	40	50	60	70	80	90	100
组别划分 A	←										→
组别划分 B	←										→
组别划分 C	←										→
组别划分 D	←										→
组别划分 E	←										→
组别划分 F	←										→
组别划分 G	←										→

采用绝对分组的操作：执行功能列"转换（T）" / "重新编码成不同变量（R）"的程序，即可增列一个分组变量，若是测量值分布的偏态较为明显，在采用绝对分组时，可能使低分组或高分组的人数过少。此时，研究者可采用组别合并法，将样本过少的组别与中分组群体合并，分组群体由 3 组变为 2 组。

五、绝对分组的实例解析

在一项小学生命意义感与忧郁倾向关系的研究中，研究者修订编制"忧郁倾向量表"，此量表共有 22 题，有效样本为 723 人，22 题加总后的变量名称为"整体忧郁倾向"，样本在整体忧郁倾向变量的描述性统计量见表 4-14：

表 4-14　样本忧郁倾向变量描述性统计

变量名称	个　数	最小值	最大值	平均数	标准差	单题平均	百分比 /%
整体忧郁倾向	723	22.00	85.00	36.228	12.999	1.647	21.6

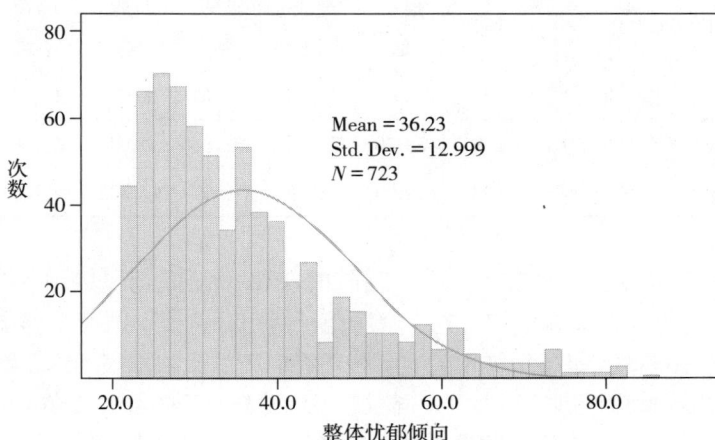

图 4-9　样本忧郁倾向量表得分

整体忧郁倾向的分布形态，形成了一条指向右边的尾巴，为正偏态分布，表示多数人的测量分数低于群体平均数。从图 4-9 可以看出，多数样本的得分低于整体平均数 36.23（四点量表的中位数为 2.50，22 题的总分为 55 分，整体平均数远低于中位数 55，表示多数样本于忧郁倾向量表的得分偏低，这种情况与教育现场的实际现象符合，资料结构分布是合理的），样本测量值分数偏向于左侧。

采用相对分组时，根据样本在忧郁倾向量表得分的高低排序，前 33.3% 为高分组（总分高于 39.00 分）、后 33.3% 为低分组（总分低于 28.00 分），中间 33.3% 为中分组（总分为 29.00 至 38.00）。

表 4-15　相对分组

		次　数	百分比 /%	有效百分比 /%	累积百分比 /%
有效的	≤ 28.00（相对低分组）	251	34.7	34.7	34.7
	29.00 ~ 38.00（相对中分组）	239	33.1	33.1	67.8
	39.00+（相对高分组）	233	32.2	32.2	100.00
	总　和	723	100.00	100.00	

相对分组后，3个组别的人数：低忧郁倾向群体有251人、中忧郁倾向群体有239人、高忧郁倾向群体有233人。

根据3个群组变量求出各群组在忧郁倾向量表的描述性统计量见表4-16：低分组的总平均为24.861，单题平均分数为1.130、百分比为4.3%；中分组的总平均为33.188，单题平均分数为1.509、百分比为17.0%；高分组的总平均为51.592，单题平均分数为2.345、百分比为44.8%。采用相对分组方法，忧郁倾向低分组、中分组、高分组3个群体人数的差异不大，但3个群体样本实际所感受的忧郁倾向程度与研究者划分归类的群组间有很大的差异。

表4-16　相对分组摘要表

相对分组		个数	最小值	最大值	平均数	标准差	单题平均	百分比/%
≤ 28.00	相对低分组	251	22.00	28.00	24.861	2.026	1.130	4.3
29.00 ~ 38.00	相对中分组	239	29.00	38.00	33.188	2.937	1.509	17.0
39.00+	相对高分组	233	39.00	85.00	51.592	11.233	2.345	44.8

从表4-16可以看出根据总分得分高低排序分组的优点是可以控制各组的人数，采用等均分法则是将全部样本平均分为3个群组（两个分割点）或两个群组（一个分割点），但相对分组的缺点是各组样本的实际分数有时无法反映量表的真正特质或各群组实际的特性。以高忧郁倾向群组为例，群组的平均得分低于中位数2.50（总分的平均数为55分）、百分比未达50.0%，将这些样本归类为"高忧郁倾向群组"并不恰当；中忧郁倾向群组的平均得分低于1.60、百分比未达20.0%，将这些样本归类为"中忧郁倾向群组"更不恰当。

相对分组是按照全部样本在忧郁倾向量表得分的高低排序来分组，当全部受试者在量表的测量值的总分偏低时，研究者在分组时可以将标准定在各组临界点的下限值附近。22题加总后测量值总分与百分比对照见表4-17。

表4-17　加总后测量值总分与百分比对照表

1	1.3	1.6	1.9	2	2.2	2.5	2.8	3	3.1	3.3	3.4	3.7	4
0%	10%	20%	30%	33.3%	40%	50%	60%	66.7%	70%	76.7%	80%	90%	100%
22	28.6	35.2	41.8	44	48.4	55	61.6	66	68.2	72.6	74.8	81.4	88

四点量表的中位数为2.50，22题的总分值为55分（百分比为50.0%），低分组假定为单题平均数2.20分以下，相对的百分比为40.0%，22题的总分为48.4分；高分组假

定为单题平均数 3.10 分以上，相对的百分比为 70.0%，22 题的总分为 68.2。3 个组别分割点：总分 48.4 分以下的样本为低分组群体、总分 68.2 分以上的样本为高分组群体、总分介于 48.41 至 68.19 间的样本为中分组群体。另外一种划分方法为总分 44 分以下（单题平均得分为 2.0 分、百分比 33.3%）样本为低分组群组、总分 61.6 分以上样本为高分组群组（单题平均得分为 2.8 分、百分比为 60.0%）、介于 44.01 至 61.59 分的样本为中分组群组；最后一种弹性绝对分组方法为总分 44 分以下样本为低分组群组（单题平均得分为 2.0 分、百分比为 33.3%）、总分 66 分以上样本为高分组群组（单题平均得分为 3.0 分、百分比为 66.7%），介于 44.01 至 65.99 分的样本为中分组群组，具体见表 4–18。

表 4-18　绝对分组的次数分布摘要表

		次　数	百分比 /%	有效百分比 /%	累积百分比 /%
有效的	≤ 48.40（绝对低分组）	605	83.7	83.7	83.7
	48.41 ~ 68.19（绝对中分组）	93	12.9	12.9	96.5
	68.20+（绝对高分组）	25	3.5	3.5	100.0
	总和	723	100.0	100.0	

采用绝对分组时，低忧郁倾向样本的群体有 605 人、占全部有效样本的 83.7%；中忧郁倾向样本的群体有 93 人、占全部有效样本的 12.9%；高忧郁倾向样本的群体有 25 人、占全部有效样本的 3.5%，各群组的有效样本数与测量值分布的直方图结构是相符合的。

绝对分组的描述性统计量摘要表见表 4–19：

表 4-19　绝对分组的描述性统计量摘要表

绝对分组一		个数	最小值	最大值	平均数	标准差	单题平均	百分比 /%
≤ 48.40	绝对低分组	605	22.00	48.00	31.517	7.033	1.433	14.4
48.41 ~ 68.19	绝对中分组	93	49.00	68.00	56.473	5.376	2.567	52.2
68.20+	绝对高分组	25	69.00	85.00	74.920	4.545	3.405	80.2

从表 4–19 可以得知：605 位低忧郁倾向样本在整体忧郁倾向的平均得分为 31.517、单题平均为 1.433、百分比为 14.4%；93 位中忧郁倾向样本在整体忧郁倾向的平均得分为 56.473、单题平均为 2.567、百分比为 52.2%；25 位高忧郁倾向样本在整体忧郁倾向的平均得分为 74.920、单题平均为 3.405、百分比为 80.2%。采用绝对分组时，低、中、高忧郁倾向 3 组群体的平均得分较能真正反映受试者不同程度的忧郁倾向。

第二种绝对分组范例，将组别临界点采用下限数值，低分组为总分 44 分以下（百分比为 33.3%、单题平均得分 2.00）、高分组为总分 66 分以上（百分比为 66.7%、单题平均得分 3.00），具体见表 4–20。

表 4-20

1	1.3	1.6	1.9	2	2.2	2.5	2.8	3	3.1	3.3	3.4	3.7	4
0%	10%	20%	30%	33.3%	40%	50%	60%	66.7%	70%	76.7%	80%	90%	100%
22	28.6	35.2	41.8	44	48.4	55	61.6	66	68.2	72.6	74.8	81.4	88

在"重新编码成不同变量：旧值与新值"的对话视窗中，"旧值与新值"方框的编码使用以下两种均可〔如果总分没有小数点，则计量变量转换为间断变量时就采用整数间距，如果构面变量有小数点，转换为间断变量时要考虑到小数点位数〕（表 4–21、表 4–22）：

表 4-21

Lowest thru 44 —->1	Lowest thru 44 —->1
66 thru Highest —->3	66 thru Highest —->3
45 thru 65—->2	44.01 thru 65.99 —->2

表 4-22

绝对分组二		个数	最小值	最大值	平均数	标准差	单题平均	百分比 /%
≤ 44	绝对低分组	577	22	44	30.78	6.318	1.399	13.3
45 ~ 65	绝对中分组	115	45	65	53.57	5.703	2.435	47.8
≥ 66	绝对高分组	31	66	85	73.35	5.212	3.334	77.8

从表 4–22 可以得知：忧郁倾向总分低于 44 分的有 577 人、忧郁倾向总分高于 66 分的有 31 人、忧郁倾向总分介于 45 至 65 分的有 115 人。577 位低忧郁倾向群组的总平均数为 30.78 分、单题平均分数为 1.399、百分比为 13.3%；115 位中忧郁倾向群组的总平均数为 53.57 分、单题平均分数为 2.435、百分比为 47.8%；31 位高忧郁倾向群组的总平均数为 73.35 分、单题平均分数为 3.334、百分比为 77.8%。

附：李克特量表中的分数与百分比对照

在态度量表的形态中，研究者使用最多的是李克特量表，其选项数一般为 4 至 6 个。李克特量表的形态中，单题平均分数与百分比对照表如下（表 4-23）：

表 4-23　五点量表(有 5 个选项词,计分为 1 至 5 分)

选项分数	1	1.5	2	2.5	3	3.5	4	4.5	5
百分比值 /%	0.0	12.5	25.0	37.5	50.0	62.5	75.0	87.5	100.0

在五点量表中，如果构面单题平均数的分数为 2.00、3.00、4.00、5.00，百分比分别为 25.0%、50.0%、75.0%、100.0%。五点量表的中位数为 3.00 分，其百分比为 50.0%，构面单题平均得分为 3.4、3.8、4.2，相对应的百分比为 60.0%、70.0%、80.0%，单题平

均分数为 2.6 分，百分比为 40.0%；单题平均分数为 2.8 分，百分比为 45.0%（表 4-24）。

表 4-24

1.4	1.8	2.2	2.6	2.8	3	3.2	3.4	3.6	3.8	4.2	4.6	4.8
10.0%	20.0%	30.0%	40.0%	45.0%	50.0%	55.0%	60.0%	65.0%	70.0%	80.0%	90.0%	95.0%

在六点量表中，如果构面单题平均数的分数为 2.00、3.00、4.00、5.00、6.00，百分比分别为 20.0%、40.0%、60.0%、80.0%、100.0%。六点量表的中位数为 3.5 分，其百分比为 50.0%（表 4-25）。

表 4-25　六点量表(有 6 个选项词,计分为 1 至 6 分)

选项分数	1	1.5	2	2.5	3	3.5	4	4.5	5	5.5	6
百分比 /%	0.0	10.0	20.0	30.0	40.0	50.0	60.0	70.0	80.0	90.0	100.0

六点量表形态，单题平均分数 1.80 分，对应的百分比为 16.0%；单题平均分数 2.80 分，对应的百分比为 36.0%；单题平均分数 3.80 分，对应的百分比为 56.0%；单题平均分数 4.80 分，对应的百分比值为 76.0%；单题平均分数 4.20 分，对应的百分比值为 64.0%（表 4-26、表 4-27）。

表 4-26

1	1.2	1.4	1.5	1.8	2	2.2	2.4	2.6	2.8	3	3.2	3.4
0.0%	4.0%	8.0%	12.0%	16.0%	20.0%	24.0%	28.0%	32.0%	36.0%	40.0%	44.0%	48.0%

表 4-27

3.6	3.8	4	4.2	4.4	4.6	4.8	5	5.2	5.4	5.6	5.8	6
52.0%	56.0%	60.0%	64.0%	68.0%	72.0%	76.0%	80.0%	84.0%	88.0%	92.0%	96.0%	100.0%

在四点量表中，如果构面单题平均数的分数为 2.00、3.00、4.00，百分比分别为 33.3%、66.7%、100.0%。四点量表的中位数为 2.5 分，百分比为 50.0%，构面单题平均得分为 3.1 分、3.4 分时，对应的百分比分别为 70.0%、80.0%（表 4-28）。

表 4-28　四点量表(有 4 个选项词,计分为 1 至 4 分)

1	1.3	1.6	1.9	2	2.2	2.5	2.8	3	3.1	3.3	3.4	3.7	4
0.0%	10.0%	20.0%	30.0%	33.3%	40.0%	50.0%	60.0%	66.7%	70.0%	76.7%	80.0%	90.0%	100.0%

单题平均数转换成百分比的公式为：

$$百分比值 = \frac{M-1}{\text{ITEM\_N} - 1} \times 100\%$$

公式中的 M 为单题平均数，ITEM_N 为选项个数。以四点量表为例，ITEM_N = 4，单题平均得分为 3.1 分，换算成百分比为：

$$\frac{3.1-1}{4-1}\times100\% = \frac{2.1}{3}\times100\% = 70.0\%$$

以五点量表为例，ITEM_N = 5，单题平均得分为3分，换算成百分比为：

$$\frac{3-1}{5-1}\times100\% = \frac{2}{4}\times100\% = 50.0\%$$

将单题平均分数乘以量表的总题数，即为量表的总分与百分比值的对照表（表4-29），如中学学生生活压力量表有25题，采用李克特四点量表形态，样本在生活压力量表的得分介于25至100分中间。若样本总分为40分（单题平均得分为1.6分），百分比为20.0%；测量值总分为70分（单题平均得分为2.8分），百分比为60.0%。

表4-29　量表的总分与百分比值的对照表

25 题	25	32.5	40.0	47.5	50.0	55.0	62.5	70.0	75.0	77.5	82.5	85.0	92.5	100.0
15 题	15	19.5	24.0	28.5	30.0	33.0	37.5	42.0	45.0	46.5	49.5	51.0	55.5	60.0
单题	1	1.3	1.6	1.9	2	2.2	2.5	2.8	3	3.1	3.3	3.4	3.7	4
百分比 /%	0.0	10.0	20.0	30.0	33.3	40.0	50.0	60.0	66.7	70.0	76.7	80.0	90.0	100.0

如果研究者未按照构面单题平均进行资料分析，直接以构面总分（数个题目／测量指标变量加总的分数），则上述对照表的单题分数要乘以题目数，以"班级经营效能量表"为例，该量表共有24个题目，整体班级经营效能量表的分数为原先对照表中的单题分数 ×24。包含24个测量题目的总分数与百分比对照表见表4-30：

表4-30　测量题目的总分数与百分比对照表

总分	—	—	—	24	36	48	60	72	84	96	108	120	—
单题分数	—	—	—	1	1.5	2	2.5	3	3.5	4	4.5	5	—
百分比 /%	—	—	—	0.0	12.5	25.0	37.5	50.0	62.5	75.0	87.5	100.0	—
	33.6	43.2	52.8	62.4	67.2	72	76.8	81.6	86.4	91.2	100.8	110.4	115.2
	1.4	1.8	2.2	2.6	2.8	3	3.2	3.4	3.6	3.8	4.2	4.6	4.8
	10.0%	20.0%	30.0%	40.0%	45.0%	50.0%	55.0%	60.0%	65.0%	70.0%	80.0%	90.0%	95.0%

若是受试者在整体班级经营效能量表的总得分为72分，则百分比为50.0%，总分为81.6分（换算成单题平均得分为3.4分），百分比为60.0%；测量值总分为91.2分（换算成单题平均得分为3.8分），百分比为70.0%。

百分比的整体班级经营效能变量的描述性统计量见表4-31：

表4-31　整体班级经营效能的描述性统计量摘要表

	题目数	范　围	最小值	最大值	平均数	单题平均数	百分比值 /%
班级经营效能	24	79.00	39.00	118.00	96.645	4.027	75.7

第五章 量表的编制

一份问卷中可能包含 2 ~ 4 个量表，除了各部分量表的测验项目外，也包含填答者的基本资料（或称背景资料），基本资料的内容最好与研究架构或未来资料处理有关，如果进行与研究主题无关的背景资料填答，反而会造成填答者的困扰。量表所要测量的潜在特质或态度反应称为"构念"，每个构念是一个变量，构念间的关系即变量的关系。如高职学生生活压力与其自杀倾向关系的研究，两个主要的构念分别为"生活压力"与"自杀倾向"，资料分析的焦点在于探究"生活压力"与"自杀倾向"两个构念间是否有显著相关，"生活压力""自杀倾向"是研究架构中主要的变量，资料的统计分析即在探究这两个变量间的关联程度。构念潜在变量的测量必须借助具体测量题目的"量表"获得。

一、量表编制的流程

（一）确定各量表的构面（向度）

量表中的各构面或向度（层面、分量表）可能是研究者从相关理论文献，或先前他人研究量表、个人经验法则等归纳统整而得。在编制偏向行动研究的量表时，也可能以焦点团体访谈或称焦点访谈（focused interviews）历程中所搜集的资料为基础，来编制一种实务导向的量表或测验。当一个主题是创新的议题或研究者要发展新的量表工具时，更需要相关的理论或文献支持，量表中采用的构面（分量表或向度）必须有合理的理论文献作为支持架构，若是没有理论文献也必须根据经验法则延伸。以高职学生生活压力量表为例，研究者从心理学及社会学观点归纳出学生的生活压力源主要有个人、家庭、学校、情感等四大面向，因而量表的构面（向度）分为 4 个：家庭压力、学校压力、个人压力、情感压力。

如果研究者采用逐题分析或题目内容为多选题，在问卷编制时要考量的则不是构面的内涵，而是每个题目测得的事象或分析的内容要与研究议题相契合，其目标在于描述性的论述，而非变量间的相关研究或理论模型的验证。探究受试者对某一政策或议题的看法时，若每个题目中的"选项内容不同"，或作答选项个数多寡不一，则不能将受试者在题目回应的情况等量化并进行加总成为一个新变量（此新变量一般称为构面或向度）。此种问卷题目如：

> 1. 您选择子女就读的中学首要考虑的因素为下列哪一个?
>   □学校升学率　□交通因素　□校长人选　□学校评价　□校园氛围
> 2. 对于您小孩的中学生涯，您最重视哪一项?
>   □品德行为　□学业成绩　□艺术才能　□同侪关系　□生活能力
> 3. 对于您小孩目前就读班级的教师班级经营您的看法为何?
>   □非常满意　□满意　□没有意见　□不满意　□非常不满意

在上述范例问卷题目中，各题目的"选项词内容"明显不同，选项词之间并非等距，彼此间没有次序关系，因而不能将其视为等距量表或次序变量。各选项词之间的测量值没有大小或等距的关系，研究者在统计分析时只能就各题目被勾选情况"逐题分析"，各题的选项被受试者勾选的情况，也只能以次数、百分比等论述，如果研究者将3个题目加总起来，以一个新变量表示，此新变量是没有意义的；此外，若是以平均数、标准差等描述性统计量表示各题目被勾选的情况，也违反统计分析的基本原理。

（二）依据构面编制测量项目

确定量表的构面后，研究者要根据构面的数目与量表的个数编制各构面的测量项目，测量项目一般称为题目，测量的是观察变量或可测量变量。预试时各构面的题目数一般为4至7题（正式问卷时可保留3至5题）。研究者编制或修订的各测量项目／题目要能反映其所要测得的潜在心理特质或态度，此为量表的内容效度，效度表示量表测量分数能确实回应受试者态度的正确性与可靠性的程度，内容效度佳的量表其信度也会较佳。态度量表中的构面又称为潜在变量（无法观察的变量），测量构面的题目又称为指标变量／观察变量／测量变量。潜在变量与测量变量（题目）间的关系可以用图5–1说明（范例图中的生活压力量表包含家庭压力与学校压力两个构面，两个构面各包含3个题目）：

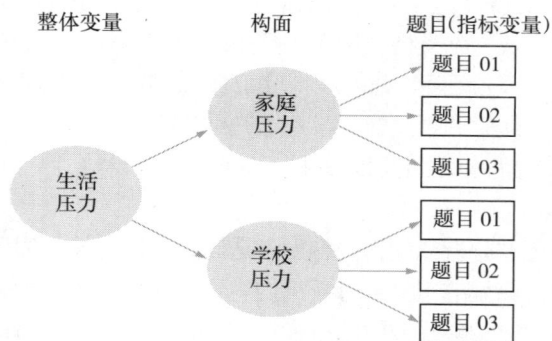

图 5-1　潜在变量与测量变量间的关系

（三）进行专家效度的审核

研究者编制完量表后，学者专家可就问卷构面及其测量项目内容进行逐题审核，学者专家包括对研究主题有涉猎的学者、曾经研究过此主题的相关教授、与此主题领域有关的实务工作者等。如在一项"小学生依附关系与情绪智力的研究"中，研究者编制完"依附关系量表""情绪智力量表"后，可请教育、辅导与咨询的教授作为专家，可请实务工作者，如小学学校教导主任、校长及教师作为专家。敦请实务工作者参与量表题目内容与词句的审核非常重要，因为有时实务工作者更能看出哪些量表题目的叙述较不适宜；此外，研究者也可请 2 至 3 位抽样总体的受试者就量表各构面测量题目试填一次，看是否有词意不清或语意不明之处，试填的程序可以在进行专家效度审核之前。至于在专家效度审核时，专家学者的人数一般为 8 至 12 位即可，人数低于 5 位，代表性可能不足，但若是专家学者人数多于 15 位，有时会提供太多的信息或意见，难以形成共识，以致研究者无法统整。专家效度的审核是一种对量表题目内容适当性（adequacy）的检核，因而也是一种"内容效度"（content validity）。内容效度是评定者根据其专业素养与智能，对构面及题目内容进行逻辑分析并作出合理判断，因而也称为"合理效度"（rational validity）或"逻辑效度"（logical validity）。学者专家效度的人员，研究者可列表呈现于正文或作为附录，其中人员名单的排列要根据学者专家的姓氏笔画，而不要依照其当事职务来排序。如果研究者要将各学者专家对量表修正的意见列出，各学者专家要以代号表示（如 A，B，C，…），这种做法较符合学术伦理。

（四）进行预试问卷的预试

预试对象的总体必须与将来正式施测的总体相同，如研究者研究的主题为高职学生生活压力的调查研究，研究对象的总体为高职学生，预试时的对象也必须为高职学生，研究者不能因为方便而改为采用高中学生为预试对象。预试的样本数最好是问卷中题目最多的量表的题目个数的（不是整份问卷题目总数）3 至 5 倍，如在一项"高职学生生活压力、生命意义感与自杀倾向的相关研究"中，研究者编制 3 种量表："生活压力量表""生命意义感量表""自杀倾向感受量表"，测量题目数分别为 20、30、25 题，预试对象的人数采用生命意义感量表题目数（30 题）的 3 至 5 倍，其人数为 90 至 150 位，若是研究者要进行各量表的因素分析，预试对象的人数最好不少于 150 位。

上述预试对象人数的估计是针对一般研究对象，有些特殊群体的总体本身人数就不多，此时预试对象可以减少为量表最多题目数的 2 至 3 倍，一个最基本原则是有效样本数不能少于量表题目的个数，以上述范例而言，若是总体很小，则预试对象的人数最少也要有 30 位（因为生命意义感量表题目数有 30 题）。由于是特殊群体，问卷或量表重复给受试者填答也没有关系，若是填答者有部分重复，避免让其产生练习效应或根据之前保留记忆填答，研究者可将问卷各量表的顺序作调整，如预试问卷的四大部分分别为："基本资料""生活压力量表""生命意义感量表""自杀倾向感受量表"，正式施测时顺序可调整为："自杀倾向感受量表""生命意义感量表""生活压力量表""基本资料"。

预试资料的统计分析包括项目分析、因素分析与信度检验。项目分析经由统计程序判断题目的适当性（与成就测验的鉴别度类似）；因素分析求出量表的构念效度（construct validity）；信度检验采用统计方法求出量表及构面的信度（reliability）指标值。信度是指测验分数的一致性（consistency）或稳定性（stability），一份量表或测验的测量误差越小，则表示越具有一致性与稳定性，此时量表或测验的信度较高。一般量表或测验的信度指标是采用内部一致性方法（internal-consistency method），通常有以下几种方法：折半信度（split-half method）、库李方法（Kuder-Richardson method）、α系数（coefficient alpha）。

折半信度的求法与复本信度的求法类似，是将量表或测验依题目数均匀分成两个独立的子量表或子测验，然后求出两个子量表或子测验间的相关系数，相关系数越大，表示测验或量表的折半信度越高。将量表或测验分成两个部分的方法很多，较常用的是以随机方式将题目数平分为两大部分，或以题目数的编号按偶数题及奇数题平分为两大部分，或以中间题目数为分割点，将前半部或后半部的试题平分为两大部分。由于折半信度方法中各子量表或子测验的题目数只有整个量表或测验题目总数的一半，两个半测验所得到的相关系数通常会出现低估现象，因为在其他条件维持稳定且相同的情境下，量表或测验的题目数越多，测验误差将越小、信度系数将越高，所得的测量结果也越可靠。为克服原始折半信度法低估量表或测验信度指标值的现象，通常采用斯布公式（Spearman-Brown formula）加以校正，其公式为：

$$r_{\text{total}} = \frac{2r_{\text{s-h}}}{1 + r_{\text{s-h}}}$$

式中，r_{total} 为全量表的 / 全测验的信度、$r_{\text{s-h}}$ 为折半测验 / 量表的相关。库李方法通常适用于"对""错"二元计分的测验，如在一次关于成绩测验中，研究者数据文件只键入1、0，1 表示题目答对、0 表示题目答错，此时成绩测验数据文件求出的信度为库李信度。至于李克特态度量表，由于不是采用二元选项的作答方式，而是多重选项计分，此时的信度指标必须改为采用克朗巴哈发展的 α 系数（Cronbach's α）。上述量表或测验的折半信度在 SPSS 统计软件中的操作为：执行功能列"分析（A）"／"尺度（A）"／"信度分析（R）"程序。

SPSS 统计软件不仅可以求出折半信度的 Cronbach's α 系数，也可以求出量表或测验的折半信度，输出的折半信度表格中也会提供 Spearman-Brown 校正信度系数。表 5-1 中有 5 位受试者，测验有 6 个题目。

表 5-1

受试者	I1	I2	I3	I4	I5	I6	IA	IB	备 注
S1	1	1	1	1	0	0	3.0	1.0	
S2	0	0	0	0	0	0	0.0	0.0	IA 为前三题的加总分数 =I1+I2+I3
S3	1	1	1	1	1	1	3.0	3.0	
S4	0	0	1	0	0	0	1.0	0.0	IB 为后三题的加总分数 =I4+I5+I6
S5	1	1	1	1	0	0	3.0	1.0	

表 5-2　可靠性统计量

Cronbach's Alpha 值	第 1 部分	数值	0.900
		项目的个数	3ᵃ
	第 2 部分	数值	0.800
		项目的个数	3ᵇ
	项目的总个数		6
形式间相关（两个部分间的积差相关系数）			0.722
Spearman-Brown 系数	等长		0.838
	不等长		0.838
Guttman Split-Half 系数			0.833

注：a 项目为 \:I1，I2，I3；
　　b 项目为 \:I4，I5，I6。

从表 5-2 中可以发现：前 3 题加总变量（IA）与后 3 题加总变量（IB）的相关系数为 0.722，第一部分测验（前半段 3 个题目）的内部一致性 α 系数为 0.900，第二部分测验（后半段 3 个题目）的内部一致性 α 系数为 0.800，两个部分测验的题目个数各有 3 题。校正后的 Spearman-Brown 折半信度系数为 0.838，采用 Guttman Split-Half 校正方法所得的折半信度系数为 0.833。Spearman-Brown 校正法的系数求法为：

$$r_{total} = \frac{2r_{s-h}}{1 + r_{s-h}} = \frac{2 \times 0.722}{1 + 0.722} = \frac{1.444}{1.722} = 0.838$$

若是时间许可，在信度的检核上，研究者可以增列"重测信度"（test-retest reliability）。所谓重测信度是指同一量表或测验于不同的时间让同一群受试者填答，将受试者二次填答的测量值相关系数的高低，作为重测信度的指标。重测信度又称再测信度，其信度指标表示量表或测验的稳定性，因而又称稳定系数（coefficient of stability）。进行重测信度指标建构时，受试者二次测验的间隔时间一般为一至二周，此外要注意：①不能让受试者知悉此量表或测验要进行第二次施测；②二次施测的情境不能差异太大，如一次在月考考试前、一次在月考考试后，由于月考前后学生的心情与感受差异较大，所感受或所知觉的心理特质或态度会有显著变化。重测信度求法的架构模型见图 5-2：

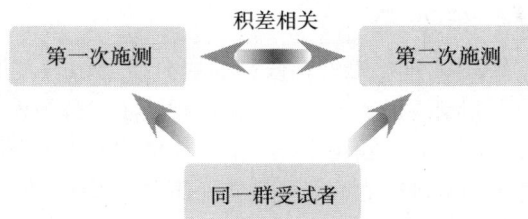

图 5-2　重测信度求法的架构模型

进行重测信度检验的资料建档时，每位受试者第一次回应的数据与第二次回应的数据要建在同一行，因为重测信度是同一群受试者于不同时间前后两次测验分数的相关，若是受试者在两次量表或测验分数间的相关很高，表示重测信度系数／稳定系数佳，其内涵就个别受试者而言，指的是第一次测验或量表有高的测量值或分数，在第二次测验或量表也会有高的测量值或分数；相对地，受试者在第一次测验或量表的测量值或分数低，在第二次测验或量表也会有较低的测量值或分数。重测信度数据文件的范例见表5-3：

表 5-3 重测信度数据文件范例

受试者	第一次测量值 V1	正确的受试者配对		错误的数据文件输入格式	
		受试者	第二次测量值 RV2	受试者	第二次测量值 EV2
S1	20	S1	19	S5	10
S2	30	S2	27	S3	16
S3	15	S3	16	S2	27
S4	21	S4	23	S1	19
S5	11	S5	10	S4	23

重测信度系数为两次测验分数间的相关系数，SPSS 统计软件的操作为：执行功能列"分析（A）"／"相关（C）"／"双变量（B）"程序，统计分析结果变量 V1 与变量 RV2 间的积差相关系数为 0.964（$p = 0.008$）、变量 V1 与变量 EV2 间的积差相关系数为 -0.568（$p = 0.318$）（重测信度虽然以相关系数表示，但信度系数的临界值为 0 至 $+1.00$ 中间，若是积差相关系数为负值，则重测信度系数还是以 0 表示，重测信度系数越接近 0 表示信度越差）。受试者两次测验分数的相关系数高达 0.964，重测信度系数高，表示量表或测验的信度良好；但因为在第二次数据输入时，受试者的顺序或编号没有与第一次配对好，造成变量 V1 与变量 EV2 间的积差相关系数为负值（积差相关系数低表示再测信度不佳，积差相关系数为负值表示量表或测验完全没有信度，重测信度系数为 0）。因而研究者进行量表或测验的再测信度检验时，必须注意受试者两次测验分数间的配对问题。

（五）编制正式施测的问卷

预试问卷回收后，经统计分析处理，根据项目分析与信效度指标，再删除部分题目，保留的测量项目即可编制为正式问卷。经过探索性因素分析程序后，量表中各构面所包含的部分测量项目可能与原先编制不同，或资料结构产生的因素构面与原先研究者初拟时有部分出入，这些均是合理的，只要各构面可以合理命名，各构面包含的测量项目所要测得的潜在特质或态度行为类似即可。探索性因素分析中的"探索性"一词表示的是研究者可能要经多次因素分析程序，才能探索而建构一个最佳的构念效度。正式问卷的编排要重视版面的美观性、可读性与系统性，除了之前的内容效度与构念效度外，也要重视整份问卷的"表面效度"。

表面效度并不是真正的效度，但这种效度特性会影响受试者填答问卷的意向，表面效度如问卷格式内容的编排是否适宜？印刷是否美观？字体的大小是否适中？回答或勾选是否复杂？如果研究者问卷编排及印刷时能以受试者为中心，从受试者的观点来编修问卷或测验内容，受试者填答意愿会大为提升、问卷的回收率也会相对增高。

测量工具的编制最重要的是要有信效度，除了要有高信度外，也要有良好的效度。一般量表的效度指标有内容效度与构念效度，如果研究者研究的主题是量表或测验的编制，则除了内容效度（或称内容关联效度）与建构效度外，也要呈现效标关联效度（criterion-related validity）。效标关联效度是指研究者编修的量表或测验与外在效标的相关程度，如果受试者在量表或测验的量测值很高，在外在效标的量测值分数或评定分数也很高，则表示量表或测验有良好的效度。作为外在效标，本身必须是可靠的与客观的，也就是效标本身必须有高信效度。

量表或测验信效度检核的顺序可以统整为如图 5-3 所示：

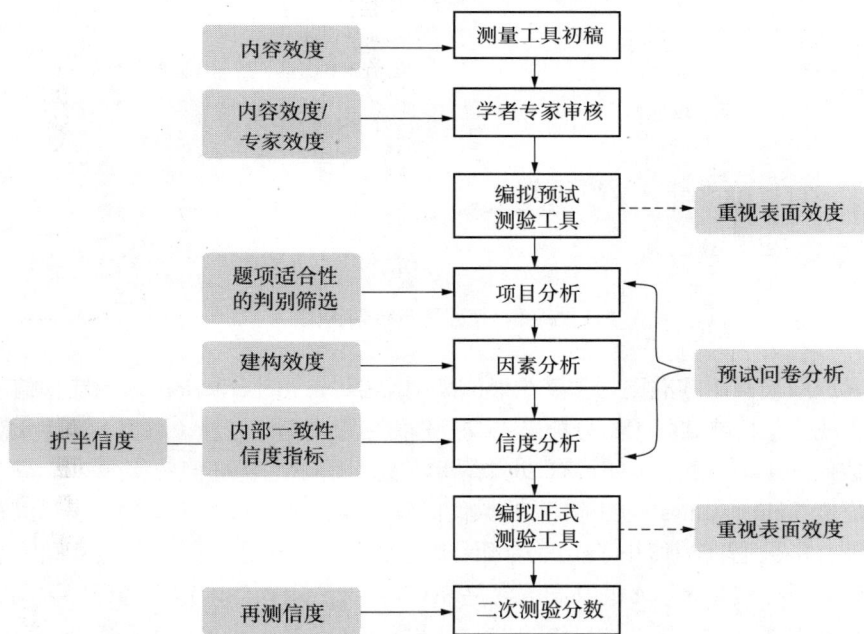

图 5-3　量表或测验信效度检核的顺序

二、量表建构效度

就预试问卷分析而言，研究者在统计分析程序中最感困扰的是量表建构效度／构念效度的建立。构念效度建立的统计分法一般使用因素分析，SPSS 统计软件中因素分析的操作程序为：执行功能列"分析"（Analyze）／"维度缩减"（Dimension Reduction）／

"因子"（Factor）程序。因素分析的目的若是要减化量表变量的个数，使用的是变量间的相关矩阵，此种因素分析的形态称为 R 因素分析（R factor analysis）。R 因素分析形态即是一般探索性因素分析法，其目的在于将变量分组，使彼此间相关度较高的变量或指标变量间可以反映某个共同层面（潜在变量）。另一种因素分析是使用个别样本某些特质的相似关系，将所有样本分成几个不同群组，群组内样本的特质十分类似，而群组间样本的特质相异度较大，此种因素分析把大样本的个体分类，被称为 Q 因素分析（Q factor analysis）。Q 因素分析形态属于集群分析（cluster analysis）法之一，其关注的重点是将样本（观察值）加以分类。Q 因素分析形态与 R 因素分析形态见图 5-4、图 5-5：

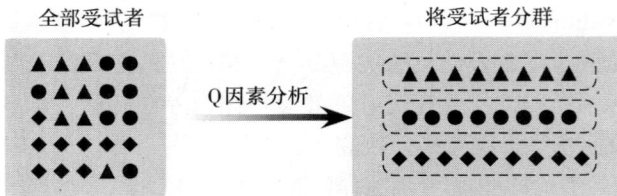

图 5-4　Q 因素分析架构图

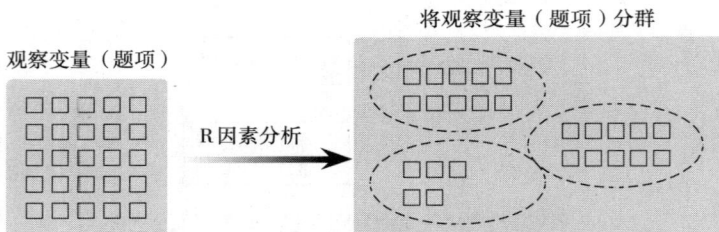

图 5-5　R 因素分析架构图

　　因素选取最常用的准则为"潜在根值准则"（latent root criterion），潜在根值准则一般用于主成分分析或共同因素分析。主成分分析中每个指标变量（题目）可以贡献的总特征值数值为 1，一个量表如果有 20 个题目，题目贡献的特征值总和为 20。潜在根值或称特征值（eigenvalues）准则指的是共同因素的特征值如果大于 1.00，表示潜在根值是显著的，多数潜在根值小于 1 的共同因素被认为是未达显著的，这些共同因素可以忽略。保留潜在根值大于 1 的共同因素是 SPSS 统计应用软件内定的选项，采用此种方法萃取共同因素有时不是一种最佳的方法，当指标变量数（题目数）介于 20 至 50 个之间（20 至 50 题间），采用潜在根值大于 1 的方法萃取共同因素最为可靠；但当指标变量数（题目数）少于 20 个（20 题）时，这种方法可能萃取的共同因素过少（题目数少于20 个时萃取共同因素较为保守）；相反地，当指标变量数（题目数）多于 50 个（50 题）时，采用潜在根值大于 1 的方法可能会萃取过多的共同因素，造成因素命名的困难。采用潜在根值大于 1 准则萃取的共同因素若是与原先编制量表时差距较大，研究者可改为采用"先验准则"（priori criterion）。在一种不确定的情境下，先验准则是一种较为合理的准则，尤其是研究者在进行因素分析程序前已经明确要萃取多少个共同因素时，可以事先决定要萃取的共同因素个数。先验准则特别适用于萃取因素个数理论的检验或假设的检验，如研究者尝试检验先前量表题目所包含共同因素的个数，或评估量表指标变量所萃取的共同因素的稳定性等。

因素负荷量（factor loadings）是测量变量与萃取因素间的相关，因素负荷量越高表示测量变量与因素构面间的关系越密切，因素负荷量平方值表示的是共同因素可以解释测量变量的变异量，其意义类似于相关系数的平方值（决定系数）（Hair et al.,2010）。

1. 因素负荷量最低考量的准则是介于 ±0.30 至 ±0.40 之间，即因素负荷量的绝对值等于 0.3 是最小可接受的值。当因素分析的有效样本数很大或分析变量的个数较多时，可采用较小值的因素负荷量；如果萃取的因素个数较多，进行潜在因素负荷量的评估时，指标变量（题目）的因素负荷量要采用较高的数值。

2. 因素负荷量 ±0.50 以上才有实务显著性（practically significant）。

3. 因素负荷量 ±0.70 以上，表示因素结构中观察变量（题目）是反映潜在因素构念的良好指标。

学者 Hair 等人认为因素负荷量的判别选取与因素分析的样本数有关，在相同的显著水平下，有效样本数越大，因素负荷量的选取准则较低。如有效样本数为 350 位，题目因素负荷量选取标准为 0.30 以上；相对地，有效样本数越小，因素负荷量的选取准则越高，如有效样本数为 150 个，题目因素负荷量选取标准为 0.45 以上；有效样本数为 120 位，题目因素负荷量选取标准为 0.50 以上。因素负荷量与达到 0.05 显著水平的样本数的关系对照表见表 5-4：

表 5-4　显著因素负荷量与所需样本的关系摘要表

因素负荷量	达到 0.05 显著水平的样本数	备　注
0.30	350	显著水平 α 为 0.05,统计检验力为 0.80
0.35	250	显著水平 α 为 0.05,统计检验力为 0.80
0.40	200	显著水平 α 为 0.05,统计检验力为 0.80
0.45	150	显著水平 α 为 0.05,统计检验力为 0.80
0.50	120	显著水平 α 为 0.05,统计检验力为 0.80
0.55	100	显著水平 α 为 0.05,统计检验力为 0.80
0.60	85	显著水平 α 为 0.05,统计检验力为 0.80
0.65	70	显著水平 α 为 0.05,统计检验力为 0.80
0.70	60	显著水平 α 为 0.05,统计检验力为 0.80
0.75	50	显著水平 α 为 0.05,统计检验力为 0.80

资料来源：Hair et al.,2010, p.117.

共同性（communality）是测量变量在每个因素的因素负荷量的平方总和（横列因

素负荷量平方和），共同性表示变量（题目）对所有共同因素贡献的程度，即测量变量（题目）对所有共同因素可以解释的变异量高低，测量变量共同性数值的高低可以显示变量（题目）对因素结构的重要性。较高数值的共同性表示变量被因素解值萃取的变异量较大；相对地，较低数值的共同性表示变量被因素解值萃取的变异量较小，对共同因素的贡献程度较低，因素分析结果可考虑将其排除。测量变量共同性的高低目前没有绝对的统计准则指标，但从实务应用的考量而言，一般以 0.50 作为测量变量共同性高低指标的临界标准。因素分析输出表格中共同性、特征值与因素负荷量的关系见表 5–5 所列：

表 5-5　转轴后的因子矩阵

测量变量	因　子		因素 I	因素 II	共同性
	1	2	因素负荷量平方	因素负荷量平方	
X1	0.283	0.523	0.080	0.274	0.354
X2	0.651	0.200	0.423	0.040	0.463
X3	0.671	0.317	0.450	0.100	0.551
X4	0.242	0.677	0.058	0.458	0.516
X5	0.720	0.400	0.518	0.160	0.678
X6	0.389	0.207	0.151	0.043	0.194
特征值			1.681	1.075	
解释变异量 %			28.024	17.913	
累积解释变异量 %			28.024	45.937	

注：共同性为因素 I、因素 II 栏数值（横列）的总和；
　　因素 I 栏数值的和、因素 II 栏数值的和为特征值；特征值除以题目数为解释变异量。

范例中 6 个测量变量的共同性介于 0.194 至 0.678 之间、因素 I 可以解释所有测量题目变异量的 28.024%、因素 II 可以解释所有测量题目变异量的 17.913%，两个共同因素可以解释的测量变量变异量为 45.937%。就社会科学领域而言，一个良好的因素结构，萃取的共同因素要能解释所有题目变异的 60.0% 以上，若是萃取共同因素解释指标变量的变异量低于 50.0%，则表示因素分析的建构效度不佳。

因素分析的转轴方法有两种：一是直交转轴（orthogonal rotation）、二是斜交转轴（oblique rotation）。直交转轴是将因素轴间维持在 90°，是因素分析中使用最为普遍的转轴方法，若研究希望简化变量数目，形成少数几个没有相关或相关较低的因素构面，可采用直交转轴方法。至于斜交转轴法的因素轴间并没有维持 90°，表示因素构面间有某种程度的关联存在，因素转轴的目的在于使变量（题目）的归类更为明确。在因素分析程序中，采用哪种转轴方法都可以，直交转轴法的表格较易解读，但统计分析假定与行为及社会科学实际现象较难符合；斜交转轴法的假定较能呼应社会实际事象，但转轴后的数据结果统整较为复杂。

因素转轴的概念图可以用图 5–6 表示，9 个观察变量（题目）在未转轴前较难判断归属于哪个因素轴，但将因素轴以数学方程式进行直交转轴后发现，V1、V2、V3、V4四个变量与因素轴 II 关系比较密切，V5、V6、V7、V8、V9 五个变量与因素轴 I 关系比较密切。因而经由直交转轴后，9 个观察变量被区分为两群，因素二包含 V1、V2、V3、V4 四个变量，因素一包含 V5、V6、V7、V8、V9 五个变量。

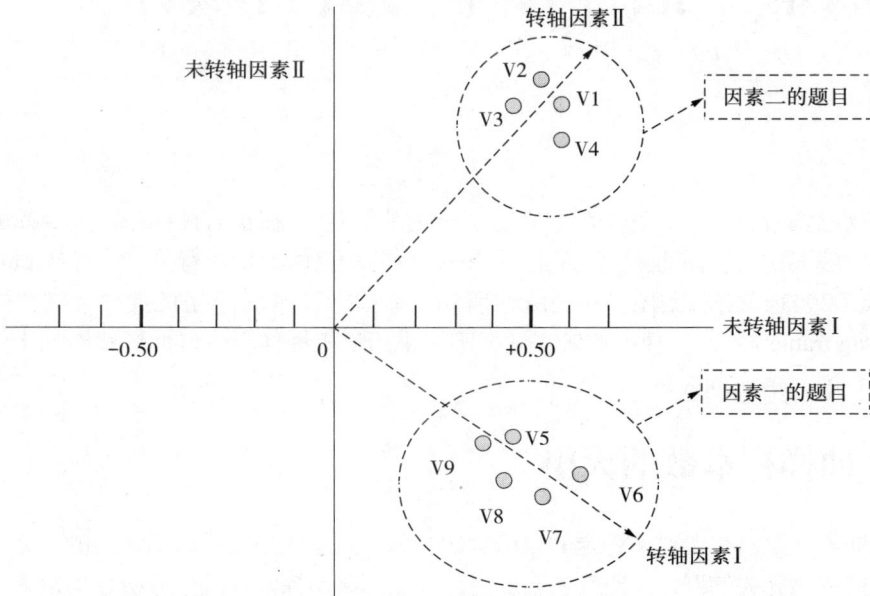

图 5-6　直交转轴因素结构图

第六章　抽样样本与资料填补

在问卷调查程序中，许多研究者心里一定纳闷着："在正式抽样中，我要抽取多大的样本才够呢？"这个问题与研究主题、研究目的和总体的特质有关。学者 W.Lawrence Neuman（2003）明确指出："……就你所知，单单大样本而无随机抽样，或抽样架构（sampling frame）不良，抽样的代表性远不如采用随机抽样与优良抽样架构的小样本。"（王佳煌 等，译，2008）

一、抽样样本数的大小

抽样架构是研究者具体界定的目标群体总体，此总体是研究者拟推论的总体，而不是与研究主题无关的群体。研究者若要进行预试，采用探索性因素分析建构量表的构念效度，必须依据量表题目数抽取适当比例的样本，如果样本太少，会造成因素分析统计结果的偏误，因素分析的样本数大小有以下规则（Hair et al., 2010）：

1. 进行因素分析时样本数最少必须在 50 个，较适当的样本数最好在 100 个以上。
2. 有效样本的个数必须多于量表的变量（题目）数，如一份有 30 题的量表，若要进行因素分析，有效样本的个数不能低于 30，此项准则只适用于特殊总体，若是一般总体或研究对象，研究者不应采用此项准则。
3. 一般的研究对象，有效样本个数必须随题目数（变量个数）的增加而增列，最常采用的标准是每个变量能对应最大有效的样本数。变量数与有效样本数最合适的比例为 1 : 10；多数学者使用最基本的比例为 1 : 5，如一份"生活压力量表"有 20 个题目（20 个变量／观察变量／指标变量），研究者若要进行 R 因素分析，有效样本数最少要求有 20 × 5 = 100 位，更适当的样本个数为 20 × 10 = 200 位。

抽样皆会有抽样误差（sampling error），所谓抽样误差是指样本统计量偏离真正总体参数数值的差距，抽样误差越小则样本的性质越能代表其所在的总体。任何抽样方法都可能产生两种误差：偏差和欠精确化（lack of precision）。偏差指的是样本统计量总是朝同一方向偏离总体参数值；欠精确化指的是不断抽取样本，在不同样本下，同一个样本统计量的差异很大、统计量间的分布很分散，因而无法估算出一个代表总体参数的统计量。以当事者打靶为例，若是将群体参数的正确值作为箭靶上的大圆心点，样本统计量想象成对靶心发射的箭，偏差的意思是当事者瞄准的目标有问题，射出的都往同一个方向偏离靶心，如多数集中于靶的上端；欠精确化则是指当事者射出的箭分散在靶的每个地方，箭靶分散得很广（重复抽样所得的结果，统计量间彼此差异很大）（戴久永，2006）。

学者 Gay、Mills 与 Airasian（2009）认为问卷调查实施中，所需的样本人数与研究类型有关，若是属于描述性研究，抽取的样本数至少要占总体的 10%，如果总体属于特殊群体，总体总数低于 500 人时，抽取的样本数至少要占总体的 20%，若是总体属于极特殊群体（总体总人数很少的群体），总体总数不足 100 位，则总体总数全部为施测的对象。以 Gay 等人的观点来看，若是总体为 1 万人，抽取的目标分析样本数约为 1 000人（约占总体的10%），如果总体的人数超过 1 万人，则抽取的样本数将会超过 1 000 人，1 000 位以上样本数可能造成研究者困扰或不便；若是总体为 450 人，抽取的目标分析样本数约为 90 人（约占总体的 20%），90 个分析样本可能不足。Gay 等人以上所提的观点是一种绝对的取样方法，当总体人数太多，或总人数太少时，抽取的样本数就不是十分恰当。

学者 Gall、Gall 与 Borg（2007）认为定量的相关研究抽取的样本数至少要有 30 位，进行变量间的因果比较及采用实验研究程序进行组别间的比较时，各组的人数最少要有 15 位。Gall 等人进一步提出问卷调查研究用于分析群组差异时，较大的次群体（major subgroup）至少要有 100 位受试者，较小的次群体（minor subgroup）至少要有 20 至 50 位受试者。学者 Lodico、Spaulding 与 Voegtle（2006）等人认为问卷调查的抽样程序中，若是总体总数少于 200 人，整个总体的总数可全部抽取；若是总体的总数在 400 人左右，抽取的样本数应占全部总体的 40% 较为适当（至少 160 位）；如果总体总数超过 1 000人，抽取的样本数约占总体总数的 20%（200 位以上）；如果总体的总数在 5 000 人以上，抽取的样本数总数在 350 至 500 人之间即可（引自王文科、王智弘，2010）。

以理论统计学的观点而言，样本抽样误差表示误差（总体参数与样本统计量间的差异）是选取样本的机遇（chance）所造成的，只要是抽样定会有随机抽样误差。随机抽样误差的公式为

$$\text{“±抽样误差\%”} = 1.96 \times \sqrt{\frac{pq}{n}} = 1.96 \times \sqrt{\frac{p(1-p)}{n}}$$

pq 是受试者对特定问题回答的相异性或相似性的变动情况，如果受试者对问题的反应是赞同与不赞同的比例各为 50%，此种情况为整体最大的相异性（如 $0.50 \times 0.50 = 0.25 > 0.90 \times 0.10 = 0.09$，或 $0.50 \times 0.50 = 0.25 > 0.60 \times 0.40 = 0.24$），如果总体为正态分布资料，以 $p = 50\%$、$q = 50\%$ 的数值代入上述抽样误差的公式为：

$$\text{“±抽样误差\%”} = 1.96 \times \sqrt{\frac{pq}{n}} \times 100\% = 1.96 \times \sqrt{\frac{50 \times 50}{n}} = 1.96 \times \sqrt{\frac{2\,500}{n}}$$

根据"中央极限定理"（central limit theorem），95% 的置信区间（样本平均数可能出现的概率）为"$\mu \pm （1.96 \times 标准差）$"，假设总体有 1 000 个随机样本，研究者抽取

的样本数 n 为 100，则样本大小的抽样误差：

$$\text{"}\pm\text{抽样误差}\%\text{"}=1.96\times\sqrt{\frac{2\,500}{n}}\times100\%=1.96\times\sqrt{\frac{2\,500}{100}}\times100\%=1.96\times\sqrt{25}\times100\%=\pm9.8\%$$

置信区间（confidence interval）公式为：置信区间 $=p\pm$ 抽样误差，平均数 95% 的置信区间为 $50\%\pm9.8\%=[50\%-9.8\%，50\%+9.8\%]=[40.2\%，59.8\%]$。如果研究者抽样误差采用的置信区间为 99%，则抽样误差的 z 值为 2.58（95% 置信区间的 z 值为 1.96），表 6-1 为不同抽样人数的抽样误差及平均数 95% 的置信区间值，从表中的数值可以看出"抽样样本数越大，抽样误差值越小，95% 置信区间抽样分布的图形越呈高狭峰"。

表 6-1 不同抽样人数的抽样误差及平均数 95% 的置信区间值

n	z	抽样误差	95% 置信区间左侧	95% 置信区间右侧
50	1.96	13.86%	36.14%	63.86%
100	1.96	9.80%	40.20%	59.80%
200	1.96	6.93%	43.07%	56.93%
400	1.96	4.90%	45.10%	54.90%
600	1.96	4.00%	46.00%	54.00%
800	1.96	3.46%	46.54%	53.46%
1 000	1.96	3.10%	46.90%	53.10%
1 500	1.96	2.53%	47.47%	52.53%
2 000	1.96	2.19%	47.81%	52.19%

样本大小与总体大小互为独立。当抽样误差设定为 $\pm3\%$ 时，全国性民意调查样本大小一般是 1 000 至 1 200 位，样本大小若是 5 000 位，则抽样误差只有 $\pm1.4\%$。

标准样本大小公式为：

$$n=\frac{z^{2}(pq)}{e^{2}}=\frac{(1.96)^{2}(pq)}{e^{2}}$$

其中 e 为可接受的抽样误差，一般设定为 3%，如果研究者采用 99% 置信区间，则标准样本大小公式为：

$$n=\frac{z^{2}(pq)}{e^{2}}=\frac{(2.58)^{2}(pq)}{e^{2}}$$

当 $p=50\%$、$q=50\%$、$e=3\%$、α 为 5% 时（$z=1.96$），抽样样本大小公式为：

$$n=\frac{(1.96)^{2}(pq)}{e^{2}}\times100\%=\frac{(1.96)^{2}(50\times50)}{3^{2}}\times100\%=\frac{3.841\,6\times2500}{9}\times100\%=\frac{9\,604}{9}\approx1\,067$$

全国性的调查研究样本约为 1 067 人（约 1 100 位受试者）；若将置信区间改为 99%（$\alpha=0.01$），抽样样本大小公式为：

$$n = \frac{(2.58)^2 (pq)}{e^2} \times 100\% = \frac{(2.58)^2 (50 \times 50)}{3^2} \times 100\% = \frac{6\,656\,4 \times 2\,500}{9} = \frac{16\,641}{9} = 1\,849$$

（Burns & Bush, 2006, pp. 366–375）。当 $p = 50\%$、$q = 50\%$、$e = 3.5\%$、α 为 5% 时（$z = 1.96$），抽样样本大小公式为：

$$n = \frac{(1.96)^2 (pq)}{e^2} \times 100\% = \frac{(1.96)^2 (50 \times 50)}{3.5^2} \times 100\% = \frac{3\,841\,6 \times 2\,500}{12.25} = \frac{9\,604}{12.25} = 784$$

对于样本取样规模的大小，学者 Dillman（2000,206）以理论统计学的观点提出以下的估算方法：

$$N_{\text{SAMPLE}} = \frac{N_P\, p(1-p)}{(N_p - 1)(E/C)^2 + p(1-p)}$$

式中，N_{SAMPLE} 为抽样的样本人数、N_p 为研究总体的规模大小、E 为可容忍的抽样误差值，一般为 3% 或 5%（表示样本与真正总体间平均数的差异在 3% 或 5% 以内）；C 为标准 95% 置信区间的 z 值（1.96），95% 的置信区间即将显著水平 α 定为 0.05（表示犯第 Ⅰ 类型错误的概率在 5% 以内，所谓第 Ⅰ 类型错误是零假设为真的情况下，研究者加以拒绝的概率）。p、$1-p$ 为总体异质性程度，在正态分布及符合期望特征之下，总体变异最大的情况是 50% 为一种形态；其余（1–50%）为另一种形态，因而 $p \times (1-p)$ 的最大样本数通常为（0.50）×（1–0.50），表示总体均分为二，当 p 值为 0.50 时，$p \times (1-p)$ 的数值 = 0.25（罗清俊，2007）。

从表 6–2 来看，抽样误差设定为 ±3% 时，若总体大小为 6 000，抽样样本数约为 907 人；当总体大小为 10 000 时，抽样样本数约为 965 人，有限总体从 10 000 人扩增至 1 000 000 人，根据学者 Dillman 所提的估算公式，抽样样本数在 1 000 人附近。可见在量化研究中，抽样样本数的有效人数若是在 1 000 附近，表示总体的总样本数很大，此种推论可推及至全国性的调查研究。当研究者进行一项全国性的调查研究时，有效样本数为 1 000，表示抽样的样本已经足够，但其前提必须是样本具有代表性，即研究者采用的抽样方法必须为概率取样，而非是便利抽样。

表 6-2 有限总体大小与抽样样本数简要对照表

总体大小	±5% 抽样误差的样本数	±3% 抽样误差的样本数
100	80	92
200	132	169
400	197	292
600	235	385
800	260	458
1 000	278	517
1 500	306	624
2 000	323	697

续表

总体大小	±5% 抽样误差的样本数	±3% 抽样误差的样本数
4 000	351	843
6 000	362	907
8 000	367	942
10 000	370	965
20 000	377	1 014
30 000	380	1 031
40 000	381	1 040
50 000	382	1 045
60 000	382	1 049
70 000	383	1 052
80 000	383	1 054
100 000	383	1 056
500 000	384	1 065
1 000 000	385	1 066

学者 Dillman 所提的上述方法根据抽样误差与总体大小来估算，此估算公式可作为研究者抽取多少调查样本数的参考指标之一，但研究者不应拘泥于此估算公式，因为在多数的研究中，总体的大小很难确切得知。此外，对于特殊群体的抽样也不应受此限制。对于量化研究的有效样本数，下列原则或相关学者的观点可供研究者参考：

1. 若是研究对象为一般样本（非特殊群体），采用问卷调查研究进行量化统计分析时，学者 Cresswell（2008）认为有效样本数约需 350 位即可，若研究者要进行各种推论统计（如卡方检验、方差分析等），区域性研究的有效样本数最好在 500 位以上。如果研究者要进行结构方程模型以验证建构理论或进行验证性因素分析，抽取的样本数至少要有 200 个。
2. 进行交叉列联表分析时，每个单元格人数的有效样本至少要 30 个，是有单元格人数少于 30 位时，最好进行单元格人数的合并，如原先为 3×3 列联表，可改为 2×3 列联表、3×2 列联表或 2×2 列联表（赖虹燕，译，2006）。

如在学生年级与学习压力组别变量的 3×3 列联表的差异检验分析中，"一年级 & 低学习压力组"单元格的人数只有 25 位、"三年级 & 低学习压力组"单元格的人数只有 12 位，这两个单元格人数显著的少于其他单元格，进行统计分析可能造成偏误，研究者可把 3×3 列联表改为 3×2 列联表（表 6-3）。

表 6-3

A 因子 B 因子	一年级	二年级	三年级
高学习压力组	87	76	65
中学习压力组	65	67	90
低学习压力组	25	30	12

合并后各单元格人数如下，合并后的单元格有效样本数差异不大，进行二因子单变量方差分析或二因子多变量方差分析时，统计分析的结果更为精确（合并的单元格必须要合理且能单独代表某一个群体）（表 6-4）。

表 6-4

A 因子 B 因子	一年级	二年级	三年级
高学习压力组	87	76	65
中低学习压力组	90	97	102

3. 进行多变量分析时，每个变量的样本数至少要有 10 位。进行因素分析时，预试的有效样本数最好是量表题目总数的 3 至 5 倍，如量表题目总数有 20 题，研究者想要进行因素分析以求出量表的建构效度，则预试有效样本数最好在 100 位以上，最低的要求为 60 位；若是量表题目总数有 25 题，则预试有效样本数最好在 125 位（=5×25）以上，最低的要求为 75 位（=3×25）。

4. 学者 Ariasian 与 Gay（2003）也提出：描述性研究的样本数最好占总体大小的 10%，若总体少于 500 人，则抽取的样本人数至少要占总体大小的 20%；相关研究在确定两个变量间有无关系存在时，有效样本数最好在 30 人以上，低于 30 人则不应采用参数统计法（可改为采用非参数统计分析法）。因果比较研究或准实验研究中，各组受试者最少在 15 个，达到 30 位以上较佳。进行方差分析时，自变量组别人数至少要在 15 个，学者 Harrison（1979）则认为每组人数至少要在 20 个，若是某个组别的人数少于 20 人，最好将此组别与其他组别合并。

以表 6-5 "成人的公民素养调查研究"为例，背景变量中的"学历"，研究者原来分为 5 个类别："□小学 □中学 □高中职 □大学 □研究所"，研究者采取简单随机抽样抽取样本 400 位，有效样本 360 位，学历背景变量 5 个组别的人数分别为 12、76、89、87、92、4，其中"小学毕业"与"研究所毕业"的样本数各只有 12 位与 4 位，进行学历变量在公民素养的差异比较中，这两个组别的人数均少于 15 位，且与其余 3 组样本人数差距较大，因而可将组别合并："小学"类别与"中学"类别合并，合并后的组别名称为"中小学"；"大学"类别与"研究所"类别合并，合并后的组别名称为"大学以上"，合并后的 4 个组别样本人数间的差异较小，统计推论的偏误会减少。

表 6-5　成人的公民素养调查研究

学历变量合并前,各水平类别的名称与样本数(六分类别变量)						
小　学	中　学	高中职	专　科	大　学	研究所	总　数
12	76	89	87	92	4	360
水平数值 1	水平数值 2	水平数值 3	水平数值 4	水平数值 5	水平数值 6	
学历变量合并后,各水平类别的名称与样本数(四分类别变量)						
	中小学	高中职	专　科	大学以上		总　数
	88	89	87	96		360
变量水平	水平数值 1	水平数值 2	水平数值 3	水平数值 4		

5. 学者 Neuman（2003）认为抽样的比例数与总体大小有关，若是总体较小（如少于 1 000），需要有较高的抽样比例才能提高样本的精确度，如抽取的样本人数至少要占总体大小的 30%（有效样本数约 300 位）；如果总体较大，则样本抽取的比例约 10% 即可获得同样的精确度，如总体大小为 10 000 人，其 10% 比例约为 1 000 人；若是大型的总体（如总体有 100 000 人），则样本抽取的比例可以更低，如 0.5% 或 1%。小样本与抽样误差有密切关系，当样本数增加，可大幅增加精确度。同样是增加样本数，样本小时精确度的增幅比样本较大时更高，如样本数从 50 增加到 100 时，误差值会从 7.1% 降低到 2.1%；但样本数从 1 000 增加到 2 000 时，只能将误差值从 1.6% 降低到 1.1%（Sudman, 1976, p.99；王佳煌 等，译，2008）。

综合相关学者的观点与经验法则，问卷调查中对于抽样样本数，若知道总体的大小，可以套用学者 Dillman（2000）所提的估算方法来抽取适宜的样本数，此为统计法则的应用。但在多数的问卷调查中，研究者很难确定总体真正的大小或数目，统计法则便无法应用，此时研究者可采用传统可接受的数量（经验法则）与统计分析法来决定抽样样本大小。若是小区域型的研究，适当抽样样本数为 300 至 500；若是中区域型的研究，适当抽样样本数为 400 至 600；若是大区域型的研究，适当抽样样本数为 500 至 800；如果是全国性的调查研究，适当抽样样本数为 800 至 1 200。就准实验设计而言，各组的人数至少要在 15 位以上，若能达 30 位以上则更佳。上述抽样的样本数乃是针对一般总体的样本而言，若研究的是特殊的群体，抽样样本数可以不受上述统计法则与经验法则的限制。如果研究主题的受试者为特殊群体，群体总数为 400 至 500 位，正式问卷抽取的样本数最好能占总数的 50% 以上；如果群体总数少于 200 位，研究者最好能全部抽取，至于统计分析方法可采用"一阶段的抽样（全部施测）、二阶段的统计分析"。二阶段的统计分析包括一阶段的预试分析、二阶段的统计分析与假设检验。

综合上述观点与问卷调查的实际情况，笔者将正式问卷样本施测时所需的样本数统整为以下摘要表（表 6-6），供研究者参考：

表 6-6　正式问卷样本施测时所需样本数

总体类型	性　质	抽样样本数
一般总体	小区域型研究	300 至 500 位
一般总体	中区域型研究	400 至 600 位
一般总体	大区域型研究	500 至 800 位
一般总体	全国性研究	800 至 1 200 位
特殊总体	总体总数为 400 至 500 位	总体的 50% 以上（200 位以上）
特殊总体	总体总数为 200 至 400 位	总体的 80% 以上（160 位以上）
特殊总体	总体总数少于 200 位	全部施测

当研究者大致确定研究抽样的样本大小后，要根据相关抽样方法抽取样本，如果研究者未根据抽样方法抽取具代表性的样本，即使样本数目再多也无法有效代表总体真正的性质。如甲研究者为快速抽取到样本，直接采用便利抽样方法抽取 800 位样本，乙研究者则采用随机取样方法抽取 400 位样本，甲研究者抽取的样本数虽然是乙研究者样本数的 2 倍，但就代表性与统计推论效度而言，乙研究者抽取的样本可能较能真正反映总体的性质，因而就资料统计分析结果的正确性而言，乙研究者统计分析结果推论的外在效度较为可靠而精确。

至于问卷的回收率，多少才算适当？一般研究者都认为在问卷调查程序中，寄发出的问卷回收率越高越好，因为过低的回收率可能造成有效样本数的不足，如果问卷设计不良（如题目内容过多），需要花费受试者较长的时间，或是问卷格式编排不佳，无法吸引受试者的注意或关注等，问卷的回收率通常会偏低。对于问卷回收率高低的看法，学者 Babbie（2004,261）的观点可作为问卷调查实施的参考："我觉得基于分析与撰写报告的需要，回收率至少要达到 50% 才适当；达到 60%，才称为好；达到 70% 以上，才能称为很好。读者（研究者）必须铭记于心的是，上述所提的回收率仅是概略的准则，并无统计上的根据，而且没有偏见的反应比高回收率更重要"。以美国人为总体的调查研究发现，约有三分之一的受试者会拒绝研究者的调查，不同的研究对象，问卷回应的概率也有显著的不同，杂志期刊的调查（问卷印在杂志上）回应概率只有 1% 或 2%；邮寄问卷调查的回收概率介于 10% 至 50%；电话调查的回应概率约为 80%，面对面的调查回应概率约为 90%（McBurney & White, 2007, 246）。

其实 Babbie 的观点并没有统计学上的根据，因为问卷回收率的高低与研究者寄发的问卷总数有很大的关系，如研究者采用分层随机方法选取受试者后，寄发的问卷份数很多（如 3 000 份），最后研究者只回收 20% 的问卷，回收的问卷数也高达 600 份；相对地，如果研究者采用立意取样或便利抽样方法，只寄发 500 份问卷，研究者最后回收的问卷有 480 份，则问卷调查的回收率高达 96%。因而在问卷调查的实施程序中，不能只以回收率的高低来判断是否达到"良好"的标准。研究者若是采用便利抽样的方法或非概率抽样的方法寄发问卷，问卷的回收率通常会很高；寄发的问卷总数较少，问卷的回收率也会很高。

研究者会想:"如果问卷回收率低于20%,问卷填答的效度会不会受到他人质疑",笔者若是答辩委员当然也会质疑,因为问卷回收率过低,表示研究者问卷编制的内在质量不佳或问卷实施程序欠缺严谨,或未能有效把握问卷调查的技巧。一般而言,若是研究者能克服量化研究的"黑箱问题",把握问卷调查的基本原则,多数主题的问卷回收率可以达到50%以上,问卷回收率达五成,应是问卷调查中可以掌握的基本原则,多数研究者希望问卷调查的回收率最低要求为50%,若是回收率达到90%以上表示很好(McBurney & White, 2007)。但如果研究者探究的论文主题敏感度很高(如婚前性行为、学生考试作弊或说谎行为、偷窃行为等),问卷回收比例会降低,其中无效问卷数也会增多,这种高敏感问题的问卷回收率通常会偏低。

问卷调查研究程序,许多研究者关注的议题是"问卷回收率到底要多高才算是有效?"对此,学者Babbie(2004,261)提出以下的观点:"我认为基于分析与撰写报告的需要,回收率至少达到50%,才算是"适当";达到60%,才算是"好";达70%以上,则算是"很好",Babbie的观点只是一个参考的指标值,研究者不能仅以回收比率数值的高低来衡量问卷回收的"好""坏",若是受试者对于问卷填答不实或研究者问卷编制内容与题目不佳,量表的信效度不好,即使问卷回收率达到90%以上,研究的正确性与可靠性也不高;相对的,如果研究者问卷各量表题目编制或修订得很适当,邮寄的问卷数量也很大,即使问卷回收率低于20%,有效样本数与可用的问卷数也会很多,如研究者寄出5 000份问卷,回收率只有25%,回收的问卷也有1 250份。在各种条件都相等的情况下,问卷的回收率越高与可用问卷数越多越好,一般而言,若是进行问卷调查研究,问卷回收率的高低与优劣评定可大致分类见表6-7:

表 6-7　问卷回收率的高低与优劣评定

问卷回收率	回收率适当性
回收率 <20%	非常不适当
20% ≤回收率 <30%	不适当
30% ≤回收率 <40%	尚可
50% ≤回收率 <60%	适当
60% ≤回收率 <70%	好
70% ≤回收率 <80%	很好
80% ≤回收率	非常好

Colton 与 Covert(2007)认为试验性的研究或预试程序,问卷的回收率最好高于75.0%,因为预试程序中,研究者通常采用的是立意取样(判断取样),问卷回收率应较高才对,若是研究者采用判断抽取程序,问卷回收率又低,则研究程序可能欠缺严谨。

问卷回收率的百分比,只能作为抽样适当性的检核指标之一,研究者还应从问卷回收率中的有效问卷及问卷发出份数作整体评估。如果问卷回收率很高,但无效问卷(或无效度问卷、乱填答问卷)的比例很高,此时的高问卷回收率是没有意义的,问卷调查的最佳情况是问卷回收率达到一定比例，且回收问卷中无效问卷的比例很低（无效问卷的份数不多）。在问卷调查实施中，问卷回收率应在 50% 以上，如果问卷回收率低于50%，研究者最好采用其他的"请托"方式催缴问卷，如打电话、以电子邮件提醒，或再次寄发问卷、亲自拜访，在催缴问卷的用语与态度上，研究者应该特别注意"中肯"与"重要性"（这份或这些问卷对研究者研究顺利完成的重要性），因为一般受试者没有义务为研究者填写问卷，用"催缴"或"催交"问卷是理论上的用词，实际在问卷调查程序中，研究者应改用"拜托""帮忙"。

二、资料填补法

准实验研究采用的统计控制法，其统计分析的基本假定是实验组与控制组的测量分数符合组内回归同质性假定，此假定以实验组、控制组的共变量（如前测分数）为自变量，预测因变量（如后测分数）所得的回归线的斜率（回归系数）相同，当两条直线的斜率相同时表示两条直线是互相平行的，只有回归系数相同时才能找出一条具代表性的回归线。在组内回归同质性假定符合的前提下才能使用传统的共变量分析，探讨排除共变量（如前测分数）的影响后，各组调整后平均数的差异是否达到显著。如果两组测量分数的形态不符合组内回归同质性假定，研究者要改用约翰逊 - 内曼（Johnson–Neyman）的校正方法，进行两组平均数的差异比较。

约翰逊 - 内曼校正法的计算十分繁杂，需借用现有的程序，否则多数研究者无法完成。约翰逊 - 内曼校正法的范例当中，实验组与控制组的人数都设为相等，但在实际研究中，两组人数大多不会相同，研究过程中皆会有少量受试者退出，以至两组人数不等。实验组与控制组两个组别人数不等可进行平均数的差异比较，但采用约翰逊 - 内曼校正法十分困难，此时，研究者可利用"遗漏值置换法"，以有效样本数的总平均值作为新样本的测量分数，如此可填补不足的受试者群体，让两组人数相等（SPSS 统计软件执行功能列"转换（T）／置换遗漏值（V）"程序可完成遗漏值的置换）。

（一）研究范例一

第 1 组有 15 位受试者、第 2 组有 12 位受试者，第 2 组 12 位受试者于 Y 变量测量分数的总平均值为 6.67，因而第 2 组后面填补的 3 位受试者测量分数值均为 6.67（表 6–8数据中 G 变量为组别变量、Y 变量为计量变量）。

表 6-8

G（组别）	1	1	1	1	1	1	1	1	1	1	1	1	1	1	1
Y（测量值）	8	7	5	9	10	2	5	6	8	7	7	9	8	6	4
G（组别）	2	2	2	2	2	2	2	2	2	2	2	2	2	2	2
Y（测量值）	10	8	9	1	4	8	9	7	8	7	5	4	6.67	6.67	6.67

第 2 组未填补三位受试者时，以原始数据进行两组平均数差异检验的 t 统计量如下：

表 6-9 未填补资料前的 t 检验统计量摘要表

	G	个数	平均数	标准差	平均数的标准误		t 值	方差相等的 Levene 检验
Y	1	15	6.73	2.12	0.55	假设方差相等	0.073（p=0.943）	F 检验
	2	12	6.67	2.64	0.76	不假设方差相等	0.071（p=0.944）	0.774（p=0.387）

从表 6–9 可以发现，组别数值为 1 的个数有 15 个、平均数为 6.73、标准差为 2.12；组别数值为 2 的个数有 12 个、平均数为 6.67、标准差为 2.64。两个群体方差同质性检验的 Levene 检验统计量为 0.774，显著性概率值 $p = 0.387 > 0.05$，接受零假设，表示两个群体的方差同质。平均数差异检验的 t 检验统计量为 0.073，显著性概率值 0.943。

两个群体有效样本数分别为 15、12，第二个群体的有效样本数比第一个群体少 3 位，若研究者要采用约翰逊 - 内曼校正法，则需增补 3 位，其测量分数值均为 6.67 分（因为原来 12 位有效样本测量值的平均分数为 6.67 分）。

表 6-10 填补资料后的 t 检验统计量摘要表

	G	个数	平均数	标准差	平均数的标准误		t 值	方差相等的 Levene 检验
Y	1	15	6.73	2.12	0.55	假设方差相等	0.081（p=0.936）	F 检验
	2	15	6.67	2.34	0.60	不假设方差相等	0.081（p=0.936）	0.005（p=0.945）

从表 6–9 可以得知：组别数值为 2 的个数有 15 个、平均数为 6.67、标准差为 2.34（资料未填补前为 2.64）、平均数的标准误为 0.60（资料未填补前为 0.76），两个群体方差同质性检验的 Levene 检验统计量为 0.005，显著性概率值 $p = 0.945 > 0.05$，接受零假设，表示两个群体的方差同质，平均数差异检验的 t 检验统计量为 $0.081 > 0.05$（资料未填补前为 0.073），显著性概率值为 0.936（资料未填补前为 0.943），数据统计结果接受零假设，资料未填补前与资料填补后的结果相同。

（二）研究范例二

第 1 组有 8 位受试者、第 2 组有 10 位受试者，第 1 组 8 位受试者于 Y 变量测量分数的总平均值为 17.38，采用平均数填补法，第 2 组后面填补的 2 位受试者，其测量分数值均为 17.38（表 6–11）。

资料填补前的第一个群体，有效个数为 8、平均数为 17.38、平均数的标准误为 1.03，两个群体方差同质性检验的 F 统计量为 0.000，显著性概率值 $p = 0.983 > 0.05$，接受零假设，表示两个群体的方差同质。两个群体平均数差异检验的 t 统计量为 2.419，显著性概率值 $p = 0.028$，见表 6–13。

表 6-11

组别	1	1	1	1	1	1	1	1	1	1
分数	20	15	18	21	12	19	16	18	17.38	17.38
组别	2	2	2	2	2	2	2	2	2	2
分数	14	18	20	11	10	12	12	15	14	13

表 6-12　未填补资料前的 t 检验统计量摘要表（N=18）

	组别	个数	平均数	标准差	平均数的标准误		t 值	方差相等的 Levene 检验
Y	1	8	17.38	2.92	1.03	假设方差相等	2.419（p=0.028）	F 检验
	2	10	13.90	3.11	0.98	不假设方差相等	2.436（p=0.027）	0.000（p=0.983）

表 6-13　填补资料后的 t 检验统计量摘要表（N=20）

	组别	个数	平均数	标准差	平均数的标准误		t 值	方差相等的 Levene 检验
分数	1	10	17.38	2.92	0.82	假设方差相等	2.722（p=0.014）	F 检验
	2	10	13.90	3.11	0.98	不假设方差相等	2.722（p=0.014）	0.335（p=0.570）

　　资料填补后，第一个群体有效个数为 10、平均数为 17.38、平均数的标准误为 0.82，两个群体方差同质性检验的 F 统计量为 0.335，显著性概率值 $p = 0.570 > 0.05$，接受零假设，表示两个群体的方差同质（与资料未填补前的方差同质性检验相同）。两个群体平均数差异检验的 t 统计量为 2.722（资料填补前为 2.419），显著性概率值 $p = 0.014 < 0.05$（资料填补前为 0.028），拒绝零假设，数据统计结果与资料未填补前相同。某一群体资料个数以原先有效样本的平均数取代，是一种弹性策略做法，其适用时机是"统计方法使用前提要求两个群体有效样本数一定要相同"，若是没有这个限制，研究者不应随意增补有效群体个数。因为使用多数单变量统计方法或多变量统计方法时，并没有假定群组间的样本数一定要相等。

第七章 抽样方法

统计抽样的目的在于从未知或广大的总体中选取具有代表性的有限样本，根据选取的样本求出统计量数，反推本所在总体的性质或特性。研究程序中为何不直接对总体采用普查或普测，而要采取抽样方法，其缘由很简单，因为许多目标总体的范围无从得知，即使研究者得知目标总体的范围（界定总体有一定范围），但限于研究时间、经费、人力等客观条件，无法对所有总体观察值进行施测。此外，根据理论统计的推理证明，以有代表性样本统计分析的统计量，可以作为总体参数的无偏估计值，从样本资料分析结果可以有效推论出总体的特征。"样本"（sample）是总体中的一小部分个体，根据样本所导出的统计量数称为"样本统计量"（sample statistic），通常以英文字母表示，是代表样本观察值性质的统计指标值；描述总体的统计量数称为"总体参数"（population parameter）或"参数"，参数通常以希腊字母表示，是代表总体真正性质的统计指标值。因为一般的总体个体未知或是总体很大，因而总体的参数通常是未知的量数，当总体的个数不多，全部总体的个体作为调查研究的对象，即样本数量等于总体数量时，则称为"普查"（census）。抽样架构的简要逻辑模型如图 7–1 所示：

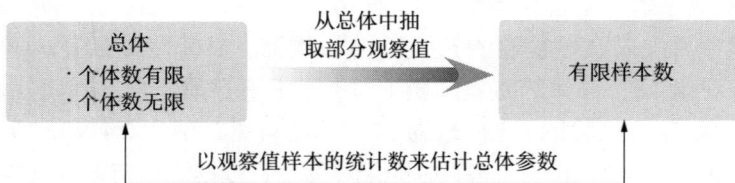

图 7-1 抽样架构的简要逻辑模型

一、抽样与抽样分布

抽样（sampling）是从总体（population）中，根据取样方法随机抽取（random sampling）某个数目的样本（sample）数。由于抽样的样本数并不等于总体全部的个体，因而从样本的属性或信息来推论总体的真正属性或信息会产生偏差 / 偏误（bias）。抽样偏差受到两个因素的影响，一是样本数大小，如果样本数太少，样本的代表性不够，无法正确反映总体的性质或属性；二是抽样方法不当，抽取的样本无法反映出总体的特征。学者 Cooper 与 Emory（1995）认为要检验抽取样本质量的好坏，应从下列两个指标着手：一是"正确性"（accuracy），表示随机样本的特征真正代表其总体特征的程度；二是"精确性"（precision），表示抽样分布（sampling distribution）的标准误（standard error）的估计值，抽样分布的样本平均数的总平均值等于总体的平均数，且为正态分布；样本标准差则受到总体离散程度（方差）与抽取样本数的影响（$\sigma_{\bar{x}} = \sigma / \sqrt{n}$），当样本数越大，总体变异程度越小，则标准误的估计值越小，随机样本的精确性会越高。抽样程序越严谨正确，越能减少抽样产生的偏误（error）。由于抽样只从总体抽取一定的样本数，如果抽取的样本属性无法有效反映总体的属性，根据抽取样本资料所得的统计量数来推估总体的参数值则会有很大的偏差，即抽样误差（error in sampling）。抽样程序中如何让抽样误差值最小，是研究者进行抽样时要考虑的因素之一。

根据中央极限定理（central limit theorem），当样本数够大时，不论总体是否为正态分布（normal distribution），样本平均数 $\bar{X}$ 的抽样分布会近似正态分布（如果原总体为正态分布，样本平均数 $\bar{X}$ 的抽样分布为正态分布）。正态分布又称高斯分布（Gaussian distribution），其特征是一个左右对称的钟形曲线，且由中间往两旁递减，曲线的中心最高点为总体平均数 μ、中位数与众数。钟形曲线的概率分布情况：平均数 ± 一个标准差（$\mu \pm 1\sigma$）为 68.26%；平均数 ± 两个标准差（$\mu \pm 2\sigma$）为 95.44%；平均数 ± 3 个标准差（$\mu \pm 3\sigma$）为 99.72%，其图示如图 7-2 所示。如果将每位观察值测量分数转换为标准分数，其正态分布称为标准正态分布（standard normal distribution），标准正态分布的平均数为 0、标准差为 1，标准尺度转换的公式为：$z = (x_1 - u) / \sigma$（u 为总体平均数、σ 为总体标准差）。

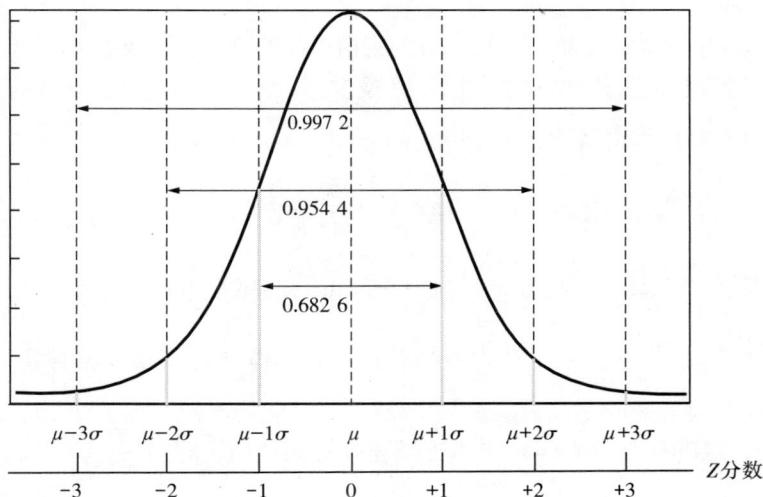

图 7-2

中央极限定理即：一个平均数为 μ、标准差为 σ（方差为 σ^2）的总体，每次从总体中随机选取 n 个样本，平均数假设为 $\bar{X}$，当 n 的个数够大时（每次 $n \geqslant 30$），所有样本平均数 $\bar{X}$ 所构成的抽样分布会接近正态分布，所有样本平均数 $\bar{X}$（$\bar{X}_1 \ \& \ \bar{X}_2 \ \& \cdots \& \ \bar{X}_m$）的总平均数假设为 $\mu_{\bar{X}}$、其标准差为 $\sigma_{\bar{X}}$、方差为 $\sigma^2_{\bar{X}}$，则样本平均数 $\bar{X}$ 的总平均数会等于总体的平均数，样本平均数 $\bar{X}$ 的总方差会等于总体的方差除以 n，其关系式如下：

$$\mu_{\bar{X}} = \mu \ （总体参数）、\quad \sigma^2_{\bar{X}} = \frac{\sigma^2（总体参数）}{n}, \quad 或 E(\bar{X}) = \mu、\quad \sigma(\bar{X}) = \frac{\sigma}{\sqrt{n}} （样本平均数$$

抽样分布的标准差又称为标准误）$\mathrm{Var}(\bar{X})$，$\frac{\sigma^2}{\sqrt{n}}$，$Z = \dfrac{\bar{X} - \mu}{\sigma / \sqrt{n}}$ 为接近以 $N（0,1）$ 的分布（平均值为 0、标准差为 1）。在样本平均数的抽样分布中，当样本数 n 越大，样本平均数的方差会越小；如果样本数 n 趋近于无限大，则样本平均数的方差就趋近于 0，此时表示样本平均数间没有变异存在，所有样本平均数都相同，样本平均数分布的总平均数等于总体的平均数（期望值）。实际抽样时，要获得一个无限大的样本数 n 是不可能的，但只要样本数够大，样本平均数分布的总平均数与总体参数平均数间的差异就很小：$\mu_{\bar{X}} - \mu$ 间的差异值会趋近于 0。如果是样本方差的抽样分布（sampling distribution of sampling variance），所求出的统计量 $S^2 = \dfrac{\sum (X_1 - \bar{X})^2}{n-1}$ 为总体方差的估计值，S^2 的抽样分布无法直接推导，且计算十分复杂，须经适当转换，转换后的分布称为卡方分布（chi-square distribution），卡方统计量的计算公式为：$\chi^2 = \dfrac{\sum\limits_{i=1}^{n} (X_1 - \bar{X})^2}{\sigma^2} = \dfrac{(n-1)s^2}{\sigma^2}$，卡方分布的自由度为 $(n-1)$（$X_1, X_2, X_3, \cdots, X_{n-1}, X_n$ 为来自总体的独立随机变量）。

根据两个独立的样本卡方统计量及其自由度（υ），可以界定 F 分布，（F distribution）（F 分布的定义为 χ^2_1 / υ_1 与 χ^2_2 / υ_2 的比值，表达式为：

$$F(\upsilon_1, \upsilon_2) = \frac{\chi^2_1 / \upsilon_1}{\chi^2_2 / \upsilon_2}，$$

表达式中的 F 值称为 F 统计量，自由度 $\upsilon_1 = n_1 - 1$、$\upsilon_2 = n_2 - 1$。

当总体的方差或标准差已知，样本平均数 $\bar{X}$ 的抽样分布为正态分布或近似正态分布，其中统计量 $z = \dfrac{\bar{X} - \mu}{\sigma / \sqrt{n}}$，但在大多数状态下，总体的方差是无法得知的，因而必须以样本统计量的标准差 S 作为总体标准差 σ 的估计值，此时 $\dfrac{\bar{X} - \mu}{S / \sqrt{n}}$ 的统计量称为 t 统计量，即 $t = \dfrac{\bar{X} - \mu}{S / \sqrt{n}}$。$t$ 统计量与 z 统计量 $\left(z = \dfrac{\bar{X} - \mu}{\sigma / \sqrt{n}} \right)$ 及卡方之间有以下关系存在：

$t = \dfrac{z}{\sqrt{\dfrac{\chi^2}{\upsilon}}}$，$t$ 统计量的概率分布称为 t 分布（t distribution）或 Student's t 分布，当自由度

$\upsilon \geqslant 30$ 时，t 分布以标准正态分布为极限，即当样本观察值个数越多，t 分布的图形越趋近于标准正态分布的图形。

样本平均数抽样分布的图示架构见图 7-3：

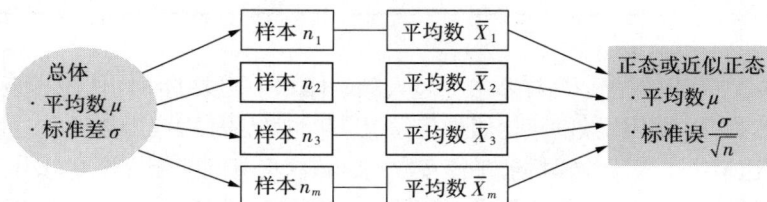

图 7-3　样本平均数抽样分布的图示架构

因而当抽样的样本数越大时，样本的代表性越高，从样本统计量估计总体参数的可靠性也越大。抽样样本的属性越接近总体的属性或特征，此时，以样本统计量即能有效估计总体的参数。在实际进行调查研究时，大多采用样本抽取后不重复放回总体的方式，且总体的方差是未知的情况下，根据理论统计证实，样本平均数抽样分布的方差为

$\dfrac{s^2}{n} \times \dfrac{N-n}{n}$，其中 n 为样本数，S^2 为抽取样本的方差。

在投掷两个骰子的随机试验中，投掷两个骰子的样本空间共有 36 种：{（1,1），（1,2），（1,3），（1,4），（1,5），（1,6），（2,1），…，（6,5），（6,6）}，假设第一次投掷的样本点为（1,2），则样本平均数为 1.5（$\bar{X}_1$）；第二次投掷的样本点为（3,5），则样本平均数为 4.0（$\bar{X}_2$），第三次投掷的样本点为（4,1），则样本平均数为 2.5（$\bar{X}_3$）。表 7-1 为计算机以随机数模拟连续投掷 500 次的样本平均数（$\bar{X}_1$，$\bar{X}_2$，$\bar{X}_3$，…，$\bar{X}_n$）的描述性统计量情况，其中 n 表示投掷的次数，如 "n_2" 表示投掷骰子 2 次，"n_10" 表示投掷骰子 10 次，"n_25" 表示投掷骰子 25 次。范例中，总体期望值（平均值）$E(X) = 3.500$。

表 7-1　描述性统计量摘要表

样　本	个　数	范　围	最小值	最大值	平均数		标准差	方　差
	统计量	统计量	统计量	统计量	统计量	标准误	统计量	统计量
n_2	500	5.00	1.00	6.00	3.345 0	0.052 46	1.173 13	1.376
n_3	500	5.00	1.00	6.00	3.405 3	0.042 56	0.951 59	0.906
n_5	500	4.60	1.20	5.80	3.470 0	0.033 60	0.751 42	0.565
n_8	500	3.38	1.75	5.13	3.488 2	0.026 87	0.600 82	0.361
n_10	500	3.20	1.90	5.10	3.496 8	0.023 49	0.525 19	0.276

续表

样　本	个　数	范　围	最小值	最大值	平均数		标准差	方　差
	统计量	统计量	统计量	统计量	统计量	标准误	统计量	统计量
n_12	500	2.75	2.00	4.75	3.496 0	0.021 91	0.489 86	0.240
n_20	500	2.25	2.25	4.50	3.490 2	0.016 68	0.372 91	0.139
n_25	500	1.76	2.64	4.40	3.491 2	0.014 62	0.326 85	0.107

从表 7-1 中可以看出，当样本数 n 越大时，样本平均数的平均值越接近 3.500，且样本数越大时，样本平均数的平均值越趋稳定，平均数的标准误量数越小；而样本平均数的方差值也越小，表示均投掷骰子很多次时，每次投掷间的变异程度越小。此模拟数据结果显示，抽样程序中，抽取的样本数越少，样本平均数的抽样分布越会偏离总体参数平均数，两者之间的偏误值会越大。但抽样样本也不一定要无限大（不可能也无法做到），只要样本数够大（参数统计法的样本数最好为 $n \geqslant 30$，最低的要求为 $n \geqslant 25$，如果有效样本数少于 25，应改用非参数统计法），并有代表性，被抽取样本的属性特征能有效反映总体属性特征，样本统计量即能作为总体参数的无偏估计值。

样本平均数抽样分布构成的直方图，可以以下列随机数模拟的数值为例展示，如果总体的数值是 1、2、3、4、5、6、7、8、9、10（$N = 10$），抽取后采用归还的方式，每次随机抽取两个（$n = 2$），如 V9、V10 两列为随机抽取的数值，第一笔资料被抽取的数值为 4、3，平均数值为 3.500；第二笔资料被抽取的数值为 4、6，平均数值为 5.000，依此方法抽取样本，共抽取 1 000 次（1 000 笔资料），则 1 000 笔资料"平均_2次"栏数值的总平均数为 5.506，标准差为 2.032。

表 7-2

1：次数		S001												
	次數	V1	V2	V3	V4	V5	V6	V7	V8	V9	V10	平均_5次	平均_8次	平均_2次
1	S001	9	9	8	4	5	2	8	3	4	3	7.000	6.000	3.500
2	S002	1	1	8	10	8	3	2	6	4	6	5.600	4.875	5.000
3	S003	8	7	8	7	5	7	7	8	10	1	7.000	7.125	5.500
4	S004	8	4	1	9	2	7	2	10	9	7	4.800	5.375	8.000
5	S005	10	3	1	4	10	9	5	3	5	5	5.600	5.625	5.000
6	S006	10	8	5	5	5	4	2	10	4	1	6.600	6.125	2.500
7	S007	4	5	2	2	4	5	3	9	10	6	3.400	4.375	8.000
8	S008	8	9	7	7	7	10	7	4	5	5	7.400	7.250	5.000
9	S009	10	4	4	5	2	10	7	4	9	1	5.000	5.750	5.000
10	S010	8	7	7	6	8	6	8	6	7	6	7.200	7.000	6.500
11	S011	8	1	1	5	7	9	3	7	2	7	4.400	5.125	4.500
12	S012	10	1	4	8	4	2	3	7	8	8	5.400	4.875	8.000
13	S013	10	7	5	3	6	5	1	7	5	10	6.000	5.500	7.500
14	S014	8	9	3	1	8	4	4	8	5	3	5.800	5.625	4.000
15	S015	5	8	5	7	1	2	9	9	5	1	5.200	5.750	3.000

如果 $n = 5$，第一笔资料为 9、9、8、4、5，平均数为 7.000；第二笔资料为 1、1、8、

10、8，平均数为 5.600，依此方式随机抽取 1 000 次（1 000 笔资料），则 1 000 笔资料"平均_5 次"栏数值的总平均数为 5.516，标准差为 1.300。

如果 $n = 8$，第一笔资料为 9、9、8、4、5、2、8、3，平均数为 6.000；第二笔资料为 1、1、8、10、8、3、2、6，平均数为 4.875，按此方式抽取样本，共抽取 1 000 次（1 000 笔资料），则 1 000 笔资料"平均_8 次"栏数值的总平均数为 5.486，标准差为 0.992。

1 至 10 十个数值的总平均数为 5.500（总和为 55、全距为 9）、总体标准差为 2.872，样本标准差为 3.028，SPSS 统计软件求出的标准差为 3.028。

表 7-3

次 数	范 围	最小值	最大值	平均数	标准差	偏 态		峰 度	
	统计量	统计量	统计量	统计量	统计量	统计量	标准误	统计量	标准误
n_2 次	9.000	1.00	10.000	5.506	2.032	−0.122	0.077	−0.634	0.155
n_5 次	7.600	1.800	9.400	5.516	1.300	−0.032	0.077	−0.274	0.155
n_8 次	6.125	2.750	8.875	5.486	0.992	0.113	0.077	−0.031	0.155

当 $n = 2$ 时，重复抽取 1 000 次的总平均数为 5.506，标准差为 2.032；当 $n = 5$ 时，重复抽取 1 000 次的总平均数为 5.516，标准差为 1.300；当 $n = 8$ 时，重复抽取 1 000 次的总平均数为 5.486，标准差为 0.992，样本平均数的总平均数均接近母体平均数 5.500，样本平均数的标准差均小于总体原先标准差 2.872。偏态统计量与峰度统计量数值均接近 0.000，表示其分布接近正态分布。

图 7–4 为从总体中随机抽样 $n = 2$ 的抽样分布直方图，有效资料等于 1 000 笔。

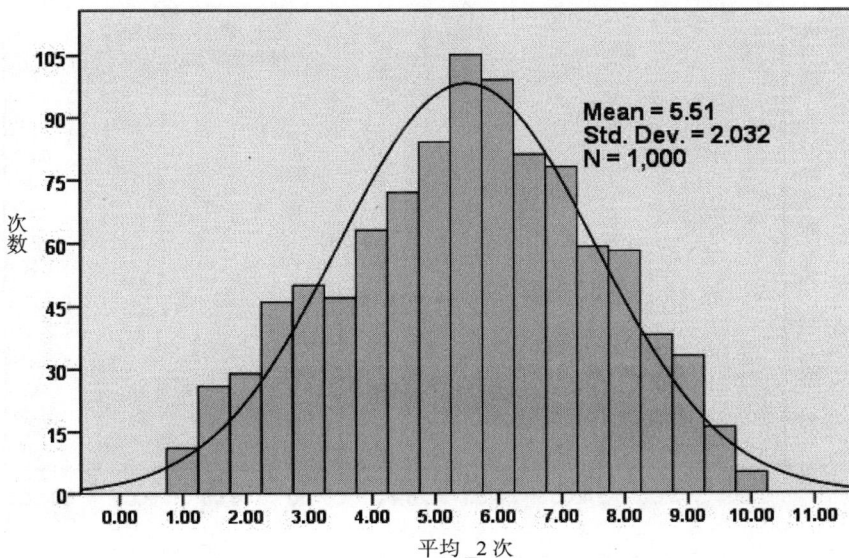

图 7-4 随机抽样 $n = 2$ 的抽样分布直方图

图 7–5 为从总体中随机抽样 $n = 5$ 的抽样分布直方图，有效资料等于 1 000 笔。

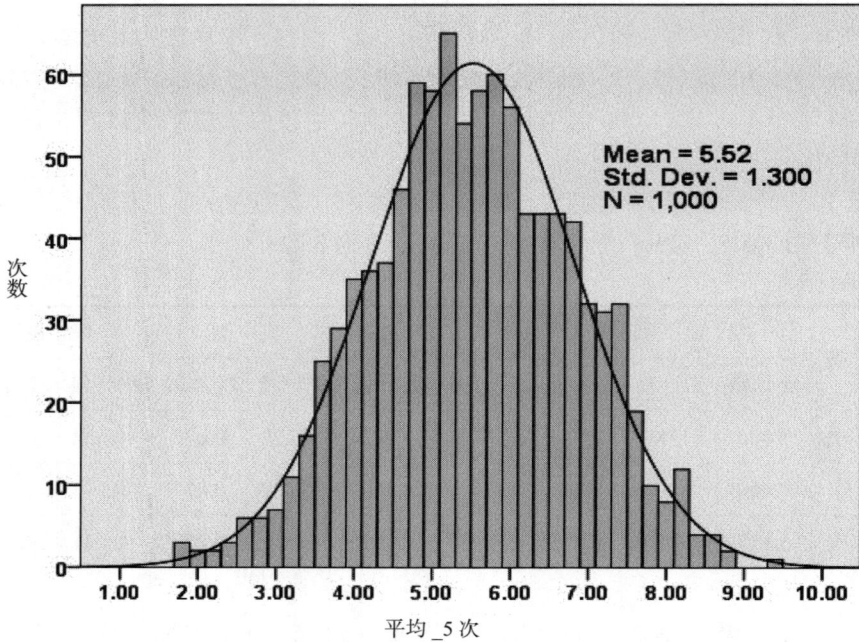

图 7-5　随机抽样 $n = 5$ 的抽样分布直方图

图 7–6 为从总体中随机抽样 $n = 8$ 的抽样分布直方图，有效资料等于 1 000 笔。

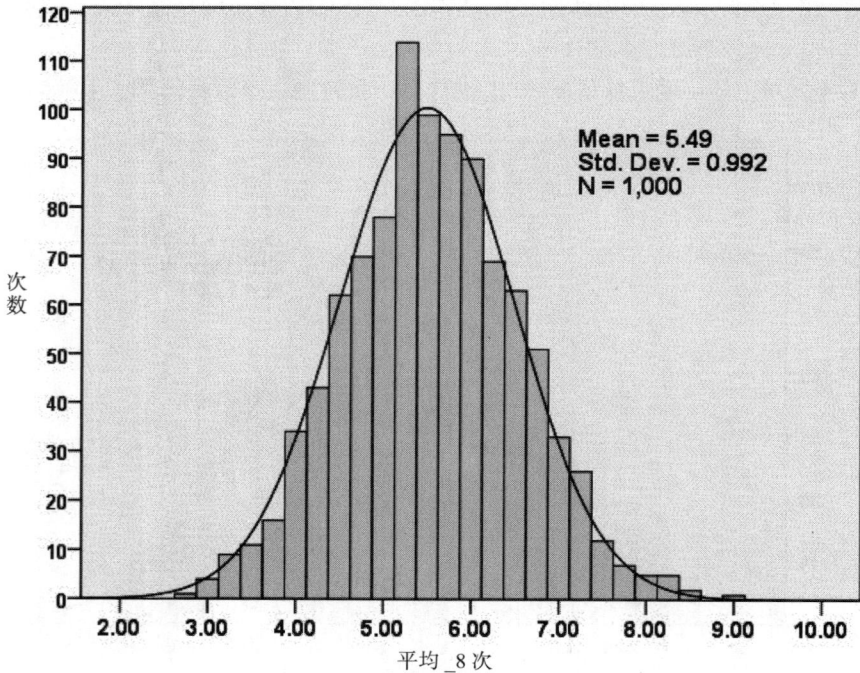

图 7-6　随机抽样 $n = 8$ 的抽样分布直方图

当抽样次数为 1 000 次时，$n=2$、$n=5$、$n=8$ 样本平均数的抽样分布直方图非常接近正态分布曲线图，此模拟数据可以验证上述抽样分布的理论。

问卷调查抽样程序的一般架构图模型如下，如果抽样有代表性，且资料没有偏离值或输入错误，资料结构符合统计假定，则可根据样本的统计量数来估计推论总体真正的性质或属性。

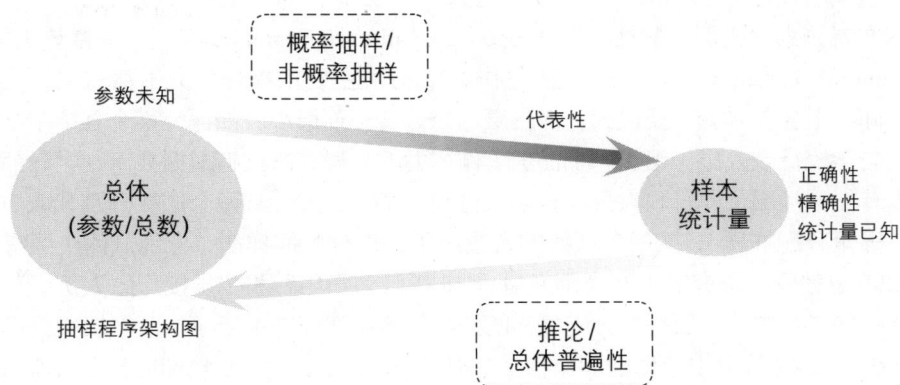

图 7-7　问卷调查抽样程序的一般架构图模型

二、常用的抽样法

抽样方法主要分为"概率抽样"（probability samples）与"非概率抽样"（non-probability samples）两大类型，常用的"概率抽样"方法有四种：简单随机抽样（simple random sampling）、系统随机抽样（systematic random sampling）、分层随机抽样（stratified random sampling）、丛集随机抽样（cluster random sampling）；常用的"非概率抽样"法也有四种：便利抽样（convenience sampling）、判断抽样（judgment sampling）或称"立意抽样"（purposive sampling）、参照抽样（referral sampling）或称"雪球抽样"（snowball sampling）、配额抽样/定额抽样（quota sampling）。所谓概率抽样是采用概率方法，总体每个样本被抽到的概率相等，以简单随机抽样为例，必须符合均等原则与独立原则：抽样时总体中每个个体被抽取为研究样本的概率相等，即合乎均等原则，被抽取的样本称为"随机样本"；此外，总体中个体被抽取为研究样本时，不会影响其他个体被抽取的概率，即表示抽样方法合乎独立原则。

假设有 6 个号码 1、2、3、4、5、6，随机抽取其中一个号码，在均等的情况下，每个号码被随机抽取的概率均为 1/6，如果号码抽取后不再重复放回，则剩余 5 个号码被随机抽取的概率均为 1/5，每个号码之间是互相独立的，被抽取的概率都是相等的。如果每次随机抽取 2 个，则样本空间 $S=\{(1,2),(1,3),(1,4),(1,5),(1,6),(2,3),(2,4),(2,5),(2,6),(3,4),(3,5),(3,6),(4,5),(4,6),(5,6)\}$，样本空间内每个样本点（或称元素）被抽到的概率都是 $\dfrac{1}{(2,6)}=\dfrac{1}{5}$。概率取样中如果样本空间的样本点被抽取的概率是均等的，且是随机的，当抽取的样本数达到一定个数时，抽取出的样本特征便与总体特征十分接近，由样本统计量推估总体参数的正确性越大，此时，抽样造成的误差值会相对较小。

若是总体间有明显的层级差异，则可以采用分层随机抽样，分层时各层级之内（群组内）样本的同质性要高，而层级与层级（群组与群组间）间的异质性要高，然后依各层（群组）总数再分层抽取一定比例的样本；分层随机抽样依各层次（次群组）选取样本的方式分为"比例分配抽样"（proportional allocation sampling）或"等量分配抽样"（equal allocation sampling）。分层随机抽样时，分层主要依据与研究本身有关，且层级与层级间的主要差异变量要最大，而各层内个体变异要最小，如探究某个县市中学非行政人员与学校行政人员（组长、主任）工作压力的差异，研究者根据县市中学教师的总数分为专任教师层（非行政人员）与学校行政人员层，然后从两个层次分别选取200位教师（等量分配抽样），或依各层次的人数采用比例分配抽样法，分别从两个层次选取400、200位教师，研究的主要类别变量："非行政人员组"与"学校行政人员组"均有一定比例的样本数。分层等量分配抽样的抽样架构图如图7–8所示（从各层中分别抽取3个样本），不管各层中总体的观察值的总数是多少，均从各层中抽取出约相等的样本数，如此，主要变量分层的观察值个数大致会相等。

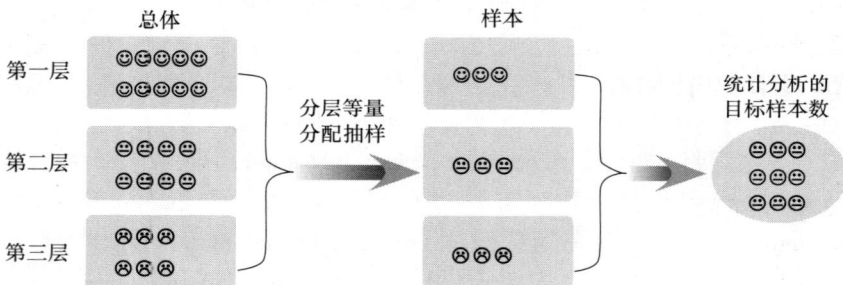

图 7-8　分层等量分配抽样的抽样架构图

分层比例分配抽样的抽样架构图见图7–9（从各层中分别抽取1/2的样本），各层中抽取的样本是根据各层中样本点的总个数，各抽取一定比例的数值，范例中第一层总体的观察值有10位，抽取1/2有5位；第二层总体的观察值有8位，抽取1/2有4位；第三层总体的观察值有6位，抽取1/2有3位，根据分层比例分配抽样程序，抽出的样本共有12位。

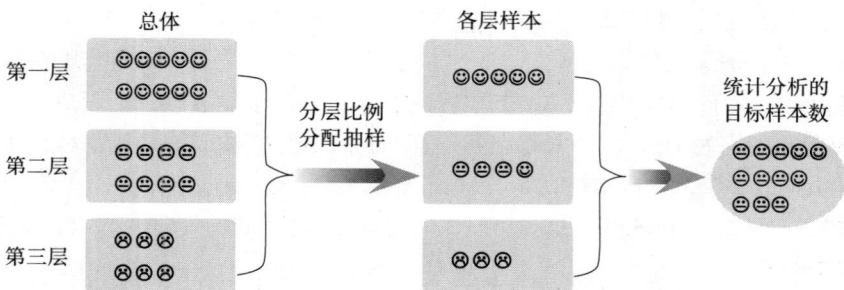

图 7-9　分层比例分配抽样的抽样架构图

分层比例分配抽样方法，各层要抽取的样本数也可以根据各层人数所占全部总体的比例抽取，若全部总体的个体有 40 个，第一层、第二层、第三层中的个体数分别为 20、8、12，3 个层次（次群体）占全部总体的比例依次为 0.50、0.20、0.30，若是研究者想抽取的样本总数为 20，则各层的人数分别为 $0.50 \times 20 = 10$、$0.20 \times 20 = 4$、$0.30 \times 20 = 6$，根据比例分配原则，3 个层次各随机抽取 10 位、4 位、6 位样本（表 7-4）。

表 7-4

	总　体	分配比例	样本估算	样　本
第一层	20	0.50	0.50×20	10
第二层	8	0.20	0.20×20	4
第三层	12	0.30	0.30×20	6
总　数	40	1.00	20	20

分层抽样的优点是探讨某个主要研究变量时，不会因目标变量的水平数值群组的样本数太少，造成统计分析的偏误。如探究不同规模的学校教师工作压力的差异情况，研究者根据理论文献或经验法则认为，不同规模的学校的教师，其感受到的工作压力有显著不同，如果研究者未将总体的学校组织依班级规模加以分层，只单单采用随机取样的方法，可能造成某个学校规模群组的教师样本数太少。此种情况研究者应采用分层抽样程序，将总体的学校组织根据班级（或学生总人数）分成数个不同层级，如大型学校（49 个班以上）、中型学校（25 至 48 个班）、中小型学校（13 至 24 个班）、小型学校（12 个班以下），之后再从 4 个层级的学校中随机抽取学校及教师，这样 4 个不同规模类型的学校教师样本都可以获取。

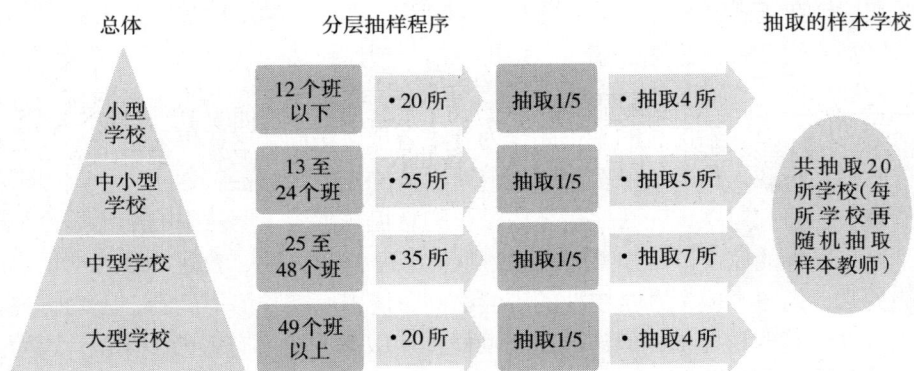

图 7-10

丛集随机抽样是以每个小群组／丛集（cluster）为单位，总体中的样本点并非个体，而是一个群组／丛集，总体中的群组与群组间要尽量同质，而群组内的个体要尽量异质，丛集取样方法最常用于班级学生的抽测。如研究者想要探究高职学生的生活压力情况，从某个县市中随机抽取 3 个职业学校，再从 3 个职业学校的一、二、三年级中各抽取两个班级，研究样本中总共抽取 18 个班级（$3 \times 3 \times 2 = 18$），每个班级假定为 45 位学生，则全部抽取的学生共有810位。在上述抽样中，研究者采用的是多阶段的概率取样方法，首先采用简单随机取样，从县市高职学校中随机抽取 3 所学校，每所学校再采用分层随机方法，将学生依就读年级分为 3 个层级：一年级、二年级、三年级，最后采用丛集随机取样方法，从各年级中以"班级"为单位，各抽取两个班级（群组 / 丛集）。

便利抽样即以便利性作为抽样的主要考量，对研究者而言，选取最方便的样本可以减少研究的时间、人力与财力。由于此种方法是从总体中选取最容易获得的群体样本作为研究受试者，因而有时抽样误差会相当大，造成统计结果的偏误。便利抽样只考虑研究的便利性，因而从取样的样本中来推估总体，可能会遗失许多重要信息，有统计学者就认为"便利抽样……可能造成严重误导"。但若是选取问卷预试对象，采用便利抽样也可以。判断抽样乃是研究者根据个人主观判断（subjective judgment）或个人经验法则（教育猜想）来选取具有代表性的样本，有时这种主观判断会受到其他专家的主观看法的影响。采用判断抽样时，研究者或意见提供者必须对群组的特征或属性有较深入的了解，如某研究者想探究某个县市中学校长办学情况，研究者从该县市 25 个中学挑选 10 个他认为具代表性的学校，以此来推估该县市中学校长的办学绩效。由于判断抽样是根据研究者主观的判别或意见来决定样本的选取，因而又称为"立意抽样"。"参照抽样"是根据先前抽取的少数受试者（回应者）所提供的信息，来找寻或决定之后的样本对象，这种方法刚开始时，受试者或受访谈者人数较少，之后根据受试者或受访谈者提供的其他样本，研究者再将其纳入研究的对象，此抽样方法类似滚雪球活动，雪球越滚越大，因而又称为"雪球抽样"（或滚雪球抽样），非常适合特殊或少数群体的研究。配额抽样类似分层随机抽样，只是在分层样本的取样上，不采用随机取样，而是采用判断抽样的方法，每个层次要选取哪些样本由研究者根据主观的判断决定。

便利抽样在正式的研究抽样中最好不要使用，因为此方法主要以便于取样为考量，所抽取样本的代表性、正确性与精确性均欠佳，与判断取样（立意取样）相较之下，便利抽样的抽样误差（sampling error）更大。便利抽样如研究者想探究家长对校长办学的看法，站在校门口遇到接送的家长即作为受试者加以访问，这些每天接送小孩的家长与学校教师及行政人员的接触较为密切，对学校的知觉与感受较为正向，因而研究者以这些家长为研究对象，无法代表全体家长的意见与感受，所获得的结论推论至全体家长，恐有很大的偏误。再如某研究者想探究亲子互动关系、教养态度与学生违规行为间的关系，借由学校举办全校性的班会时间，请出席家长填写问卷，因为研究者认为这样可以快速取得样本，但这种便利抽样程序取得的样本有很大的偏误，因为多数会参加班会或座谈会的家长，是较为关心子女教育的，亲子互动关系较佳、教养方式较为合理民主，其子女在校违规和不当行为较少，因而以这些家长作为目标样本是不合适的。"便利抽样程序对样本的搜集较为方便，减少研究的繁杂，但抽取的样本偏误较大，样本统计量无法有效反映总体参数。"

便利抽样与概率抽样的异同与结果可以一个包含各种多边形（不同属性特征的观察值）的总体为例，此总体中的样本点（个体）的形状有▲、■、⬟、◆、⬠、⬡，当研究者采取便利抽样，只抽取总体某一区域的样本，结果得出的样本形状均为三角形，因而研究者推论总体特征形状为▲（样本属性特征无法有效反映总体属性特征，因而从样本统计量推估总体参数值的偏误很大）。

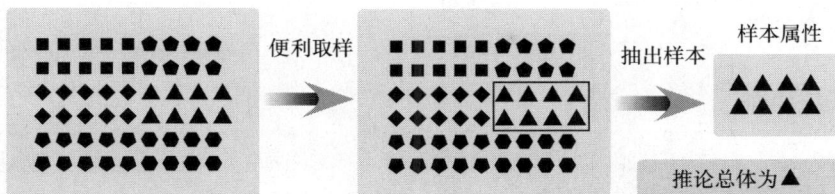

图 7-11

当研究者采取概率取样，每个对象被抽取的概率相等，研究者从总体中抽出的样本个体的形状可能有▲、■、⬟、◆、⬢、⬟，因而研究者推论总体应为各式多变形所组成，而非只是▲（样本属性特征十分接近总体属性特征，因而以样本统计量推估总体参数或总体值，其结果偏误很小，统计推论的效度很高）。

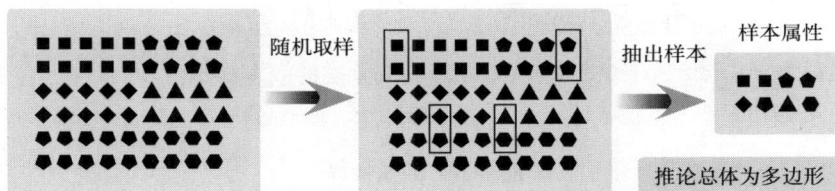

图 7-12

上述各种常见的抽样方法可以简要介绍如下（修改自 Burns & Bush, 2006, pp.349–351）。

1. 简单随机抽样

图 7-13

在问卷调查中，一般采用的是不放回的随机抽样法，因而预试问卷程序中被抽取的样本，会被排除于正式问卷施测程序，但如果总体不大，或是总体为特殊群体，预试程序中被抽取的样本在正式问卷施测时可以再放回总体内，此种抽样为放回的随机抽样法。如果总体有 N 个观察值，预试程序或正式程序，每个观察值被抽中的概率均为 $\frac{1}{N}$；若是采用不放回的随机抽样法，每个观察值被抽到的概率依次为

$$\frac{1}{N}, \frac{1}{N-1}, \frac{1}{N-2}, \cdots, \frac{1}{N-n+1}。$$

2. 系统抽样

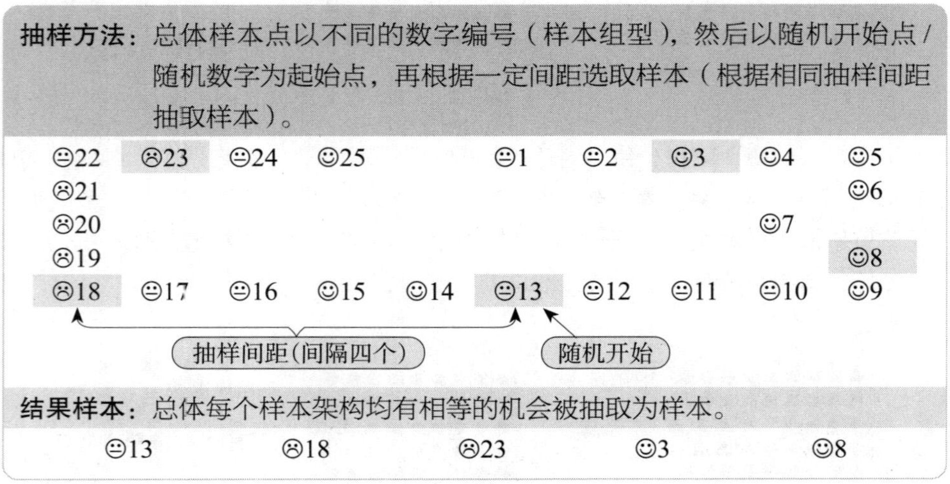

图 7-14　系统抽样

3. 丛集抽样

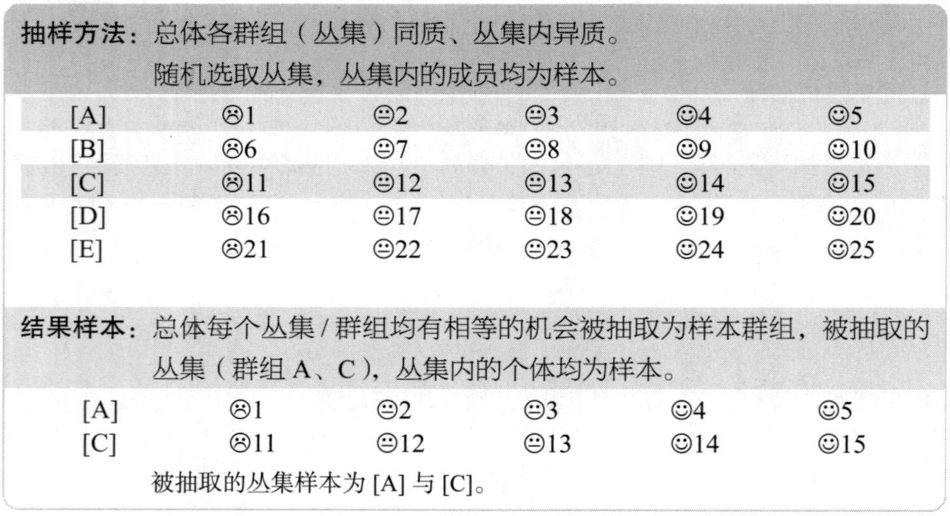

图 7-15　丛集抽样（一阶段）

抽样方法： 总体各群组（丛集）同质、丛集内异质。

随机选取丛集，再从丛集内随机选取样本。

[A]	☹1	☺2	☺3	☺4	☺5
[B]	☹6	☺7	☹8	☺9	☺10
[C]	☹11	☺12	☺13	☺14	☺15
[D]	☹16	☺17	☺18	☺19	☺20
[E]	☹21	☺22	☺23	☺24	☺25

结果样本： 总体每个丛集/群组均有相等的机会被抽取为样本群组，每个丛集成员均有相等机会从该丛集中被抽取为样本。

☹6　　☹8　　☺16　　☺19　　☺20

图 7-16　丛集抽样二阶段

丛集抽样的图示架构见图 7–17（丛集群组间为同质、同一丛集群组内的观察值为异质）：

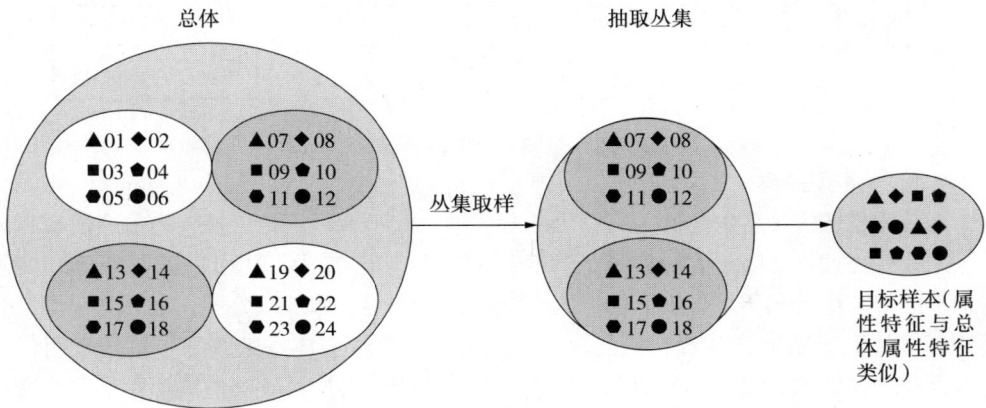

总体分为四个丛集，随机抽取两个丛集作为目标样本图示

图 7-17　丛集抽样图示架构

采用丛集抽样法时，总体中各丛集（分类的群体）的属性或特征必须相似或同质，若是总体中的各丛集（分类的群体）包含的样本点的属性或特征有很大的不同或是丛集群组与丛集群组间为异质，则不宜采用丛集抽样，如图 7–18 所示。

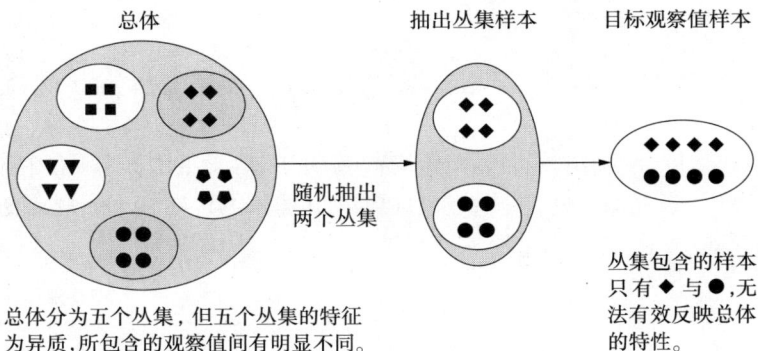

图 7-18

研究者在进行丛集抽样前，有时会根据研究架构中某个重要变量，先对总体进行分层，之后再根据各分层观察值采取丛集抽样。如研究者想探究不同规模的企业组织中员工的工作倦怠感情况，认为服务于不同规模的企业组织的员工在工作倦怠感上有差异存在，在实施抽样时，先对目标总体的企业组织按员工数量分为小型企业组织（员工数 50 人以下）、中型企业组织（员工数 51 至 200 人）、中大型企业组织（员工数 201 至 499 人）、大型企业组织（员工数 500 人以上）4 个层级，之后从 4 个不同规模大小的组织层级中，采用随机抽样方法各抽取 5 个组织，中型、中大型、大型 3 种规模的组织中各随机抽取 40 名员工填答，由于小型组织人数较少，因而被选取的目标组织采用丛集抽样法，所有员工均为观察值，此种抽样程序结合分层抽样、丛集抽样两种方法，具体如图图 7-19 所示。

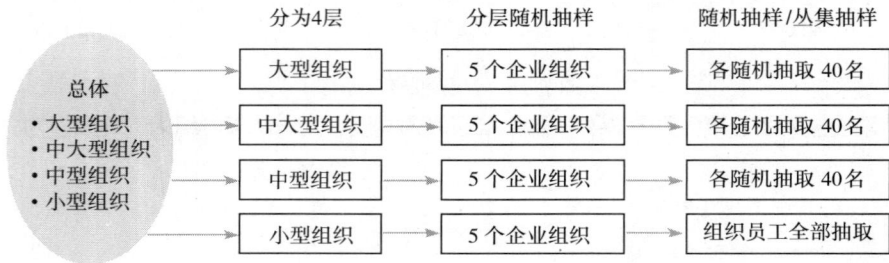

图 7-19

4. 分层随机抽样

当总体各层级（各群组间）有很大的同质性，就不宜采用分层抽样方法，研究者之所以采取分层抽样，就是要探究某个背景变量或人口变量在因变量的差异，怕人口变量的水平数值群组分布不均，因而根据人口变量的属性将总体加以分层，之后再根据各分层的群体抽取一定的样本数，如此，人口变量的水平数值样本数较为平均也较有代表性。相对的，如果分层后从主要变量的属性特征来看，各层级观察值同质性很高，那采

抽样方法：总体被分成两个以上异质性群体（如 [A]、[B]），再各从两个异质性群体中依比例或人数随机抽取个体。分层随机抽样中的层次划分可根据某个研究主题变量，如单亲家庭组、完整家庭组。

[A]	☹1	☺2	☺3	☺4	☺5
	☹6	☺7	☺8	☺9	☺10
	☹11	☺12	☺13	☺14	☺15
[B]	☹16	☺17	☺18	☺19	☺20
	☹21	☺22	☺23	☺24	☺25

结果样本：总体每个层级群组内的个体均有相等的机会被抽取样本。[A] 群体中共有 15 个，抽取五分之一有三位成员；[B] 群体中共有 10 位，抽取五分之一有两位成员。

[A]	☺3	☺7	☺15
[B]	☺17	☺25	

图 7-20

用分层抽样的实质意义并不大。将总体观察值分为数个层级时，一定要依据某个主要分类变量，这个人口变量或自变量是研究者认为对因变量或检验变量有重要影响的变量。如某研究者想探究不同地区成年人的家庭幸福感的差异，为能顺利取得北区、南区、东区、中区的样本数，研究者根据县市的行政划分，将全国成年人的总体分为四大区块：北区、南区、东区、中区，之后在四大行政区域中随机挑选两个县市，如此，研究者抽取的样本数，从行政区域变量而言，四个地区水平（北区、南区、东区、中区）数值都会有一定的样本数（图7–20、图7–21）。

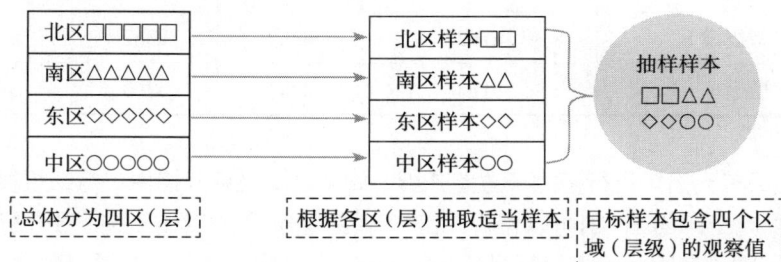

图 7-21

在问卷调查实施程序中，有时会采用二阶段的分层抽样，如研究者想探究不同组织规模大小与组织所在行政区域两个变量对组织知识管理的影响，为搜集较为均匀的单元格样本数，先根据组织所在区域进行分层：北区、中区、南区、东区，之后，再根据4个行政区域的企业组织员工人数，将组织规模分为小型组织、中型组织、大型组织，各行政区（第一层）根据各组织规模（第二层）抽取适当比例的组织员工作为受试者，这种抽样方法可以控制12个单元格的观察值人数，二次分层抽样的程序图见图7–22：

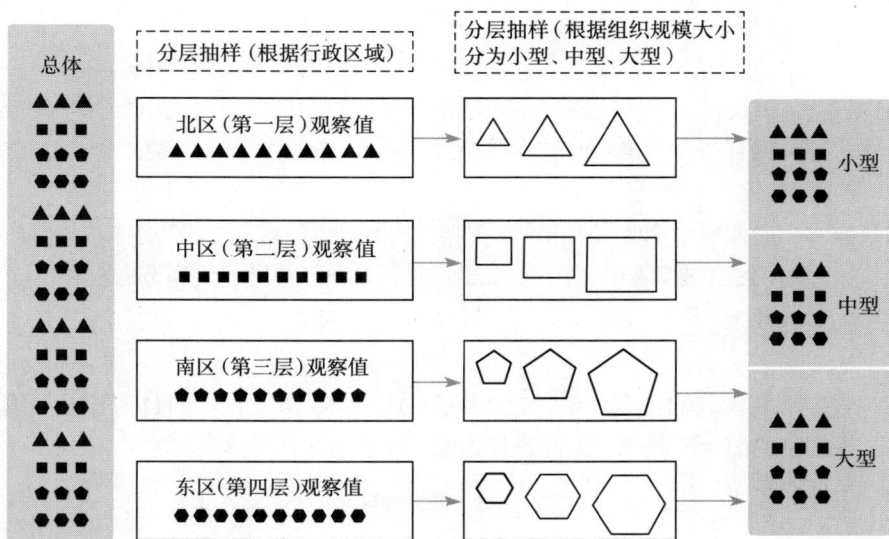

图 7-22　二次分层抽样的程序图

第一次分层抽样以行政区域将观察值分为 4 个层级，第二次分层抽样将企业组织按员工数分为 3 个层级，交叉单元格共有 12 格，4 个行政区各包含小型规模组织、中型规模组织、大型规模组织的观察值（表 7-5）。

表 7-5

行政区域 组织规模	北区 a1	中区 a2	南区 a3	东区 a4
小型规模 b1	a1b1	a2b1	a3b1	a4b1
中型规模 b2	a1b2	a2b2	a3b2	a4b2
大型规模 b3	a1b3	a2b3	a3b3	a4b3

这种交叉单元格可进行多因子方差分析，如果是交叉单元格由"组织规模"与"行政区域"两个因子构成，则可以进行二因子单变量分析或二因子多变量分析，如探讨"组织规模"因子在因变量的差异是否随行政区域变化而不同；或"行政区域"因子在因变量的差异是否随组织规模变化而不同。

5. 便利抽样（方便取样）

便利抽样的最大优点是省时、方便又节省经济成本，多数问卷回收率都能达 100%，但论文写作或正式问卷调查中，便利抽样法最好不要采用，因为此方法 所得的样本统计量通常偏误值会很大，统计量的推论效度不高（图 7-23）。

抽样方法： 只为研究的便利，以最容易选取的个体作为研究样本。便利抽样能快速而简便地选取样本，但其抽样误差值却很大。

☹1	😐2	☺3	🙂4	😊5
☹6	😐7	😐8	🙂9	😊10
☹11	😐12	☺13	🙂14	😊15
☹16	😐17	😐18	🙂19	😊20
☹21	😐22	☺23	🙂24	😊25

结果样本： 总体每个个体没有相等的机会被抽取为样本，被抽取的样本只是研究者根据某些因素（如交通、时间、熟悉程度）便利选取。

☹1	☹6	☺11	😐2	😐7

注： 假定研究者以配合度考量，总体中的 [1]、[2]、[6]、[7]、[11] 五位成员填答问卷的配合度最高，因而直接选取以上五位个体作为样本。

图 7-23　便利抽样

6. 判断抽样（立意取样）

抽样方法：研究者选取典型有代表性及会配合的样本。

☹1	😐2	😐3	😊4	😊5
☹6	😐7	😐8	😊9	😊10
☹11	😐12	😐13	😊14	😊15
☹16	😐17	😐18	😊19	😊20
☹21	😐22	😐23	😊24	😊25

结果样本：总体每个个体没有相等的机会被抽取为样本，被抽取的样本是研究者根据其主观判断选择的具有代表性及便利的个体。

😐2	😐8	😐12	😊4	😊24

注：研究者认为总体成员中的 [2]、[4]、[8]、[12]、[24] 的意见，最可能符合研究目标或代表整个总体成员的意见，研究者主观判断这些样本最具"代表性"。

图 7-24　判断抽样

7. 参照抽样（雪球取样）

雪球抽样法一般用于探究的总体为特殊群体时，特殊群体平时隐而不见，没有经由特殊渠道或媒介很难知道观察值在何处，此方法主要解决了寻找足够的特殊观察值的问题（图 7–25）。

抽样方法：研究者先选取某个参照样本，再根据参照样本提供的信息来抽取之后的样本。此方法特别适用于特殊群体。

☹1	😐2	😐3	😊4	😊5
☹6	😐7	😐8	😊9	😊10
☹11	😐12	😐13	😊14	😊15
☹16	😐17	😐18	😊19	😊20
☹21	😐22	😐23	😊24	😊25

结果样本：总体每个个体没有相等的机会被抽取为样本，只有通过关系网或熟悉程度网的个体才能被选取为样本。

😐3	😊9	😐15	😊19	😊25

注：开始的参照样本个体为 😊[15]。

图 7-25　参照抽样

8. 定额抽样

抽样方法：总体根据背景变量或某些行为特质被分成两个以上群体（如 [A]、[B]），再各从两个群体中按判断取样或便利抽样方式选取个体。

[A]	⊗1	⊗2	☺3	☺4	☺5
	⊗6	⊗7	☺8	☺9	☺10
	⊗11	⊗12	☺13	☺14	☺15
[B]	⊗16	⊗17	☹18	☺19	☺20
	⊗21	⊗22	⊗23	☺24	☺25

结果样本：总体每个分层群组内的个体，并没有相等的机会被抽取为样本。只有研究者认为具代表性或便利性的个体才能被选取为样本。

[A]	☺1	☺2	☺3
[B]	⊗16	⊗17	

注：研究者在 [A] 群体中以最先遇到的三位个体为样本；在 [B] 群体中以最先遇到的两位个体为样本，因而选取的样本为 [1]、[2]、[3]、[16]、[17]。

图 7-26 定额抽样

第八章　统计显著性与实务显著性

统计显著性关注的是资料结构是否有足够证据可以拒绝零假设，效果值关注的是统计显著性是否有实践、实务方面的应用价值。

一、显著水平与统计显著性

在推论统计中，研究者一般会将显著水平 α（levels of significance）设定为 0.05，显著水平表示从样本资料分析中获得的样本统计量拒绝或接受"零假设"（null hypothesis）的概率值，若是样本统计量的显著性 p 值小于 α 值，研究者会拒绝"零假设"，接受"研究假设"；相对的，若是样本统计量的显著性 p 值（p-value）大于或等于 α 值（$p \geq 0.05$），则研究者会接受"零假设"，拒绝"研究假设"。以研究假设"公立高职与私立高职学生的生活压力有显著不同"为例，研究的零假设为"公立高职与私立高职学生的生活压力没有显著不同"，若样本统计量 t 值的显著性 p 值小于 0.05，表示事件发生的概率小于 0.05，即重复进行 100 次研究，其中导出"公立高职与私立高职学生的生活压力没有显著不同"的次数会小于 5 次，可以拒绝零假设："公立高职与私立高职学生的生活压力没有显著不同"，研究假设获得支持。显著性 p 表示无法拒绝零假设的概率，如 p 等于 0.02，可以理解为 100 位研究者从相同总体中，采用随机取样方式抽取相同的样本数，且采用相同的统计推论方法（独立样本 t 检验或独立样本单因子方差分析），所获得的 100 个结论中有两个结论无法拒绝零假设："公立高职与私立高职学生的生活压力没有显著不同"，其余 98 个结论会拒绝零假设，接受研究假设："公立高职与私立高职学生的生活压力有显著不同"。100 个结论中两个接受零假设、98 个拒绝零假设，故研究假设无法得到支持的概率是 2%，显著性 p 值也可以说是推论错误的概率值大小。

研究问题："公立高职与私立高职学生的生活压力是否有显著不同"，所导引出的研究假设为："公立高职与私立高职学生的生活压力有显著不同"，以符号表示为 H_1: $\mu_{\text{公立高职}} \neq \mu_{\text{私立高职}}$，相对于研究假设，零假设为："公立高职学生生活压力测量分数的平均数等于私立高职学生生活压力测量分数的平均数"，以符号表示为 H_0: $\mu_{\text{公立高职}} = \mu_{\text{私立高职}}$。在表 8-2 的输出结果中，两组平均数差异的 t 统计量为 -1.355，自由度等于 15 时，双尾显著性概率值 $p = 0.202 > 0.05$，研究者没有足够证据可以拒绝零假设，因而必

须接受零假设 $H_0: \mu_{公立高职} = \mu_{私立高职}$，即公立高职学生在生活压力测量分数的平均数等于私立高职学生在生活压力测量分数的平均数。当两个总体的平均数相等，表示两个总体在生活压力测量分数的差异值等于 0，即两个总体没有显著不同。但从表 8-1 来看，公立高职学生样本生活压力的平均数为 3.00，私立高职学生样本生活压力的平均数为 3.78，两个样本统计量的平均数并不相同。根据中央极限定理，当样本够大时，样本平均数的分布会趋近于正态分布，且样本平均数 $\overline{X}_m$ 的总平均数 $\mu_{\overline{X}}$ 会等于总体的平均数 μ，假设两个群组总体的平均数均为 3.50，抽样的样本统计量的平均数分别为 3.00、3.78，均没有等于 3.50，此种误差即称为"抽样误差"。由于抽样误差导致两个群组的样本统计量的平均数不同，若是研究者将抽取的样本数扩大或进行普测，或是反复抽取样本，求出样本平均数 $\overline{X}_m$ 的总平均值，则两组的样本统计量的平均数会接近于总体的平均数 3.50，或两个群体平均数的差异显著等于 0：$\overline{X}_{公立} - \overline{X}_{私立} = 0$。由于样本统计量的数值显示没有足够证据可以拒绝零假设，因而研究者只能接受两个群体平均数没有差异的结论。

表 8-1　组别统计量摘要表

	学校类别	个数	平均数	标准差	平均数的标准误
生活压力	公立	8	3.00	1.069	0.378
	私立	9	3.78	1.302	0.434

表 8-2　独立样本检验摘要表

		方差相等的 Levene 检定		平均数相等的 t 检验					差异的 95% 置信区间	
		F 检验	显著性	t	自由度	显著性（双尾）	平均差异	标准误差异	上界	下界
生活压力	假设方差相等	0.331	0.574	−1.335	15	0.202	−0.778	0.582	−2.019	0.464
	不假设方差相等			−1.352	14.926	0.197	−0.778	0.575	−2.005	0.449

由表 8-2 可知：两个群体的方差同质，F 值统计量为 0.331，显著性概率值 $p = 0.574 > 0.05$，接受零假设，t 统计量看假设方差相等列的数据，t 统计量为 −1.335，平均数差异的 95% 信赖区间为 [−2.019，0.464]，平均差异值为 −0.778，因为平均数差异的 95% 置信区间包含 0 数值，表示平均差异值为 0 的可能性很高。

再以两个计量变量相关的探究为例，研究的问题为"高中学生的学业成绩与学习压力间是否有显著相关？"，研究假设为"高中学生的学业成绩与学习压力间有显著相关"。两个计量变量间有显著相关表示其相关系数 ρ 不等于 0，即 $H_1: \rho \neq 0$，统计检验的零假设为两个计量变量的相关系数等于 0，表示两个变量间没有显著关系（既不是正相关也不是负相关），统计检验的零假设为 $H_0: \rho = 0$。范例数据文件见表 8-3：

表 8-3 数据文件

	01	02	03	04	05	06	07	08	09	10	11	12	13	14	15	16	17	18
学业成绩	7	6	8	9	2	10	1	7	8	5	4	3	6	7	9	10	8	7
学习压力	2	3	7	8	4	9	5	5	7	8	4	2	7	2	3	8	6	8

根据数据文件进行双变量的相关分析，积差相关的样本统计量 $r = 0.430$，双尾显著性概率值 $p = 0.075 > 0.05$，接受零假设 $H_0: \rho = 0$，即总体的学业成绩变量与学习压力变量间的相关系数等于 0，二者没有显著相关，研究者所提的研究假设"高中学生的学业成绩与学习压力间有显著相关"无法获得支持。从抽样样本的统计量来看，两个变量的 $r = 0.430$，并非前面假设检验所推论的相关系数 ρ 等于 0，此种差异即是抽样误差或巧合（chance）所造成的，当抽样样本的个数接近总体的大小，则样本统计量 r 会接近总体参数 ρ（= 0）。从样本统计量及显著性概率值来看，研究者没有足够证据可以推翻零假设或否定零假设（判决零假设是错误的），因而必须接受零假设，研究假设无法获得支持（对立假设 $H_1: \rho \neq 0$），研究者根据调查数据推导出高中学生总体的学业成绩与学习压力间的相关系数为 0 的可能性很高，两个变量间相关的概率很低（当双尾检验的显著性 ρ 值 ≥ 0.05 时，不论样本统计量 r 的数值为正或为负、统计量绝对值为多少，均没有意义，因为两个总体的相关系数 ρ 为 0）。

表 8-4 学业成绩与学习压力的积差相关系数及显著性摘要表

		学业成绩	学习压力	
学业成绩	Pearson 相关	1	0.430	统计量数
	显著性（双尾）		0.075	
	个数	18	18	显著性机率值 p，当 $p \geq 0.05$ 时，统计量 r 为 0 的可能性很高，没有足够证据否定零假设（$\rho = 0$）
学习压力	Pearson 相关	0.430	1	
	显著性（双尾）	0.075		
	个数	18	18	

两个总体平均数差异检验（双尾或双侧检验）的零假设为：$H_0: \mu_1 - \mu_2 = 0$；研究假设为：$H_1: \mu_1 - \mu_2 \neq 0$（表示两个总体平均数间有显著不同，差异值为正，表示第一个总体平均数显著高于第二个总体平均数）。根据资料分析统计结果，若是样本统计量 t 值

的显著性 p 值大于或等于 0.05，表示两个总体平均数间差异值为 0 的可能性很高，从抽取样本中获得的资料没有足够证据可以拒绝零假设或判决零假设是错误的，如 $p = 0.26$，表示重复进行 100 次研究，有 26 次会得到"公立高职与私立高职学生的生活压力没有显著差异"的结论，因而若是研究者拒绝零假设，作出"公立高职与私立高职学生的生活压力有显著不同"的结论，此结论错误的概率达 26%。无法拒绝零假设并不是表示"零假设一定是正确的"，而是研究者所提的假设命题无法成立（研究假设无法获得支持），研究结果没有"定论"（inconclusive），从样本资料中没有足够的证据来支持研究假设。推论统计中将决断概率值设定为 0.05 或 0.01（当显著水平 α 设为 0.05 时，其置信区间为 95%；设为 0.01 时，其置信区间为 99%），以样本统计量显著性 p 值判别拒绝或接受零假设，进而作出有无差异或有无相关等结论，这种统计法则的显著性称为"统计显著性"（statistically significant）。

统计推论是研究者先选定一个可容许的概率值 α（一般设为 0.05），与统计分析所得的统计量的显著性 p 值进行比较，进而作出接受或拒绝零假设的判决。如果 θ 为总体的参数，θ_0 为某个估计值，在双尾检验的情况下，零假设 H_0 为：$\theta = \theta_0$（零假设一定是包含等号的假设），研究假设 H_1 为：$\theta \neq \theta_0$。显著性概率 p 值（p-value）表示的是在零假设为真的状态下，包含左侧与右侧概率的结果，如果 ρ 值很大，表示 θ_0 接近总体参数 θ 的可能性很高，这种情况下 $\theta = \theta_0$ 的概率非常大，$\theta \neq \theta_0$ 的可能性就非常低，因而 p 值在很大的状态下，研究结果就可判定 $\theta = \theta_0$，表示必须接受零假设（相对的，研究假设就被拒绝）；若是概率值 p 很小，表示样本统计量估计值 θ_0 接近总体参数 θ 的可能性很低，这种情况下 $\theta \neq \theta_0$ 的概率就非常大，$\theta = \theta_0$ 的可能性就非常低，因而 p 值很小的状态下，研究结果认为零假设 $\theta = \theta_0$ 不成立的概率很高，相对的，研究假设 $\theta \neq \theta_0$ 得到支持的可能性很大，研究结果有足够的证据判定零假设得到支持的机会很小。

p 值即是假定零假设 H_0 为真的情况下，所有可能从总体抽取的样本统计量的结果和总体实际结果相同的概率。p 值是一个"概率值"而非是样本统计量，可表示为：p 值 = （抽取样本的样本统计量拒绝 $H_0|H_0$ 为真）。一般是当概率值 p 小于 0.05（$p < 0.05$）才能拒绝零假设 H_0（当显著性 p 值很小，表示为零假设为真的可能性很低，因而统计结果才有足够证据认为零假设存在的概率很小，所以可以否决零假设），拒绝零假设表示差异或相关显著并非是巧合或运气所造成的，也不是抽样误差导致的。在社会科学领域中，若是样本统计量的 p 值小于 0.05，通常其显著性会以"*"表示，p 值小于 0.01 通常会以"**"表示，p 值小于 0.001，通常会以"***"表示；p 值大于或等于 0.05，表示未达显著水平（no significance），会在样本统计量旁加注"ns"或"n.s."。若是研究者直接呈现样本统计量及显著性概率值 p，则不用再出现符号"*"或"ns"。

在下述范例中，研究者探究的是不同学校类别（公立、私立）的高职学生在生活压力及忧郁倾向的差异，采用独立样本 t 检验统计方法：执行功能列"分析（A）"/"比较平均数法（M）"/"独立样本 T 检验（T）"程序，其输出结果见表 8-5：

表 8-5　组别统计量摘要表

检验变量	学校类别	个　数	平均数	标准差	平均数的标准误
生活压力	公立	9	33.56	4.773	1.591
	私立	9	47.89	7.026	2.342
忧郁倾向	公立	9	28.00	5.745	1.915
	私立	9	35.00	4.213	1.404

公立学校 9 位观察值在生活压力、忧郁倾向两个量表平均得分为 33.56、28.00；私立学校 9 位观察值在生活压力、忧郁倾向两个量表平均得分为 47.89、35.00（表 8-6）。

表 8-6　独立样本检验摘要表

检验变量		方差相等的 Levene 检验		平均数相等的 t 检验					差异的 95% 置信区间	
		F 检验	显著性	t	自由度	显著性（双尾）	平均差异	标准误差异	上界	下界
生活压力	假设方差相等	0.990	0.335	−5.063	16.000	0.000	−14.333	2.831	−20.335	−8.332
	不假设方差相等			−5.063	14.087	0.000	−14.333	2.831	−20.402	−8.265
忧郁倾向	假设方差相等	1.418	0.251	−2.948	16.000	0.009	−7.000	2.375	−12.034	−1.966
	不假设方差相等			−2.948	14.675	0.010	−7.000	2.375	−12.071	−1.929

由表 8-6 可知：就生活压力因变量而言，两个群体的方差同质，F 值统计量为 0.990，显著性概率值 $p = 0.335 > 0.05$，接受零假设，t 统计量看假设方差相等一行的数据，t 统计量为 −5.063，平均数差异的 95% 置信区间为 [−20.335，−8.332]，平均差异值为 −14.333，因为平均数差异的 95% 置信区间未包含 0 数值，表示平均差异值为 0 的可能性很低。就忧郁倾向因变量而言，两个群体的方差同质，F 值统计量为 1.418，显著性概率值 $p = 0.251 > 0.05$，接受零假设，t 统计量看假设方差相等一行的数据，t 统计量为 −2.948，平均数差异的 95% 置信区间为 [−12.034，−1.966]，平均差异值为 −7.000，因为平均数差异的 95% 置信区间未包含 0 数值，表示 95% 的概率显示两个群体的平均差异值不为 0。

【表格范例】

表 8-7 直接呈现两个平均数差异检验的 t 统计量及显著性概率值 p。

表 8-7

检验变量	学校类别	个　数	平均数	标准差	t 值	显著性
生活压力	公立	9	33.56	4.773	−5.063	0.000
	私立	9	47.89	7.026		
忧郁倾向	公立	9	28.00	5.745	−2.948	0.009
	私立	9	35.00	4.213		

注：APA 第六版使用手册中对于各组平均数统计量，除呈现平均数外，也增列平均数估计值的 95% 置信区间的数值，以符号"95%CI"表示，如 [29.89,37.22]，各组样本数的个数以符号 n 表示，平均数以 M 表示、标准差以 SD 表示。两个群体差异检验的 95% 置信区间范围如包含"0"这个数值，表示两个平均数差异值 D 可能为 0，如此，两个群体平均数相等的概率就很高，此时，t 值会很小，而显著性概率值 p 会很大。相对的，平均数差异的 95% 置信区间范围未包含"0"这个数值，表示两个群体平均数差异值 D 为 0 的可能性很低，两个群体平均数间有显著不同，此时，t 值会较大，而对应的显著性概率值 p 会小于 0.05。以平均数差异的 95% 置信区间判别两个总体平均数间是否有显著差异与采用显著性概率值 p 的结果相同，所以统计表格中若呈现检验统计量 t 值与显著性 p 值，可以不用再呈现平均数差异检验的 95% 置信区间。范例中增列平均数统计量的 95% 置信区间的数值，其数据表格见表 8-8

表 8-8

检验变量	学校类别	个数 N	平均数 M	标准差 SD	95%CI [上界,下界]	t 值	显著性	差异的 95%CI
生活压力	公立	9	33.56	4.773	[29.89,37.22]	−5.063	0.000	[−20.335, −8.332]
	私立	9	47.89	7.026	[42.49,53.29]			
忧郁倾向	公立	9	28.00	5.745	[23.58,32.42]	−2.948	0.009	[−12.034, −1.966]
	私立	9	35.00	4.213	[31.76,34.24]			

表 8-9 为只呈现样本统计量，显著性 p 值以"*"号表示，如果显著性 $p = 0.001$，表示概率值只小于 0.01，未小于 0.001，因而样本统计量数值旁加注"**"，若是显著性 $p = 0.01$，表示概率值只小于 0.05，未小于 0.01，因而样本统计量数值旁加注"*"。

显著性概率值以通用符号表示（表 8-9）：

表 8-9

检验变量	学校类别	个数	平均数	标准差	t 值
生活压力	公立	9	33.56	4.773	-5.063^{***}
	私立	9	47.89	7.026	
忧郁倾向	公立	9	28.00	5.745	-2.948^{**}
	私立	9	35.00	4.213	

$^{**}p < 0.01, ^{***}p < 0.001$

增列平均数 95% 置信区间及差异检验统计量 95% 置信区间估计值的表格见表 8-10:

表 8-10

检验变量	学校类别	个数	平均数	标准差	95%CI	t 值	差异的 95%CI
生活压力	公立	9	33.56	4.773	$[29.89, 37.22]$	-5.063^{***}	$[-20.335, -8.332]$
	私立	9	47.89	7.026	$[42.49, 53.29]$		
忧郁倾向	公立	9	28.00	5.745	$[23.58, 32.42]$	-2.948^{**}	$[-12.034, -1.966]$
	私立	9	35.00	4.213	$[31.76, 34.24]$		

$^{**}p < 0.01, ^{***}p < 0.001$

表 8-11 呈现了样本统计量、显著性 p 值,并将显著性 p 值加注 "*" 号,这种加注是不合适的,因为显著性 p 值是针对样本统计量的数值,既然研究者已直接呈现显著性 p 值大小,就不用再增列是否显著的通用符号,此外是否显著是针对样本统计量而言,研究者须将是否显著的通用符号加注于 "样本统计量" 旁(如相关系数 r、t 检验统计量 t 值、方差分析 F 值),而非再加注于显著性栏中。

【不合适的表格】

表 8-11 在显著性概率值 p 旁又加注显著与否的通用符号:

表 8-11

检验变量	学校类别	个　数	平均数	标准差	t 值	显著性
生活压力	公立	9	33.56	4.773	-5.063	0.000^{***}
	私立	9	47.89	7.026		
忧郁倾向	公立	9	28.00	5.745	-2.948	0.009^{**}
	私立	9	35.00	4.213		

$^{**}p < 0.01, ^{***}p < 0.001$

显著性栏表示概率值 p 的原始数值,不用再增列显著与否的通用符号。

另一种表格是在检验差异或相关统计量旁加注是否达 0.05 显著水平的符号，又完整增列"显著性 p 值"的数据，这种表格并没有错，只是重复表示显著性 p 值而已，徒增表格整理的困扰，这种表格可以将"显著性"栏的数据删掉（若研究者不删掉也可以），因为从增列的显著与否通用符号（＊号），即可知道零假设是否可以被否决或拒绝。

表 8-12

检验变量	学校类别	个　数	平均数	标准差	t 值	显著性
生活压力	公立	9	33.56	4.773	-5.063^{***}	0.000
	私立	9	47.89	7.026		
忧郁倾向	公立	9	28.00	5.745	-2.948^{**}	0.009
	私立	9	35.00	4.213		

$^{**}p < 0.01, ^{***}p < 0.001$

显著性栏可以删除

再以不同年级高职学生（一年级、二年级、三年级）在生活压力 4 个向度及生活压力总量表的测量分数的差异比较为例（差异检验的因变量共有 5 个），SPSS 输出的方差分析摘要表如下（资料处理方法为独立样本单因子方差分析）：

表 8-13　ANOVA

		平方和	自由度	平均平方和	F 检验	显著性
家庭压力	组间	44.778	2	22.389	3.468	0.058
	组内	96.833	15	6.456		
	总和	141.611	17			
学校压力	组间	52.111	2	26.056	2.286	0.136
	组内	171.000	15	11.400		
	总和	223.111	17			
个人压力	组间	96.778	2	48.389	19.617	0.000
	组内	37.000	15	2.467		
	总和	133.778	17			
情感压力	组间	18.778	2	9.389	2.624	0.105
	组内	53.667	15	3.578		
	总和	72.444	17			
生活压力	组间	756.778	2	378.389	7.620	0.005
	组内	744.833	15	49.656		
	总和	1 501.611	17			

F 检验统计量为组间均方值与组内（残差项）均方值的比值，如家庭压力变量的 F 统计量 $= 22.389/6.456 = 3.468$，组间自由度 $= k-1$。

表 8-14　多重比较 Tukey HSD

因变量	（I）年级	（J）年级	平均差异（I-J）	标准误	显著性	95% 的置信区间	
						下界	上界
个人压力	一年级	二年级	−3.167（*）	0.907	0.009	−5.52	−0.81
		三年级	−5.667（*）	0.907	0.000	−8.02	−3.31
	二年级	一年级	3.167（*）	0.907	0.009	0.81	5.52
		三年级	−2.500（*）	0.907	0.037	−4.86	−0.14
	三年级	一年级	5.667（*）	0.907	0.000	3.31	8.02
		二年级	2.500（*）	0.907	0.037	0.14	4.86
生活压力	一年级	二年级	−6.833	4.068	0.245	−17.40	3.73
		三年级	−15.833（*）	4.068	0.004	−26.40	−5.27
	二年级	一年级	6.833	4.068	0.245	−3.73	17.40
		三年级	−9.000	4.068	0.101	−19.57	1.57
	三年级	一年级	15.833（*）	4.068	0.004	5.27	26.40
		二年级	9.000	4.068	0.101	−1.57	19.57

* 在 0.05 水平上的平均差异很显著。

多重比较表中只要"平均差异（I-J）"栏数值为正，且有增列"（*）"符号，就表示两个水平群组的平均数达到显著，且第一个水平群组的平均数显著高于第二个水平群组的平均数，两个水平群组平均数显著差异不等于 0。

研究者将上述单因子方差分析表格整理后，见表 8-15。

【不合适的表格】

表 8-15　不同年级的高职学生在生活压力向度及整体生活压力差异的方差分析摘要表

		平方和	自由度	平均平方和	F 检验	显著性	事后比较
家庭压力	组间	44.778	2	22.389	3.468	0.058ns	
	组内	96.833	15	6.456			
	总和	141.611	17				
学校压力	组间	52.111	2	26.056	2.286	0.136ns	
	组内	171.000	15	11.400			
	总和	223.111	17				

续表

		平方和	自由度	平均平方和	F检验	显著性	事后比较
个人压力	组间	96.778	2	48.389	19.617	0.000***	B>A
	组内	37.000	15	2.467			C>A
	总和	133.778	17				C>B
情感压力	组间	18.778	2	9.389	2.624	0.105ns	
	组内	53.667	15	3.578			
	总和	72.444	17				
生活压力	组间	756.778	2	378.389	7.620	0.005**	C>A
	组内	44.833	15	49.656			
	总和	1 501.611	17				

注:$ns\ p > 0.05$,$^{**}p < 0.01$,$^{***}p < 0.001$,A:一年级,B:二年级,C:三年级。

表 8-15 中研究者已直接将显著性 p 值完整呈现出来,就不必加注是否达到显著水平的通用符号"*"或"ns",若是要加注也应加注于统计量"F 检验"栏中,而不是加注于"显著性"栏内,较佳的呈现方式见表 8-16。

【表格范例】

表 8-16　不同年级的高职学生在生活压力向度及整体生活压力差异的方差分析摘要表

		平方和	自由度	平均平方和	F 检验	事后比较
家庭压力	组间	44.778	2	22.389	3.468ns	
	组内	96.833	15	6.456		
	总和	141.611	17			
学校压力	组间	52.111	2	26.056	2.286ns	
	组内	171.000	15	11.400		
	总和	223.111	17			
个人压力	组间	96.778	2	48.389	19.617***	B>A
	组内	37.000	15	2.467		C>A
	总和	133.778	17			C>B
情感压力	组间	18.778	2	9.389	2.624ns	
	组内	53.667	15	3.578		
	总和	72.444	17			

续表

		平方和	自由度	平均平方和	F检验	事后比较
生活压力	组间	756.778	2	378.389	7.620**	C>A
	组内	44.833	15	49.656		
	总和	1 501.611	17			

注:ns $p>0.05$,**$p<0.01$,***$p<0.001$,A:一年级,B:二年级,C:三年级。

3个年级在因变量的描述性统计量摘要表如下（增列平均数95%置信区间估计值）：

表 8-17　因变量描述性统计量摘要表

检验变量	年　级	个　数	平均数	标准差	95% CI
家庭压力	一年级（A）	6	8.50	1.871	[6.54, 10.46]
	二年级（B）	6	10.00	3.347	[6.49, 13.51]
	三年级（C）	6	12.33	2.160	[10.07, 14.60]
学校压力	一年级（A）	6	8.67	3.830	[4.65, 12.69]
	二年级（B）	6	10.83	2.787	[7.91, 13.76]
	三年级（C）	6	12.83	3.430	[9.23, 16.43]
个人压力	一年级（A）	6	7.17	1.169	[5.94, 8.39]
	二年级（B）	6	10.33	1.211	[9.06, 11.60]
	三年级（C）	6	12.83	2.137	[10.59, 15.08]
情感压力	一年级（A）	6	8.83	1.722	[7.03, 10.64]
	二年级（B）	6	8.83	2.137	[6.59, 11.08]
	三年级（C）	6	11.00	1.789	[9.12, 12.88]
生活压力	一年级（A）	6	33.17	5.231	[27.68, 38.66]
	二年级（B）	6	40.00	7.211	[32.43, 47.57]
	三年级（C）	6	49.00	8.343	[40.24, 57.76]

上述统计显著性的 p 值的判断准则可以用图 8-1 表示。

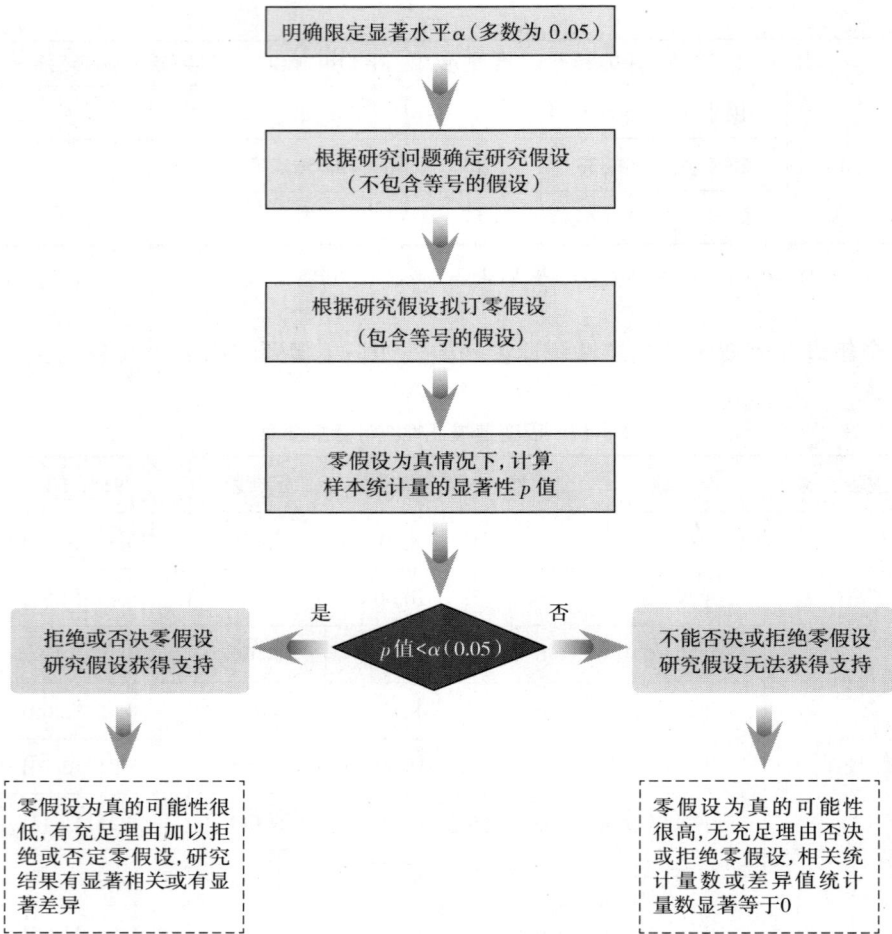

图 8-1　p 值判断准则

　　在统计显著性方面，只要 p 值小于显著水平 α 值，便可以说"显著"（significance）并非巧合或运气所造成，p 值越小研究者越有足够证据拒绝零假设。有些研究者会再根据 p 值的大小，将显著性分为"显著"（$p < 0.05$）、"很显著"（very significance）或"非常显著"（$p < 0.01$）、"极端显著"或"高度显著"（highly significance）（$p < 0.001$），其实这样的分类没有多大意义，因为 p 值既然小于显著水平 α 值，不论 p 是 0.04 或 0.009，均表示从样本资料结构中有足够证据可以拒绝零假设，即研究者所提的研究假设获得支持。从样本统计量推论至总体性质或特征时，研究者所拟定的研究假设不是"获得支持"就是"被拒绝"，若是研究假设获得支持，表示有足够证据否决"零假设"，显著性 p 值越小否决"零假设"的证据越强，但只要是样本统计量的显著性 p 值小于设定显著水平 α（$= 0.05$），均表示资料结构不是靠巧合或运气所导致的，研究者可以做出"研究假设获得支持"的结论。至于自变量与因变量间的关联程度，不能从显著性 p 值来判别，而应从"效果量"或"效果值"数值的高低来判断，效果量数值越大，表示实务显著性越大。

完整统计显著性决策的流程可以简化如下（图 8-2）：

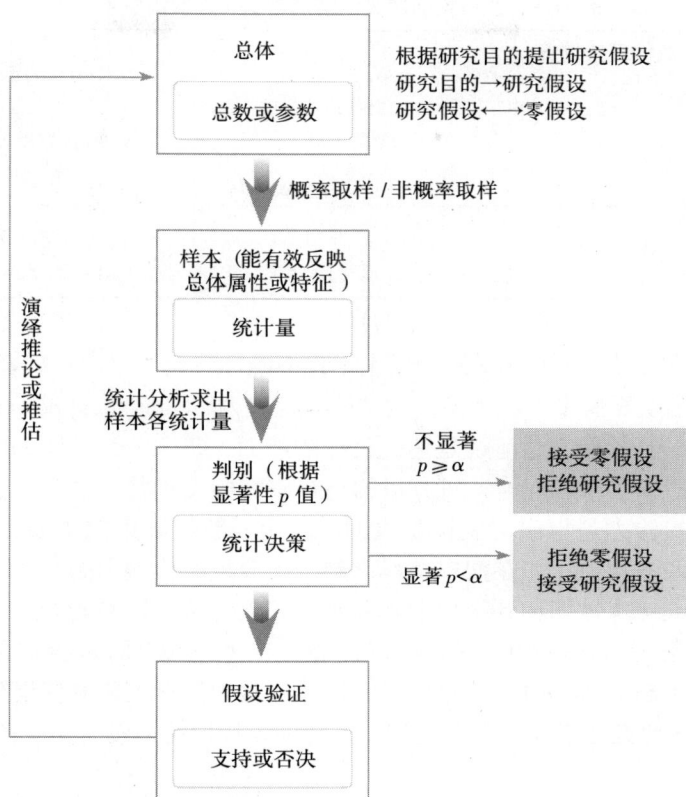

图 8-2　完整统计显著性决策的简化流程图

推估或推论都可能会误判，推论统计分析程序也是如此。在统计显著性的判定法则中，若零假设为真，但研究者根据样本统计量作出拒绝零假设而接受研究假设的结论时，这种统计推论错误称为第 I 类型错误（type I error；α 错误），$\alpha = P$（第 I 类型错误）$= P$（拒绝 $H_0 | H_0$ 为真）；如真正总体中"公立高职与私立高职学生的生活压力没有显著差异"，研究者从样本统计量得出的 p 值为 0.023，拒绝零假设（$H_0 : \mu_1 - \mu_2 = 0$），接受研究假设（$H_1 : \mu_1 - \mu_2 \neq 0$）的结论："公立高职与私立高职学生的生活压力有显著的不同"，此种结论与总体真正特征并不相同，因为当显著性 p 值小于显著水平 α 值，表示零假设为真的可能性很低，但不代表零假设百分之百不可能为真，因而第 I 类型错误表示的即是"当零假设为真的状态下，统计推估加以拒绝的错误"；相对的，如果零假设为假，但研究者根据样本统计量作出接受零假设而拒绝研究假设的结论，这种统计推论错误称为第 II 类型错误（type II error；β 错误），$\beta = P$（第 II 类型错误）$= P$（接受 $H_0 | H_0$ 为假），因为当显著性 p 值远大于显著水平 α 值，表示零假设为真的可能性很高，但不代表零假设百分之百一定为真，既然如此，研究推估中也可能发生零假设错误而推论加以接受的情况，因而第 II 类型错误表示的即是"当零假设为假的状态下，统计推估加以接受的错误"。

假设检验决策的情形与错误类型摘要表见表 8-18：

表 8-18 假设检验决策的情形与错误类型摘要表

总体真实情况 统计决策	H_0 为真	H_0 为假
接受	决策正确 $1-\alpha$	第 II 类型错误 （决策错误）β
拒绝	第 I 类型错误 （决策错误）α	决策正确 $1-\beta$（power）

　　如果零假设为假，根据样本统计量也正确拒绝零假设，表示研究者的决策正确，这种正确拒绝错误零假设的决策率称为"统计检验力"（statistical power），一般以符号 $1-\beta$ 表示。统计检验力也可说是达到目标的能力，研究统计检验力的大小，能确定达到目标的概率。一般而言，研究目的是在研究假设确定为真时，获得显著性的结果，而统计检验力是指研究假设是真时，获得显著性结果的概率。研究推论中，统计检验力有许多特点，如在搜集资料之前，计算统计检验力的大小，可以知道需要多少受试者或样本才能达到统计的显著水平；此外从统计检验力大小，可以知道未达到统计显著性（$p \neq \alpha$）、或达到统计显著性（$p < \alpha$）时是否达到"实务显著性"（practical significance）。实验设计的统计检验力只有在研究假设是真的情况下才有意义，如果研究假设无法获得支持，则呈现统计检验力没有实质意义（黄琼容，2005）。

　　"统计显著性"（statistical significance）与"实务或临床显著性"（practical/clinical significance）是不同的。样本平均数 M 与 μ_{HYP}（假设总体平均数的数值）间的差异称为统计显著性，然而 M 与 μ_{HYP} 间的差异虽然达到统计显著性（$p < 0.05$），但可能由于实务或临床显著性的数值太小，而没有实务上应用的价值。统计显著性并不是实务显著性或有用性的保证，如果样本数比较小，组间平均数的差异要达到很大，且组内方差要很小才可能达到统计上显著水平；相反的，若是样本数很大，只要组间平均数差异很小，即可达到统计上显著水平（Warner, 2008, 103）。"实务或临床显著性"就是效果值。

　　"效果值"（effect size）反映的是因变量与自变量水平关联的方差比例，它表示的是因变量的总方差中可以由自变量水平预测的程序，若以两个圆形分别表示因变量与自变量的总方差，则效果值就是两个圆形重叠的部分。统计显著性检验（statistical significance testing）评估的是自变量与因变量关联的信度（reliability），效果值测量的是关联信度越大，效果值的数值越大，表示自变量与因变量间关联的程度越高。若将两个圆形重叠的部分比喻为效果值的大小，则两个圆形重叠部分越大，表示自变量可以解释的因变量的变异比例部分越大；相对的，两个圆形重叠部分越小，表示因变量可以被自变量解释的变异比例部分越小（表 8-3）。

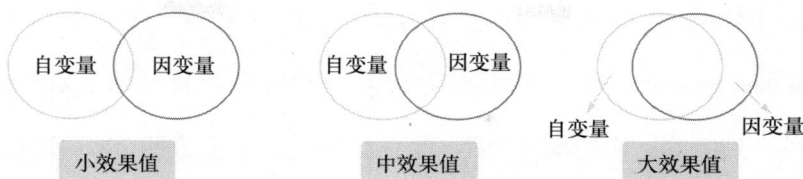

图 8-3

在一般平均数差异检验中效果值以"η 平方"来表示，η 平方的求法为：$\eta^2 = \dfrac{SS_{\text{effect}}}{SS_{\text{total}}}$，若是自变量为二分变量（有 2 个水平），则效果值 η^2 刚好等于计量因变量与二分间断变量间的点二系列相关系数（point biserial correlation），如果主要效果或交互作用项效果达到显著，表示因变量的总变异量（SS_{total}）中，可以由自变量解释的变异量有多少（SS_{effect}）（可以由实验处理效果解释的部分），但在实际研究设计中直接采用 η 平方会高估总变异量（SS_{total}），因而效果值会以"净 η^2"（partial η^2）来取代：净 $\eta^2 = \dfrac{SS_{\text{effect}}}{SS_{\text{total}} + SS_{\text{error}}}$，$\eta^2$ 表示组间平方和占总平方和的比率。在方差分析中，效果值通常会以 ω^2（omega squared）来表示，又称为"关联性强度系数"（coefficient of strength of association）：

$$\omega^2 = \frac{SS_{\text{effect}} - (df_{\text{effect}}) \times (MS_{\text{error}})}{SS_{\text{total}} + MS_{\text{error}}} = \frac{SS_b - (k-1) \times (MS_w)}{SS_t + MS_w}$$

（固定效果模型，指方差分析中每次类别变量的群组水平是相同的，每次群组水平都不同的实验处理称为随机效果模型，其关联强度系数计算公式为：$\dfrac{MS_b - MS_w}{MS_b + (n-1) \times MS_w}$，$n$ 为各水平群组观察值个数，若是各水平群组的观察值个数不同，以调和平均数取代）效果值的数值为 0 ~ 1；另外一个效果值指标为 Cohen d（柯恩 d 指标值），其数值为平均数的差异除以标准差：

$$d = \frac{(M - \mu_{\text{HYP}})}{\sigma} = \frac{(M - \mu_{\text{HYP}})}{S} \quad (\text{Tabachnick \& Fidell, 2007, 54–55})$$

Cohen d 效果值大小的判别指标为：d 数值 $\leqslant 0.20$ 属于小效果值、$0.20 < d < 0.70$ 属于中效果值、$d \geqslant 0.80$ 属于大效果值；η 平方的判别：$\eta^2 \leqslant 0.90$ 属于小效果值、$0.09 < \eta^2 < 0.25$ 属于中效果值、$\eta^2 \geqslant 0.25$ 属于大效果值。关联性强度系数的判别准则为：$\omega^2 \leqslant 0.06$ 属微弱关联关系（小效果值）、$0.06 < \omega^2 \leqslant 0.14$ 属中度关联关系（中效果值）、$0.14 \leqslant \omega^2$ 属强度关联关系（大效果值）（SPSS 输出的净 η^2 效果量大小的判别准则与关联性强度系数 ω^2 相同）。

实验设计程序单一样本效果值的计算公式为：$d = \dfrac{\overline{X} - \overline{X_0}}{SD_\delta}$，$SD_\delta$ 为组内样本标

准差，双样本标准化均差统计量的计算公式为：$d = \dfrac{\overline{X_1} - \overline{X_2}}{SD_\delta}$，$SD_\delta$ 为组内合并标准差（pooled standard deviation），若是以独立样本 t 检验统计量换算，其计算公式为：$d = \dfrac{t^2}{t + (n_1 + n_2 - 2)}$。以"学校类别"固定因子（分为公立、私立两个水平群组）在"生活压力"因变量的差异检验为例，平均数差异检验的 t 值统计量为 -5.063（$p < 0.001$），效果值 $d = \dfrac{t^2}{t + (n_1 + n_2 - 2)} = \dfrac{(-5.063)^2}{(-5.0632) + (9 + 9 - 2)} = \dfrac{25.634}{41.634} = 61.6\%$，表示"学校类别"固定因子可以解释高职学生"生活压力"变量 61.6% 的变异量，或是高职学生"生活压力"的总变异量中，有 61.6% 的变异可以由"学校类别"因子来解释。在 SPSS 统计软件中，要求出效果值可以执行菜单栏"分析（A）"/"一般线性模型（G）"/"单变量（U）"或"多变量（M）"程序，于"单变量：选项"或"多变量：选项"次对话视窗中勾选"☑ 效果大小估计值（E）"选项即可，输出的"受试者间效应项的检验"摘要表中，会增列"净相关 Eta 平方"栏的数据，此数据即为效果值。

表 8-19　受试者间效应项的检验——因变量：生活压力

来　源	型 III 平方和	df	平均 平方和	F	显著性	净相关 η^2
学校类别	924.500	1	924.500	25.631	0.000	0.616
误差	577.111	16	36.069			
校正后的总数	1 501.611	17				

执行一般线性模型，效果值也可以从"型 III 平方和"的数据求出：

$$\eta^2 = \frac{SS_b}{SS_b + SS_w} = \frac{SS_{\text{effect}}}{SS_{\text{total}}} = \frac{924.500}{1\,501.611} = 61.6\%，无法解释的变异量 \eta^2 = \frac{SS_{\text{error}}}{SS_{\text{total}}} =$$

$\dfrac{577.111}{1\,501.611} = 38.4\%$，表示"生活压力"因变量中无法被"学校类别"因子解释的变异程度部分。若是将生活压力因变量的变异量设定为 1（100.0%），效果值或解释量可以图示如图 8-4 所示：

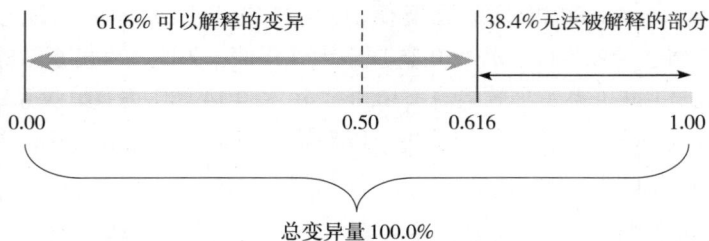

图 8-4　效果值或解释量图示

以不同年级因子在生活压力的差异检验而言，年级固定因子有 3 个水平，执行方差分析程序，发现不同年级的高职学生感受的生活压力有显著不同。差异检验的效果量（关联强度系数）为：$\omega^2 = \dfrac{SS_b - (k-1) \times MS_w}{SS_t + MS_w}$，其中 $SS_b = 756.778$（组间的 SS），$SS_t = 1\,501.611$（SS 的总和），$MS_w = 49.656$（误差项的均方），$k = 3$（3 个群组），$\omega = \dfrac{SS_b - (k-1) \times MS_w}{SS_t + MS_w} = \dfrac{756.778 - (3-1) \times 49.656}{1\,501.611 + 49.656} = 0.438$，"受试者间效应项的检验"摘要表中的调整后的 $R^2 = 0.438$，即为关联性强度系数，表示固定因子可以解释因变量变异的部分，范例中生活压力因变量总变异中可以被年级因子变量解释的变异部分为 43.8%。

表 8-20　受试者间效应项的检验——因变量：生活压力

来　源	型 III 平方和 SS	df	平均平方和	F	显著性	净相关 $\eta^{2(a)}$
年级	756.778	2	378.389	7.620	0.005	0.504
误差	744.833	15	49.656			
校正后的总数	1 501.611	17				

a.$R^2 = 0.504$（调整后的 $R^2 = 0.438$）

年级固定因子可以解释"生活压力"因变量的解释变异与残差量（无法解释的变异部分）以图表示如图 8–5 所示：

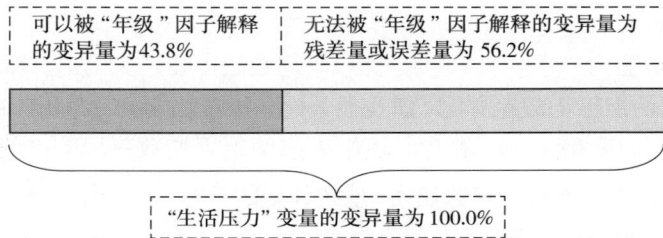

图 8-5

简单相关程序中，实务显著性为相关系数平方值（称为决定系数）（r^2），$1-r^2$ 为两个变量间无法解释的变异（残差量）；两个平均数差异检验程序（t 检验）中，实务显著性一般称为效果值（η^2）；方差分析程序中，实务显著性为关联量数（ω^2）；多元回归分析程序中，实务显著性为多元相关系数平方（R^2）；因素分析程序中，实务显著性为特征值（λ）（共同因素在所有题目因素负荷量的平方总和，平方总和的平均值表示共同因素可以解释所有指标变量的变异多寡）与共同性（指标题目可以解释所有共同因素的变异）；典型相关程序中，实务显著性为典型相关系数平方（ρ^2）；卡方检验程序中，实务显著性为列联系数、Φ 相关系数等，上述实务性统计量数皆可由 SPSS 统计软件求出。

二、样本数大小与统计显著性

统计显著性的"拒绝"或"接受"的假设，主要是针对零假设，零假设为包含等号的假设，假设 θ 为总体的参数，θ_0 为某个估计值，双尾检验情况下，零假设 H_0 为：$\theta = \theta_0$，研究假设 H_1 为：$\theta = \theta_0$；单尾检验情况下，零假设 H_0 为：$\theta \leq \theta_0$，或 $\theta \geq \theta_0$，对应的研究假设 H_1 为 $\theta > \theta_0$ 或 $\theta < \theta_0$。零假设与研究假设是互斥的，统计分析结果的统计量的显著性 p 如小于 0.05，表示零假设发生的可能性很小，研究结果可以作出拒绝零假设的判决。估计与检验中，统计量的显著性 p 值与抽样样本数有密切关系，当抽样的有效样本数越大时，样本统计量的显著性 p 值很容易达到显著水平（$p < \alpha$），即出现"拒绝零假设"结果的概率很大。下面是不同样本量统计分析所得出的样本统计量及显著性的说明范例。

（一）平均数差异性检验

自变量 G 为二分类别变量，两个水平数值分别为 1、2，X 与 Y 变量均为计量变量。范例中只抽取 10 位受试者的资料，以二分类别变量 G 为自变量、计量变量 X 为检验变量（表 8-21）：

表 8-21

G	X	Y	G	X	Y	G	X	Y	G	X	Y	G	X	Y
1	3	8	2	7	3	2	3	6	2	6	5	1	1	9
1	4	1	1	8	4	1	2	5	2	5	4	2	4	8

执行 SPSS 功能列"分析（A）"/"比较平均数法（M）"/"独立样本 T 检验（P）"程序，可以求出两组平均数差异的 t 值及显著性；执行功能列"分析（A）"/"一般线性模型（G）"/"单变量（U）"程序，可以求出两组平均数差异的 F 值、效果值及统计检验力（$1-\beta$），其中 F 统计量数值为 t 值统计量的平方（$F = t^2$、$\sqrt{F} = t$）。执行功能列"资料（D）"/"选择观察值（C）"程序可以选取符合条件的样本，在"选择观察值"对话方框中，勾选"⊙ 以时间或观察值范围为准（B）"选项，再选择"范围（N）"选项，可开启"选择观察值：界定范围"次对话视窗，选取要进行统计分析的观察值个数与范围。

两个群体的有效样本数各为 50，总样本数为 100 时所输出的部分结果见表 8-22：

表 8-22

G	平均数	标准差	个 数
1.00	5.400 0	3.103 65	50
2.00	5.000 0	1.428 57	50
总和	5.200 0	2.412 09	100

　　第一个群组的平均数为 5.40、标准差约为 3.104、有效样本数等于 50；第二个群组的平均数为 5.00、标准差约为 1.429、有效样本数等于 50；总平均数为 5.20、标准差约为 2.412，全部样本数为 100（表 8–23）。

表 8-23

来　源	型 III 平方和	自由度	平均平方和	F 检验	显著性	净相关 $\eta^{(2b)}$	观察的检验能力[a]
G	4.000	1	4.000	0.685	0.410	0.007	0.130
误差	572.000	98	5.837				
总和	3 280.000	100					
校订后的总数	576.000	99					

a. 使用 $\alpha = 0.05$ 计算

b. $R^2 = 0.007$（调整后的 $R^2 = -0.003$）

　　两组平均数差异的 F 统计量为 0.685、显著性概率值 $p = 0.410$，净相关 η^2 为 0.007，统计检验力为 0.130。

　　两个群体的有效样本数各为 500，总样本数为 1 000 时所输出的部分结果见表 8–24：

表 8-24

G	平均数	标准差	个　数
1.00	5.400 0	3.075 54	500
2.00	5.000 0	1.415 63	500
总和	5.200 0	2.401 20	1 000

　　第一个群组的平均数为 5.40、标准差约为 3.076、有效样本数等于 500；第二个群组的平均数为 5.00、标准差约为 1.416、有效样本数等于 500，总平均数为 5.20、标准差约为 4.401，全部样本数为 1 000（表 8–25）。

表 8-25

来　源	型 III 平方和	自由度	平均平方和	F 检验	显著性	净相关 $\eta^{(2b)}$	观察的检验能力[a]
G	40.000	1	40.000	6.979	0.008	0.007	0.752
误差	5 720.000	998	5.731				
总和	32 800.000	1 000					
校正后的总数	5 760.000	999					

a. 使用 $\alpha = 0.05$ 计算

b. $R^2 = 0.007$（调整后的 $R^2 = -0.006$）

　　两组平均数差异的 F 统计量为 6.979、显著性概率值 $p = 0.008$，净相关 η^2 为 0.007，统计检验力为 0.752。

依照上述程序逐一将样本数由 10 位（两个群组有效样本数各有 5 位）扩大至 1 500 位（两个群组有效样本数各有 750 位），其数值变化见表 8–26：

表 8-26　独立样本 t 检验的样本数大小与统计显著性摘要表（F 值统计量 $=t^2$）

样本数	t 值	F 值	显著性	统计检验力	备　注
10 [5,5]	0.237	0.056	0.819	0.055	>0.05
100 [50,50]	0.828	0.685	0.410	0.130	>0.05
300 [150,150]	1.444	2.085	0.150	0.302	>0.05
400 [200,200]	1.668	2.782	0.096	0.384	>0.05
500 [250,250]	1.866	3.482	0.063	0.461	>0.05
600 [300,300]	2.045	4.182	0.041	0.533	<0.05
800 [400,400]	2.362	5.579	0.018	0.655	<0.05
1 000[500,500]	2.642	6.979	0.008	0.752	<0.01
1 200[600,600]	2.894	8.738	0.004	0.824	<0.01
1 500[750,750]	3.237	10.746	0.001	0.899	<0.01

平均数 [5.40, 5.00]、总平均数 = 5.20、效果值 = 0.007。

从表 8–26 中可以发现：

1. 只要再增加样本人数，原先未达显著水平（$p < \alpha$）的统计量，很容易达到统计显著。范例中抽样样本数等于 500 位时（每个水平群组观察值的总个数为 250 位），显著性概率值 $p = 0.063 > 0.05$，但当样本数达到 600 位时（每个水准群组观察值的总个数为 300 位），显著性概率值 $p = 0.041 < 0.05$，表示两个群体在 X 计量变量的平均数有显著差异（$\mu_1 - \mu_2 \neq 0$），两个群体平均数的差异量显著不等于 0；样本数达到 1 500 位时（每个水平群组观察值的总个数为 750 位），显著性概率值 p 降为 0.001。虽然两个群体的平均数有显著差异（达到统计显著性），但效果值为 0.007，表示自变量群组可以解释的 X 计量变量的变异只有 0.7%，其实务显著性很低。效果值可以说明自变量的强度，表示自变量与因变量关联程度的强弱，当抽取的样本数较大时，研究者应同时呈现统计显著性与效果量。

2. 统计检验力是正确拒绝零假设的概率，即当零假设为假，而研究者又根据样本统计量拒绝零假设，此时表示决策正确。在推论统计中，一般将显著水平定为 0.05，将研究可接受的统计检验力定为 0.80 以上。统计检验力的数值与样本大小有密切关系，当样本数越大，统计检验力就会越大。从表 8–26 中可以得知：各群体人数从 5 位变为 750 位时，平均数差异的统计检验力从 0.055 增大至 0.899。当总样本数分别为 600、1 200 时，显著性概率值分别为 0.041、0.004，均达到统计上的显著水平，但两者统计检验力的数值大小则有明显不同，一个是 0.533、一个是 0.824，可见，抽样时应有足够的代表性样本，才能得到较佳的统计检验力。最佳的研究结果是平均数的差异达到统计上的显著水平（$p < 0.05$），但效果值能达到中度关联程度，统计检验力（$1-\beta$）在 0.80 以上（实际的零假设为伪的情况下又加以拒绝，正确率高达 80.0% 以上）。

（二）相关显著性检验

以上述 X 与 Y 两个计量变量的数据为例，执行 SPSS 功能列"分析（A）"/"相关（C）"/"双变量"程序，可以求出两个变量间的积差相关系数。

零假设为：$\rho = 0$（双尾检验）；研究假设为：$\rho \neq 0$。其中零假设假定相关系数值为 0，研究假设假定相关系数值不等于 0，即两个变量间有相关，当相关系数大于 0，两个变量间为正向相关；相关系数小于 0，两个变量间为负向相关，不管相关系数大于 0 还是小于 0，均表示两个变量间有相关关系。

不同样本数时，X 变量与 Y 变量间的相关系数与显著性概率值 p 的摘要表见表 8-27：

表 8-27　不同样本数大小的 X 变量与 Y 变量间的相关与显著性 p 值摘要表

样本数	相关系数	显著性	备　注
10	0.095	0.794	>0.05
100	0.095	0.347	>0.05
300	0.095	0.101	>0.05
400	0.095	0.058	>0.05
500	0.095*	0.034	<0.05
600	0.095*	0.020	<05
800	0.095**	0.007	<0.01
1 000	0.095**	0.003	<0.01
1 500	0.095***	0.000	<0.001

决定系数（$r^2 = 0.095 \times 0.095 \approx 0.009$）

从表 8-27 中可以发现，当样本数够大时，即使相关系数值很小，也会达到 0.05 的统计显著水平。以样本数 100 及 500 为例，两者的相关系数统计量均为 0.095，两者的显著性概率值 p 分别为 0.347、0.034。当样本数为 1 000 时，即使两个变量间的相关系数只有 0.095，显著性概率值 p 也很容易小于设定的显著水平（$p = 0.003 < 0.05$），样本数越大，显著性概率值 p 则越小，表示样本统计量越容易达到统计显著水平，易得到"拒绝零假设、研究假设获得支持"的结论。此时，决定系数（coefficient of determination，是相关系数的平方值）r^2 等于 $0.095 \times 0.095 \approx 0.009$，表示 Y 变量总变异量中可以被 X 变量解释的比例只有 0.9%，或 X 变量总变异量中可以被 Y 变量解释的比例只有 0.9%，无法被 Y 变量解释的变异量高达 91.0%。决定系数值不到 1%，表示效果量为微弱效果，X 变量与 Y 变量间的关联程度为微弱关系，两者虽达统计显著性，但实务显著性很低。因而 X 变量与 Y 变量虽呈显著正相关，但由于两者间关联程度甚低，若

作为一项结论进而撰述研究建议，恐太过薄弱。

从理论统计的观点分析，总体相关系数是否为 0 的检验公式为：$t = \dfrac{r-\rho}{\sqrt{\dfrac{1-r^2}{N-2}}}$ 或

$Z = \dfrac{r-\rho}{\sqrt{\dfrac{1}{N}}}$，当样本数 N 趋近于很大或无限大时，原分母项 $\sqrt{\dfrac{1-r^2}{N-Z}}$ 或 $\sqrt{\dfrac{1}{N}}$ 会趋近于 0，t 值统计量或 Z 值统计量的绝对值会变得很大，此时统计量绝对值定会落入拒绝域，从而作出拒绝零假设的结论，此种统计推论并非真正是两个变量间的关联密切，而是因为抽取的样本数 N 很大导致的。

（三）卡方检验统计量

下面范例为两个二分类别变量间的相关，"家庭结构"变量中水平数值 0 为"单亲家庭"、1 为"完整家庭"；"学习动机"变量中数值 0 为"低学习动机"、1 为"高学习动机"，研究者要探究的问题为"中学学生的家庭结构与其学习动机间是否有显著相关"，由于两个变量均为名义二分变量（nominal–dichotomous variables），采用统计相关方法为 Φ 相关（phi coefficient），而 Φ 相关由卡方值导出，因而 Φ 相关的显著性检验多半以卡方检验法代替。范例中 SPSS 模拟的数据文件如下：

表 8-28　范例中 SPSS 模拟的数据文件

家庭结构	学习动机	次 _50	次 _100	次 _200	次 _300	次 _400	次 _500
0	0	12	24	48	72	96	120
0	1	8	16	32	48	64	80
1	0	12	24	48	72	96	120
1	1	18	36	72	108	144	180

交叉表检验的操作为执行菜单栏"分析（A）"/"叙述统计（E）"/"交叉表（C）"程序，在"交叉表：统计量"次对话视窗勾选"☑卡方分布（H）""☑Phi 与 Cramer's V"选项。

样本观察值总数 $N = 50$ 时的相关统计量见表 8–29：

表 8-29　$N=50$ 相关统计量

	数　值	自由度	渐近显著性（双尾）	精确显著性（双尾）	精确显著性（单尾）
Pearson 卡方	1.923[a]	1	0.166		
有效观察值的个数	50				

a. 0 个格（0.0%）的预期个数少于 5。最小的预期个数为 9.60。

b. 只能计算 2×2 表格。

卡方检验的统计量为 1.923，自由度等于 1，显著性概率值 $p = 0.166 > 0.05$，接受零假设，家庭结构与学习动机两个变量间没有显著相关存在（表 8-30）。

表 8-30 对称性量数

		数 值	显著性近似值
以名义量数为主	Phi 值	0.196	0.166
	Cramer's V 值	0.196	0.166

Phi 数值为 0.196，显著性概率值 $p = 0.166$，由于两个二分名义变量间没有显著相关，因而 Φ 相关系数显著等于 0，样本观察值求出的统计量为 0.196，是抽样误差造成的。

不同样本数的卡方统计量、显著性及 Φ 相关统计量摘要表见表 8-31：

表 8-31 不同样本数的卡方统计量、显著性摘要表

	低学习动机	高学习动机	总样本数	χ^2	显著性	Φ 值
单亲家庭	12	8	50	1.923	0.166	0.196
完整家庭	12	18				
单亲家庭	24	16	100	3.846	0.050	0.196
完整家庭	24	36				
单亲家庭	48	32	200	7.692	0.006	0.196
完整家庭	48	72				
单亲家庭	72	48	300	11.538	0.001	0.196
完整家庭	72	108				
单亲家庭	120	80	500	19.231	0.000	0.196
完整家庭	120	180				

样本数大小从 100 变为 200 时，样本统计量的卡方值从 3.846 变为 7.692，显著性概率值从 0.050 变为 0.006，范例中当样本数大于 200 时，两个名义变量间的相关系数均达到 0.05 显著水平（$p < 0.05$）。数据资料显示样本数越大越容易达到统计显著水平，但从 Φ 相关系数值来看，其相关系数值只有 0.196，小于 0.400，表示"家庭结构"与"学习动机"两个二分类别变量间虽有关系，但关联程度不高，关联强度属微弱关系。以卡方值统计量而言，卡方值统计量对样本数大小更为敏感，当样本数够大时，卡方值统计量显著性概率值 p 多数会小于 0.05，而得出"拒绝零假设、接受研究假设"的结论。

（四）方差分析 F 值统计量与样本数

下面范例中，固定因子变量为"GRO"，变量尺度为三分名义变量，因变量为 Y，变量尺度为计量变量。3 个水平群组观察值人数相等，水平群组 1 的平均数为 6.00、水平群组 2 的平均数为 6.20、水平群组 3 的平均数为 5.80。

单因子独立样本方差分析的零假设与研究假设如下（表 8–32）：

$H_0: \mu_1 = \mu_2 = \mu_3$；$H_1$ 并非所有 μ 都相等（至少有一配对间的 μ 差异 $\neq 0$）

表 8-32

GRO	1	1	1	1	1	2	2	2	2	2	3	3	3	3	3
Y	4	5	9	10	2	5	10	6	7	3	4	6	3	7	9

将上述 15 位观察值数据重复复制，作为样本观察值统计分析的模拟数据，SPSS 统计软件中执行"分析（A）"/"一般线性模型（G）"/"单变量（U）"程序，在"单变量：选项"次对话观窗，勾选"☑ 效果大小估计值（E）""☑ 观察的检验能力（B）"选项，可以求出关联强度 ω^2 统计量及统计检验力。

表 8–33 为不同样本个数在因变量的 F 值统计量及显著性摘要表：

表 8-33　不同样本个数在因变量的 F 值统计量及显著性摘要表

GRO 样本总数	组别 1 平均数 6.00 群组 1 观察值个数	组别 2 平均数 6.20 群组 2 观察值个数	组别 3 平均数 5.80 群组 3 观察值个数	F 值	显著性	关联强度	统计检验力
105	35	35	35	0.213	0.808	—	
210	70	70	70	0.433	0.649	—	
315	105	105	105	0.653	0.521	—	
420	140	140	140	0.872	0.419	—	
525	175	175	175	1.092	0.336	—	
630	210	210	210	1.312	0.270	—	
735	245	245	245	1.531	0.217	—	
1 050	350	350	350	2.190	0.112	—	
1 260	420	420	420	2.630	0.072	—	
1 365	455	455	455	2.849	0.058	—	0.560
1 470	490	490	490	3.069	0.047	0.003	0.594
1 575	525	525	525	3.289	0.038	0.003	0.626
1 785	595	595	595	3.728	0.024	0.003	0.684
1 995	665	665	665	4.167	0.016	0.003	0.736
2 310	770	770	770	4.826	0.008	0.003	0.800

从表 8-33 可以看出，当各水平群组的个数为 455，观察值总个数等于 1 365 时，F 值统计量为 2.849，显著性概率值 $p = 0.058 > 0.05$；各水平群组个数大于 490 位、观察值总个数大于 1 470 以上，F 值统计量的显著性概率值 p 就会小于 0.05，当各水平群组的个数越多，F 值统计量会越大，相对应的显著性概率值 p 越小，统计检验力越高，总样本数达到 2 310 位，统计检验力可达 0.800 的标准。在达到统计显著性的数据中，其关联强度统计量 ω^2 只有 0.003，表示固定因子变量可以解释的 Y 计量变量的变异量只有 0.3%。群组间平均数的差异主要是由大样本数造成的，因为当有效观察值越大，残差项的自由度 $(N–1) – (k–1) = N – k$ 越大（N 为总样本数，k 为水平群组个数，组间的自由度为 $k – 1$，整体的自由度为 $N – 1$，残差项离均差平方和 SS_w 除以自由度 $N – k$ 所得均方值 $MS_w (SS_w) / (N – k)$ 越小，F 值统计量会越大（因为分母项的数值比较小）。

$$F = (MS_b) / (MS_w) = \frac{(SS_b)}{(df_b)} / \frac{(SS_w)}{(df_w)} = \frac{(SS_b)}{(k-1)} / \frac{(SS_w)}{(N-k)}，当 N 很大时，N - k 值约等于 N，$$

F 值统计量的分母项 $(SS_w) / (N – k)$ 会较小。范例数据文件统计分析结果虽然拒绝零假设，但因变量总变异量中可以被固定为因子变量（或实验处理效果）解释的变异量只有 0.3%，这种拒绝零假设（$p < 0.05$）的统计显著性，其实是由大样本情况所导致的，因变量可以被固定因子解释的变异量（关联强度系数值）很低。

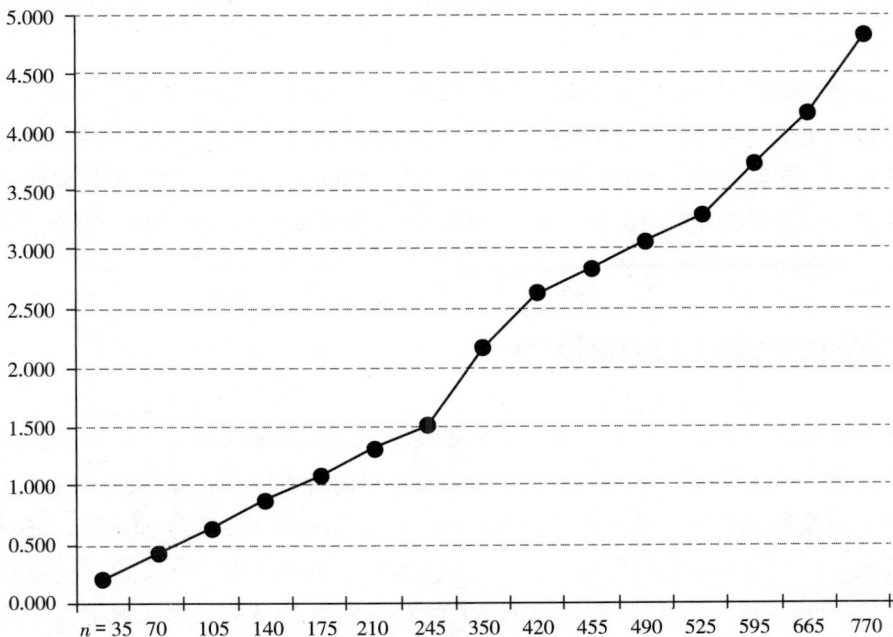

图 8-6 F 值统计量与群组观察值个数关系图

图 8-6 为水平群组个数与 F 值统计量关系变化图，当 3 个水平群组观察值个数越多时（观察值总个数越大），F 值统计量会越大，即 F 值统计量随样本总数改变。

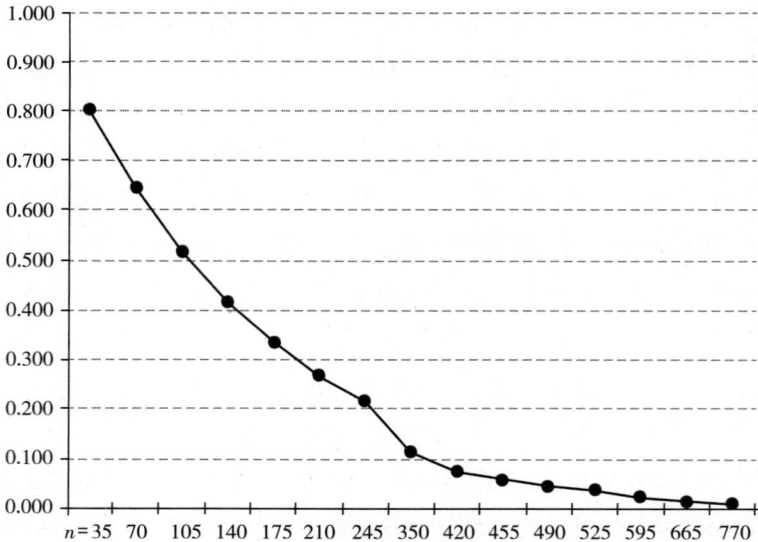

图 8-7　显著性概率值 p 与群组观察值个数关系图

图 8-7 为水平群组个数与显著性概率值 p 关系变化图，当 3 个水平群组观察值个数越多时（观察值总个数越大），显著性概率值 p 越小，统计检验结果越有可能拒绝零假设。

从上述范例的说明中可以发现，当样本数逐渐增大时，显著性概率值 p 会越小，拒绝零假设的可能性越大，一直增加样本数，必然可以拒绝零假设，而接受研究假设。问卷调查程序，若是研究者抽取的样本数很大（如在 500 位以上），进行相关或差异检验时，除进行统计显著性的检验外，最好能再增列实务显著性的统计量数，否则即使拒绝零假设，变量间的效果值太低也没有实质意义。

三、单侧检验与双侧检验

在统计显著性的假设检验方面，研究者应提出双侧检验（双尾）的研究假设，因为单侧检验（单尾检验 / 有方向性的）的假设较易拒绝零假设，而得到支持研究假设的结果。以资料结构为正态分布的总体而言，当显著水平 α 设定为 0.05 时，在双尾检验的情况下，左右两边的临界域（critical region）（或称拒绝区）的 z 值统计量分别为 $+1.96$、-1.96。当计算的样本统计量的 z 值绝对值大于 1.96 时，落入拒绝区，此时才有足够证据说可以拒绝零假设，如图 8-8 所示。

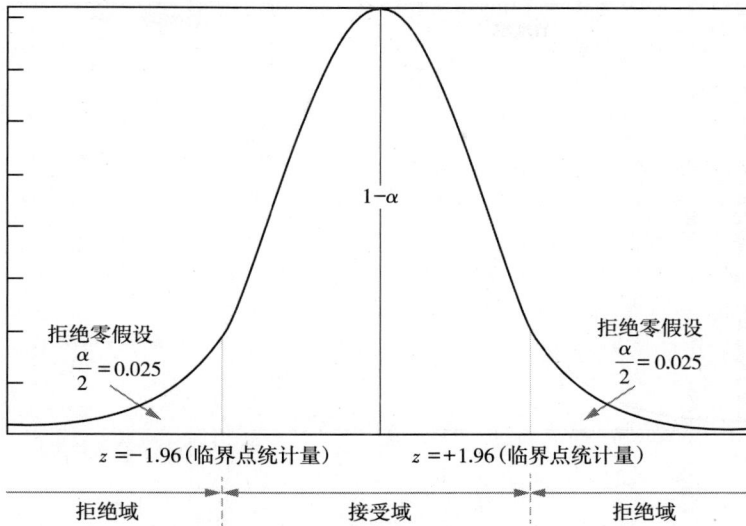

图 8-8　双侧检验的临界值与拒绝区示意图

在进行单侧检验时，左尾检验的临界域统计量 z 值为 -1.645，当样本统计量的 z 值小于 -1.645 时，即可拒绝零假设，如图 8-9 所示。

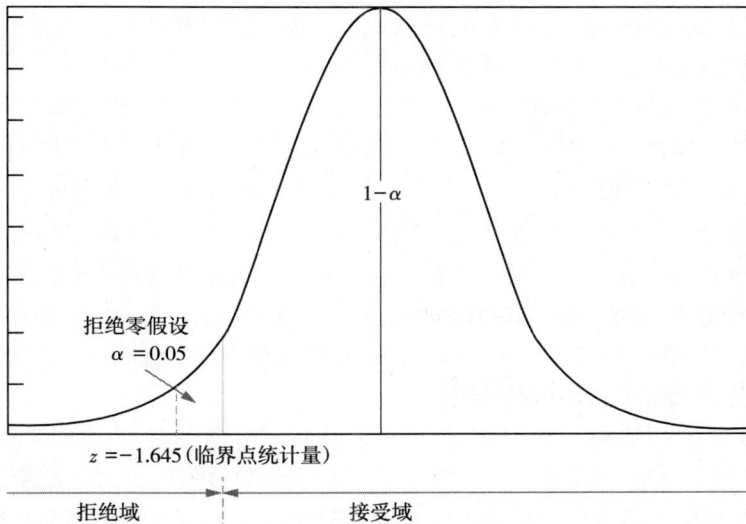

图 8-9　单侧检验（左尾检验）的临界值与拒绝区示意图

在单侧检验时，右尾检验的临界域统计量 z 值为 $+1.645$，当样本统计量的 z 值大于 1.645 时，即可拒绝零假设，如图 8-10 所示。

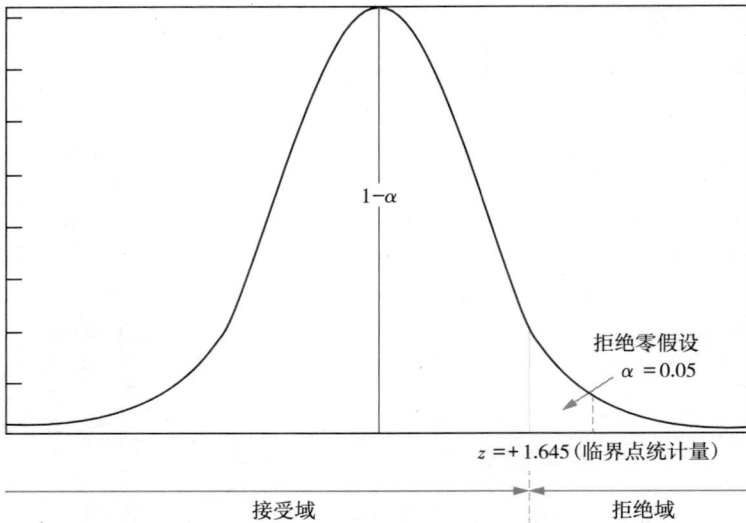

$$1-\alpha$$

拒绝零假设
$\alpha = 0.05$

$z = +1.645$（临界点统计量）

接受域　　　　　　　　拒绝域

图 8-10　单侧检验（左尾检验）的临界值与拒绝区示意图

　　以单尾检验的研究假设为例，研究假设为"私立高职学生的生活压力显著高于公立高职学生的生活压力"，研究者明确指出"高于"，表示此研究假设是有方向性的，因而属于右尾检验的问题。假设从资料结构估算出的样本统计量 z 值为 1.750，由于 1.750 > 1.645，表示检验统计量（test statistic）的估计量落入拒绝区，因而研究者可以拒绝零假设，研究假设得到支持；但如果先前的研究假设改为双侧检验："私立高职学生的生活压力与公立高职学生的生活压力有显著不同"。在双侧检验的研究假设中，研究假设并没有方向性，研究者只假定公立高职生、私立高职生两个总体的生活压力平均数有显著的不同，并没有假定哪个总体的平均数较高。当显著水平 α 一样设定为 0.05 时，双侧检验的两个 z 值临界域分别为 +1.96、−1.96，从资料结构估算出的样本统计量 z 值为 1.750 < 1.96，未落入拒绝区，研究者没有足够证据来拒绝零假设，研究假设无法获得支持，此结果和采用单侧检验的结果刚好相反。任一统计分布的单侧检验临界域（拒绝域）的区域较大，因而样本统计量落入拒绝域的概率较高，所以容易得出"拒绝零假设、接受研究假设"的结果。

　　在 SPSS 输出报表中，除呈现样本统计量外，也会直接呈现显著性概率值 p，SPSS 输出的显著性 p 为双侧检验的概率值，若是单侧检验则显著性概率值 p 要再除以 2。在高职学生生活压力与自杀倾向之关系研究中，研究中提出两个有方向性的单尾检验：

研究假设 1：高职学生的生活压力与其自杀倾向间有显著正相关存在。
研究假设 2：高职男生比高职女生有显著较高的生活压力感受。

　　范例数据文件如下：其中性别为名义二分变量，水平数值 1 为男生、2 为女生，生活压力与自杀倾向均为计量变量，分数值域为 1 至 5 分。

表 8-34 范例数据文件

性别（男生）	生活压力	自杀倾向	性别（女生）	生活压力	自杀倾向
1	5	3	2	4	5
1	4	3	2	2	3
1	3	5	2	3	3
1	3	5	2	4	5
1	1	4	2	2	3
1	5	4	2	4	3
1	4	2	2	1	2
1	5	4	2	4	3
1	3	5	2	1	1
1	4	4	2	1	1

（一）相关分析的检验

执行 SPSS 功能列"分析（A）"/"相关（C）"/"双变量（B）"程序，可以求出两个计量变量间的相关系数统计量及显著性 p 值（图 8-35）。

表 8-35 相关

		生活压力	自杀倾向
生活压力	Pearson 相关	1	0.441
	显著性（双尾）		0.052
	个数	20	20
自杀倾向	Pearson 相关	0.441*	1
	显著性（双尾）	0.052	
	个数	20	20

在表 8-35 中，生活压力与自杀倾向两个变量的相关系数统计量估计值为 0.441，双尾检验下的显著性 p 值为 0.052，单尾检验的显著性 p 值 $= 0.052 \div 2 = 0.026$。单尾检验时，显著性 p 值 $= 0.026 < 0.05$，拒绝零假设，相关系数估计量为 0.441，表示两个计量变量间有显著正相关，研究假设 1："高职学生的生活压力与其自杀倾向间有显著正相关存在"获得支持。当研究者采用报表输出的双侧检验时，显著性 p 值为 $0.052 > 0.05$，未达 0.05 显著水平，接受零假设，即生活压力与自杀倾向两个变量间没有显著正相关存在。设定单尾检验的统计分析结果报表如图 8-36 所示：

表 8-36   相关

		生活压力	自杀倾向
生活压力	Pearson 相关	1	0.441
	显著性（单尾）		(0.026)
	个数	20	20
自杀倾向	Pearson 相关	0.441*	1
	显著性（单尾）	0.026	
	个数	20	20

> 显著性（单尾）概率值 $p=0.026<0.05$，拒绝零假设，表示两个变量间的相关系数显著不等于 0。

*. 在显著水准为 0.05 时（单尾），相关显著。

相关系数 ρ_{XY} 的统计推论程序目的在于检验其是否显著等于 0，双尾检验的零假设为 $H_0: \rho_{XY} = 0$，研究假设 $H_1: \rho_{XY} \neq 0$；单尾检验的零假设为 $H_0: \rho_{XY} \leq 0$（生活压力与自杀倾向间有显著正相关，检验的相关系数有方向性），研究假设 $H_1: \rho_{XY} > 0$。相关系数 ρ_{XY} 统计量是否显著等于 0，必须经由其检验统计量 t 值加以判别，如果样本数很大，相关系数 r 的抽样分布会趋近于平均数为 0、方差 $\frac{1}{n}$ 的正态分布；若是样本数不大，相关系数 r 的抽样分布会趋近于平均数为 0、方差 $\frac{1-r^2}{n-2}$ 的近似正态分布，此分布为自由度 $N-2$ 的 t 分布，t 值统计量的计算公式为：$t = \dfrac{r-\rho}{S_r} = \dfrac{r-0}{\sqrt{\dfrac{1-r^2}{N-2}}} = \dfrac{r}{\sqrt{\dfrac{1-r^2}{N-2}}}$，$t$ 值统计量的自由度 $= n-2 = 18$。范例中样本相关系数 r 等于 0.441，有效观察值样本数为 20，检验统计量 t 值约为：

$$t = \frac{r}{\sqrt{\dfrac{1-r^2}{N-2}}} = \frac{0.441}{\sqrt{\dfrac{1-(0.441)^2}{20-2}}} \approx \frac{0.441}{0.212} \approx 2.085$$

双尾检验临界值（$n=18$，$\alpha=0.05$）$t_{18.025} = 2.101$，样本相关系数 r_{XY} 的检验值统计量 $t = 2.085 <$ 临界值 $t_{18.025} = 2.101$，没有落入拒绝区，位于接受域区块，不能拒绝零假设（$H_0: \rho_{XY} = 0$），相关系数 ρ_{XY} 等于 0。

单尾检验临界值（$n=18$，$\alpha=0.05$）$t_{18.05} = 1.734$。

因为对立假设为大于符号（>）（两个变量间有显著正相关），故进行右尾检验，样本相关系数 r_{XY} 的检验值统计量 $t = 2.085 >$ 单尾检验临界值（$n=18$，$\alpha=0.05$）$t_{18.05} = 1.734$，落入拒绝区，有足够证据拒绝零假设（$H_1: \rho_{XY} \leq 0$），因此须接受对立假设，研究结论为"高职学生的生活压力与其自杀倾向者有显著正相关"可以支持。上述单尾检验与双尾检验的程序比较图见图 8-12：

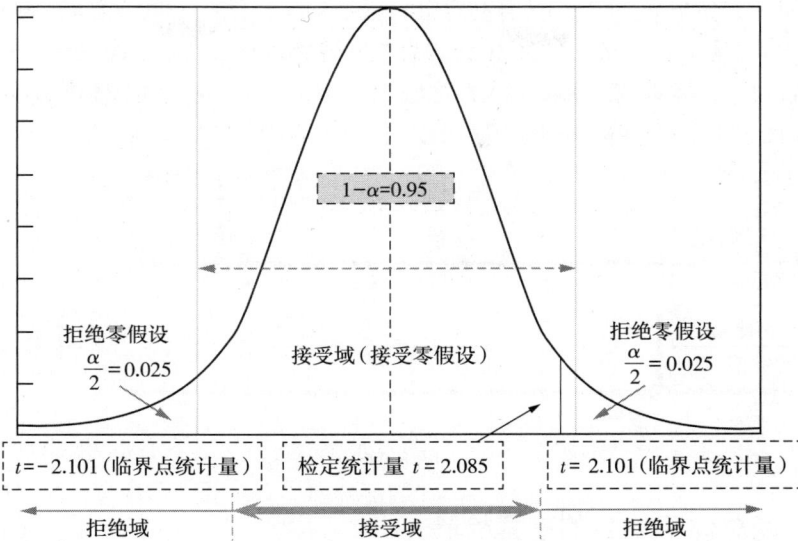

图 8-11

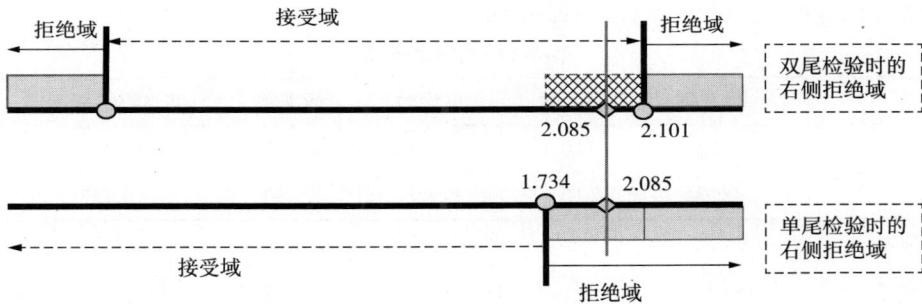

图 8-12　单尾检验与双尾检验的程序比较图

在相同的自由度情况下（有效观察值人数相同），单尾检验时拒绝零假设的概率是双尾检验时的两倍，单尾检验时拒绝域的范围较大，临界指标值的数值较小，因而统计量数落入拒绝域的可能性较高，易形成拒绝零假设、接受研究假设的结论。但如果零假设为真，研究者的推论结果又拒绝零假设，就犯下第Ⅰ类型的错误，因为单尾检验的拒绝域明显大于双尾检验的拒绝域，因而进行检验估计时，采用单尾检验犯下第Ⅰ类型错误的可能性会明显提高。

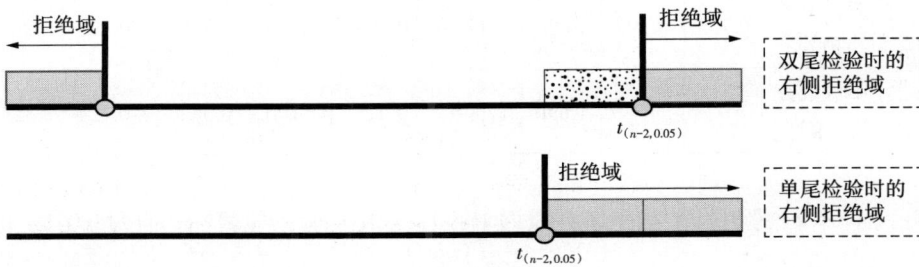

图 8-13

如果研究者的假设为"高职学生的生活压力与其自杀倾向间有显著负相关存在。"则 $H_1: \rho_{XY} < 0$，零假设（$H_0: \rho_{XY} \geqslant 0$），因为方向为负，所以为左尾检验，单侧检验与双侧检验比较之下，样本统计量数落入拒绝域的可能性较大，因而也较易拒绝零假设，接受研究假设，得出两个变量间有显著负相关的结论。

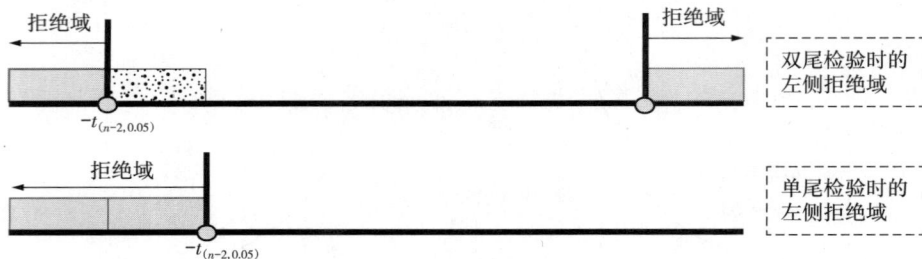

图 8-14

（二）两总体平均数的差异检验

执行功能列"分析（A）"/"比较平均数法（M）"/"独立样本 t 检验"程序，可以进行两个独立样本群体平均数的差异检验。

表 8-37　组别统计量

	性　别	个　数	平均数	标准差	平均数的标准误
生活压力	男生	10	3.70	1.252	0.396
	女生	10	2.60	1.350	0.427

从表 8-37 中可以看出：男生与女生两个群体的样本个数各有 10 位，男生在生活压力的平均数为 3.70、标准差为 1.252，女生在生活压力的平均数为 2.60、标准差为 1.350。

表 8-38　独立样本 t 检验

		方差相等的 Levene 检验		平均数相等的 t 检验						
		F 检验	显著性	t	自由度	显著性（双尾）	平均差异	标准误差异	差异的 95% 置信区间	
									下界	上界
生活压力	假设方差相等	0.753	0.397	1.890	18	0.075	1.100	0.582	−0.123	2.323
	不假设方差相等			1.890	17.898	0.075	1.100	0.582	−0.124	2.324

独立样本 t 检验的 t 值检验统计量为 1.890，双尾检验的显著性 p 值为 0.075 > 0.05，未达到 0.05 显著水平，接受零假设，即不同性别的高职学生在生活压力的感受没有显著的不同。若采用单尾检验，则显著性概率值 $p = 0.075 \div 2 = 0.037\,5 < 0.05$，达到 0.05 显

著水平，拒绝零假设，即高职男学生在生活压力的感受显著高于高职女学生的生活压力知觉，研究假设 2："高职男生比高职女生有显著较高的生活压力感受"获得支持。

若改用传统估计与检验的方法，其结果与采用显著性概率值 p 的判别相同。

1. 单尾检验

（1）零假设与研究假设

单尾检验的研究假设为"高职男生比高职女生有显著较高的生活压力感受"，表示就生活压力量表的得分而言，男生平均数 – 女生平均数显著大于 0，或男生平均数显著大于女生平均数。零假设与研究假设如下：

$$H_0: \mu_{男} \leqslant \mu_{女}、H_1: \mu_{男} > \mu_{女}$$

（2）估算样本统计量 t 值

从资料结构中估算出的样本统计量 t 值为 1.890，自由度 $= N - 2 = 20 - 2 = 18$。

（3）查 t 分布临界值

显著水平 α 设为 0.05，自由度等于 18 时的单尾检验的 t 临界值为 1.734。

（4）进行决策判别

由于 $t_{样本统计量} = 1.890 > t_{临界值} = 1.734$，落入临界域的范围，所以拒绝零假设，研究假设获得支持。

2. 双尾检验

（1）零假设与研究假设

双尾检验的研究假设为"高职男生与高职女生的生活压力感受有显著不同"，表示就生活压力量表的得分而言，男生平均数 – 女生平均数显著不等于 0。零假设与研究假设如下：

$$H_0: \mu_{男} = \mu_{女}、H_1: \mu_{男} \neq \mu_{女}$$

（2）估算样本统计量 t 值

从资料结构中估算出的样本统计量 t 值为 1.890，自由度 $= N - 2 = 20 - 2 = 18$。

（3）查 t 分布临界值

显著水平 α 设为 0.05，自由度等于 18 时的双尾检验的 t 临界值为 2.101。

（4）进行决策判别

由于 $t_{样本统计量} = 1.890 > t_{临界值} = 2.101$，未落入临界域的范围，所以无法拒绝零假设，研究假设无法获得支持。

表 8-39　t 分布临界值与显著水平对照表

自由度（df）	单尾检验 $\alpha = 0.05$	单尾检验 $\alpha = 0.025$	单尾检验 $\alpha = 0.005$
	双尾检验 $\alpha = 0.10$	双尾检验 $\alpha = 0.05$	双尾检验 $\alpha = 0.01$
10	1.812	2.228	3.169
11	1.796	2.201	3.106
12	1.782	2.179	3.055
13	1.771	2.160	3.012

续表

自由度（df）	单尾检验 α=0.05	单尾检验 α=0.025	单尾检验 α=0.005
	双尾检验 α=0.10	双尾检验 α=0.05	双尾检验 α=0.01
14	1.761	2.145	2.977
15	1.753	2.131	2.947
16	1.746	2.120	2.921
17	1.740	2.110	2.898
18	1.734	2.101	2.878
19	1.729	2.093	2.861
20	1.725	2.086	2.845
21	1.721	2.080	2.831
22	1.717	2.074	2.819
23	1.714	2.069	2.807
24	1.711	2.064	2.797
25	1.708	2.060	2.787
26	1.706	2.056	2.779
27	1.703	2.052	2.771
28	1.701	2.048	2.763
29	1.699	2.045	2.756
30	1.697	2.042	2.750

双尾检验右侧的临界值为：$t_{\left(1-\frac{\alpha}{2}, v\right)} = t_{\left(1-\frac{0.05}{2}, 10+10-2\right)} = t_{(0.975, 18)} = 2.101$

单尾检验右侧的临界值为：$t_{(1-\alpha, v)} = t_{(1-0.05, 10+10-2)} = t_{(0.95, 18)} = 1.734$

双尾检验与单尾检验的样本统计量与临界值的关系图比较见图 8-15：

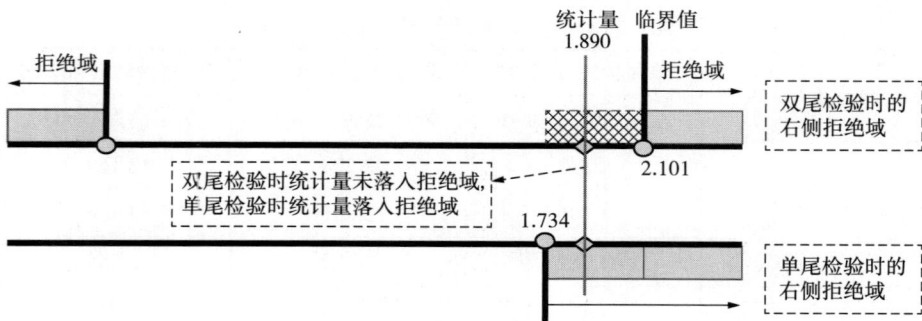

图 8-15　双尾检验与单尾检验的样本统计量与临界值的关系图

从表 8-39 可以明显看出，在自由度相同的情况下，当显著水平设定为 0.05 时，单尾检验的 t 临界值绝对值的 t 值小于双尾检验的 t 临界值的 t 值。以自由度等于 30 为例，显著水平 $\alpha = 0.05$ 时，单尾检验（单侧检验）的临界值 $t = 1.697$，小于双尾检验（双侧检验）的临界值 $t = 2.042$；自由度等于 25，显著水平 $\alpha = 0.05$ 时，单尾检验（单侧检验）的临界值 $t = 1.708$，小于双尾检验（双侧检验）的临界值 $t = 2.060$。因为单尾检验的临界值小于双尾检验的临界值，所以拒绝域范围较大，统计量落入拒绝域的可能性较高，较易得出拒绝零假设的结论。因而在量化研究中，研究者不应随意提出单尾检验的研究假设，若要提出有方向的研究假设，必须有理论文献或之前一致性的研究结果作为支持。此外，如果研究者的研究假设是有方向性的，可将显著水平 α 定得较严格些，如在双尾检验时，显著水平 α 一般设定为 0.05，在单尾检验时显著水平应改为 $0.05 \div 2 = 0.025$，当显著性概率值 $p < (\alpha \div 2) = 0.025$，样本统计量才达到统计显著水平。

就范例资料而言，在相关系数摘要表中，生活压力与自杀倾向两个变量的相关系数统计量估计值为 0.441，单尾检验的显著性 p 值 $= 0.052 \div 2 = 0.026$，将显著水平 α 设为 0.025，显著性概率值 $p = 0.026 > 0.025$，没有达到统计显著水平，接受零假设，研究者所提的研究假设 1："高职学生的生活压力与其自杀倾向间有显著正相关存在"无法获得支持。在独立样本 t 检验中，样本 t 统计量数值为 1.890，单尾显著性概率值 $p = 0.037\,5 > 0.025$，接受零假设，研究假设 2："高职男生比高职女生有显著较高的生活压力感受"无法获得支持。在进行有方向性的单尾检验时，研究者可把显著水平定得较严格些（将显著水平由原先 0.05 改为 0.025，或将显著水平由原先 0.01 改为 0.005），如此可以避免第 I 类型错误率的增加，研究样本资料不会轻易就拒绝零假设。

3. 一个总体平均数的假设检验

忠和中学校长想了解该校一年级男生一分钟仰卧起坐体适能的情况，从一年级学生中随机挑选 20 名男学生作为受试者，测得数据见表 8-40，已知全市中学一年级新生一分钟仰卧起坐体适能平均为 25 次。

表 8-40　测得数据

受试者	S01	S02	S03	S04	S05	S06	S07	S08	S09	S10	S11	S12	S13	S14	S15	S16	S17	S18	S19	S20
次　数	24	24	23	19	17	25	24	27	29	22	26	20	30	19	21	26	24	27	23	18

假设一：忠和中学学生仰卧起坐体适能与全市学生仰卧起坐体适能有显著差异。双尾检验的零假设：参数 = 估计值；研究假设：参数 ≠ 估计值，以符号表示如下：

$H_0: \mu = 25$；$H_1: \mu \neq 25$，显著水平 $\alpha = 0.05$。

表 8-41　单一样本统计量

	个　数	平均数	标准差	平均数的标准误
次数	20	23.40	3.604	0.806

20 位观察值一分钟仰卧起坐的平均次数为 23.40 次，标准差为 3.604。

表 8-42　单一样本检验

	检验值 =25					
	t	自由度	显著性（双尾）	平均差异	差异的 95% 置信区间	
					下　界	上　界
次数	−1.985	19	0.062	−1.600	−3.29	0.09

双尾检验显著性 $p = 0.062 > 0.05$，接受零假设 $H_0: \mu = 25$，忠和中学学生仰卧起坐体适能与全市学生仰卧起坐体适能没有显著差异存在，平均数差异的 95% 置信区间为 $[-3.29，0.09]$，包含 "0" 数值，表示平均数差异值为 0 的可能性很高。

假设二：忠和中学学生仰卧起坐体适能较全市学生仰卧起坐体适能差。

单尾检验的零假设与研究假设如下：

$H_0: \mu \geq 25$；$H_1: \mu < 25$，显著水平 $\alpha = 0.05$

双尾显著性 $p = 0.062$，单尾显著性概率值 $p = 0.062 \div 2 = 0.031$，$0.031 < 0.05$，拒绝零假设，接受研究假设 $H_1: \mu < 25$，或 $\mu - 25 < 0$，平均差异值显著不等于 0，假设 "忠和中学学生仰卧起坐体适能较全市学生仰卧起坐体适能差" 得到支持。双尾检验与单尾检验结果的比较如下：

双尾检验→接受零假设→双侧检验的研究假设无法得到支持。

单尾检验→拒绝零假设→单侧检验（左尾）的研究假设得到支持。

在统计推论中，也可进行单侧检验，单侧检验的假定必须有很明确的方向及相关知识或理论文献的支持，此外，可以把显著水平定得较严苛，如 $\alpha = 0.01$，如此就不会发生统计检验结果较易拒绝零假设的情况（较容易发生第 I 类型的错误）。

第九章　测量变量的形态

　　所谓变量（variable）是一种能够被测量的意象、感觉或概念，这些意象、感觉或概念可以采用不同的数值呈现。根据 Kerlinger（1986：27）的看法，变量是"能产生不同数值的特质"，Black 与 Champion（1976：34）对变量的定义为"合理的分析单位，其可假定任一个体在此项特征上的数值。因而可用名义尺度、次序尺度、等距尺度、比率尺度等 4 种测量尺度中的任何一种来测量的概念就称为变量，这些变量或被测量的概念各有不同的精确程度"。概念与变量的含义不同，概念是心理的意象或感觉，每个人对同一种概念觉察的意象可能不同；变量是一种可测量的尺度，由于变量是测量而得的，因而会有不同程度的误差值，当测量误差值越小，其精确度越高，"可测量性"是概念与变量最主要的差异。概念是抽象的，是无法被测量的，而变量则可以通过测量工具来测量（胡龙腾，等，译，2000）。统计学领域的"变量"一词，有学者把它译为变因或变量。

一、名义、次序、等距、比率变量

　　当研究者采用问卷调查法来搜集资料时，测量形态会影响测量尺度（measurement scale），变量的形态不同所采用的统计方法便不同。通常变量的形态根据 Stevens（1946）的分类有 4 种类型：名义变量（nominal variables）、次序变量（ordinal variables）、等距变量（interval variables）、比率变量（ratio variables）。

　　其中名义变量（类别变量）与次序变量（顺序变量）均属间断变量，等距变量与比率变量则归为计量变量。间断变量又称为非计量尺度（有时又称为计质变量），无法估算平均数、标准差，只能以次数或百分比来表示，问卷调查中的背景变量或人口变量的勾选选项即是非计量尺度，如受试者的"性别：□男　□女""婚姻状态：□已婚 □未婚　□离异　□丧偶""成绩等级：□优　□甲　□乙　□丙　□丁"、"组织员工总数：□ 50 人以内　□ 51 至 200 人　□ 201 至 400 人　□ 401 人以上"等，这些变量无法估算其平均数，以平均数或变异程度表示变量的情况并没有实质意义存在。相对的，计量变量可以求出变量的平均数值或变异程度，常见的计量变量如测验成绩、总加评定量表、语义差异量表、Thurs tone 等距量表（此种量表编制较为复杂，一般问卷调查较少使用）等。计量变量可以用集中量数（central measure）来作为观察值的代表值，常见的如平均数、中位数、众数等；并且可以用差异量数（dispersion measure）或离散量数来表示观察值间的变异情形，如平均差、全距、标准差、方差、四分差等。

名义尺度（类别变量）在编制时必须注意两大原则：一是不同类别间要完全互斥，不能重叠（水平群组间要有互斥性）；二是列举的类别要能包含所有受试者可能的属性特征，否则要增列"其他"一项。如在成年人宗教信仰中，研究者只列举"佛教""基督教""道教""天主教"四大类别，但可能有其他受试者信仰的是其他教派等，这些不同信仰的受试者并没有包含在前面列举的四个宗教类别中，因而造成受试者无法填答的情况；此外，对于完全没有宗教信仰者，也会造成困扰，此种名义变量的调查较为完整的设计为：

> **您的宗教信仰：**
> □无
> □有（勾选此项者请就下列五个选项再勾选一个）
> 　　□佛教　□基督教　□道教　□天主教　□其他

宗教信仰人口变量的资料编码要增列两个变量，一是两个水平的类别变量，假定命名为"信仰"，"信仰"变量为二分名义变量，水平数值 0 为"无"、水平数值 1 为"有"；二是 5 个水平的名义变量，假定命名为"宗教"，水平数值 1 为"佛教"、水平数值 2 为"基督教"、水平数值 3 为"道教"、水平数值 4 为"天主教"、水平数值 5 为"其他"。如果研究者部分变量的探讨只限定有宗教信仰者的观察值，可借用选择观察值的功能（执行功能列"资料"／"选择观察值"程序），筛选出"信仰 ＝1"，如此可将无宗教信仰的观察值暂时从统计分析程序中排除。

上述的问题设计也可改为跳跃式问题（skip questions），跳跃式问题即根据上一题受试者填答情况再指向另一个题目或直接跳到某个题目继续作答，范例如下：

> 一、您有无宗教信仰：□无（请直接跳到第三题作答）
> 　　　　　　　　　　　□有（请继续作答第二题）
> 二、您信仰的宗教是：□佛教　□基督教　□道教　□天主教　□其他
> 三、您的性别是：□男生　□女生

跳跃式问题的每个"题目"都是一个变量，假定三题的变量名称分别为"信仰""宗教""性别"，则"信仰"为二分名义变量（水平数值 0 为无宗教信仰群体、水平数值 1 为有宗教信仰群体），"宗教"为五分名义变量（5 个选项的计分：佛教为 1、基督教为 2、道教为 3、天主教为 4、其他为 5），"性别"为二分名义变量（通常会将男生群组编码为 1、女生群组编码为 2）。

名义或次序变量中的类别称为水平（level），变量本身又称为因子（factor），以性别名义变量为例，两个水平群组分别为男生、女生，表示名义变量划分为两个群组；"社经地位"顺序变量中，3 个类别依次为高社经地位、中社经地位、低社经地位，因而有 3 个水平，表示此次序变量划分为 3 个群体。在水平数值编码方面，研究者最好根据数字 1、2、3 等排序，如性别变量中 1 表示男生、2 表示女生；社经地位变量中 1 表示高社经地位群体、2 表示中社经地位群体、3 表示低社经地位群体。

上述 4 种测量变量尺度的属性与分类见表 9-1：

表 9-1　4 种测量变量尺度的属性与分类

变量测量水平	逻辑或数学运算	传统或保守建议	类别或计量变量
名义变量	=、≠	只能采用非参数统计法，多以次数、百分比统计量数呈现	类别变量
次序变量	=、≠、<、>	只能采用非参数统计法，多以次数、百分比统计量数呈现	计量变量 / 类别变量
等距变量	=、≠、<、>、+、−	参数统计法	计量变量
比率变量	=、≠、<、>、+、−、÷、×	参数统计法	计量变量

资料来源：Warner，2008，p.7

等距尺度与比率尺度的差异在于有无绝对的零点，比率变量除了具有相同距离属性外，也有绝对的 0 值，如身高、体重、年龄、收入等。次序尺度与名义尺度的差异则在于前者比后者多了类别间的顺序关系，因此可以比较个体之间的次序，常见的如成绩排名或排序。在人口变量或背景变量的调查中，除少数为次序变量外，多数变量皆属名义变量或名义量尺。在量化研究中，研究中不必刻意去区分计量变量为等距尺度或比率尺度，也不必刻意去区分次序尺度或名义尺度，重要的是关注变量为计量变量或非计量变量。计量变量又称为连续变量（continuous variables），非计量变量又称为"间断变量 / 离散变量"（discrete variables），两种变量主要区别为前者可以估算其平均数与变异程度，后者只能以次数或百分比来表示。

常见的李克特量表（Likert–type scale），理论上其实是一种次序尺度，以五点量表选项为例："非常不同意、不同意、不一定、同意、非常同意"，研究者给予的测量值分别为 1、2、3、4、5，用于计算题目或量表构面的平均数。其实这 5 个选项之间的差距并不一定相等，但若将李克特量表视为次序量尺，许多参数统计法或多变量统计程序无法使用，无法进行更深入的统计分析，可能浪费许多有用信息。因而在实务应用上，学者均将其视为等距量尺。如果量表要界定操作性定义，并减少偏误值，量表选项词的界定要"精确化"与"具体化"，最好不要用"没有意见""无法确定""普通"等欠缺具体明确的选项词。为让李克特量表的属性更接近等距尺度，研究者不宜在选项词下增列单一感受的百分比数值，见表 9-2，表 9-3：

表 9-2

	非常同意 100%	同意 75%	普通 50%	不同意 25%	非常不同意 0%
1. 我觉得目前的工作压力很大。	☐	☐	☐	☐	☐
2. 题目……	☐	☐	☐	☐	☐

表 9-3

	非常符合 100%	符合 75%	尚可 50%	不符合 25%	非常不符合 0%
1. 上数学课时我会感到不安。	☐	☐	☐	☐	☐
2. 每次考数学时我会很紧张。	☐	☐	☐	☐	☐

上述量表偏离等距量尺的属性：一是选项用语欠缺精准化，"普通""尚可"选项词无法明确看出填答者同意或不同意的程度，或是符合或不符合的程度；二是增列同意或符合百分比，此数值表示的是一种间断的量尺，若样本观察值的同意程度为 10% 或 85%，要勾选哪个选项？此种量表的编制与使用是不适当的。在李克特量表选项下增列选项百分比值反而无法彰显各选项间等距的特性，研究者编制量表时最好不要采用这种方式。为了让量表选项词符合等距尺度的特性，选项词的计分间的差距值必须相同，一般差距值均设为 1。下面范例两种选项词所给予的测量值皆是错误的，因为选项词间的差距数值彼此间并不相等，研究者不能采用加权的计分法任意给予选项词测量值。如果研究者不进行构面的加总，或没有界定变量的操作性定义，而是采用逐题分析或进行描述性统计分析，则采用任何形态选项词皆可，只要题干含义及选项词用语能回应研究者想要探究的问题即可。

表 9-4

相邻配对选项间的差距值不相等,不符合等距尺度的特性,如 7-6 ≠ 6-4;6-4 ≠ 4-3	非常符合	大部分符合	一半符合	少部分符合	非常不符合		非常符合	大部分符合	一半符合	少部分符合	非常不符合
	7	6	4	3	1		6	4	3	2	1
1. 上数学课时我会感到不安。	☐	☐	☐	☐	☐		☐	☐	☐	☐	☐
2. 每次考数学时我会很紧张。	☐	☐	☐	☐	☐		☐	☐	☐	☐	☐

"非常符合"选项不能加权计分

错误的两端选项词情绪计分量表如图 9-1 所示：

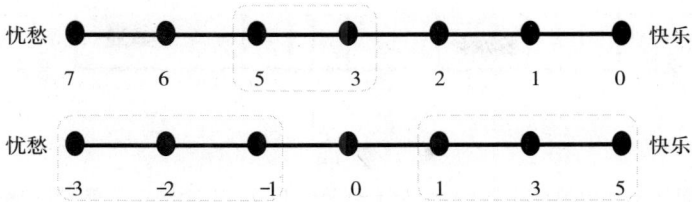

图 9-1

正确的计分范例如下，其中以第一种形态与第二种形态编码最为常见，这两种形态测量值编码刚好相反，因而变量的操作性定义的受试者在量表得分高低的解释也相反，第一种形态计分法的操作性定义为：受试者在量表的得分越高，正向情绪越多，得分越低，正向情绪越少（负向情绪越多）；第二种形态计分法的操作性定义为：受试者在量表的得分越高，正向情绪越少（负向情绪越多），得分越低，正向情绪越多（图9–2）。

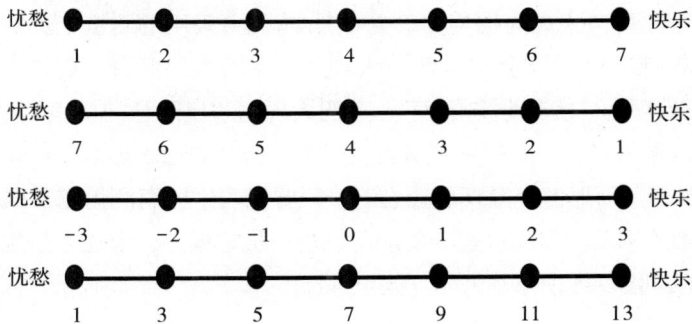

图 9-2

上述不同等距形态的计分，统计分析所得的结果是相同的，唯一不同的是各水平群体及总量表的平均数与标准差统计量数会有所不同（全距有时也会不同，前3种计分形态的全距为6，第4种计分形态的全距为12，第4种形态的计分法较少采用，笔者不建议研究者使用此种计分形态）。选项词如果超过6个，有时很难将选项词界定得很明确，此时，研究者可采用图示型评定形态，将两个极端感受选项词列出，中间呈现的是一条水平直线，其距离划分是相同（等距的），如图9–3所示：

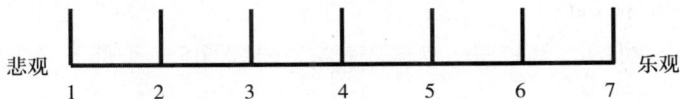

图 9-3

如果数值间的距离不同，即使图9–4标示的数值为等距，也无法彰显等距尺度的特性，此种违反等距尺度量表的测量题目，如：

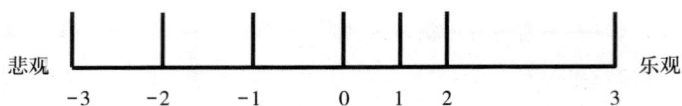

图 9-4

同一量表的测量题目的计分方式必须一致，且各测量指标（题目）的操作型定义必须相同，如每题得分越高，焦虑感受越大；或每题得分越低，焦虑感受越大。研究者不能界定受试者在某些题目的得分越高，焦虑感受越大；在某些题目的得分越高，焦虑感受越小，个别题目的操作性定义方向不同，无法进行量表的构面或向度及总量表变量的分数加总。如果测量题目有反向题，研究者进行层面加总前必须将反向题重新编码计分。以学生生活压力量表为例，量表在内容效度上共分为 4 个构面：家庭压力、学校压力、个人压力、情感压力，4 个构面测量题目的选项词个数必须相同，如均为五点量表形态或六点量表形态。但各个量表的选项词个数或形态不一定要完全相同，因为各量表的计分是独立的，同一份问卷中的各量表作答形态或格式不用一致。如在"高职学生生活压力、忧郁倾向与自杀意向相关的研究中"，研究者采用的测量工具为"学生生活感受问卷"，问卷内容分为四大部分：第一大项为学生的人口变量，第二大项为"生活压力量表"，第三大项为"忧郁倾向量表"，第四大项为"自杀意向量表"。生活压力量表采用李克特五点量表形态，忧郁倾向量表采用李克特六点量表形态，自杀意向量表采用3 个选项词的形态。因为各个量表是独立的，只要量表中所有测量题目采用的选项形态一样，则量表中的构面及整体量表变量均可以进行加总程序，上述学生生活感受问卷四大项的选项形态如图 9-5 所示：

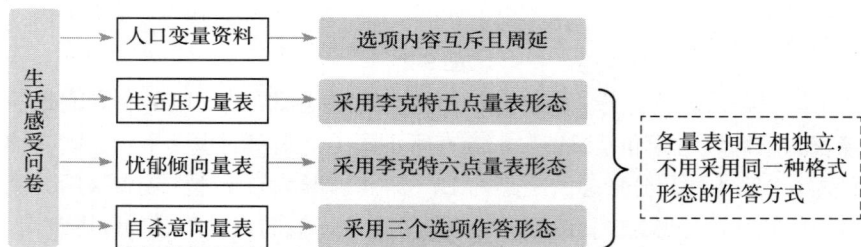

图 9-5

若以资料形态二分法来分类，变量可以分为计质型资料（qualitative data）与计量型资料（quantitative data）。计质型资料主要指的是名义资料与顺序资料，如受试者的学历背景（分中小学、高中职、专科、大学、研究所 5 个类别）、社经地位等级（高社经地位、中社经地位、低社经地位）、服务年资（5 年以内、6 至 10 年、11 至 15 年、16 年以上）等。计量型资料如各种测验成绩、态度量度测得的分数、收入、智商、身高、体重等。测量变量尺度的分类可以整理如图 9-6 所示：

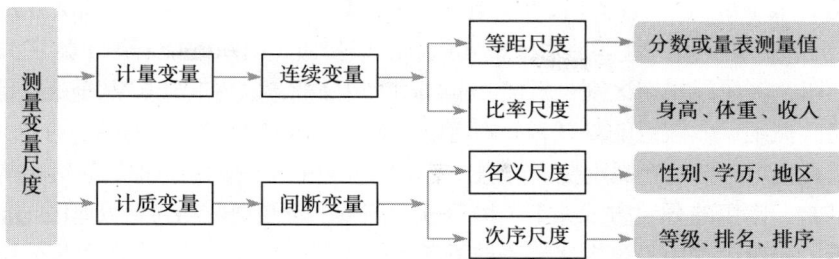

图 9-6 测量变量尺度的分类

名义尺度变量与次序尺度变量虽然多以次数及百分比呈现统计量数，并以卡方值（χ^2）作为检验估计的统计量数，但两种尺度在某些统计方法使用上还是有不同的。卡方检验包括适合度检验、独立性检验、百分比同质性检验等，卡方检验的基本定义公式为：$\chi^2 = \sum \dfrac{(f_{observed} - f_{expected})^2}{f_{expected}}$。$f_{expected}$ 表示期望次数（expected frequency），即根据概率理论计算单元格期望发生的次数；$f_{observed}$ 表示观察次数（observed frequency），如果卡方统计量数大于临界值卡方值，表示样本观察值次数与期望次数间有显著差异存在。以两个变量的相关或关联为例，若是两个变量皆为名义尺度变量（类别尺度变量），两个变量间的关联程度可采用 Φ 系数（Phi coefficient）、列联相关系数（contingency coefficient）或 Kappa 一致性系数（Kappa coefficient of agreement）；若是两个变量皆为次序尺度变量，两个变量间的关联程度须采用等级相关（rank order correlation），包括 Spearman 等级相关量数、Kendall 等级相关量数、Kendall 和谐系数（Kendall's coefficient of concordance），等级相关系数是一种评分者信度指标。

变量的测量尺度中，连续变量（计量变量）可转为间断变量（计质变量），但计质变量（间断变量）不能转换为计量变量。例如计量变量可以转换为类别变量，但类别变量不能转换为计量变量。两者关系图示如图 9-7 所示：

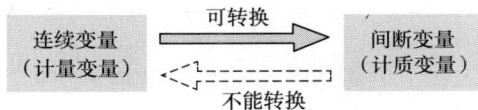

图 9-7 计量变量和类别变量的转换关系

如受试者在英语成绩测验上的分数属于计量变量，研究者为了探究不同受试者在英语学习压力（计量变量）上的差异，根据其在成绩测验上的得分高低分为 3 个类别群组：高学业成绩组、中学业成绩组、低学业成绩组，此时，研究者可采用单因子方差分析探究不同学业成绩群体（名义三分变量）在英语学习压力上的差异情况。再如在"企业组织知识管理与组织效能的相关"的研究中，原来知识管理与组织效能均为计量变量，研究者为了探究知识管理变因是否可以有效区辨高低组织效能的群组，根据组织效能分数的测量值，将得分前 30% 的受试者称为高组织效能组、得分后 30% 的受试者称为低组织效能组。将组织效能计量变量转换为类别变量"组织效能群组"（水平数值 0 为低组织效能组、水平数值 1 为高组织效能组，测量分数中间 40% 的水平数值 2 界定为遗漏值），由于自变量（知识管理）为计量变量、结果变量（组织效能群组）为名义二分变量，因而研究者可以采用区别分析或 Logistic 回归分析，以探究知识管理变量是否可以有效区辨高低组织效能组的受试者，若可以，其正确区别力或预测力的百分比为多少？至于将计量变量分成几个类别变量群组，需与研究目的及研究者所拟的研究架构、研究问题相结合，常用的分组方式如下（进行预试问卷的项目分析或成就测验试题鉴别度、难度分析，一般会采用受试者在量表或测验得分的前 27% 及后 27% 作为高分组、低分组）：

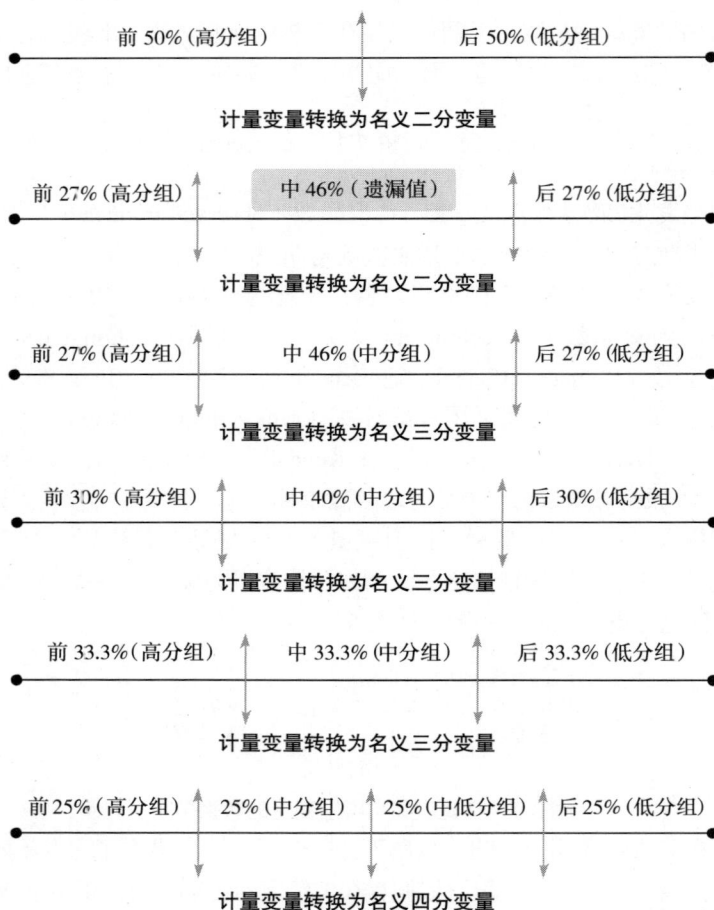

图 9-8

二、潜在变量、指标变量

在变量测量的界定方面，另外一种分类为潜在变量（latent variable）与指标变量（indicators）。潜在变量是一种构念（constructs）或行为特质，又称为"无法观察变量"

（unobserved variables），因素分析中所抽取的共同因素（factor），即是量表构念所包含的次构念，量表构念是一种潜在特质或行为属性，研究者无法得知。为了测出受试者某个潜在行为特质，研究者编制了测量工具，以受试者在自陈量表上的感受作为评定其行为特质的指标（研究者也可以采用观察法来评定），量表中题目或测量项目即称为潜在变量的指标变量，又称"观察变量"（observed variables）或"显性变量"（manifest variables）。在结构方程模型（structural equation modeling，SEM）中，观察变量以长方形或正方形对象表示，潜在变量以椭圆形或圆形对象表示，误差项或残差项也是潜在变量的一种，其变量图示也以椭圆形或圆形对象表示。

以高职学生生活压力的研究为例，"生活压力"是一个潜在行为特质，为了探究受试者的生活压力，研究者编制了一份有 12 个题目的李克特总加评定量表，采用五点量表形态，受试者在"生活压力量表"自陈感受的得分越高，表示其生活压力越大；在"生活压力量表"的得分越低，表示知觉的生活压力越低。量表经因素分析结果，共萃取 4 个构面（因素）：家庭压力、学校压力、个人压力、情感压力。生活压力概念的模型图如下：其中 4 个构面或向度为其分量表测量指标项目的分数总和，分数越高，表示各压力向度的感受程度越高；受试者的"生活压力"为受试者在"家庭压力""学校压力""个人压力""情感压力" 4 个因素上的加总分数。受试者在研究者编制的"生活压力量表"上的得分高低，表示受试者生活压力感受程度的大小，这种概念的界定称为"操作性定义"（operational definition）（图 9-9）。

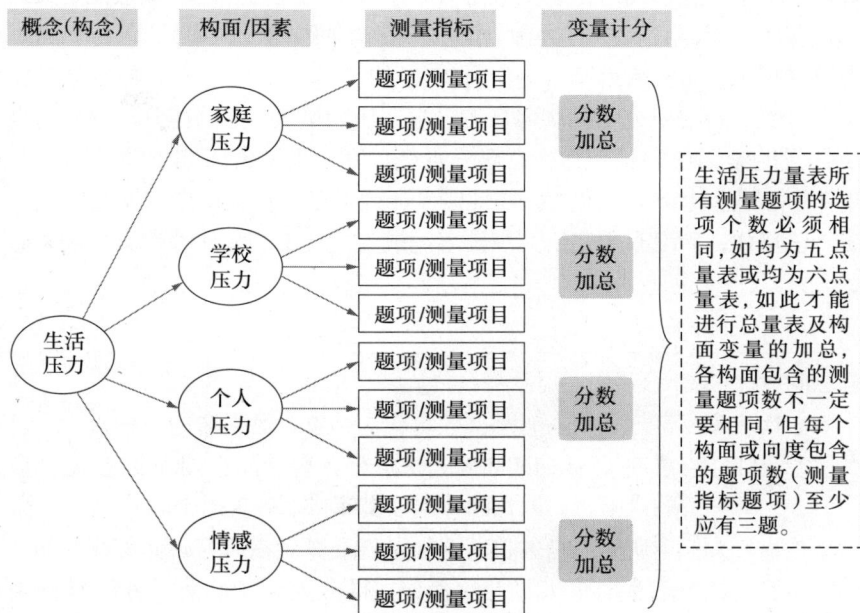

图 9-9

量化研究中构念或概念的定义有两种：操作性定义和概念性定义，操作性定义与概念性定义（conceptual definition）不同。概念性定义又称结构性定义（constitutive definition），是以一般概念来界定研究的变量，通常会以其他更低层次（浅显）、精确的描述语或次概念来界定研究变量的含义，以将变量的意义内涵完整地表达出来，概念性定义为一般理论或学者对某个概念的通俗化定义，它通常是以较易理解的文字来解释某个抽象的意义。至于操作性定义则是将变量的概念性定义具体化，表示的是变量如何测量，如何以测量分数来说明变量的属性或特征。由于每个人对概念的定义不尽相同，个体对抽象特质的察觉也未必一样，因而研究者若没有界定变量的操作性定义，则无法得知研究者所指的变量含义。如"工作满意度"概念，有些人认为它是个体对工作环境满意的知觉、有些人认为它是个体对福利薪资的满意、有些人认为它是个体对主管领导的满意、有些人认为它是个体对工作现象的满意。构念或概念是一种主观的觉知，可能每个人理解的方式均不同，它是无法测量的，但变量的操作性定义是可以测量的，经由研究者编制的量表或测验工具，可以测得某个潜在特质或行为。

如在一项高职学生的生活压力调查研究中，研究者界定"生活压力"的概念性定义为"受试者就日常生活事件中对其造成困扰或压力的情况"。此种概念性的定义一般是对生活压力的看法，研究者若没有再界定生活压力的操作性定义，则无法区别受试者生活压力的高低，因而必须将生活压力转换为可测量的量数。如研究者编制一份李克特的五点量表，测量指标项目共 20 题，分数值域介于 20 至 100 分，当受试者在生活压力量表的测量分数越高，表示学生感受的生活压力越大，例如两位受试者，甲受试者在生活压力量表测量值的分数为 40 分、乙受试者在生活压力量表测量值的分数为 90 分，则研究者可以判别乙受试者的生活压力较大、甲受试者的生活压力较小。

再如在一项小学生学习压力的调查研究中，对学习压力界定的概念性定义为"小学生在学习过程中，足以让其担心忧虑、懊恼不安与烦躁的一些事情"，为了测知小学生学习压力感受程度，研究者编制了一份有 30 题的"学习压力量表"，界定学习压力的操作性定义为"受试者在研究者编制修订的'学习压力量表'上的得分，得分越高，表示受试者所知觉的学习压力感受越大；得分越低，表示受试者所知觉的学习压力感受越小"。研究中将概念性定义转换为操作性定义，才可以将抽象概念或概念所代表的潜在行为特质予以量化，若没有界定研究主要名词或关键变量的操作性定义，抽象概念指标无法评定。

自杀意向

概念性定义：自杀是个人有意摧残自我、结束自己生命的一种行为，自杀意向（suicidal ideation）是个人曾计划要自杀或想过要自杀的意图，但此意图并未以实际行动展现出来。

操作性定义：本研究所指的自杀意向是指受试者在研究者修订编制的"自杀意向量表"上的得分，得分为 0 表示受试者没有自杀意向、得分大于 0 表示受试者有自杀意向，测量分数越高表示受试者自杀意向越强。

> **外向性人格**
>
> 概念性定义：外向性人格是指个体主动积极、乐观进取，擅于社交技巧富有热情，爱与人交往进行沟通互动，喜爱追求正向刺激与获得成就取向的一种人格特质。
>
> 操作性定义：本研究所指的外向性人格是指受试者在研究者修订编制的"外向性人格量表"上的得分，此量表为李克特五点量表形态，题目共有 10 题，分数值域介于 10 至 50 分，受试者测量分数越高，表示其外向性人格特质越明显；相对的，受试者测量分数越低，表示受试者外向性人格特质越不明显。

同一量表中各构面界定的测量题目计分一致，才能进行构面变量的加总；各构面/向度变量的计分一致（分数高低表示的概念相同），才能进行整体量表的加总，此描述内涵的架构如图 9–10 所示：

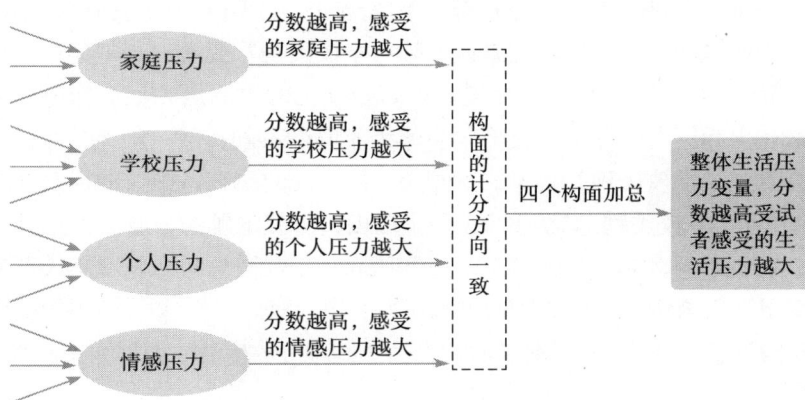

图 9-10

若是构面变量间的计分方向不同，则不宜将量表构面加总，加总分数不能作为整体量表的操作性定义，如图 9–11 所示：

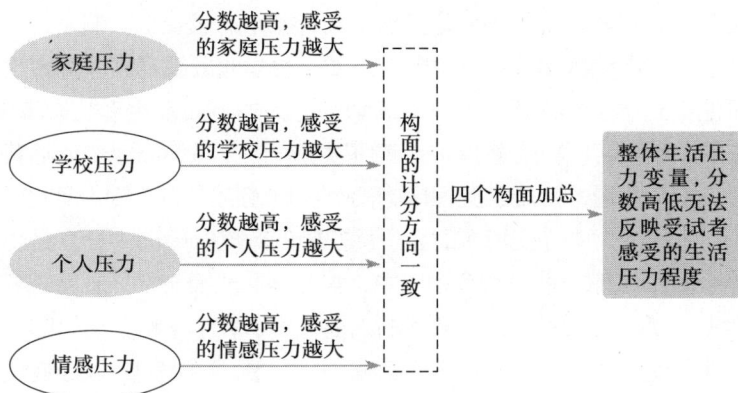

图 9-11

三、自变量、因变量、中介变量

若根据变量在研究架构中的位置及统计分法的使用，通常可以划分为"自变量""因变量"与"中介变量"。自变量（independent variable）又称解释变量，因变量（dependent variable）又称结果变量（outcome variable）或效标变量。在实验研究中自变量是研究者操作的变量，而因变量是研究者操作自变量后所引发的结果变量，结果变量会根据研究者操作的自变量不同而不同。如在教师教学策略对学生学业成绩的实验研究中，学生的学业成绩会因教师采取的不同教学策略而有显著的不同，此时教学策略是自变量，而学生的学业成绩是因变量/结果变量。在问卷调查中自变量是独立变化，并且可以造成因变量改变的变量，此时自变量是研究者有意探究或选择的变量。如不同高职学生的"学校类别"在"生活压力"感受的调查研究中，研究者假定公立、私立学校类型的高职学生在生活压力的感受有显著的不同，此时，"学校类别"为自变量，此自变量为名义二分变量，"生活压力"为因变量，此因变量为计量变量，若是自变量只有一个，则是单因子方差分析的差异比较，如果自变量有两个以上，则是多因子方差分析的差异比较。如研究者认为除"学校类别"变量对高职学生生活压力有影响外，"年级"变量（名义三分变量）对高职学生的生活压力也有影响，即"学校类别"变量在生活压力的差异会受到学生年级不同而不同；或"年级"变量在生活压力的差异会受到"学校类别"变量的不同而不同，此时研究者探讨的自变量中同时包含两个自变量："学校类别""学生年级"。在相关研究主题中，通常会把具因变量属性的变量放在最后面，如"高职学生的生活压力、自我概念与自杀意向关系的研究"，研究的因变量为自杀意向，自变量为生活压力、自我概念，统计程序除探讨生活压力、自我概念与自杀意向变量的相关外，也可探讨不同程度的生活压力群体在自杀意向感受的差异情况。

中介变量（intervening variable）指的是无法直接操作、观察或测量的变量，但从理论、经验法则或推论中假定此变量会影响受试者的行为结果或研究过程中所观察到的现象。在社会科学及行为科学领域中，许多自变量与因变量的关系非单纯的因果关系或刺激——反应关系，受试者行为的改变除受到研究者操作的自变量影响外，也多少受到许多无法直接观察、测量或操作的变量的影响，如学生学业成绩受到教师教学策略变量的影响外，也可能受到学生个人的学习动机、教师的人格特质及生理状态等变量的影响。就实验研究法的内涵而言，自变量是研究者可以操作的变量，而因变量随着操作变量改变而改变。至于中介变量，则是实验程序中没有操作或控制的变量，但此变量的改变也可能使因变量产生改变，中介变量有时会干扰实验的效度，因而中介变量也属混淆变量（confounding variables）的一种。教育领域中，对于学业成绩与学习态度因变量影响的自变量之一是学生智商与投入程度，但教师的人格特质、教学策略、父母的介入态度、班级氛围等，也都可能对学生学业成就产生影响。自变量、中介变量、因变量间的关系图示见图 9-12：

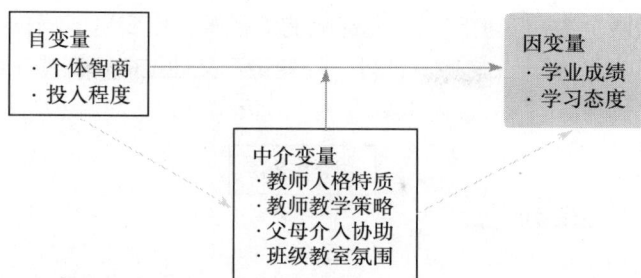

图 9-12　自变量、中介变量、因变量的关系

自变量、因变量、中介变量间的范例图示架构如图 9-13 所示：

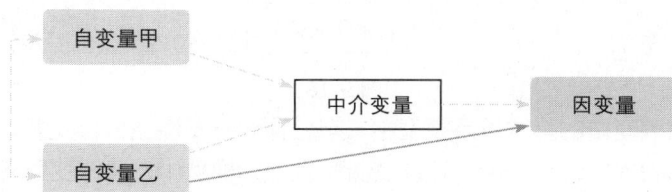

图 9-13　自变量、因变量、中介变量间的范例图示架构图

自变量甲、自变量乙除对因变量有直接影响外，两个自变量均通过一个中介变量而间接影响到因变量。

图 9-14 中自变量甲、自变量乙除对因变量有直接影响外，两个自变量分别通过两个不同的中介变量而间接影响到因变量。

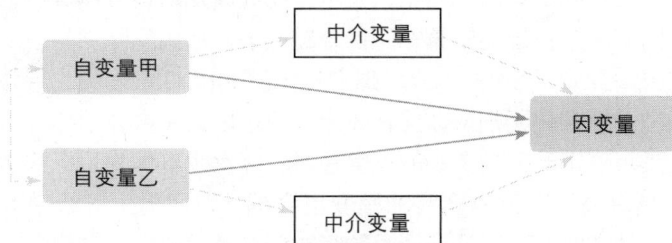

图 9-14

图 9-15 中自变量甲、自变量乙除对因变量有直接影响外，两个自变量分别通过两个不同的中介变量而间接影响到因变量，此外两个中介变量间也有直接效果关系，即一个中介变量也会对另一个中介变量产生直接影响。

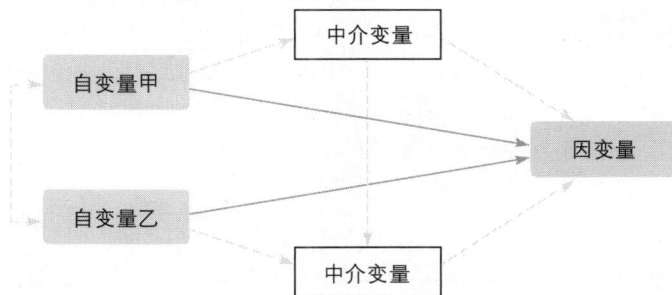

图 9-15

图 9–16 中为两个中介变量间又互为影响的路径图，自变量甲通过中介变量丙影响到中介变量丁而对因变量产生影响；此外，自变量乙又通过中介变量丁影响到中介变量丙而对因变量产生影响。

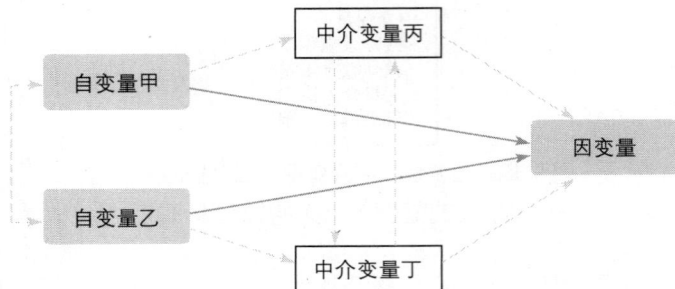

图 9-16

在自变量与因变量的影响关系模型中，有一种变量属性类似自变量，但在整个因果模型中并非研究者界定的自变量，这种变量投入回归模型中，会改变自变量对因变量的影响关系，被称为"调节变量"（moderator variable），又称为"次级自变量"。当调节变量投入回归模型中，自变量与因变量间的关系会改变，即自变量与因变量两者间的关系会随"调节变量"的调节，而出现不同的影响结果。

以模型图 9–17 为例，性别变量不区分水平群组，以全体受试者为样本的统计分析发现："运动健康知识"得分对每周运动行为实践（实际从事有氧运动所花的时间）有显著预测力，其标准化回归系数 β 为正，表示运动健康知识得分越高者，每周实际从事有氧运动所花的时间越多；运动健康知识得分越低者，每周实际从事有氧运动所花的时间越少，但此结果会受到"性别"变量的影响而有不同。性别为男生群体时，自变量对效标变量预测模型的标准化回归系数显著较大，表示以男生群体目标样本时，运动健康知识得分越高，其每周运动行为实践的程度越多；以女生群体为目标样本时，运动健康知识得分越高，其每周运动行为实践的程度也会越多，但男生群组中的"运动健康知识"自变量对"运动实践行为"效标变量的影响程度显著比女生群组大，把性别两个群组分开加以探讨时，两条回归线的斜率显著不同，表示性别变量可"调节"自变量对于因变量的预测效果。

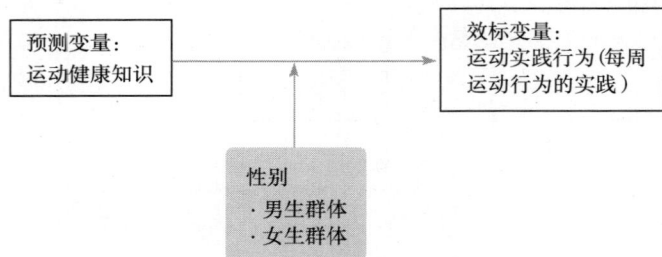

图 9-17

下列模拟数据为 30 位成年人运动保健知识分数（得分越高，运动保健知识的知能越好）、运动实践行为（每周从事有氧运动的时间，测量值越大，表示每周从事有氧运

动的时间越多 ），性别变量中水平数值 0 为女生群体、水平数值 1 为男生群体。

表 9-5

性 别	0	0	0	0	0	0	0	0	0	0	0	0	0	0	0
运动保健知识	5	4	9	8	6	7	3	4	9	10	2	1	4	7	8
运动实践行为	20	40	60	70	20	60	35	20	60	50	30	20	60	50	80
性 别	1	1	1	1	1	1	1	1	1	1	1	1	1	1	1
运动保健知识	2	9	4	10	8	5	5	7	6	3	5	6	3	8	
运动实践行为	10	70	10	100	100	90	70	60	80	90	20	80	85	50	95

以全体观察值为目标样本进行回归分析，输出结果见表 9–6：

表 9-6 系数——全体样本

模型		未标准化系数		标准化系数	t	显著性	R	R^2
		β 的估计值	标准误	Beta 分布			0.779	0.607
1	（常数）	2.353	9.056		0.260	0.797		
	性别	20.863	6.709	0.376	3.110	0.004		
	运动保健知识	7.353	1.330	0.668	5.527	0.000		

就全体样本而言，"性别"变量及"运动保健知识"变量与"运动实践行为"的多元相关系数为 0.779，$R^2 = 0.607$，"性别"变量、"运动保健知识"两个自变量均可以有效解释"运动实践行为"效标变量，联合解释变异量为 60.7%。性别变量的 β 系数为 0.376（$t = 3.110$，$p = 0.004 < 0.05$），表示男生群体与女生群体相较之下，有较高的运动实践行为（女生群体编码为 0 表示为参照组，回归系数为正，表示男生群体的平均数显著高于女生群体的平均数）；运动保健知识预测变量的 β 系数为 0.668（$t = 5.527$，$p < 0.001$），表示受试者"运动保健知识"越高，其"运动实践行为"越多（每周从事有氧运动的时间显著越多）。回归方程式如下：运动实践行为 = 2.353+20.863 × 性别 +7.353 × 运动保健知识。

如果性别变量具有调节回归方程式的作用，则以性别变量中的水平群体为目标样本时，所建构的回归方程式应有显著不同，即"运动保健知识"对"运动实践行为"的影响程度会随性别不同而有显著不同（表 9–7）。

表 9-7 系数——女生群体

模型		未标准化系数		标准化系数	t	显著性	R	R^2
		β 的估计值	标准误	Beta 分布			0.671	0.450
1	（常数）	16.654	9.568		1.741	0.105		
	运动保健知识	4.887	1.499	0.671	3.260	0.006		

就女生群体而言，"运动保健知识"自变量可以有效预测"运动实践行为"效标变量，回归系数估计值为 4.887（$t = 3.260, p = 0.006 < 0.05$），标准化回归系数 β 为 0.671，$R^2 = 0.450$，表示"运动保健知识"预测变量可以解释"运动实践行为"变量 45.0% 的变异量，由于回归系数为正，表示"运动保健知识"预测变量对"运动实践行为"效标变量的影响为正向。女生群组的回归方程式为：运动实践行为 = 16.654+4.887× 运动保健知识（表 9–8）。

表 9-8 系数——男生群体

模型		未标准化系数		标准化系数	t	显著性	R	R^2
		β 的估计值	标准误	Beta 分布			0.819	0.671
1	（常数）	4.476	13.128		0.341	0.739		
	运动保健知识	10.476	2.035	0.819	5.147	0.000		

就男生群体而言，"运动保健知识"自变量可以有效预测"运动实践行为"效标变量，回归系数估计值为 10.476（$t = 5.147, p < 0.001$），标准化回归系数 β 为 0.819，$R^2 = 0.671$，表示"运动保健知识"预测变量可以解释"运动实践行为"变量 67.1% 的变异量，由于回归系数为正，表示"运动保健知识"预测变量对"运动实践行为"效标变量的影响为正向。

男生群组的回归方程式为：运动实践行为 = 4.476+10.476× 运动保健知识。如果性别变量具有调节回归方程式的作用，则性别变量两个水平群组的回归线的斜率通常不会相同，两条回归线的斜率估计值若有显著不同，表示性别变量的调节效果是显著的。

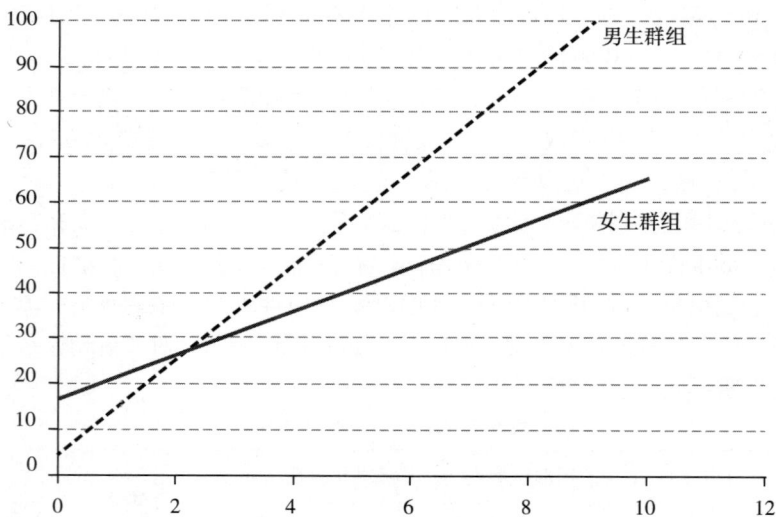

图 9-18

图 9–18 所示为根据男生群组、女生群组两条回归方程式所绘制的回归线，两条回归线相交，表示两条回归线的斜率显著不相同。就男生群组、女生群组而言，"运动保

健知识"自变量均可以有效预测运动实践行为，只是男生群体的影响程度显著大于女生群体，解释变异量分别为：$R^2_{女生} = 0.671$、$R^2_{男生} = 0.819$。男生群体的斜率显著大于女生群体的斜率，表示男生群体与女生群体在"运动保健知识"测量值增加相同的单位数，在"运动实践行为"测量值增加的分数有显著不同，男生群体的变化程度比女生群体的变化程度快（表9-9）。

表 9-9

	性别	个数	平均数	标准误	t	显著性（双尾）	差异的 95% 置信区间	
运动保健知识	0 女生	15	5.80	2.757	−0.210	0.835	−2.150	1.750
	1 男生	15	6.00	2.449				
运动实践行为	0 女生	15	45.00	20.089	−2.324	0.028	−42.174	−2.493
	1 男生	15	67.33	31.332				

表 9-9 为以"性别"变量为分组变量，"运动保健知识"与"运动实践行为"为因变量进行独立样本 t 检验的摘要表，从中可以发现：不同性别的成年人在"运动保健知识"并没有显著的差异，在"运动实践行为"上的差异则达到显著（$t = -2.324$，$p = 0.028 < 0.05$），男生群组在"运动实践行为"显著高于女生群组。正因为性别变量在"运动实践行为"的差异达到显著，所以性别变量对"运动实践行为"的影响是显著的。

表 9-10

模 型		未标准化系数		标准化系数	t	显著性	R	R^2
		β 的估计值	标准误	Beta 分布			0.819	0.670
1	（常数）	16.654	10.601		1.571	0.128		
	性别	−12.178	16.055	−0.219	−0.758	0.455		
	运动保健知识	4.887	1.661	0.444	2.942	0.007		
	交互作用项	5.589	2.501	0.691	2.235	0.034		

表中的"交互作用项"变量为"性别 × 运动保健知识"，回归分析程序同时把"性别""运动保健知识"两个自变量及"交互作用项"变量投入，回归模型的架构图见图9-19。

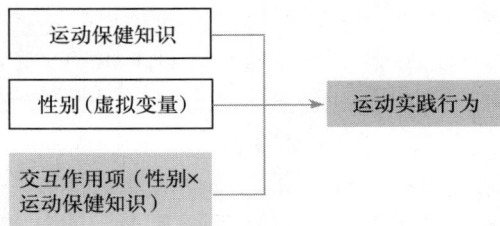

图 9-19

回归模型中有 3 个自变量："性别""运动保健知识""交互作用项"。统计分析结果摘要表（表 9–10）显示：多元相关系数 R 为 0.819、$R^2 = 0.670$，回归系数达到显著（回归系数显著不等于 0）的预测变量有"运动保健知识"（$t = 2.942$，$p = 0.007 < 0.05$）与"交互作用项"（$t = 2.235$，$p = 0.034 < 0.05$），"性别"自变量的影响变得不显著。原先"性别"自变量对"运动实践行为"效标变量预测达到显著，但由于"交互作用项"变量的投入，使得性别变量（调节变量）对效标变量的解释变异变得很小，"运动保健知识""交互作用项"的回归系数估计值分别为 4.887、5.589，标准化回归系数 β 值分别为 0.444、0.691，"交互作用项"对"运动实践行为"效标变量的影响程度高于"运动保健知识"自变量。复回归分析的回归方程式为：

运动实践行为 = 16.654−12.178 × 性别 +4.887 × 运动保健知识 +5.589 × 交互作用项。

调节变量的作用若以结构方程模型检核，可以采用多群组模型检验法，多群组分析的限制模型为将各水平群组的回归系数（斜率）设定相同，之后，更严格的限制模型为设定水平群组的回归系数（斜率）相同外，也将截距项设为相同。

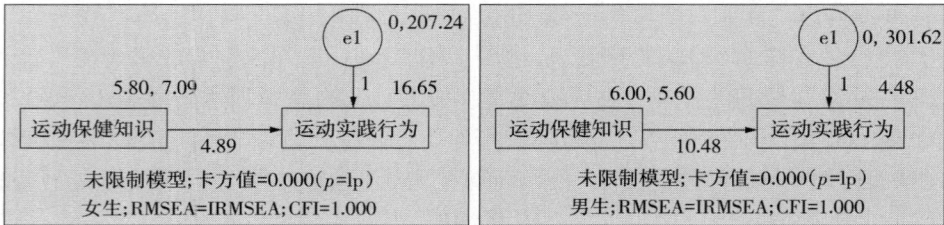

图 9-20

图 9–20 所示为未限制模型，未限制模型的群组为"性别"变量（调节变量）的水平群组。非标准化估计值模型图显示，女生群体的路径系数（回归系数估计值）与截距项（回归方程常数项）分别为 4.89、16.65；男生群体的路径系数与截距项分别为 10.48、4.48。女生群体模型中外因观察变量"运动保健知识"的平均数为 5.80、方差为 7.09；男生群体模型中外因观察变量"运动保健知识"的平均数为 6.00、方差为 5.60。限制模型中假定女生群体的路径系数参数为 W1，男生群体的路径系数参数为 W2，则参数限制为"W1 = W2"。

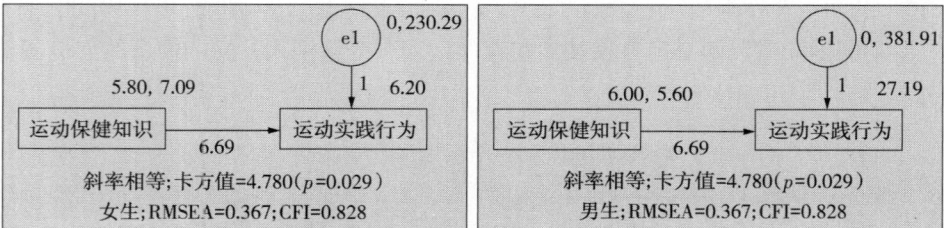

图 9-21

限制模型一是界定两个群组的斜率相同（回归系数相同），模型估计结果，斜率估计值为 6.69，女生群体的截距项为 6.20、男生群体的截距项为 27.19，两个群组的回归方程式分别为：

女生群组：运动实践行为 ＝ 6.20 ＋ 6.69 × 运动保健知识
男生群组：运动实践行为 ＝ 27.19 ＋ 6.69 × 运动保健知识

整体模型适配度的卡方值统计量为 4.780，显著性 $p = 0.029 < 0.05$，RMSEA 值为 $0.367 > 0.08$、CFI 值为 $0.828 < 0.90$，表示限定模型的假设模型与样本资料无法适配，女生与男生群体两个群组的斜率显著不相同，当限制模型无法得到支持时，表示性别变量两个水平群组的回归系数显著不同，性别变量具有调节路径模型图的作用。

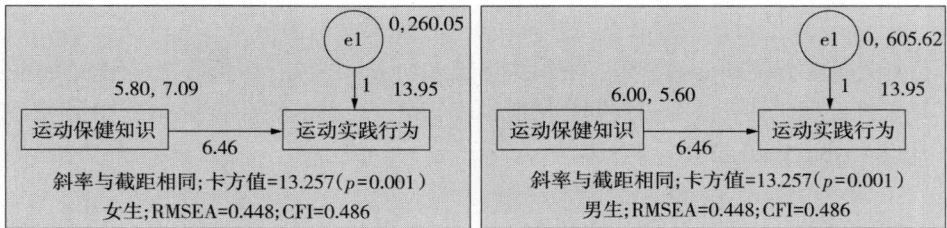

图 9-22

限制模型二是界定两个群组的斜率相同（回归系数相同）、截距项也相同，假定女生群体的路径系数参数为 W1、截距项参数为 "I1"；男生群体的路径系数参数为 W2、截距项参数为 "I2"，则参数限制为 "W1 = W2""I1 = I2"。模型估计结果，斜率估计值为 6.46，截距项为 13.95，整体模型适配度的卡方值统计量为 13.257，显著性 $p = 0.001 < 0.05$，RMSEA 值为 $0.448 > 0.08$、CFI 值为 $0.486 < 0.90$，表示限定模型的假设模型与样本资料无法契合，女生与男生群体两个群组的斜率或截距项参数至少有一个显著不相等。限制模型二无法得到支持时，表示性别变量两个水平群组的回归线不仅斜率显著不相等，连截距项参数也显著不相等，"性别"变量具有调节路径模型图的作用。

从多群组结构模型分析可以发现，路径图中两个群组的回归系数估计值显著不相同，群组水平的变量为性别，因而"运动保健知识"对"运动实践行为"的预测或影响效果会随"性别"水平群组不同而不同。

第十章　资料处理的统计方法

　　资料处理即是资料变量编码、资料数字键入与资料的统计分析。量化研究搜集的资料若是未经处理，则无法看出数据资料所代表的意义。影响统计检验方法选择的因素有以下几点（Abu–Bader,2010：2–3）：

1. **抽样的方法**：推论统计中的参数检验或非参数检验法，分析的目标样本必须是有代表性的样本，因而抽样方法最好采取概率抽样法（如随机抽样）。在调查研究中，如果回应问卷的样本数比例过低，研究者必须注意效度问题，有效问卷回收率过低，样本的代表性与研究者原先的规划便有落差。如研究者采用分层随机抽样方法，从目标总体中抽取 500 名，原先 500 名样本可以有效代表总体特征，但问卷回收数只有 200 位，是否可以实际反映总体的属性或特征，则有待商榷。

2. **测量变量的层次**：参数统计法中检验的因变量一般是连续资料，变量尺度为等距或比率变量，也可应用于分析因变量为名义尺度的变量（如 Logistic 回归分析、区别分析等），但前提是资料结构必须是正态分布。每种统计方法如用于双变量间的关联或差异检验，变量的测量尺度都有基本的标准，研究者要知悉的是间断变量（只能以次数、百分比表示）与连续变量（可以用平均数及标准差表示变量属性）间的差异，对于连续变量中的等距尺度或比率尺度变量间的差别可以忽略。

3. **正态分布**：参数检验法分析的资料结构形状分布必须呈正态分布曲线，即因变量分布不能呈极端的偏态形状，若是因变量呈极端偏态，则最好进行原始分数的转换，如采用平方根、对数、倒数转换或其他函数等。偏态的资料进行资料转换后，资料结构会较近似正态分布，许多参数统计法对于不是严重偏离正态分布的资料，统计结果也有很高的精确性。

4. **样本大小**：采用参数检验法的前提之一是分析的样本数要够大，因为从统计原理来看，样本数越大、平均数的标准误越小；此外，再根据中央极限定理，样本数越大，平均数分布的形状才会近似正态分布。一般而言，如果进行两个群体参数的检验，样本的大小最好在 30 位以上，即每个群体的样本数最好有 15 位以上。

　　若是样本数不够大，或是因变量尺度为名义或次序属性，统计分析最好采用非参数检验法，又称"自由分布检验法"（distribution-free tests），这样即使样本资料结构分布形状呈极端偏态（正偏或负偏），或样本数个数很少，也可以使用。但与对应的参数检验法相较之下，非参数检验法所得的统计检验力（power）会较低（影响统计检验力的3个因素：①实验设定的显著水平 α 大小，②样本大小，③效果值大小），统计检验采用参数检验法时，在事实存在情况下，参数检验法在预测显著结果时会更好。若是非正态的资料进行资料转换后，资料结构还是无法符合正态性假定，统计检验时研究者可同时进行参数检验与非参数检验，若是检验的结果一致，研究结果可采用参数检验的数据；若是检验结果不一致，研究者宜呈现非参数检验的数据，参数检验法与对应非参数检验法的摘要表见表 10-1（Abu-Bader，2010：3）。

表 10-1 参数检验法与对应非参数检验法的摘要表

检验法	形态	观察	分布	自变量	因变量	个数	符号
Pearson	参数	配对	正态	等距尺度+	等距尺度+	30+	r
Spearman	非参数	配对	自由分布	次序尺度+	次序尺度+	>30	ρ
独立样本 t 检验	参数	配对	正态	2个群体	等距尺度+	30+	t
M-W U 检验	非参数	配对	自由分布	2个群体	次序尺度+	>30	z
配对样本 t 检验	参数	重复	正态	等距尺度+	等距尺度+	30+	t
Wilcoxon	非参数	重复	自由分布	次序尺度+	次序尺度+	>30	Z
ANOVA	参数	配对	正态	3+个群体	等距尺度+	30+	F
K-W H 检验	非参数	配对	自由分布	3+个群体	次序尺度+	>30	χ^2
卡方检验	非参数	配对	N/A	2+个群体	2+个群体	20+	χ^2

注：M-WU 检验 =Mann-Whitney U 检验法；K-WH 检验 =Kruskal – Wallis H 检验法
等距尺度 + = 等距尺度以上（等距尺度、比率尺度）；2+ 个群体 =2 个以上群体

社会科学领域中研究者最常使用的统计软件为 SPSS（结构方程模型统计分析软件为 AMOS 及 LISREL），根据变量测量尺度与变量数目，量化研究常用的统计方法如下：

一、卡方检验

卡方检验用于适合度检验（test of goodness-of-fit）、百分比同质性检验（test of homogeneity of proportions）、独立性检验（test of independence），其变量测量尺度为类别变量（间断变量）。卡方适合度检验属于非参数检验法（没有对应的参数检验法），主要检验从样本取得的观察次数（observed frequency）是否与总体的期望次数（expected frequency）相似，即观察资料适配于总体的程度。卡方（Chi-square）统计量以公式表示为：$\chi^2 = \sum \frac{(O-E)^2}{E}$，公式中 χ^2 为卡方统计量，O 为从样本资料所得的观察次数，E 为从总体计算的期望次数。卡方检验的资料结构不必假定资料分布需符合正态分布，但

却要求单一变量选项（水平）的测量值或列联表各单元格测量值来自不同的受试者，即水平测量值或单元格中分数的受试者必须符合"独立性"原则。

卡方适合度检验适用于单一名义变量，此名义变量应有数个水平（level）。适合度检验的范例一：探究初三学生对户外教学行程安排的满意情况，随机抽取该校三年级学生 100 位，受试者对户外教学行程安排满意感受各选项的勾选情况见表 10-2，请问学生对 4 个选项勾选的百分比是否有所不同？受试学生是否偏向于某个选项？

表 10-2　受试者对户外教学行程安排满意感受

非常满意	满　意	不满意	非常不满意
12	32	42	14

卡方适合度检验的零假设为：4 个水平选项被勾选的百分比相等。

统计软件执行功能列"分析（A）"/"非参数检验（N）"/"历史对话记录"/"卡方"程序，可以求出相关统计量数。

表 10-3 为各选项的观察个数与预期个数，预期个数设定为 4 个水平类别有相同的期望值，其数值 ＝ 100 ÷ 4 ＝ 25，每个选项期望比值为四分之一，残差值为观察个数与期望个数的差异值。卡方统计量的求法如下：

表 10-3

	观察个数	预期个数	残　差
1 非常满意	12	25.0	−13.0
2 满意	32	25.0	7.0
3 不满意	42	25.0	17.0
4 非常不满意	14	25.0	−11.0
总和	100		

$$\chi^2 = \sum \frac{(O-E)^2}{E} = \frac{(12-25)^2}{25} + \frac{(32-25)^2}{25} + \frac{(42-25)^2}{25} + \frac{(14-25)^2}{25}$$
$$= \frac{(-13)^2}{25} + \frac{(7)^2}{25} + \frac{(17)^2}{25} + \frac{(-11)^2}{25}$$
$$= 25.120$$

表 10-4　检验统计量

	选　项
卡方	25.120[a]
自由度	3
渐近显著性	0.000

a. 0 个格（0.0%）的预期个数少于 5。最小的预期个数为 25.0。

检验统计量表的卡方值为 25.120，自由度等于 3（＝4 − 1），显著性概率值 $p < 0.001$，有足够的证据可以拒绝零假设，4 个选项被勾选的次数（次数百分比）

间有显著不同，受试者勾选"不满意"选项的次数最多，勾选"满意"选项的次数最少。

卡方适合度检验范例二：探讨高三学生选填大学专业考虑的首要因素，选项有个人兴趣、未来就业、社会评价、父母意见。

在百分比同质性检验中，两个变量均为类别变量。作为自变量的类别变量称为"设计变量"（design variable），作为因变量的类别变量称为"反应变量"（response variable），设计变量中的 J 个水平称为 J 个群体、反应变量中的 I 个水准称为 I 个反应。百分比同质性检验的目的在检验 J 个群体在 I 个反应的百分比是否相同，若是卡方检验统计量达到显著水平（$p < 0.05$），表示 J 个群体中至少有两个群组在某个反应的百分比有显著差异存在。百分比同质性检验与方差分析程序相同，当整体检验统计量（卡方值）达到显著水平时，必须再进一步进行百分比同质性检验的事后比较（a posteriori comparisons）。

研究问题范例一：探究高中 3 个年级群体阅读课外书的情况，从 3 个年级中各抽取 50 名学生，询问他们上学期看课外书的情况（分为常常、很少两个水平类别），得到表 10-5 数据，请问 3 个年级学生看课外书的百分比是否相同？

表 10-5 数据统计

情况 ＼ 年级	一年级	二年级	三年级
常常	23	30	21
很少	27	20	29
合计	50	50	50

统计软件执行功能列"分析（A）"/"叙述统计（E）"/"交叉表"程序，可以求出相关统计量数。

表 10-6 相关统计量数

			年级			总和
			1 一年级	2 二年级	3 三年级	
情况	1 常常	个数	23	30	21	74
		预期个数	24.7	24.7	24.7	74.0
		在情况之内的 /%	31.1	40.5	28.4	100.0
		在年级之内的 /%	46.0	60.0	42.0	49.3
	2 很少	个数	27	20	29	76
		预期个数	25.3	25.3	25.3	76.0
		在情况之内的 /%	35.5	26.3	38.2	100.0
		在年级之内的 /%	54.0	40.0	58.0	50.7

表 10-6 中的期望次数的公式为：$E = \frac{RN}{N} \times CN$，$N$ 为有效受试者总数（$N = 150$），RN 为单元格所在横列的总观察次数，CN 为单元格所在竖列的观察次数总和、E 为期望次数，以单元格观察次数 23 为例，期望次数 $E = \frac{74}{150} \times 50 = 24.7$，由于 3 个年级竖列总和皆相同（$= 50$），同一横列单元格的期望次数相同（因为 RN、CN 数值均相等）。卡方检验中若是某个单元格的期望次数太低，会降低统计检验力，统计推论犯第 II 类型错误的概率会大幅提高。最低的期望次数门槛值一般为 5，较佳的期望值是 10。样本的有效个数最好是单元格总数的 5 倍以上，如 2×2 列联表中，单元格总数为 4，有效样本数至少要有 20 个；2×3 列联表中，单元格总数为 6，有效样本数至少要有 30 个；3×3 列联表中，单元格总数为 9，有效样本数至少要有 45 个。若有效样本数不符合单元格总数 5 倍以上的标准，研究者可把单元格合并，如把 2×3 列联表合并归纳为 2×2 列联表，将 3×3 列联表合并归纳为 2×2 或 2×3 列联表。

表 10-7　相对分组

	数　值	自由度	渐近显著性(双尾)
Pearson 卡方	3.574[a]	2	0.167
概似比	3.593	2	0.166
线性对线性的关联	0.159	1	0.690

a.0 个格（0.0%）的预期个数少于 5。最小的预期个数为 24.67。

卡方统计量数值为 3.574，显著性概率值为 0.167，没有足够证据可以拒绝零假设 $H_0: P_1 = P_2 = P_3$，3 个年级群体勾选"常常"选项的百分比并没有不同。如果统计结果的卡方值统计量够大，可以拒绝零假设，表示 3 个年级群体勾选"常常"选项的百分比是有显著不同的，事后比较的组合可能为：一年级＞二年级、一年级＞三年级、二年级＞三年级。

研究问题范例二：不同学院的大一学生每周上网的时间是否有所不同？研究问题中的学院为五分名义变量，5 个学院类别为人文学院、教育学院、理学院、科技学院、艺术学院；上网时间为三分类别变量，3 个水平选项分别为"常常"（5 小时以上）、"普通"（2 ～ 5 小时）、"很少"（2 小时以内），设计变量为"学院"、反应变量为"上网时间"，其列联表为 $I \times J = 3 \times 5$，共有 15 个单元格，单元格中为勾选的人数。

表 10-8　数据统计

学院 \ 上网时间	人文学院	教育学院	理学院	科技学院	艺术学院
常常	23	25	36	19	18
普通	16	35	15	30	32
很少	36	15	24	26	25
合计	75	75	75	75	75

两个间断变量的关联指标值，常用 ϕ 系数（Phi coefficient）统计量及 Cramer's V 系数统计量，系数用于 2×2 的列联表（两个变量均为二分名义变数），Cramer's V 系数适用于所有类别变量。ϕ 系数统计量的求法为：$\phi = \sqrt{\dfrac{\chi^2}{N}}$，$\phi$ 系数值最小值为 0、最大值为 1。从实验效果而言，当 ϕ 系数值为 0.10 时，表示为小型的实验效果；ϕ 系数值为 0.30 表示中型的实验效果；ϕ 系数值为 0.50 表示大型的实验效果。Cramer's V 系数统计量的求法为：$V = \sqrt{\dfrac{\chi^2}{N \times df_{(\text{smaller})}}}$，其中，$df_{(\text{smaller})} =$ 最小值 $(I - 1, J - 1)$，数值等于列联表中较小一侧的自由度，以 2×3 列联表为例，最小自由度 = 最小值（2 - 1，3 - 1）= 1，Cramer's V 系数与 ϕ 系数值一样，为 0 ~ 1（没有负值）。ϕ 系数值与 Cramer's V 系数值平方的解释与相关系数平方 R^2 类似，表示因变量方差比例中（%）可以被自变量解释的程度，如学生阅读课外书情况的差异有多少可由年级变量解释。

在多选题选项中，一般最常用的方法为统计各选项被勾选的次数、百分比，因为多选题通常是现象或行为频率的调查，以勾选次数及百分比来呈现受试者对各选项的反应情况最为适合。多选题的编码中通常将各"选项"（非题目）视为一个变量（单一勾选的题目，各题目是一个变量），选项被勾选则输入 1、没有勾选则输入 0。范例问题如：

您选择孩子就读的中学考虑的因素有哪些？（可以多选）
　　□交通因素　□学校升学率　□学校评价　□校长　□硬件设施
　　□教师年龄

上述多选题的资料结构见表 10-9，其中数值 1 表示受试者有勾选、数值 0 表示受试者没有勾选，统计分析可以统计各选项被勾选为 1 的次数及百分比。由于题目可以多选，以有效样本数为分母时，各选项加总的百分比可能超过 100%（此种统计结果是合理且正确的），在 SPSS 统计软件中功能列"分析（A）"选项中，有一个专门处理多选题的选项。

表 10-9　资料结构表

受试者	交通因素	学校升学率	学校评价	校长	硬件设施	教师年龄
A	0	1	0	1	0	0
B	1	0	1	0	0	0
C	1	1	0	1	1	1
D	0	0	0	0	1	0

二、相关

相关表示两个变量或两个以上变量间的关系。相关研究 (correlation research) 表示不操作或不控制研究的变量，而是从社会科学或行为科学领域的情境中搜集两种变量属性，进行两个资料（变量）间关系的探讨。相关的形态有两种：A 型相关和 B 型相关。A 型相关的相关系数的数值为 0 ~ 1、B 型相关的相关系数的数值为 -1 ~ 1，相关系数的绝对值越大，表示两个变量间的关联程度越密切。A 型相关的类型如：ϕ 相关、Cramer's V 系数、列联相关（contingency correlation）系数、等级相关（rank order correlation）系数、Kendall 和谐系数（coefficient of concordance）、Kappa 一致性系数；B 型相关的类型如：皮尔逊积差相关、二系列相关（biserial correlation）、点二系列相关（point biserial correlation）、四分相关（tetrachoric correlation）等。

相关研究中并没有操作任何变量，其数据通常由问卷取得，它是一种对两个变量间关系的探讨，相关研究结果旨在反映社会现象中变量间关联程度，两个变量间可能有正相关、可能有负相关，或可能没有任何相关存在。因为无法明显区分哪个变量为自变量（解释变量）、哪个变量为因变量（结果变量），因而相关研究统计分析结果只能确认两个变量间是否有某种程度的关联存在。若研究者发现变量间有某种程度的关联，此外，研究者能明确区分变量的前后关系，能根据理论文献或经验法则确认何为自变量、何为因变量，就可进一步采用回归分析统计方法进行预测型或解释型的研究。因而在进行复回归分析之前，研究者必须先呈现变量间的相关系数矩阵，以检核预测变量与效标变量间是否有显著相关存在，若变量间的相关很低甚至没有显著相关，进行多元回归分析则并没有实质意义，因为预测变量与效标变量间的相关系数很低，表示变量间关联程度不高，预测变量对效标变量的解释变异量也会很低。

不同变量尺度常用的相关方法及研究问题如下：

（一）ϕ 相关

适用情况：两个变量均为名义二分变量。

研究问题范例一：探究中学学生的家庭结构与学生攻击行为的关系，其中"家庭结构"变量为名义二分变量，水平数值 0 为完整家庭、水平数值 1 为单亲家庭；"攻击行为"也为名义二分变量，水平数值 0 表示"有攻击行为"、水平数值 1 表示"无攻击行为"。研究假设："中学学生的家庭结构与其攻击行为间有显著相关"。

研究问题范例二：研究高职学生性别与有无抽烟是否有关系，性别变量中水平数值 0 表示男生、水平数值 1 表示女生；有无抽烟变量中，水平数值 0 表示"从无抽烟经验"、水平数值 1 表示"有抽烟经验"。由于两个变量均为二分类别变量，采用的统计方法为 ϕ 相关，ϕ 相关系数是否有统计上的意义必须由卡方统计量加以判别，若是卡方统计量够大（$p < 0.05$），表示有足够的证据拒绝零假设：$\phi = 0$，两个二分名义变量有显著相关存在。ϕ 相关的脉络关系图见图 10-1：

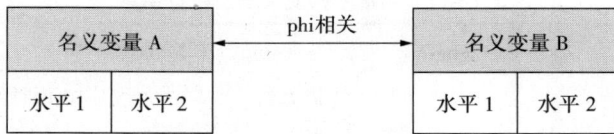

图 10-1　ϕ 相关的脉络关系图

（二）列联相关

适用情况：一个变量为二分以上类别变量，另一个变量为二分及以上类别变量。

研究问题范例一：分析区域与其对甲、乙、丙 3 位候选人的投票反应间是否有显著相关。其中区域为三分名义变量，3 个水平 1、2、3 分别表示南区、中区、北区；投票反应也为三分名义变量，3 个水平 1、2、3 分别表示甲候选人、乙候选人、丙候选人，3×3 列联表或交叉表见表 10-10：

表 10-10　3×3 列联表

投票反应 / 区域	甲候选人	乙候选人	丙候选人	总　计
南区	121	191	118	430
中区	162	154	114	430
北区	149	111	170	430

C×R 列联表（I×J 列联表）的 C > 2、J > 2 时，两个间断变量间的相关程度也可采用 Cramer's V（克莱姆 V）系数表示。以"投票区域"与"投票反应"之间的相关为例，若是 Cramer's V（克莱姆 V）系数为 0.40（$p < 0.05$），表示受试者在"投票区域"与"投票反应"之间存在 0.40 的显著列联相关，受试者"投票反应"行为的总变异中，可以被"投票区域"变量解释的变异为 16%。列联相关的脉络图如图 10-2 所示：

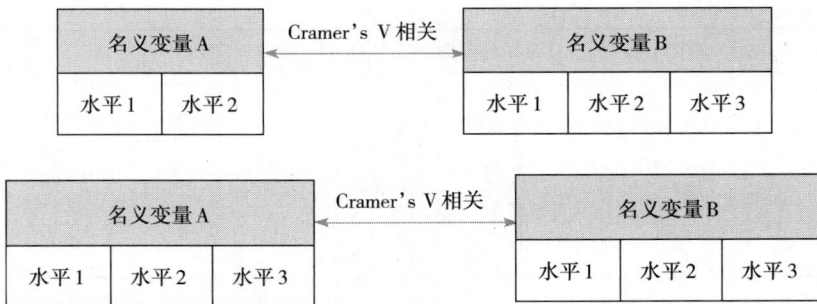

图 10-2　列联相关脉络图

研究问题范例二：探究学生家庭的"家庭社经地位"与其是否有"作弊行为"间的相关情况，采用分层随机抽样方法，从高社经家庭、中社经家庭、低社经家庭群体中各抽取 100 位学生，作弊行为的自陈量表选项为"曾经""从未"，调查所得的交叉表及统计结果见表 10-11：

表 10-11　调查所得交叉表及统计结果

			社经地位			总　和
			1 高社经地位	2 中社经地位	3 低社经地位	
作弊行为	0 曾经	个数	25	51	70	146
		在作弊行为之内的 /%	17.1	34.9	47.9	100.0
		在社经地位之内的 /%	25.0	51.0	70.0	48.7
	1 从未	个数	75	49	30	154
		在作弊行为之内的 /%	48.7	31.8	19.5	100.0
		在社经地位之内的 /%	75.0	49.0	30.0	51.3
总和		个数	100	100	100	300
		在作弊行为之内的 /%	33.3	33.3	33.3	100.0
		在社经地位之内的 /%	100.0	100.0	100.0	100.0

在 300 位受试者中，曾经有作弊行为的样本共有 146 位，占总样本的比例为 48.7%；从未作弊过的样本共有 154 位，占总样本的比例为 51.3%（表 10–12）。

表 10-12　卡方检验

	数　值	自由度	渐近显著性（双尾）
Pearson 卡方	40.856[a]	2	0.000
概似比	42.446	2	0.000
线性对线性的关联	40.394	1	0.000
有效观察值的个数	300		

a. 0 个格（0.0%）的预期个数少于 5。最小的预期个数为 48.67。

卡方值（Pearson 卡方栏数值）统计量为 40.856，交叉表的自由度 ＝（ $C-1$ ）×（ $R-1$ ）＝ $1 \times 2 = 2$〔最小的自由度为 1），显著性概率值 $p < 0.001$，有足够证据显示零假设（相关系数 ＝ 0）出现的概率甚低（表 10–13）。

表 10-13　对称性量数

		数　值	显著性近似值
以名义变量为主	Phi 值	0.369	0.000
	Cramer's V 值	0.369	0.000
有效观察值的个数	总和	300	

$V = \sqrt{\dfrac{\chi^2}{N \times df_{(smaller)}}} = \sqrt{\dfrac{40.856}{300 \times 1}} = \sqrt{0.136} = 0.369$，表示受试者的"家庭社经地位"与

是否有"作弊行为"间有 0.369 的显著列联相关。

（三）点二系列相关

适用情况：一个变量为名义二分变量，另一个变量为计量变量（等距尺度或比率尺度变量）。点二系列相关与二系列相关的变量尺度类似，其中一个变量为二分名义变量，另一个变量为等距尺度或比率尺度变量，其中的差异在于二系列相关的二分名义变量原先也为计量变量，因为研究的需要，将其转换为两个群体的变量。以学生学业成绩为例，变量尺度原为计量变量，研究者以 60 分为分割点将学业成绩分为大于等于 60 分群体（及格群组）、小于 60 分群体（不及格群组），经由资料转换程序，学生学业成绩由计量变量变为二分类别变量；而点二系列相关中的二分类别变量为真正的二分变量，变量原先的尺度为二分互斥的水平。点二系列相关的脉络关系图见图 10-3：

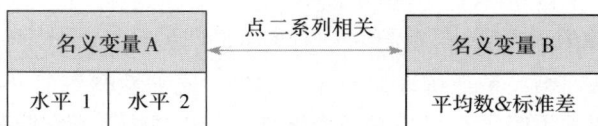

图 10-3

研究问题范例一：探究中学二年级学生的家庭结构与其数学学业成绩的关系。其中"家庭结构"变量为名义二分变量，水平数值 0 为"完整家庭"、水平数值 1 为"单亲家庭"；"数学学业成绩"为计量变量，测量指标为学生二年级上学期班级数学成绩的 T 分数。研究假设："中学学生的家庭结构与其数学学业成绩间有显著相关。"

研究问题范例二：探究学校二年级学生的英文成绩与学生性别间是否有显著关联，采用分层随机取样方法，从该校二年级学生中随机抽取男生、女生各 10 名，以学生三次英文定期考查成绩的总平均作为学生英文成绩指标。研究问题中的性别为二分类别变量，水平数值 0 表示女生、水平数值 1 表示男生，英文成绩的分数值域为 0 ~ 100，分数越高表示学生的英文成绩越佳，英文成绩变量为计量变量。

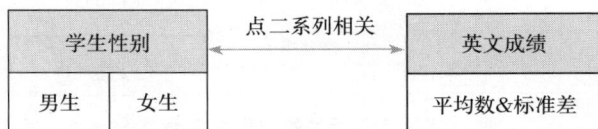

图 10-4

表 10-14 学生性别水平群体在英文成绩的描述性统计量摘要表

性 别	平均数	个 数	标准差	最小值	最大值
0 女生	73.70	10	10.573	57	85
1 男生	63.20	10	9.705	43	75
总 和	68.45	20	11.251	43	85

10 位女生英文成绩的平均为 73.70、标准差为 10.573；10 位男生英文成绩的平均为 63.20、标准差为 9.705；全体样本的平均数为 68.45，标准差为 11.251，测量值为 43 ~ 85。

表 10-15

		性　别	英文成绩
性别	Pearson 相关	1	−0.479*
	显著性（双尾）		0.033
	个数	20	20
英文成绩	Pearson 相关	−0.479*	1
	显著性（双尾）	0.033	
	个数	20	20

点二系列相关的执行程序为：功能列"分析（A）"/"相关（C）"/"双变量（B）"。范例二中的点二系列相关系数统计量等于 −0.479，显著性概率值 $p = 0.033 < 0.05$，表示相关系数值 r_{pb} 显著不等于 0，"性别"变量与"英文成绩"间有显著相关存在，由于 $r_{pb} = -0.479$，表示水平数值编码为 0 的群体（女生），其英文成绩显著高于水平数值编码为 1 的群体（男生）。

（四）等级相关

等级相关系数道常可作为评分者间的信度系数指标（一致性系数）。等级相关系数可采用 Spearman 等级相关（ρ–rho 等级相关系数）或 Kendall 等级相关（τ–tau 等级相关系数）方法计算。当评分者有两人时，采用 Spearman 等级相关，若评分者超过 3 人，或评分次数两次以上时，宜改用 Kendall 和谐系数。

适用情况：两个变量均为次序变量（顺序变量）。等级相关的变量关系脉络图如下：

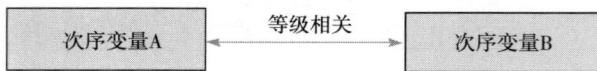

图 10-5　等级相关的变量关系脉络图

执行 SPSS 统计软件功能列"分析（A）"/"相关（C）"/"双变量（B）"程序，可以开启"双变量相关分析"对话视窗，视窗中"相关系数"统计量有 3 种形态："相关系数（N）""Kendall's tau–b 相关系数（K）"·"Spearman 相关系数（S）"，第一个选项为积差相关统计量，后两个选项为等级相关统计量。

研究问题范例一：在校务评价指标重要性等级的评定中，男性教师与女性教师的看法是否一致？范例中男性和女性在 7 个指标变量中分别给予 1 至 7 的名次，因而变量测量尺度均为次序变量，而非计量变量（表 10–16）。

表 10-16

	教学指标	辅导指标	活动指标	设标指标	和谐指标	竞赛指标	行政指标
男性	4	2	3	5	1	7	6
女性	2	1	5	7	4	3	6

上述测量项目的题目如下：

在下列七项校务评价指标中，根据您的看法，填入 1 至 7 的数字，数字 1 表示最重要、数字 2 表示次重要，以此类推。
　　□教学指标　□辅导指标　□活动指标　□设标指标
　　□和谐指标　□竞赛指标　□行政指标

表 10-17

			性别	英文成绩
Kendall's τ 系数	A	相关系数	1.000	0.238
		显著性（双尾）	.	0.453
		个数	7	7
	B	相关系数	0.238	1.000
		显著性（双尾）	0.453	.
		个数	7	7
Spearman's ρ 系数	A	相关系数	1.000	0.321
		显著性（双尾）	.	0.482
		个数	7	7
	B	相关系数	0.321	1.000
		显著性（双尾）	0.482	.
			7	7

　　Kendall 等级相关 τ 系数统计量为 0.238，显著性概率值 $p = 0.453 > 0.05$，没有足够的证据拒绝零假设，即 τ 系数等于 0，而 τ 系数统计量值 0.238 为抽样误差所造成，男性教师与女性教师对校务评价指标排序没有一致的看法。

　　Spearman 等级相关 ρ 系数统计量为 0.321，显著性概率值 $p = 0.482 > 0.05$，没有足够的证据拒绝零假设，即 ρ 系数显著等于 0，ρ 系数统计量值 0.321 为抽样误差或巧合所导致，男性教师与女性教师对校务评价指标排序没有一致的看法。

　　表 10–17 中采用 Kendall 等级相关或 Spearman 等级相关所获得的结果一样：男性教

师群体与女性教师群体的看法并不一致。

统计软件执行功能列"分析（A）"/"非参数检验（N）"/"历史对话记录"/"K个相关样本（S）"程序，可以求出 Kendall 和谐系数统计量，在上述操作程序中，可以开启"多个相关样本的检验"对话视窗，视窗下"检验类型"的统计量有 3 种："Friedman 检验""Kendall's W 检验""Cochran's Q 检验"，其中"Kendall's W 检验"统计量较为普遍。

研究问题范例二：在一项资优班入学考试分组的观察中，4 位观察者对 10 位受试者的成绩等级的评定见表 10–18，请问 4 位观察者评分结果的关联性如何？

表 10-18　成绩等级评定表

观察者	A	B	C	D	E	F	G	H	I	J
甲	10	1	9	3	4	2	8	6	7	5
乙	10	3	8	4	2	1	9	7	6	5
丙	10	4	8	1	2	3	9	7	5	6
丁	9	1	7	2	3	4	10	8	6	5

由于观察者超过 3 人，故采用 Kendall 和谐系数统计相关性，统计量结果见表 10–19：

表 10-19　相关统计量数

个数	4
Kendall's W 检验 [a]	0.912
卡方	32.836
自由度	9
渐近显著性	0.000

a. Kendall 和谐系数。

Kendall 和谐系数统计量 ω 为 0.912（转换为卡方值约为 32.836，自由度等于 9），显著性概率值 $p < 0.001$，拒绝零假设，表示 Kendall 和谐系数值 0.912 显著不等于 0，4 位观察者所评定的等级名次间有很高的相关性，评分结果的一致性佳（有良好的评分者信度）。

（五）Pearson 积差相关

适用情况：两个变量均为计量变量（等距尺度或比率尺度）。皮尔逊积差相关系数又称皮尔逊相关系数（Pearson correlation coefficient），通常以小写 r 表示（r 是回归 regression 的缩写，因为回归与相关的理念十分接近，两个变量间有相关才可能存在因果关系，才可以进行回归分析）。皮尔逊积差相关系数（Pearson productmoment correlation coefficient）为正且达显著，表示两个变量为显著正相关（positive correlation）；皮尔逊积差相关系数为负且达显著，表示两个变量为显著负相关（negative correlation）。相关系数的绝对值 ≥ 0.70，表示两个变量呈"高度相关"；绝对值 < 0.40，表示两个变量呈"低度相关"；绝对值为 0.40 ~ 0.70，表示两个变量呈"中度相关"。

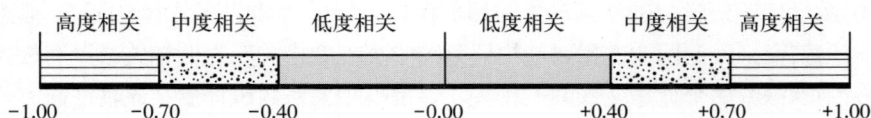

图 10-6

　　变量间有相关不表示有因果关系，当两个变量间的相关达到显著时，两个变量可能都是因、也可能都是果、也可能是一因一果。例如学生的数学成绩与理化成绩有显著正相关，数学成绩越好，理化成绩也越好，两者虽有显著相关却没有因果关系，两个变量均是"果，其因变量可能为学生智力、课堂投入与努力程度。计量变量 X 与计量变量 Y 间有显著相关（ $r \neq 0$ ），两者的因果关系至少有下列 3 种情况，其图示如图 10-7 所示：

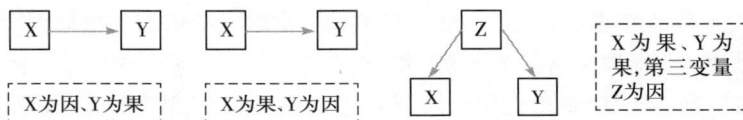

图 10-7

　　上述 3 种情况是较为单纯的因果关系，较为复杂的因果模型可能有 1 个以上的中介变量。

　　积差相关变量间脉络关系图如图 10-8 所示：

图 10-8　积差相关变量间脉络关系图

　　当受试者样本的同质性越高（变异程度越小），样本统计量的相关系数会越低；相对的，当受试者样本的同质性越低（变异程度越大），样本统计量的相关系数会越高。相关系数是一种次序尺度，相关系数间的差距并不相等，也不能以倍数表示，如甲变量与乙变量间的相关系数为 0.60、甲变量与丙变量间的相关系数为 0.40、甲变量与丁变量间的相关系数为 0.20，研究者不能说甲、乙变量的相关与甲丙变量间相关的差距（ = 0.60 − 0.40 = 0.20），与甲、丙变量的相关与甲、丁变量间相关的差距（ = 0.40 − 0.20 = 0.20）相等，因为两个 0.20 间的大小并不表示相同的"大小"；此外，研究者也不能写甲变量与乙变量间的相关（ = 0.60）是甲变量与丁变量间相关系数（0.20）的 3 倍，因为这个倍数 3 是一个无法合理解释的数值。

　　以中学学生数学的学习动机与学业成绩为例，若研究者选取的样本为资优班学生，或资源班学生，因为选取群体的同质性很高，变量的变异程度很低，造成两个变量间的相关系数会偏低。原因在于研究者抽取的样本在变量测量值的全距只限定在某个较小的范围，统计程序中只使用部分变量的测量值，这些测量值并未真正反映变量实际包括的分数上下限，造成统计结果的偏误，此种结果称为"全距受限"（restriction in range）的偏误。如中学数学资优班学生的学习动机测量值很高、学业成绩的测量值也很高；相对的，中学数学资源班学生的学习动机测量值很低、学业成绩的测量值也很低，测量值分布范围较为狭窄，因而两个变量可能由显著的中高程度相关变为低相关或没有相关。

研究中若探究两个计量变量间的相关，除呈现相关系数统计量及显著性概率值p外，最好能再呈现"决定系数"（coefficient of determination），决定系数等于积差相关系数的平方（$CD = r^2$）。若两个计量变量分别为X、Y，X与Y两个变量间有显著相关，则决定系数表示的是Y变量的总变异量中可由X变量解释的比例；或是X变量的总变异量中可由Y变量解释的比例。如中学学生智力与数学学业成绩间的相关为0.80（$p < 0.05$），表示智力变量与数学成绩变量间有显著正相关，且属高度相关。从决定系数来看，智力变量可以解释数学成绩变量64%的变异，至于其余36%（$= 1 - 64\%$）的变异是智力变量无法解释的，这些变异可能是学生个体变量（如学生身心状态）、物理环境变量及学生学习动机、投入程度等变因造成的。由于相关理论文献支持智力变量与数学成绩变量间的关系可能也是一种因果关系，智力变量为因变量、数学成绩为果变量，因而研究者可以不用再描述"数学成绩变量也可以解释智力变量64%的变异"。若研究者无法明确区分两个变量间的前后关系，则不宜作出单一方向的解释，因为两个变量间有显著相关（正相关或负相关），不一定表示两个变量间也存在因果关系。

变异程度太小（群体同质性太高）会低估相关系数，相关系数与变异程度的关系可用下列数据说明（图10-20）。

表 10-20　相关系数与变异程度关系表

学习动机	学业成绩	班别（资源班）	学习动机	学业成绩	班别（资优班）
1	30	1	8	89	2
1	25	1	9	90	2
2	29	1	8	90	2
2	31	1	10	100	2
3	38	1	10	98	2
4	35	1	9	95	2
4	40	1	8	94	2
3	23	1	8	98	2
3	34	1	9	98	2
2	29	1	10	88	2

执行结果如下：

1. 班别 ＝ 资源班

表 10-21　资源班学生学习动机与学业成绩相关系数摘要表

		学习动机	学业成绩
学习动机	Pearson 相关	1	0.629
	显著性（双尾）		0.052
	个数	10	10
学业成绩	Pearson 相关	0.629	1
	显著性（双尾）	0.052	
	个数	10	10

就资源班而言，学生数学学习动机与数学学业成绩间的相关系数为 0.629，显著性概率值 $p = 0.052 > 0.05$，未达 0.05 显著水平，接受零假设，即相关系数 r 显著为 0（表中积差相关系数 0.629 为抽样误差或巧合造成的），表示学生数学学业动机与数学学业成绩间没有显著相关存在。

2. 班别 ＝ 资优班

表 10-22　资优班学生学习动机与学业成绩相关系数摘要表

		学习动机	学业成绩
学习动机	Pearson 相关	1	0.257
	显著性（双尾）		0.474
	个数	10	10
学业成绩	Pearson 相关	0.257	1
	显著性（双尾）	0.474	
	个数	10	10

就资优班而言，学生数学学习动机与数学学业成绩间的相关系数为 0.257，显著性概率值 $p = 0.474 > 0.05$，未达 0.05 显著水平，接受零假设，即相关系数 r 显著等于 0（表中积差相关系数 0.257 为抽样误差或巧合造成的），表示学生数学学业动机与数学学业成绩间没有显著相关存在。

3. 从两个群体各选取 5 个样本

表 10-23　普通班学生学习动机与学业成绩相关系数摘要表

		学习动机	学业成绩
学习动机	Pearson 相关	1	0.993[**]
	显著性（双尾）		0.000
	个数	10	10
学业成绩	Pearson 相关	0.993[**]	1
	显著性（双尾）	0.000	
	个数	10	10

** 在显著水平为 0.01 时（双尾），相关显著。

就包含不同群体的普通班而言，学生数学学习动机与数学学业成绩间的相关系数为 0.993，显著性概率值 $p < 0.001$，达 0.05 显著水平，拒绝零假设，即相关系数 r 显著不为 0，表示学生数学学习动机与数学学业成绩间有显著正相关存在。由于相关系数大于 0.800，显示中学学生数学学习动机与数学学业成绩两个变量间呈现高度相关，学生的数学学习动机越强，数学学业成绩越高（全部 20 位样本的相关系数为 0.969，显著性 $p < 0.001$）。

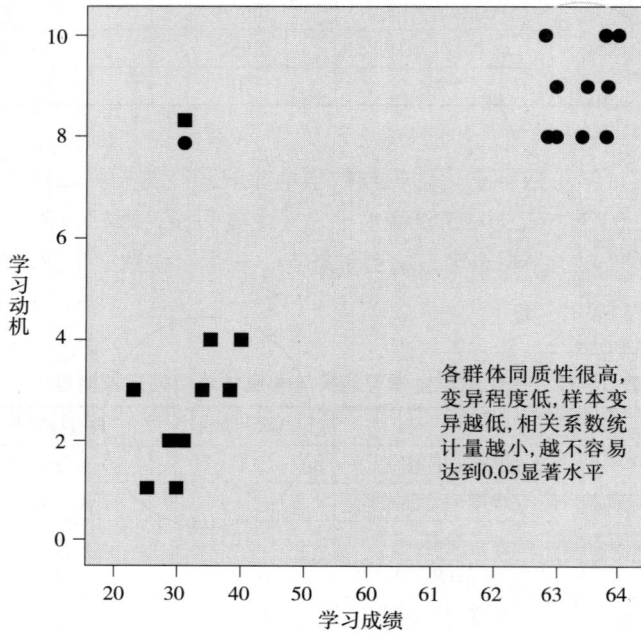

各群体同质性很高，变异程度低，样本变异越低，相关系数统计量越小，越不容易达到0.05显著水平

图 10-9

表 10-24　学业成绩

班　别		个　数	范　围	最小值	最大值	平均数	标准差	方　差
1 资源班	学业动机	10	3	1	4	2.50	1.080	1.167
	学业成绩	10	17	23	40	31.40	5.400	29.156
2 资优班	学业动机	10	2	8	10	8.90	0.876	0.767
	学业成绩	10	12	88	100	94.00	4.447	19.778
整体样本	学习动机	20	9	1	10	5.70	3.420	11.695
	学业成绩	20	77	23	100	62.70	32.472	1 054.432

从描述性统计量来看，资源班群组在学习动机变量的平均数为 2.50、全距为 3、方差为 1.167；在学业成绩变量的平均数为 31.40、全距为 17、方差为 29.156。资优班群组在学习动机变量的平均数为 8.90、全距为 2、方差为 0.767；在学业成绩变量的平均数为

94.00、全距为 12、方差为 19.778。就整体样本而言（混合资源班与资优班样本），20 位样本在学习动机变量的平均数为 5.70、全距为 9、方差为 11.695；在学业成绩变量的平均数为 62.70、全距为 77、方差为 1 054.432。就资源班或资优班的群组而言由于受试者的同质性很高，样本在检验变量的变异程度较小，全距也较小，这些样本群组的分布形状并不是正态（可能正偏或负偏）。

研究问题范例一：高中学生的生活压力与生命意义间是否有显著相关？研究假设为"高中学生的生活压力与生命意义间有显著相关"。生活压力分为 4 个向度（加上 4 个向度总分共 5 个变量）、生命意义感受分为 3 个向度（加上 3 个向度总分共 4 个变量），构成的相关系数摘要表见表 10-25。摘要表中共有 20 个待检验的相关系数，若是研究假设要获得支持，必须所有相关系数均达 0.05 显著水平，如果有部分或少数相关系数未达 0.05 显著水平，研究假设的验证情况可改为"大部分获得支持"或"部分获得支持"；相对的，若是多数的相关系数未达 0.05 显著水平，验证情况宜改为"少部分获得支持"或"部分获得支持"。

表 10-25 生活压力与生命意义的相关系数摘要表

生命意义＼生活压力	学校压力	家庭压力	情感压力	个人压力	整体生活压力
生命价值	r_1	r_2	r_3	r_4	r_5
生活品质	r_6	r_7	r_8	r_9	r_{10}
生活目标	r_{11}	r_{12}	r_{13}	r_{14}	r_{15}
整体生命意义	r_{16}	r_{17}	r_{18}	r_{19}	r_{20}

图 10-10
积差相关表格呈现范例（陈思萦，2012）

三、重复量数 t 检验

重复量数表示同一群受试者在两次测验成绩或测量项目分数的差异比较，重复量数的设计（repeated-measurement design）又称"受试者内的设计"（within-subjects design），重复量数设计中，群体每位受试者均有两个不同测验项目的分数（或测量值），检验"同一群受试者"在两个测验分数值的差异，称为"配对样本 t 检验"（t test for dependent means）。t 检验的假设之一是资料结构须符合正态分布的假定，但即使资料结构未完全符合正态性假定，使用 t 检验可得到正确结果，因为 t 检验方法具有统计强韧性（robustness）。

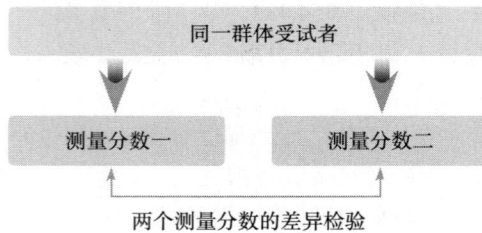

图 10-11

配对样本 t 检验的零假设与对立假设如下：

$H_0: M_1 = M_2$；$H_1: M_1 \neq M_2$（双侧检验），假设检验结果若是显著性 $p < 0.05$，表示零假设的可能性很低，研究者必须拒绝零假设，接受研究假设；相对的如果显著性 $p > 0.05$，表示零假设的可能性很高，没有足够证据可以拒绝零假设，两个测量分数间没有显著差异存在。

研究问题范例一：探究中学一年级肥胖学生参加减肥训练课程后体重是否显著减轻，从中学一年级学生中挑选 20 位肥胖学生参与减肥训练课程，经过一个月的密集训练与饮食控制后，再测量学生的体重，研究者想要比较的是 20 位受试者前后一个月的体重间是否有显著的不同。

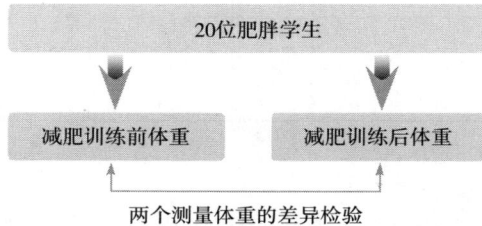

图 10-12

研究问题范例二：在一项教师班级经营指标重要性与实践程度的调查中，研究者建构的指标项目共有五大构面：教学活动经营、训育工作经营、情境规划经营、亲师生沟通经营、行政事务经营。其编制的量表格式见表 10-26：

表 10-26

指标重要性					班级实践程度			
非常重要	重要	不重要	非常不重要		非常符合	符合	不符合	非常不符合
☐	☐	☐	☐	01. 题目或测量项目	☐	☐	☐	☐
☐	☐	☐	☐	02. 题目或测量项目	☐	☐	☐	☐
☐	☐	☐	☐	⋮	☐	☐	☐	☐
☐	☐	☐	☐	19. 题目或测量项目	☐	☐	☐	☐
☐	☐	☐	☐	20. 题目或测量项目	☐	☐	☐	☐

如要探究受试者对"指标构面重要性"与"指标构面实践程度"感受间的差异，可采用配对样本 t 检验，进行相同受试者在两种不同测量分数间的差异比较（表 10-27）。

表 10-27 两种不同测量分数间的差异比较

重要性感受测量值	统计方法	实践程度感受测量值
教学活动经营→	<配对样本 t 检验>	←教学活动经营
训育工作经营→	<配对样本 t 检验>	←训育工作经营
情境规划经营→	<配对样本 t 检验>	←情境规划经营
亲师生沟通经营→	<配对样本 t 检验>	←亲师生沟通经营
行政事务经营→	<配对样本 t 检验>	←行政事务经营

若要探究受试者在同一量表的配对构面（向度）间的差异，也可采用配对样本 t 检验，因为构面变量的测量值或分数来自相同的受试者。

研究问题范例三：探究成年人在婚前 3 个月与婚后 3 个月期间与另一半吵架冲突的情况。调查 10 位新婚夫妻中的先生，就婚前 3 个月及婚后 3 个月分别与太太争吵冲突的次数，调查数据见表 10-28：

表 10-28 调查数据

婚前冲突次数	4	3	3	2	1	4	5	3	0	1
婚后冲突次数	4	3	5	6	5	4	7	3	0	4

SPSS 统计软件执行功能列"分析（A）"/"比较平均数法（M）"/"成对样本 t 检验（P）"程序，可以求出配对样本 t 检验的相关统计量。

表 10-29 配对样本统计量

		平均数	个 数	标准差	平均数的标准误
成对 1	婚前冲突次数	2.60	10	1.578	0.499
	婚后冲突次数	4.10	10	1.912	0.605

10 位受试者，婚前 3 个月与另一半发生的争吵冲突平均次数为 2.60 次，婚后 3 个月的争吵冲突平均次数为 4.10 次。$M_1 = 2.60$、$M_2 = 4.10$，M_1 与 M_2 间的差异是否达到 0.05 显著水平，必须经由假设检验才能确认，研究者不能直接由平均数的高低来判别（表 10-30）。

表 10-30　配对样本检验

		配对变量差异						自由度	显著性（双尾）
		平均数	标准差	平均数的标准差	差异的 95% 置信区间		t		
					下界	上界			
成对1	婚前冲突次数 – 婚后冲突次数	−1.500	1.716	0.543	−2.728	−0.272	−2.764	9	0.022

　　"配对样本检验"摘要表中的"平均数"栏为 M_1 与 M_2 间的差异值，− 1.50 = 2.60 − 4.10，差异的 95% 置信区间为 [− 2.728， − 0.272]，自由度为 9（ = N − 1 = 10 − 1），平均数差异检验的 t 值统计量等于− 2.764，显著性概率值 p = 0.022 < 0.05，表示结果为零假设的可能性很低，两个平均数的差异值显著不等于 0，婚后冲突次数的平均数（4.10 次）显著高于婚前冲突次数的平均数（2.60 次）。

　　表中"平均数的标准差"栏数值：$SD_M = \sqrt{\dfrac{SD^2}{N}} = \sqrt{\dfrac{1.716^2}{10}} \approx 0.543$

　　t 值统计量 $= \dfrac{M_1 - M_2}{SD_M} = \dfrac{-1.50}{0.543} \approx -2.764$，使用双侧检验与 5% 的显著水平，自由度为 9 时，t 分布的临界值为 2.262（左侧为− 2.262）。

　　若调查受试者在某个变量的测量值，要探究测量值平均数与大群体平均数或常模平均数间的差异，使用的检验方法称为"单一样本 t 检验"（t test for a single sample）。例如某大学一年级学生一星期平均的读书时间为 16 小时，随机抽取教育学院 20 名大一学生，统计调查其一星期平均读书时间如下，请问教育学院大一学生与全校大一学生一星期平均读书时间是否有差异？

　　检验的零假设与研究假设如下：

零假设：$\mu = 16$（双侧检验）

研究假设：$\mu \neq 6$（双侧检验）

15	10	9	21	16	14	13	17	18	15	11	15	18	11	16	10	13	16	8	15

　　SPSS 统计软件执行功能列"分析（A）"/"比较平均数法（M）"/"单一样本 t 检验（S）"程序，可以求出单一样本 t 检验的相关统计量。

表 10-31　单一样本统计量

	个　数	平均数	标准差	平均数的标准差
读书时间	20	14.05	3.395	0.759

　　全部受试者有 20 位，平均数为 14.05、标准差为 3.395，平均数的标准误为 0.759，

教育学院大一学生一星期平均读书时间为 14.05 小时。

表中"平均数的标准差"栏数值：$SD_M = \sqrt{\dfrac{SD^2}{N}} = \sqrt{\dfrac{3.395^2}{20}} \approx 0.759$

表 10-32　单一样本检验

	检验值 = 16					
	t	自由度	显著性（双尾）	平均差异	差异的 95% 置信区间	
					下　界	上　界
读书时间	−2.569	19	0.019	−1.950	−3.54	−0.36

"平均差异"栏数值为样本资料所得的平均数 14.05 与总体平均数 16 间的差异值（ = 14.05 − 16 = − 1.95 ），差异的 95% 置信区间为 [− 3.54，− 0.36]，差异的 95% 置信区间未包含 0 这个数值，表示平均数差异值为 0 的可能性很低。t 值统计量为 − 2.569，显著性 $p = 0.019 < 0.05$，分析结果为零假设的概率很小，研究者有足够证据拒绝零假设，样本所得的平均数 14.05 与检验值 16 显著不相等。由于差异值为负，表示教育学院大一学生每周平均读书时间显著少于全校大一学生每周平均读书时间。表中 t 值统计量 $= \dfrac{M - \mu}{SD_M} = \dfrac{-1.950}{0.759} \approx -2.569$。

以 10 位受试者为例，重复量数 t 检验与独立样本 t 检验间差异脉络图如图 10–13 所示。

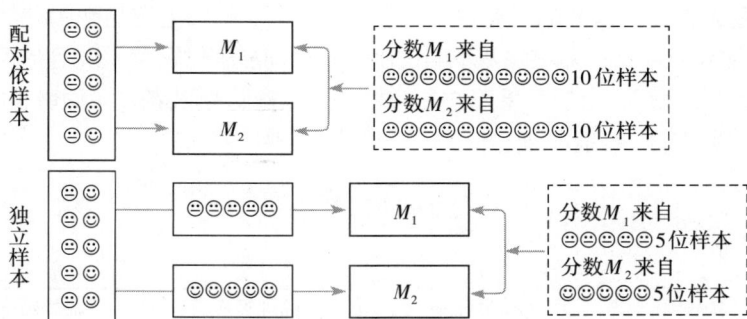

图 10-13　差异脉络图

四、配对样本方差分析

配对样本方差分析与配对样本 t 检验的主要差异在于检验的变量个数不同，配对样本 t 检验是相同受试者在两种不同测验分数的差异比较，而配对样本方差分析为相同受试者在两种以上不同测验分数的差异比较。

研究问题范例一：探究高职学生生活压力 4 个构面 / 向度（学校压力、家庭压力、情感压力、个人压力）的感受间是否有显著不同，由于比较的群体是同一组的受试者，检验的因变量有 4 个，采用的统计方法为配对样本方差分析。因为 4 个因素构面所包含的题目个数不同，不能直接将其加总后进行分数的差异比较，必须转换为"单题平均数"，单题平均测量值为层面加总后的分数除以题目个数。

上述研究问题统计分析的架构图见图 10-14：

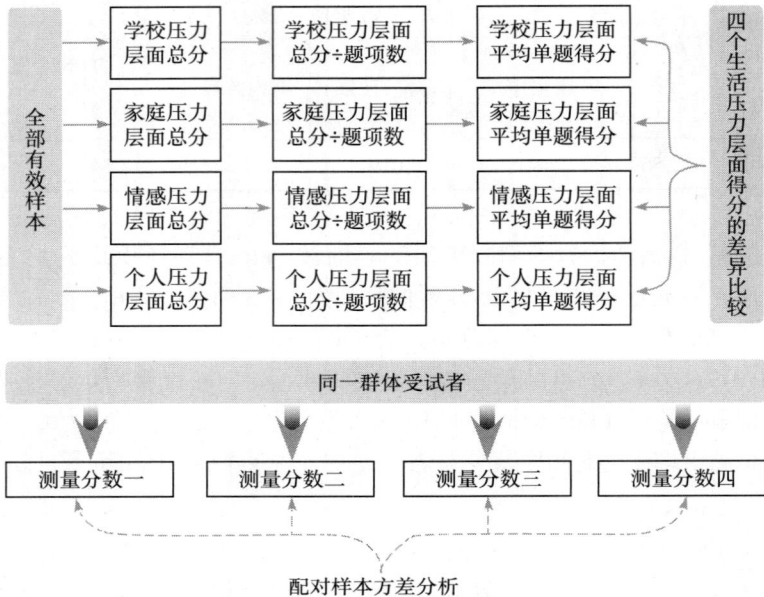

图 10-14　架构图

研究问题范例二：探究消费者对甲、乙、丙、丁 4 种新上市品牌奶茶的喜爱程度，随机选取 30 名消费者，请其每隔两小时饮用一种不同品牌的奶茶，饮用完后填写包含 5 个题目的"喜爱量表"，之后再采用方差分析法，以检验受试者在 4 种量表得分的差异（图 10-15）。

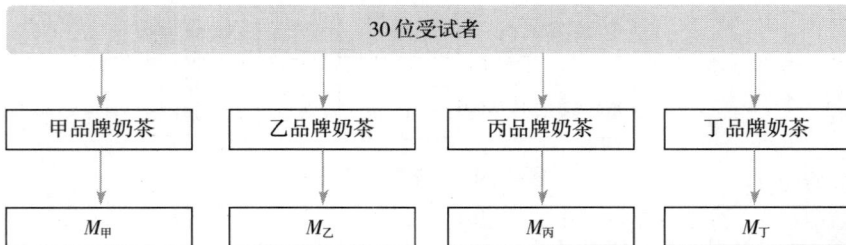

图 10-15

配对样本方差分析的零假设与对立假设如下：

H_0：$M_{甲} = M_{乙} = M_{丙} = M_{丁}$

H_1：$M_{甲} \neq M_{乙} \neq M_{丙} \neq M_{丁}$（对立假设：至少有一配对组平均数间显著不相等）

SPSS 统计软件的操作步骤：执行功能列"分析（A）"/"一般线性模型（G）"/"重复量数（R）"程序，可以求出方差分析相关的统计量数，包括整体检验的 F 值统计量、配对组差异检验事后比较摘要表等。

五、独立样本 t 检验

适用情况：自变量为名义二分变量、因变量/结果变量为计量变量（等距尺度或比率尺度）。独立样本 t 检验（t test for independent samples）适用于两个独立不同群体间的测量分数的差异比较。以变量检验关系架构图为例，测量分数 M_1 来自甲群体、测量分数 M_2 来自乙群体，甲、乙两个群体为互斥群体，测量分数为连续变量，独立样本 t 检验即在检验两个群体在因变量的测量分数 M_1、M_2 的平均数是否相等（图 10–16）。

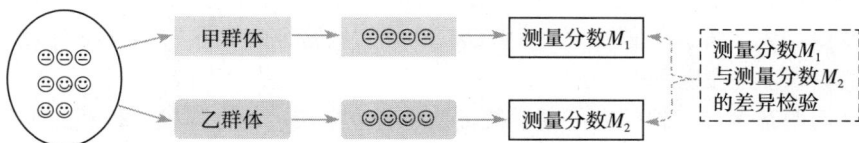

图 10-16

在图 10–17 中，甲群体的受试者与乙群体的受试者是两个独立的样本，从甲群体所得的测量分数平均数为 M_1，从乙群体所得的测量分数平均数为 M_2，甲群体、乙群体两组分数彼此独立，两个群体测量值检验的方法称为独立样本平均数差异检验，由于进行比较的群组只有两个，平均数差异检验法称为 t 检验。

独立样本 t 检验的零假设与研究假设如下：

$H_0: M_1 = M_2$；$H_1: M_1 \neq M_2$（双侧检验），假设检验若显著性 $p < 0.05$，表示零假设的机会可能性很低，研究者必须拒绝零假设，接受研究假设：两个群体的平均数差异值显著不等于 0；相对的如果显著性 $p > 0.05$，表示结果为零假设的可能性很高，没有足够证据可以拒绝零假设，两个群体的平均数差异值显著等于 0（$M_1 - M_2 = 0$），即两个群体的平均数相等（$M_1 = M_2$）。

研究问题范例一：不同性别的高职学生在生活压力的感受是否有显著的不同？其中的"性别"变量为二分类别变量，水平数值 1 为男生、水平数值 2 为女生；"生活压力"变量为受试者在生活压力量表上的得分，变量尺度属于计量变量，4 个压力因素向度为：学校压力、家庭压力、个人压力、情感压力。研究假设如下：

研究假设 I：不同性别的高职学生在生活压力的感受有显著的不同。
此研究假设包含 5 个待检验的子假设：
研究假设 I-1：不同性别的高职学生在"学校压力"向度的感受有显著不同。
研究假设 I-2：不同性别的高职学生在"家庭压力"向度的感受有显著不同。
研究假设 I-3：不同性别的高职学生在"个人压力"向度的感受有显著不同。
研究假设 I-4：不同性别的高职学生在"情感压力"向度的感受有显著不同。
研究假设 I-5：不同性别的高职学生在整体"生活压力"的感受有显著不同。

由于性别变量在生活压力变量检验的差异比较包括 4 个生活压力向度及 4 个向度的

总分，因而若研究假设 I 要获得支持，不同性别变量在 5 个因变量的差异比较均要达到 0.05 显著水平，若其中有部分因变量的差异没有达到显著水平，研究者可改为："'研究假设 I：不同性别的高职学生在生活压力的感受有显著的不同'大部分获得支持"或"'研究假设 I：不同性别的高职学生在生活压力的感受有显著的不同'小部分获得支持"，或直接以"部分获得支持"取代"大部分获得支持"或"小部分获得支持"，表述为"'研究假设 I：不同性别的高职学生在生活压力的感受有显著的不同'部分获得支持"。

如果 4 个向度及生活压力总分变量均达统计显著水平，则假设验证的表述为"'研究假设 I：不同性别的高职学生在生活压力的感受有显著的不同'获得支持"；相对的，若 5 个变量均未达统计显著水平（$p > 0.05$），则假设验证的表述为"'研究假设 I：不同性别的高职学生在生活压力的感受有显著的不同'无法获得支持。"

研究问题范例二：想探究不同学校类型（公立学校、私立学校）教师的工作压力、工作满意是否有显著不同，随机抽取 16 位教师，调查数据见如表 10-33：

表 10-33 调查数据

学校类型	0	0	0	0	0	0	0	0	1	1	1	1	1	1	1	1
学校地区	1	1	1	1	1	2	2	2	2	2	3	3	3	3	3	3
工作压力	9	10	6	9	8	9	5	4	3	5	2	3	2	3	1	5
工作满意	3	6	7	8	9	4	5	6	4	5	10	2	4	3		

SPSS 统计软件执行功能列"分析（A）"/"比较平均数法（M）"/"单一样本 t 检验（S）"程序，可以求出单一样本 t 检验的相关统计量（表 10-34）。

表 10-34 t 检验的相关统计量

	学校类型	个数	平均数	标准差	平均数的标准误
工作压力	0 私立	8	7.50	2.204	0.779
	1 公立	8	3.00	1.414	0.500
工作满意	0 私立	8	6.00	2.000	0.707
	1 公立	8	4.88	2.416	0.854

表 10-34 为不同学校类型受试者在工作压力与工作满意感受的组别统计量，8 名私立学校受试者在工作压力的平均数及标准差分别为 7.50、2.204，8 名公立学校受试者在工作压力的平均数及标准差分别为 3.00、1.414；就工作满意变量而言，8 名私立学校样本的平均数及标准差分别为 6.00、2.000，8 名公立学校样本的平均数及标准差分别为 4.88、2.416。表 10-35 中"平均数的标准误"栏数值由下列公式求出：

$$SD_{M0} = \sqrt{\frac{SD^2}{N}} = \sqrt{\frac{2.204^2}{8}} \approx 0.779 \text{、} SD_{M1} = \sqrt{\frac{SD^2}{N}} = \sqrt{\frac{1.414^2}{8}} \approx 0.500$$

表 10-35　单一样本检验

		方差相等的 Levene 检验		平均数相等的 t 检验							
		F 检验	显著性	t	自由度	显著性（双尾）	平均差异	标准误差异	差异的 95% 置信区间		
									下界	上界	
工作压力	假设方差相等	3.611	0.078	4.861	14	0.000	4.500	0.926	2.514	6.486	
	不假设方差相等			4.861	11.929	0.000	4.500	0.926	2.481	6.519	
工作满意	假设方差相等	0.029	0.866	1.014	14	0.328	1.125	1.109	−1.254	3.504	
	不假设方差相等			1.014	13.527	0.328	1.125	1.109	−1.261	3.511	

不同学校类型受试者在工作压力平均数差异检验的 t 值统计量为 4.861，显著性概率值 $p < 0.001$，有足够证据拒绝零假设，两个群体平均数差异值 4.50 并不是巧合造成的，差异的 95% 置信区间为 [2.514，6.486]，未包含 0 这个数值，表示平均数差异值为 0 的概率很低。由于 t 值统计量大于 0，表示第一个群体的平均数显著高于第二个群体的平均数，私立学校教师感受的工作压力（$M = 7.50$）显著高于公立学校的教师（$M = 3.00$）。表中平均数差异的次数分布标准误及 t 值统计量求法如下：

平均数差异的次数分布方差

$$= SD^2_{方差} = SD^2_{M0} + SD^2_{M1} = 0.779^2 + 0.500^2 \approx 0.857，$$

平均数差异的次数分布标准差

$$= \sqrt{SD^2_{方差}} \approx \sqrt{0.857} \approx 0.926$$

$$t \text{ 值统计量} = \frac{M_0 - M_1}{\sqrt{SD^2_{方差}}} = \frac{7.50 - 3.00}{0.926} = \frac{4.50}{0.926} \approx 4.86$$

不同学校类型受试者在工作满意平均数差异检验的 t 值统计量为 1.014，显著性概率值 $p = 0.328 > 0.05$，没有足够证据可以拒绝零假设，两个群体平均数差异值 1.125 是巧合或抽样误差造成的，差异的 95% 置信区间为 [−1.254，3.504]，包含 0 这个数值，表示平均数差异值为 0 的概率很高。由于两个群体平均数的差异值显著等于 0，表示私立学校教师感受的工作满意与公立学校教师感受的程度没有显著不同。

六、独立样本单因子方差分析

适用情况：自变量为名义三分以上变量、因变量/结果变量为计量变量。独立样本单因子方差分析（one-way an analysis of variance，one-way ANOVA）适用于 3 个以上独立不同群体间的测量分数的差异比较。

以检验模型图为例，测量分数 M_1 来自甲群体、测量分数 M_2 来自乙群体、测量分数 M_3 来自丙群体、测量分数 M_4 来自丁群体，4 个群体为互斥群体，因而 4 个测量分数分别来自 4 个不同的群体样本，测量分数 M 为连续变量，独立样本方差分析检验即在检验 4 个不同群体（4 个类别）在 M 变量的测量分数 M_1、M_2、M_3、M_4 的平均数是否相等。其零假设为 $H_0: \mu_{群体甲} = \mu_{群体乙} = \mu_{群体丙} = \mu_{群体丁}$。

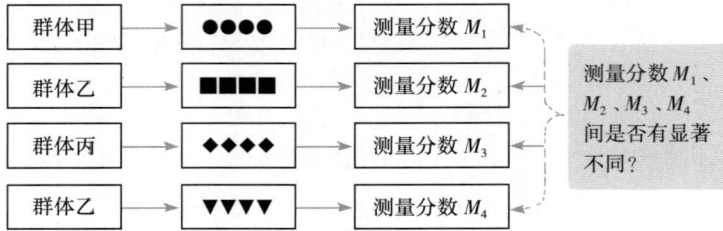
图 10-17

方差分析的检验统计量称为 F 值（F ratio），F 值为组间方差估计值与组内方差估计

值的比值：$F = \dfrac{MS_b}{MS_w} = \dfrac{\dfrac{SS_b}{df_b}}{\dfrac{SS_w}{df_w}}$，其中分子自由度 df_b（组间自由度）等于群组个数 $- 1$，df_w

分母自由度（组内自由度）等于每个样本自由度的总和，以公式表示为 $df_1 + df_2 + df_G$。方差分析的假定与独立样本 t 检验相同，资料结构须符合正态分布，且各组方差同质时，使用 F 检验才会得到最精确的结果。但 F 统计量与 t 统计量性质类似，都具有统计强韧性，因而即使资料结构稍微偏离正态分布，F 值检验所得到的结果也会十分精确。一般而言，如果各群组样本数相等，且最大方差估计值群体与最小方差估计值群体间的差距不超过 4 倍或 5 倍，利用 F 分布所得的结果仍会大致正确（Aron, Aron & Coups, 2006）。如果资料结构严重违反方差同质性及正态性假定，研究者可以进行资料转换，常用的有对数转换（log transformation）、倒数转换（inverse transformation）、平方根转换、正弦转换等。方差分析程序中，若总体严重违反方差同质性假定（最大方差估计值群体与最小方差估计值群体间的差距超过 5 倍），SPSS 统计软件也提供校正的 F 值统计量，在"单因子方差分析：选项"次对话视窗，"统计"方框中提供两个校正统计量选项："Brown–Forsythe（B）""Welch（W）"。

研究问题范例一：不同婚姻状态（已婚、未婚、离异、丧偶）的成年人，其忧郁倾向是否有显著的不同。研究问题中的自变量为四分类别变量，水平数值 1 为"已婚"群组、2 为"未婚"群组、3 为"离异"群组、4 为"丧偶"群组。因变量为忧郁倾向，即受试者在"忧郁倾向量表"上的得分，分数越高表示受试者忧郁倾向越高、分数越低表示受试者忧郁倾向越低。"忧郁倾向"因变量为计量变量，"婚姻状态"自变量为名义四分变量，采用的统计方法为单因子方差分析，单因子中的"因子"（factor）表示自变量的个数，若自变量的个数只有一个，则称为"单因子"，自变量的个数有两个则称为"二因子方差分析"（two–way ANOVA）。

方差分析采用的统计量数为 F 检验，当 F 值达到统计上显著水平（$p < 0.05$ 或 $F_{统计量} > F_{临界值}$），表示自变量的不同之水平群组中，至少有一个配对组群体平均数的差异达到 0.05 显著水平，至于是哪些配对组群体平均数的差异达到显著，必须进一步进行事后比较（post hoc comparison）方能得知。事后比较的方法很多，多数研究者采用的是较保守的 Scheffe 事后检验法。此外，还有 LSD 法、Tukey 法、Bonferroni 法（又称 Bonferroni 校正法）。上述 4 种事后比较方法，其前提是因变量要符合方差同质性的假定，否则应采用 Tambane's T2 法。以研究问题为例，其零假设为 $H_0: \mu_1 = \mu_2 = \mu_3 = \mu_4$、研究假设为 H_1：至少有一个配对组平均数显著不相等。当方差分析摘要表整体检验的 F 值未达统计上显著水平（$p \geq 0.05$ 或 $F_{统计量} \leq F_{临界值}$），接受零假设，表示 4 个不同婚姻状态的成年人群体在"忧郁倾向"的感受没有显著不同，4 个群体的总体平均数均相等，所有配对群体平均数差异值均显著等于 0；相对的，当 F 值达到统计上显著水平（$p < 0.05$ 或 $F_{统计量} > F_{临界值}$），表示有足够证据可拒绝零假设，即至少有一个配对群体在"忧郁倾向"的感受有显著不同（至少有一个配对组在因变量的平均数差异值显著不等于 0）。由于自变量有 4 个水平群组，因而事后比较的配对组数有 6 组 [$= 4 \times (4 - 1) \div 2 = 4 \times 3 \div 2 = 6$]，分别为："已婚 & 未婚""已婚 & 离异""已婚 & 丧偶""未婚 & 离异""未婚 & 丧偶""离异 & 丧偶"，整体检验 F 值达到 0.05 显著水平，表示上述 6 个配对群体中至少有一个配对群体的平均数的差异达到显著。

研究问题范例二：不同学校地区（北区、中区、南区）的教师对工作压力、工作满意的感受是否有显著不同？方差分析及事后比较摘要表见表 10-36：

表 10-36 方差分析及事后比较摘要表

		平方和	自由度	平均平方和	F	显著性
工作压力	组间	89.667	2	44.833	14.818	0.000
	组内	39.333	13	3.026		
	总和	129.000	15			
工作满意	组间	10.604	2	5.302	1.088	0.366
	组内	63.333	13	4.872		
	总和	73.938	15			

不同学校地区教师在工作压力平均数差异检验的 F 值统计量等于 14.818，显著性概率值 $p < 0.001$，表示研究结果为零假设（$H_0: \mu_1 = \mu_2 = \mu_3$）的概率很低，研究假设得到支持。至于哪些配对组平均数间的差异值显著不等于 0，从下列事后比较摘要表方能得知。表 10-36 中 F 值统计量的求法如下：

$$F = \frac{MS_b}{MS_w} = \frac{44.833}{3.026} = \frac{\dfrac{SS_b}{df_b}}{\dfrac{SS_w}{df_w}} = \frac{\dfrac{89.667}{2}}{\dfrac{39.333}{13}} = 14.818$$

因为有 3 个群组，每个群组的样本有 6 人，各水平组内方差估计值的自由度为 $6 - 1 = 5$，整体自由度 $= 3 \times 5 = 15$，组内自由度 $= 15 - 2 = 13$。当显著水平 α 等于 0.05，自由度分别为 2 与 15 时，F 的临界值为 3.68（$F_{2,15} = 3.68$），计算所得的 F 值统计量 > 临界值，落入拒绝区，表示零假设的机会很低。由于 $H_0: \mu_1 = \mu_2 = \mu_3$ 出现的可能机会甚小，所以 3 个群体平均数都相等的可能性不高，此时可能会有 3 种结果：μ_1 与 μ_2 的差异值显著不等于 0，μ_1 与 μ_3 的差异值显著不等于 0，μ_2 与 μ_3 的差异值显著不等于 0。

不同学校地区教师在工作满意平均数差异检验的 F 值统计量等于 1.088，显著性概率值 $p = 0.366 > 0.05$，表示零假设（$H_0: \mu_1 = \mu_2 = \mu_3 = \mu_4$）的概率很高，研究者没有足够证据可以拒绝零假设，即 3 个不同地区教师在工作满意的感受程度相同（表 10-37）。

表 10-37

因变量		（I）学校地区	（J）学校地区	平均差异（I-J）	标准误	显著性	95% 置信区间	
							下 界	上 界
工作压力	Tukey HSD	1 北区	2 中区	3.200*	1.100	0.031	0.30	6.10
			3 南区	5.733*	1.053	0.000	2.95	8.51
		2 中区	1 北区	−3.200*	1.100	0.031	−6.10	−0.30
			3 南区	2.533	1.053	0.076	−0.25	5.31
		3 南区	1 北区	−5.733*	1.053	0.000	−8.51	−2.95
			2 中区	−2.533	1.053	0.076	−5.31	0.25
	Scheffe 法	1 北区	2 中区	3.200*	1.100	0.038	0.16	6.24
			3 南区	5.733*	1.053	0.000	2.83	8.64
		2 中区	1 北区	−3.200*	1.100	0.038	−6.24	−0.16
			3 南区	2.533	1.053	0.091	−0.37	5.44
		3 南区	1 北区	−5.733*	1.053	0.000	−8.64	−2.83
			2 中区	−2.533	1.053	0.091	−5.44	0.37
工作压力	LSD	1 北区	2 中区	3.200*	1.100	0.012	0.82	5.58
			3 南区	5.733*	1.053	0.000	3.46	8.01
		2 中区	1 北区	−3.200*	1,100	0.012	−5.58	−0.82
			3 南区	2.533*	1.053	0.032	0.26	4.81
		3 南区	1 北区	−5.733*	1.053	0.000	−8.01	−3.46
			2 中区	−2.533*	1.053	0.032	−4.81	−0.26
	Bonferroni 法	1 北区	2 中区	3.200*	1.100	0.037	0.18	6.22
			3 南区	5.733*	1.053	0.000	2.84	8.63
		2 中区	1 北区	−3.200*	1.100	0.037	−6.22	−0.18
			3 南区	2.533	1.053	0.095	−0.36	5.43
		3 南区	1 北区	−5.733*	1.053	0.000	−8.63	−2.84
			2 中区	−2.533	1.053	0.095	−5.43	0.36

多重比较摘要表（表 10–37）为方差分析程序的事后比较，表中同时呈现 Tukey HSD、Scheffe 法、LSD 法、Bonferroni 法 4 种事后比较方法：

1. Tukey HSD、Scheffe 法、Bonferroni 法事后比较结果相同：北区＞中区、北区＞南区，至于中区与南区受试者平均数的差异显著为 0。
2. LSD 法事后比较结果与其余 3 个方法有稍微差异：北区＞中区、北区＞南区、中区＞南区（中区与南区受试者平均数的差异达到显著）。

七、共变量分析

适用情况：准实验设计研究中等组 / 不等组前后测设计，共变量（covariance）与因变量均为计量变量，在社会科学领域中作为共变量的如智力、量表或测验前测成绩等。等组或不等组前后测设计的架构模型见表 10–38：

表 10-38　等组或不等组前后测设计的架构模型

组　别	前　测	实验处理	后测（立即效果）
实验组	O1	X	O3
控制组	O2		O4

以两组前测（pretest）成绩作为共变量，后测成绩（posttest）作为因变量，以统计控制方法（statistical control analysis）来处理其他干扰变量与控制变量对因变量造成的影响。若研究者进行的是两种不同实验处理（treatment）效果的差异比较，则等组或不等组前后测设计的架构模型改为表 10–39：

表 10-39　修改后的架构模型

组　别	前　测	实验处理	后测（立即效果）
实验组一	O1	X1	O3
实验组二	O2	X2	O4

研究问题范例：在一项大一学生 4 000 米耐力训练比较研究中，从甲、乙两班随机抽取学生，甲班学生每周 3 次的耐力训练课程为：每次跑 2 000 米→休息 10 分钟→再跑 2 000 米；乙班学生每周 3 次的耐力训练课程为：每次跑 400 米→休息 2 分钟→再跑 400 米，共重复 10 次。学期初，甲、乙两班各测量其跑 4 000 米的时间（前测成绩作为共变量），训练 2 个月后再测量两个班学生跑 4 000 米的时间（后测成绩为因变量或效标变量），采用共变量分析（analysis of covariance，ANCOVA）进行两组实验处理效果的比较。

在共变量分析中资料结构必须符合"组内回归系数同质性"（homogeneity of within-class regression coefficient）的假定，即以各实验处理组的共变量为预测变量、以实验处理效果为因变量 / 效标变量进行回归分析时，所得到回归线的回归系数（斜率）是相同的，即 $\beta_1 = \beta_2 = \cdots = \beta_j$，当 $\beta_1 = \beta_2$ 时表示两条回归线是互相平行的，此时可以总体回归系数值（整体斜率 β）来代替各组组内回归方程的回归系数值：$\beta = \beta_1 = \beta_2$。组内回归系数同质性假设图示如图 10–18 所示。

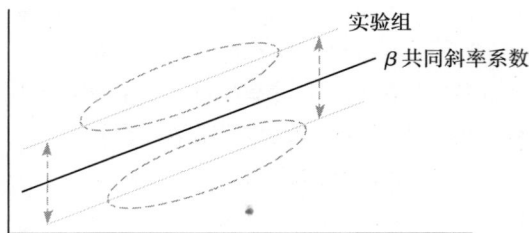

图 10-18　组内回归系数同质性假设

不符合组内回归系数同质性假定的图示见图 10–19：由于实验组与控制组两条回归线的斜率显著不相同，无法找出共同的回归系数。在 SPSS 一般线性模型的输出中，组别变量与共变量的交互作用列："组别 * 共变量"列的数值为回归系数同质性检验的数据，当此列 F 值未达 0.05 显著水平，接受零假设 H_0：$\beta_1 = \beta_2$，表示资料结构符合回归系数同质性的假定，此时才可以进一步使用传统共变量分析进行资料分析。

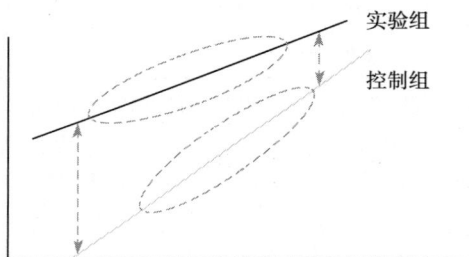

图 10-19

当组别变量与共变量的交互作用列的 F 值达到 0.05 显著水平（$p < 0.05$），拒绝零假设 H_0：$\beta_1 = \beta_2$，表示资料结构不符合回归系数同质性的假定。如果两条回归线的斜率差异太大，即不平行的情况较为严重，之后的统计分析不应直接采用共变量分析，而应改为 Johnson–Neyman 校正方法。Johnson–Neyman 校正方法范例图示见图 10–20：由于两条回归线不是互相平行，因而会有一个交叉点（X_c），交叉点左右两个临界点 X_1、X_2 内的区域 $[X_1, X_2]$，表示"实验处理一""实验处理二"两种教学方法的效果没有显著的不

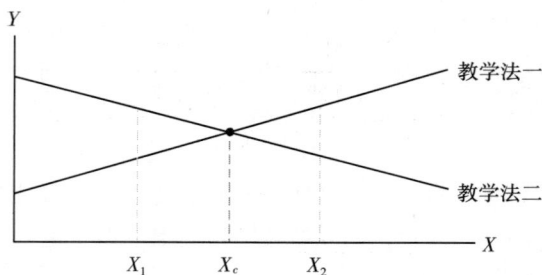

图 10-20　组内回归线的交叉点及差异显著的临界点示意图

同。当前测分数低于 X_1 时，教学法二的处理效果显著优于教学法一的处理效果；但当前测分数高于 X_2 时，教学法二的处理效果反而显著地不如教学法一的处理效果。因而对前测分数低于 X_1 的受试者采用教学法二，而对前测分数高于 X_2 的受试者采用教学法一，反而会有较优的学习结果。

准实验设计中通常以量表前测分数作为共变量，为避免前测、后测量表题目顺序一成不变，引起受试者厌烦或由于记忆保留造成填答效应（研究者照第一次填答的大概记忆随便作答），实验处理完的立即效果的测试量表的题目，其前后的顺序最好加以调整。以一份有 12 题的自我概念量表为例，研究者可根据量表 4 个构面（生理自我、心理自我、能力自我、社会自我）的顺序来调整（表 10-40）。

表 10-40　自我概念量表

前测量表题目顺序	后测（立即效果）量表题目顺序	后测（保留效果）量表题目顺序
01. 生理自我题目 1	01. 心理自我题目 1	01. 能力自我题目 1
02. 生理自我题目 2	02. 心理自我题目 2	02. 能力自我题目 2
03. 生理自我题目 3	03. 心理自我题目 3	03. 能力自我题目 3
04. 心理自我题目 1	04. 能力自我题目 1	04. 社会自我题目 1
05. 心理自我题目 2	05. 能力自我题目 2	05. 社会自我题目 2
06. 心理自我题目 3	06. 能力自我题目 3	06. 社会自我题目 3
07. 能力自我题目 1	07. 社会自我题目 1	07. 生理自我题目 1
08. 能力自我题目 2	08. 社会自我题目 2	08. 生理自我题目 2
09. 能力自我题目 3	09. 社会自我题目 3	09. 生理自我题目 3
10. 社会自我题目 1	10. 生理自我题目 1	10. 心理自我题目 1
11. 社会自我题目 2	11. 生理自我题目 2	11. 心理自我题目 2
12. 社会自我题目 3	12. 生理自我题目 3	12. 心理自我题目 3

不同时段量表的施测除调整量表题目／测量项目的顺序外，若一份问卷中使用了几种不同的量表，也可以同时调整其顺序。如在一项现实治疗方案对员工自尊信念、自我效能、自我概念效果的实验研究中，研究者同时使用自尊信念量表、自我效能量表、自我概念量表，3 种量表以"自我感受问卷"为问卷标题，在前测、后测、保留测验可将问卷调整为下列形式（表 10-41）：

表 10-41　调整问卷形式

前测问卷顺序	后测（立即效果）问卷顺序	后测（保留效果）问卷顺序
一　自尊信念量表	一　自我效能量表	一　自我概念量表
二　自我效能量表	二　自我概念量表	二　自尊信念量表
三　自我概念量表	三　自尊信念量表	三　自我效能量表
四　个人基本资料	四　个人基本资料	四　个人基本资料

八、复（多元）回归分析

适用情况：自变量、因变量均为计量变量。回归分析中的自变量又称为预测变量（predictor）或解释变量、被预测的因变量又称为结果变量（outcome variable）或效标变量（criterion variable）。自变量的个数只有一个，表示以一个自变量来预测一个因变量，此种回归分析称为"简单回归分析"（simple regression analysis）。由回归分析所导出的数学函数称为"回归方程式"（regression equation）。简单回归分析问题如以中学生毕业的总成绩来预测高中入学的测验成绩（基测考试成绩），简单回归分析模型图如图 10-21 所示：

图 10-21　简单回归分析模型图

如果预测变量有两个以上，则表示以多个自变量来预测或解释一个效标变量，此种回归分析称为复回归分析或多元回归分析（multiple regression analysis）。在多元回归分析中，包含截距项（常数项）的回归方程式，采用的是原始回归系数（非标准化回归系数 β），因而无法看出哪个自变量对效标变量的影响更大，研究者应再参考不含截距项的标准化回归模型，从各自变量中的标准化回归系数（standardized regression coefficient）Beta 值（β）绝对值的高低，来判别哪些预测变量对效标变量较具影响力。标准化回归系数值与积差相关系数值的含义相同，其值域为 $-1 \sim +1$，β 参数值绝对值越接近 1，表示预测变量对效标变量的影响越大；β 系数值为正，表示预测变量对效标变量的影响为正向，即预测变量量测的数值越高，效标变量量测的数值也越高；β 系数值为负，表示预测变量对效标变量的影响为负向，即预测变量量测的数值越高，效标变量量测的数值越低。

回归分析程序中，若显著水平设定为 0.05，统计检验力 $\geqslant 0.80$，有效样本数最少须为预测变量数的 15 倍，较佳的样本数是预测变量数的 20 倍以上，如预测变量有 4 个，有效样本数最少为 60 位，较佳的样本数为 80 位以上。社会科学领域中，所有预测变量对效标变量较合理的解释变异量为 $R^2 \geqslant 0.50$，自然科学领域，所有预测变量对效标变量较合理的解释变异量为 $R^2 \geqslant 0.75$（Stevens, 2009: 117）。从解释变异量的观点而言，行为及社会科学领域中的分类标准如下：

表 10-42　分类标准

准　　则	说　　明
$R^2 < 0.40$	解释变异量欠佳
$R^2 \geqslant 0.40$	解释变异量普通
$R^2 \geqslant 0.50$	解释变异量佳
$R^2 \geqslant 0.60$	解释变异量良好

研究问题范例：高职学生生活压力、生命意义感与自杀意向的关系研究的研究架构图如图 10-22 所示。

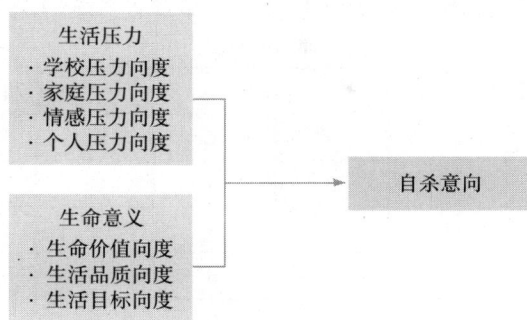

图 10-22　研究架构图

研究问题之一为"生活压力 4 个向度与生命意义 3 个向度是否可以有效预测其自杀意向？"研究问题中的预测变量共有 7 个：学校压力向度、家庭压力向度、情感压力向度、个人压力向度、生命价值向度、生活质量向度、生活目标向度，结果变量为自杀意向，统计分析方法为多元回归分析法。同一个量表中若包含数个构面（向度／因素），研究者不能将量表的加总变量及各构面变量同时投入回归模型，作为复回归分析的预测变量。此时测量分数并没有独立而是互有重叠，这样做将造成复回归分析中多元共线性问题。此外，回归模型也无法作出合理解释。以生活压力量表为例：该量表经因素分析结果，共萃取出 4 个共同因素：学校压力、家庭压力、情感压力、个人压力，研究者若将这 4 个向度变量作为预测变量，就不应再把 4 个向度的加总变量"生活压力"投入回归模型中。不适当的回归分析应用如下：

> →以学校压力向度、家庭压力向度、情感压力向度、个人压力向度、"生活压力加总"变量为预测变量，以自杀意向为效标变量，进行多元回归分析。
> →以生命价值向度、生活质量向度、生活目标向度及"生命意义感加总"变量为预测变量，以自杀意向为效标变量，进行多元回归分析。
> →以学校压力向度、家庭压力向度、情感压力向度、个人压力向度、生活压力加总变量、生命价值向度、生活质量向度、生活目标向度、生命意义感加总变量为预测变量，以自杀意向为效标变量，进行多元回归分析。

多元回归程序中，最佳的模型要求是自变量彼此间的相关不高（低度相关），但每个自变量与因变量间都有中高度相关（$r \geqslant 0.40$）。若投入回归模型的自变量彼此间有很高的相关，进行回归分析时会发生多元共线性问题，可能出现不合理的回归参数，或多数自变量对结果变量的解释变异未达显著的情况。虽然逐步多元回归分析法可以解决多元共线性问题，但如果共线性问题较为严重，仍会出现不合理的回归参数（不适当解值），此时，研究者可以简化自变量的个数，删除高度相关的自变量组中的部分变量，如此可以避免线性相依的情况发生。

模拟数据中，变量 X_1、X_2、X_3 为预测变量（自变量），变数 Y 为效标变量（因变量）。

表 10-43

回归分析一				回归分析二			
X_1	X_2	X_3	Y	X_1	X_2	X_3	Y
3	1	1	3	3	3	3	1
3	5	1	7	3	5	5	4
6	2	2	8	6	5	4	3
3	2	5	9	3	6	5	4
4	7	3	8	4	4	3	6
7	7	4	5	4	5	5	8
7	9	4	3	7	6	4	7
8	9	6	4	8	9	6	8
7	10	9	9	9	10	9	7
9	10	9	10	9	10	10	10

变量间相关矩阵摘要表如下（回归分析一的数据）：

表 10-44 变量间相关矩阵摘要表

		X_1	X_2	X_3	Y
X_1	Pearson 相关	1			
	显著性（双尾）				
X_2	Pearson 相关	0.768**	1		
	显著性（双尾）	0.009			
X_3	Pearson 相关	0.711*	0.723*	1	
	显著性（双尾）	0.021	0.018		
Y	Pearson 相关	0.034	0.082	0.458	1
	显著性（双尾）	0.927	0.821	0.184	

$**p < 0.01$ $*p < 0.05$。

从表 10-49 可以发现：自变量 X_1、X_2、X_3 彼此间的相关均达显著，相关系数均显著不等于 0；X_1、X_2、X_3 三个预测变量与效标变量 Y 间的相关系数分别为 0.034（$p = 0.927 > 0.05$）、0.082（$p = 0.821 > 0.05$）、0.458（$p = 0.184 > 0.05$），均未达 0.05 显著水平，表示 3 个相关系数值均显著为 0。表中的统计量数之所以不等于 0，乃是抽样误差或巧合所造成的。

表 10-45

模　型	R	R^2	调整后的 R^2	估计的标准误	F	显著性
1	0.640^a	0.410	0.115	2.477	1.390	0.334

回归模型 1 的 R^2 为 0.410，多元相关系数值 R 等于 0.640，显著性检验 F 值统计量为 1.390，显著性概率值 $p = 0.334 > 0.05$，没有足够证据可以拒绝零假设，表示多元相关系数 R 显著为 0，相对的 R^2 值也为 0（表中 R^2 值为 0.410 是抽样误差或巧合导致，若研究者将样本数扩大或进行普测，则 R^2 值会趋近于 0），X_1、X_2、X_3 三个自变量，对效标变量 Y 的联合解释变异量为 0。

表 10-46

模　型		未标准化系数		标准化系数	t	显著性
		β 的估计值	标准误差	Beta 分布		
1	（常数）	6.983	2.248		3.107	0.021
	X_1	−0.516	0.609	−0.444	−0.848	0.429
	X_2	−0.216	0.402	−0.286	−0.537	0.611
	X_3	0.886	0.438	0.980	2.020	0.090

3 个自变量回归系数显著性检验的 t 统计量分别为 -0.848（$p = 0.429 > 0.05$）、-0.537（$p = 0.611 > 0.05$）、2.020（$p = 0.090 > 0.05$），均未达 0.05 显著水平，表示 3 个自变量对因变量均没有解释量，3 个自变量的回归系数值均显著为 0。此结果与之前相关矩阵摘要表呈现的表格相同，自变量与因变量间没有显著相关，则自变量对因变量就没有显著的解释变异量，此时，进行回归分析是没有实质意义的。

回归分析二中数据的变量间的相关矩阵见表 10-47：

表 10-47　相关矩阵

		X_1	X_2	X_3	Y
X_1	Pearson 相关	1			
	显著性（双尾）				
X_2	Pearson 相关	0.875^{**}	1		
	显著性（双尾）	0.001			
X_3	Pearson 相关	0.743^*	0.918^{**}	1	
	显著性（双尾）	0.014	0.000		
Y	Pearson 相关	0.683^*	0.724^*	0.665^*	1
	显著性（双尾）	0.029	0.018	0.036	

从表 10–47 可以发现：自变量 X_1、X_2、X_3 彼此间的相关均达显著，表示 3 个相关系数均显著不等于 0，相关系数分别为 0.875（$p < 0.01$）、0.743（$p < 0.05$）、0.918（$p < 0.001$）；X_1、X_2、X_3 三个预测变量与效标变量 Y 间的相关系数分别为 0.683（$p < 0.05$）、0.724（$p < 0.05$）、0.665（$p < 0.05$），均达 0.05 显著水准，相关系数值均显著不为 0，表示 3 个预测变量与效标变量均达显著正相关，其解释变异量（决定系数）分别为 46.6%、52.4%、44.2%（表 10–48）。

表 10-48

模　型	R	R^2	调整后的 R^2	估计的标准误	F	显著性
2	0.732	0.536	0.304	2.286	2.313	0.176

回归模型 2 的 R^2 为 0.536，多元相关系数值 R 等于 0.732，显著性检验 F 值统计量为 2.313，显著性概率值 $p = 0.176 > 0.05$，没有足够证据可以拒绝零假设，表示多元相关系数 R 显著为 0，相对的 R^2 值也为 0（表中 R^2 值为 0.536 是抽样误差或巧合导致，若研究者将样本数扩大或进行普测，则 R^2 值会趋近于 0），X_1、X_2、X_3 三个自变量对效标变量 Y 的联合解释变异量为 0.0%（表 10–49）。

表 10-49

模　型		未标准化系数		标准化系数	t	显著性
		β 估计值	标准误差	Beta 分布		
2	（常数）	0.780	2.055		0.380	0.717
	X_1	0.258	0.661	0.236	0.390	0.710
	X_2	0.478	1.117	0.436	0.428	0.684
	X_3	0.104	0.853	0.090	0.122	0.907

3 个自变量回归系数显著性检验的 t 统计量分别为 0.390（$p = 0.710 > 0.05$）、0.428（$p = 0.684 > 0.05$）、0.122（$p = 0.907 > 0.05$），均未达 0.05 显著水平，表示 3 个自变量对因变量均没有解释量，回归系数值均显著为 0，此结果与表 10–47 呈现的结果相反，研究结果前后矛盾。出现这种情况，是预测变量间有高度的显著相关存在，造成的多元共线性问题。

九、典型相关

适用情况：第一组 X 变量有 p 个（$p \geq 2$）、第二组 Y 变量有 q 个（$q \geq 2$），两组变量均为计量变量，当自变量与效标变量个数均在 2 个以上时，可采用典型相关（canonical correlation）分析。典型相关即找出第一组 p 个 X 变量的线性组合 [线性组合称为典型变量（canonical variate）]、第二组 q 个 Y 变量的线性组合，使两个线性组合或典型变量间的相关达到最大，其相关系数称为"典型相关系数"（canonical correlation coefficient, ρ）。

研究问题范例：在一项已婚成年人情绪智能与家庭生活满意度相关的调查研究中，采用随机取样方法，共抽取有效样本 600 位。研究者使用"情绪智能量表""家庭生活满意度量表"，研究简要架构图如图 10-23 所示：

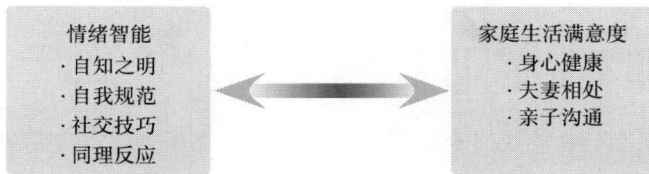

图 10-23　研究简要架构

两个变量相关的统计方法如下：一是皮尔逊积差相关：探究情绪智能（情绪智能量表总分）与家庭生活满意度（家庭生活满意度量表总分）的相关情况；二是典型相关分析：探究情绪智能 4 个向度与家庭生活满意度 3 个向度间的关联情况。由于第一组情绪智能有 4 个向度（4 个变量）、第二组家庭生活满意度有 3 个向度（3 个变量），要探究第一组 4 个变量间线性组合与第二组 3 个变量间线性组合的关系，可采用典型相关分析。由于第一组变量数有 4 个、第二组变量数有 3 个，因而最多有 3 组典型变量。各组典型变量 χ、η 与原始变量的相关系数称为"典型因素结构系数"（canonical factor structure coefficient）或称"结构相关系数"（structural correlations）。"结构相关系数"表示的是 X 组变量与典型变量 χ、或 Y 组变量与典型变量 η 间的简单相关，结构相关系数绝对值越接近 1，表示观察变量与典型变量间的关联程度越大，一般的判别标准与区别分析相同，若结构相关系数绝对值 ≥ 0.50，表示观察变量与典型变量间有高度相关。在典型相关路径图的绘制方面，若研究者能明确指出情绪智能 4 个向度为自变量、家庭生活满意度 3 个向度为因变量，则典型变量间的关系以单箭头符号表示，而典型变量 η 与 Y 组原始变量的系数为结构相关系数。

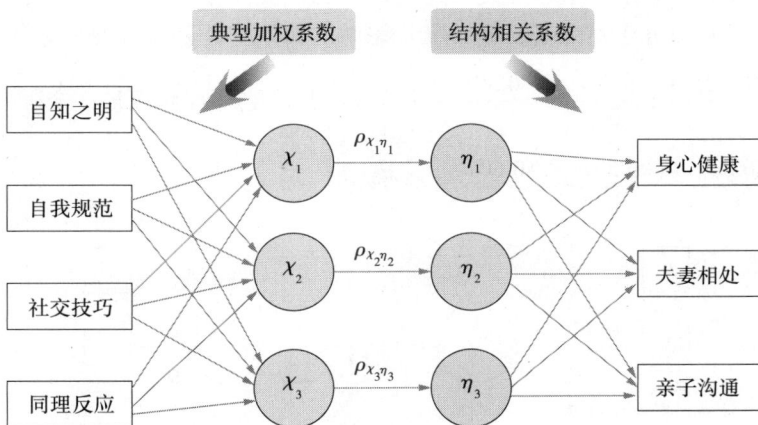

图 10-24

如果研究者无法明确指出情绪智能 4 个向度为自变量、家庭生活满意度 3 个向度为因变量，则典型变量间的关系以双箭头符号（直线或曲线）表示，典型变量 η 与 Y 组原始变量的系数为典型加权系数，所有指标变量与其典型变量的关系箭头符号均由指标变量指向典型变量。

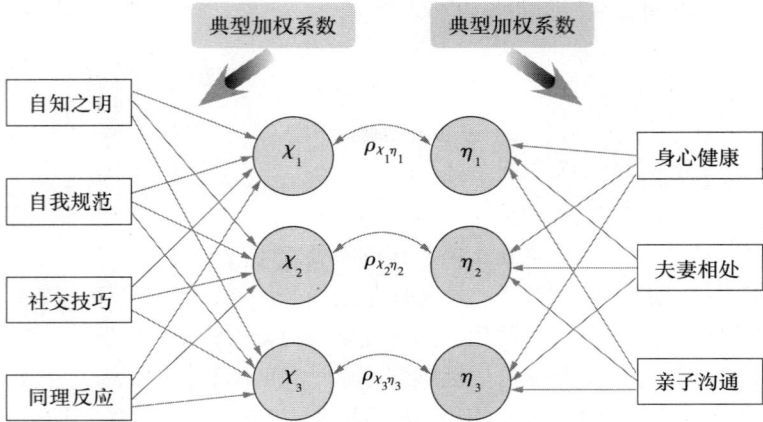

图 10-25

在下列模拟的典型相关路径图中，自变量 X_1 与典型变量 χ 间为负相关（-0.60），配对典型变量 χ 与典型变量 η 间定为正相关（典型相关系数值大于 0），因变量 Y_1 与典型变量 η 间为正相关（$+0.80$），所以自变量 X_1 经由第一对典型变量而对因变量 Y_1 有负向影响，由于因变量 Y_2 与典型变量 η 间为负相关（-0.50），表示自变量 X_1 经由第一对典型变量而对因变量 Y_2 有正向影响。此外，由于因变量 Y_3 与典型变量 η 间为正相关（$+0.60$），表示自变量 X_1 经由第一对典型变量而对因变量 Y_3 有负向影响。自变量 X_2 与典型变量 χ 间为正相关（$+0.70$），配对典型变量 χ 与典型变量 η 间定为正相关（典型相关系数值大于 0），因变量 Y_1、Y_3 与其典型变量 η 为正相关，典型相关系数分别为 $+0.80$、$+0.60$，表示自变量 X_2 经由第一对典型变量（$\chi_1\eta_1$）对因变量 Y_1、Y_3 有正向影响，由于因变量 Y_2 与其典型变量 η 为负相关，典型相关系数为 -0.50，表示自变量 X_2 经由第一对典型变量（$\chi_1\eta_1$）对因变量 Y_2 有负向影响。典型变量 χ_1 可以被 3 个自变量解释的变异量为 $\dfrac{(-0.60)^2+(+0.70)^2+(+0.50)^2}{3}\approx36.7\%$，典型变量 Y_1 可以被 3 个因变量解释的变异量为 $\dfrac{(+0.80)^2+(-0.50)^2+(+0.60)^2}{3}\approx41.7\%$。

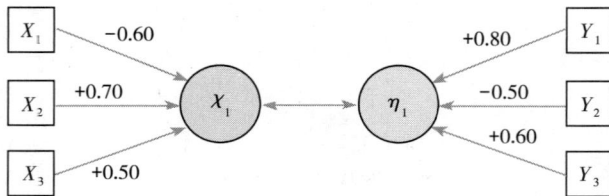

图 10-26

十、因素分析与集群分析

因素分析（factor analysis）是将许多测量相同的心理特质或潜在构念的指标变量合并在一个群集，其内涵与集群分析（cluster analysis）甚为接近。因素分析是将"观察变量"根据其相关程度分成有意义的群组、集群分析是根据"受试者"（可能是个体、组织体）的相似度分成有意义的群组。因素分析的潜在变量（或称无法观察变量）是一种"构念"（construct），因而经由因素分析所建构的构念（萃取的共同因素）称为"构念效度"（construct validity），即测验或量表能够测量或解释理论上的构念、心理学某种概念或某项行为特质的程度（Anastasi,1988）。在社会科学领域中，经由因素分析程序抽取共同因素，其累积的解释变异最好能达 60% 以上，最佳为 70% 以上、最低要求要达 50%；若萃取共同因素可以解释所有指标变量的变异量达到 80% ~ 85%，量表的建构效度更好。

因素分析程序中保留共同因素的准则是因素的特征值（eigenvalues）大于 1，此准则较适用的指标变量（题目）数介于 10 ~ 40，研究者指出小的指标变量数（10 ~ 15 题）、中等的指标变量数（20 ~ 30 题）及题目共同性大于 0.70 以上时，使用特征值大于 1 的准则最正确（萃取的共同因素与原先研究者编制的内容效度最为接近）；若题目个数多于 40，萃取的共同因素有时会过多，因素命名不易，此时可参考陡坡图决定保留的因素个数。萃取共同因素时，常用的方法为主成分法与主轴因子法。主成分法是 SPSS 统计软件内定的方法（其余方法还包括未加权最小平方法、概化最小平方法、最大概似值法、主轴因子法、Aplha 因素萃取法、映像因素萃取法），其中最适宜的方法为"主轴因子"法，因为其分析程序与因素分析的内涵最为接近。

集群分析的程序与因素分析类似，经由集群分析过程可将相似度较大的受试个体合并为一个集群或群组，各群组内样本个体的相似度最大、各群组间的相似度最小，如此可将个数较多的样本个体分成有意义的群组，之后，研究者可探究各集群组在某些因变量的差异情况。因素分析与集群分析差异的模型图见图 10-27。

SPSS 统计软件执行"分析（A）"/"分类（Y）"程序，可以进行集群分析，在"分类（Y）"选项下有 3 种集群分析的方法可以选择："Two Step 集群分析法""K 平均数集群分析法""阶层集群分析法"。

SPSS 统计软件执行"分析（A）"/"维度缩减（D）"/"因子（F）"程序，可以求出量表因素分析结果，此操作程序是一种探索性（exploratory factor analysis）的因素分析，而非验证性因素分析（confirmatory factor analysis）。验证性因素分析的目的并非可以萃取多少个因素（潜在构念），而是在于验证量表建构的构念及反映的指标变量间的整体关系是否可以得到支持，因而是一种模型的假设检验，其零假设为：理论建构（研究者建构的模型）的共方差矩阵 = 样本资料所得的共方差矩阵，研究假设为：理论建构（研究者建构的模型）的共方差矩阵 ≠ 样本资料所得的共方差矩阵。假设检验的检验统计量为 χ^2 值，如果 χ^2 值统计量未达 0.05 显著水平，研究结果为零假设的概率很高，表示理论建构（研究者建构的模型）的共方差矩阵 = 样本资料所得的共方差矩阵，研究者建构的因素构念模型可以得到支持。参考表 10-50。

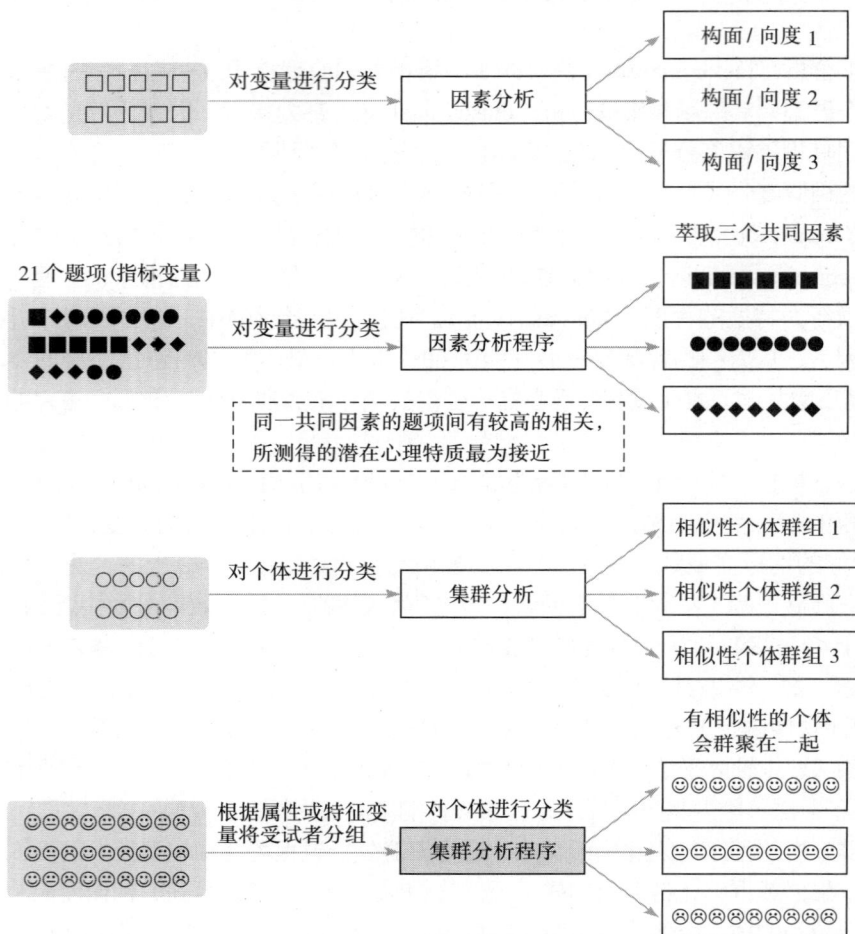

图 10-27　因素分析与集群分析差异的模型图

表 10-50　小学生人格特质量表因素分析摘要表

预试题目与题项		最大变异法直交转轴后的因素负荷量					
		友善性	聪颖开放性	外向性	严谨自律性	神经质	共同性
A1	乐于助人的	0.759	0.181	0.211	0.145	−0.062	0.678
A2	有爱心的	0.783	0.237	0.129	0.167	0.012	0.714
A3	关心别人的	0.755	0.066	0.262	0.278	−0.055	0.722
A4	善解人意的	0.675	0.181	0.164	0.391	−0.078	0.674
A5	友爱同学的	0.776	0.164	0.14	0.091	0.062	0.661
A6	用功的	0.221	0.426	0.058	0.743	0.061	0.789
A7	专心的	0.222	0.347	0.126	0.779	−0.028	0.793

续表

预试题目与题项		最大变异法直交转轴后的因素负荷量					
		友善性	聪颖开放性	外向性	严谨自律性	神经质	共同性
A8	细心的	0.400	0.145	0.107	0.74	0.025	0.741
A9	有责任心的	0.396	0.313	0.218	0.47	−0.056	0.526
A13	容易紧张的	−0.051	−0.007	0.101	0.025	0.773	0.612
A14	容易嫉妒的	−0.225	−0.066	−0.137	0.159	0.681	0.562
A15	容易伤心的	0.271	0.067	−0.113	−0.219	0.779	0.746
A16	聪明的	0.105	0.759	0.098	0.376	0.009	0.738
A17	会随机应变的	0.088	0.698	0.231	0.248	−0.022	0.609
A18	机智的	0.200	0.817	0.100	0.206	−0.008	0.760
A19	常识丰富的	0.173	0.772	0.154	0.212	−0.071	0.699
A20	爱动脑筋的	0.211	0.775	0.094	−0.017	0.053	0.658
A21	充满活力的	0.114	0.19	0.831	0.097	−0.037	0.750
A22	喜欢交朋友的	0.156	0.082	0.807	0.067	0.045	0.689
A23	乐观的	0.275	0.058	0.817	0.057	−0.056	0.753
A24	热情的	0.190	0.263	0.736	0.134	−0.096	0.675
特征值		3.627	2.613	1.718	3.641	2.953	14.552
解释变异量 %		17.270	12.441	8.182	17.339	14.061	69.292
累积解释变异量 %		17.270	29.711	37.893	55.232	69.292	

　　因素分析程序采用主成分法萃取共同因素，配合最大变异法进行正交转轴（假设因素构念间的相关很低或没有相关）。以"高年级学生人格特质研究"为例，在不限定因子个数的情况下，转轴后的成分矩阵共得 5 个因素，但原来编制归属于因素四（严谨自律性）的题目 A10 移到因素一（聪颖开放性），判别与题意不符合，故将此题目删除，并进行第二次因素分析（题目 A11、A12 于之前项目分析时已删除）。第二次因素分析也萃取出 5 个因素，A1 到 A5 命名为"友善性"，A6 到 A9 命名为"严谨自律性"，A13 到 A15 命名为"神经质"，A16 到 A20 命名为"聪颖开放性"，A21 到 A24 命名为"外向性"。"友善性""聪颖开放性""外向性""严谨自律性""神经质"5 个因素转轴后的特征值分别为 3.627、2.613、1.718、3.641、2.953，解释变异量分别为 17.270%、12.441%、8.182%、17.339%、14.061%，联合解释变异量为 69.292%，表示萃取的 5 个共同因素可以解释所有指标变量 69.292% 的变异量（陈思索，2012）。

　　12 位受试者以父亲薪资所得、母亲薪资所得、父亲教育程度、母亲教育程度为目标变量，进行样本的集群分析，所得的树形图结果如图 10-28 所示。

用平均连接的树状图（组间）
调整后距离集群合并

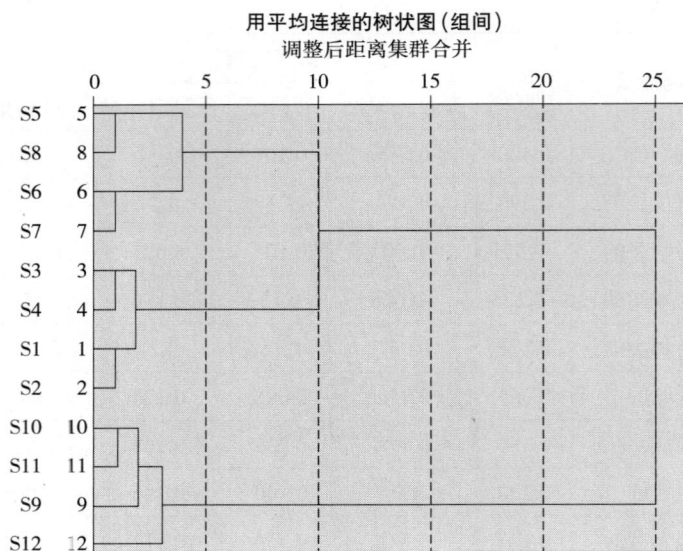

图 10-28　树状图

从图 10-28 可以看出，12 位样本可以分为三大群组，样本 S5、S8、S6、S7 为第一集群、样本 S3、S4、S1、S2 为第二集群、样本 S10、S11、S9、S12 为第三集群。集群 1 为"中社经地位家庭"、集群 2 为"高社经地位家庭"（父母亲的平均薪资最高、教育程度最高）、集群 3 为"低社经地位家庭"（父母亲的平均薪资最低、教育程度最低）。若是分为 2 个群组，样本 S5、S8、S6、S7、S3、S4、S1、S2 为第一集群样本（中高社经地位家庭），S10、S11、S9、S12 为第二集群（低社经地位家庭）。

十一、区别分析与 Logistic 回归分析

适用情况：当自变量为计量变量，而因变量为名义二分变量时，为探究计量自变量是否可以有效区别两个不同的群组，可采用区别分析或 Logistic 回归分析。若是因变量的群组在 3 个以上，即效标变量为三分以上名义变量，为探究计量自变量是否可以有效区别 3 个以上不同的群组，则可采用区别分析（discriminant analysis）。区别分析与 Logistic 回归分析法归属于多变量统计方法，因而是较为进阶的统计方法。

区别分析及 Logistic 回归分析适用情况的模型图如图 10-29 所示。

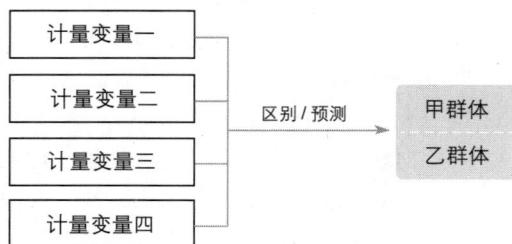

图 10-29　适用情况的模型图

当效标变量为三分名义变量时，可使用区别分析或多项式 Logistic 回归分析如图 10-30 所示。

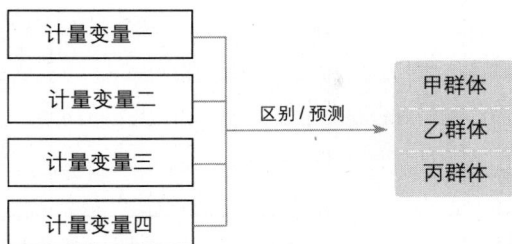

图 10-30

研究问题范例一：高中学生的智力、毕业总成绩、三年级模拟考成绩 3 个计量变量能否有效区别考上公立、私立两种类型大学的学生？上述研究范例中因变量 / 效标变量为学校类型，为名义二分变量，其水平数值 0 表示公立大学、水平数值 1 表示为私立大学，自变量均为计量变量。

研究问题范例二：以家庭社经地位、学生个体智力、学习投入程度、课余读书时间来区别学生的学业成绩群：高学业成绩组（80 分以上）、中学业成绩组（60 ~ 79 分）、低学业成绩组（59 分以下）。

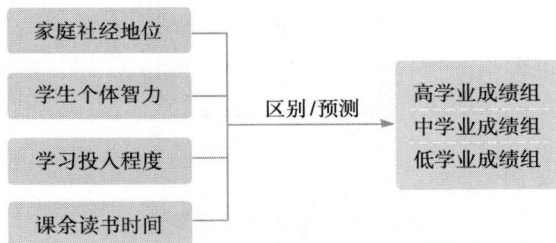

图 10-31

表 10-51

社经地位	个体智力	投入程度	读书时间	学业成绩组	学业成绩	预测组别
5	10	4	5	1	85	1
5	8	4	4	1	91	1
5	9	5	4	1	92	1
4	10	5	5	1	88	1
4	8	4	5	1	83	1
3	7	1	2	1	84	2
3	6	2	4	2	75	2
3	5	4	3	2	76	2
3	6	4	3	2	64	2
3	7	3	2	2	70	2

续表

社经地位	个体智力	投入程度	读书时间	学业成绩组	学业成绩	预测组别
2	1	1	1	3	54	3
2	3	1	1	3	53	3
1	2	2	1	3	48	3
1	1	2	2	3	55	3
1	3	1	2	3	49	3

注:表中"预测组别"为根据四个自变量最佳组合的"分类函数系数"所预测区别的组别。

Fisher's 区别线性区别函数见表 10-52:

表 10-52　Fisher's 区别线性区别函数

	学业成绩组		
	1 高成绩组	2 中成绩组	3 低成绩组
社经地位	8.385	5.401	2.956
个体智力	6.095	4.117	1.024
投入程度	−1.592	−0.412	−0.258
读书时间	1.801	1.066	0.846
（常数）	−46.378	−22.483	−4.604

分类结果摘要表见表 10-53:

表 10-53　分类结果摘要表

学业成绩组		预测的各组成员			总　和
		1. 高成绩组	2. 中成绩组	3. 低成绩组	
个数 %	1. 高成绩组	5	1	0	6
	2. 中成绩组	0	4	0	4
	3. 低成绩组	0	0	5	5
	1. 高成绩组	83.3	16.7	0.0	100.0
	2. 中成绩组	0.0	100.0	0.0	100.0
	3. 低成绩组	0.0	0.0	100.0	100.0

　　根据学生家庭社经地位、学生个体智力、学习投入程度、课余读书时间来区别学生的学业成绩组别,其总体区别正确率为 93.3%,由表 10-53 可见原来 6 位高学业成绩组样本中,以 4 个区别变量来预测,有 1 位预测组别为中学业成绩组(预测错误),15 位

样本中,预测正确的样本数有 14 位,预测分组错误的有 1 位。

其他更为进阶的统计方法有:多层次模型(multilevel modeling)或阶层线性模型(hierarchical linear modeling)、时间序列分析。多层次模型指的是纳入总体层级的影响后,个体层级自变量与因变量间的关系是否还达到显著,如排除学校间(总体层次)的差异后,学生的社经地位是否可以有效预测其学习动机,多层次模型分析的统计软件为SPSS 与 HLM(多数研究者以 HLM 软件来执行多层次模型)。多层次模型的数据文件一般有两个层次,第二个层次称为总体层次、总体单位、主要单位、集群、第二层、组别;相对应的第一层次称为个体层次、个体单位、次要单位、个体、第一层、组员等。第二个层级(第一个层级)如学校(教师)、班级(学生)、社区(家庭)、公司(员工)、家庭(孩童)、医生(病患)、访谈者(回应者)等。以学生个体层次的数学态度对数学成绩的回归方程为例,单一层次的回归模型为:$Y_i = \beta_0 + \beta_1 X_1 + r_1$,$Y_i$ 为个体学生的数学成绩分数(结果变量)、X_1 为个体学生数学态度分数(解释变量)、β_1 是回归斜率项、β_0 为回归常数项、r_1 为残差项或误差项,假定其符合平均数为 0,方差为 σ^2 的正态分布。

总体层次为教师或班级,因为一位教师可能教数个班级或多个学生,不同班级数学资源间有显著差异,以学生为分析单位时,无法得知班级数学资源的影响。将班级数学资源(如教师教学方法、投入态度等)变异纳入回归方程,回归模型变为:$Y_{ij} = \beta_{0j} + \beta_{1j} X_{ij} + r_{ij}$,班级教师(数学资源)$j$ 的截距项为 β_{0j},斜率为 β_{1j},均可能因班级不同而有很大差异。多层次模型中个体层次的学生被内嵌于总体层次的班级之内,考虑到教师变量时的分析为层次 $2'$ 模型,班级层次(层次 2)方程表示的较低层次的回归系数在班级间会有不同的变异,回归系数 β_{0j} 与 β_{1j} 在班级层次模型中变为反应变量模型,即作为结果变量,班级回归方程变异隐含的意义是方程的系数会有跨班级差异存在,班级层次的 2 个回归系数的方程分别为:$\beta_{0j} = \gamma_{00} + \mu_{0j}$,$\beta_{0j}$ 是班级 j 的截距项,γ_{00} 是跨班级的平均截距项(控制学生数学态度分数后,跨班级的平均数学成绩分数),μ_{0j} 是班级间截距项的差异,其正态分布的平均数为 0,方差为 τ_{00}。

$\beta_{1j} = \gamma_{10} + \mu_{1j}$,$\beta_{1j}$ 是班级 j 的斜率,γ_{10} 是跨班级的平均斜率(跨班级间数学成绩与数学态度分数间关系的平均量测值),μ_{1j} 是班级间斜率的差异,其正态分布的平均数为 0,方差为 τ_{11}。其中截距项 β_{0j} 与斜率项 β_{1j} 均假定是呈二元正态分布的形状,共变量为 τ_{01}。

上述方程中有 3 个随机变异,层次 1 的个体变异 r_{ij},层次 2(跨班级)截距变异 μ_{0j},层次 2(跨班级)斜率变异 μ_{1j},层次 1 变异的估计量为 σ^2,层次 2 变异量统计量为 τ_{00} 及 τ_{11},统计显著性检验在检验 τ_{00} 及 τ_{11} 是否达到 0.05 显著水准,检验 τ_{00} 量数是否为 0 采用卡方统计量,如果卡方统计量的显著性小于 0.05,表示班级内学生数学成绩的集群差异达到显著,两个层次的模型可以得到支持(Stevens, 2009)。就层次 2 而言,组内相关系数(intraclass correlation,ICC)表示个体与多层次模型目标层次间的变异程度,如果是两个层次的模型,组内相关系数表示班级间数学成绩的变异比值,组内相关系数的公式为:$\rho_{ICC} = \tau_{00} / (\tau_{00} + \rho^2)$,范例中如果 ρ_{ICC} 量数等于 0.35,表示班级间可以解释的数学成绩变异有 35%,其余 65% 的数学成绩变异可推估是班级内造成的。

如果研究者认为学生数学成绩在班级内有性别差异存在，拟将性别变量纳入回归方程中，则层次 1 回归方程式为：

数学成绩 $_{ij}$ = β_{0j} + β_{1j} 数学态度 $_{ij}$ + β_{2j} 性别 $_{ij}$ + r_{ij}，层次 2 的三个方程式为：

$\beta_{0j} = \gamma_{00} + \mu_{0j}$、$\beta_{1j} = \gamma_{10} + \mu_{1j}$、$\beta_{2j} = \gamma_{20} + \mu_{2j}$（HLM 视窗界面中的方程式，不会出现个体层次 i 及总体层次 j 的注标）。

时间序列分析适用于一组有顺序的纵贯性资料，此资料随时间变化，间隔时间可能是一年、一季、一个月等。例如根据近十年新生儿的人数预测未来五年新生儿的人数；或根据近十年的小一新生报到人数，预测未来五年的小一新生人数。时间序列分析通常用于财经及管理领域，尤其是财经领域方面。时间序列分析也属于一种预测，所搜集的数据文件必须跨不同时段，它与一般横断性研究的数据文件有很大的差异。时间序列的回归法如自身回归（auto regressive，AR）模型、移动平均（moving average，MA）模型、ARMA（p, q）模型、ARIMA（p, q）模型、季节性 ARIMA 模型等。

第十一章　量化研究常犯的错误

　　量化研究主要是分析受试者在测量工具上反应的测量分数或差异情况，研究者必须将受试者个别反应的测量分数经统计分析转换为系统的数字表格，并辅以适当的图来完整说明其意义。量化研究中研究者常见的错误如下：

一、输入资料的检核工作不够，造成结果偏误

　　量化研究在资料输入后的检核工作非常重要，若资料检核不实，容易造成统计分析的偏误。如在一份 30 题的七点评定量表中，受试者在每个题目的分数为 1 ~ 7 分，资料输入时将分数 4 误录入为 44，或 7 误录入为 77，之后进行各因素构念的加总时，便会产生严重的偏离值或极端值。此外，少数研究者在遗漏值（missing value）界定方面欠缺周延，如受试者在某个成绩测验方面没有分数，此测验分数的值域介于 0 ~ 100 分，研究者在资料输入时对没有填答者给予"999"（因测验分数不可能是 999 分），但在变量遗漏值的界定方面，却没有将变量数值"999"设为"遗漏值"，造成成绩测验加总的错误。变量资料检核目的在于检查数据文件有无偏离值（outliers）或极端值，或是错误的数值资料。资料检核的方法可借由下列两个程序：一是执行 SPSS 功能列"分析（A）"/"叙述统计（E）"/"描述性统计量（D）"程序；二是执行 SPSS 功能列"分析（A）"/"叙述统计（E）"/"次数分布表（F）"程序。从描述性统计量输出摘要表可以快速检核变量数值水平的最小值及最大值是否为不合理数值，从次数分布表中可以看出各编码水平数值的分布次数及是否有错误的编码水平数值。以一份有 20 个题目的生活满意度量表为例，量表采用的是 7 个选项的勾选形态，计分值分别为 1 ~ 7 分，每个题目（个别指标变量）的测量值上下限为〔1，7〕，以题目变量为目标变量，执行描述性统计量，每个题目变量的最小值不应小于 1、最大值不应大于 7，如果题目变量的上下限超出"1，7"的范围，表示输入的资料数值有错误。

　　以下面性别次数分布表为例，性别变量为名义二分变量，水平数值编码中 1 为男生、2 为女生，水平数值资料若不是 1、2，表示资料输入有误。表中出现 2 个数值 3 及一个数值 6，表示有 3 个样本键入错误，研究者可将数值 3、6 设定为遗漏值，或重新检核这 3 个样本的原始填答问卷，将其更改为正确资料（若是受试者没有填答，可将受试者在性别变量的数值设定为遗漏值）（表 11-1）。

表 11-1　次数分布表——性别

		次　数	百分比	有效百分比	累积百分比
有效的	1 男生	201	39.9	39.9	39.9
	2 女生	300	59.5	59.5	99.4
	3	2	0.4	0.4	99.8
	6	1	0.2	0.2	100.0
	总和	504	100.0	100.0	

错误的资料数值

研究者也可采用描述性统计量来检核测量值是否有误,判别的 2 个统计量数为最大值与最小值。以李克特五点形态量表为例,选项编码的测量值一般是 1 ~ 5,如果最小值小于 1、最大值大于 5,表示测量值的数据输入错误。

表 11-2

	个　数	最小值	最大值	平均数	标准差
A1	408	1	5	3.55	0.960
A2	408	1	5	3.60	0.925
A3	408	1	22	3.52	1.354
A4	408	1	8	3.71	0.967
A5	408	1	5	3.81	0.738
有效的 N(完全排除)	408				

最大值超出临界值 [1,5] 的范围

在问卷资料检核过程中,有所谓的遗漏值(missing values),即受试者在某些题目未填答或填答错误,无法形成有效数据。受试者漏答的题目可能只有一两题,将其作为无效问卷是一种数据信息的遗失,研究者可将这些问卷作为有效问卷,受试者未填答或填答错误的题目设为遗漏值。在遗漏值的设定方面,若是背景变量可设为"99"(因为没有背景变量的选项高达 99 项)、态度量表或其他题目可设为"99"或"999",成绩测验分数可设为"999"。如一个有 10 道题目的学习焦虑量表,采用李克特五点量表形态,第二位受试者第 9 题漏答(测量值设为"999");第三位受试者性别变量未勾选,测量值设为"99",第三题勾选两个选项,视为无效题目,测量值输入"999",则其资料结构见表 11–3:

表 11-3　资料结构表

性别	I1	I2	I3	I4	I5	I6	I7	I8	I9	I10
1	1	3	2	4	5	5	4	3	4	3
2	3	4	4	5	3	2	1	2	999	5
99	2	4	999	3	1	4	5	3	3	2

SPSS 数据文件视窗的"变量检视"次视窗中，有一个"遗漏"栏，此栏可用以设定变量的遗漏值，包括个别遗漏值或区间遗漏值。偏离值（错误测量值）对统计分析的结果，可以以下面的例子说明。

对加总量表而言，若个别题目（指标变量）的测量值有错误数值，错误数值若为偏离值，可能会导致相反的研究结论。

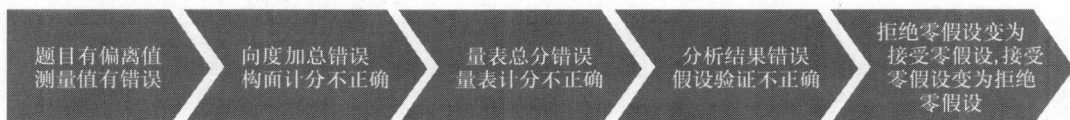

| 题目有偏离值 测量值有错误 | 向度加总错误 构面计分不正确 | 量表总分错误 量表计分不正确 | 分析结果错误 假设验证不正确 | 拒绝零假设变为接受零假设，接受零假设变为拒绝零假设 |

图 11-1

教学满意构面共有 6 个题目（指标变量），题目采用李克特五点量表形态，选项词为非常同意、大部分同意、一半同意、少部分同意、非常不同意，选项词的计分为 5、4、3、2、1，教学满意构面为 6 个题目的加总，分数为 5 ~ 30 分，测量值大于 30 或小于 6 均为偏离值，年级变量为三分名义变量，3 个水准群体为大一、大二、大三。

表 11-4

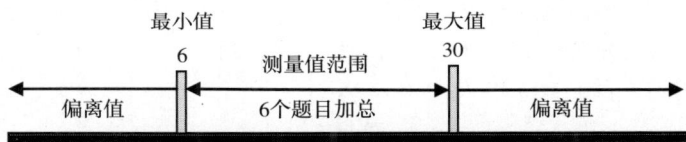

受试者	S1	S2	S3	S4	S5	S6	S7	S8	S9	S10	S11	S12	S13	S14	S15	S16	S17	S18
年 级	1	1	1	1	1	1	2	2	2	2	2	2	3	3	3	3	3	3
教学满意 1	20	25	25	24	66	18	19	21	12	13	20	9	12	21	6	8	7	24
教学满意 2	20	25	25	24	26	18	19	21	12	13	20	9	12	21	6	8	7	24

"教学满意 1"变量中，受试者 S5 的加总分数是错误的，其数值为 66 远大于 6 个题目加总的上限值 30，正确的测量值为 26（表 11–5）。

表 11-5

		个数	平均数	标准差	平均数的 95% 置信区间		最小值	最大值
					下 界	上 界		
教学满意 1	1 一年级	6	29.67	18.030	10.75	48.59	18	66
	2 二年级	6	15.67	4.967	10.45	20.88	9	21
	3 三年级	6	13.00	7.694	4.93	21.07	6	24
	总和	18	19.44	13.298	12.83	26.06	6	66

续表

		个数	平均数	标准差	平均数的 95% 置信区间		最小值	最大值
					下　界	上　界		
教学满意 2	1 一年级	6	23.00	3.225	19.62	26.38	18	26
	2 二年级	6	15.67	4.967	10.45	20.88	9	21
	3 三年级	6	13.00	7.694	4.93	21.07	6	24
	总和	18	17.22	6.830	13.83	20.62	6	26

方差分析的描述性统计量摘要表中最后两栏为测量值中的"最小值""最大值",这两个数值若是介于 6 ~ 30,表示构面加总的分数是正确的;否则构面加总的分数是错误的。"教学满意 1"因变量的水平群体 1(一年级群体)的最小值为 18、最大值为 66,最大值大于构面加总的上限值 30,表示此测量值是错误的,由于教学构面是 6 个题目的加总分数,说明原始题目输入的数据中有错误数值。"教学满意 2"因变量 3 个水平群体的最小值与最大值分别为 [18,26]、[9,21]、[6,24] 均介于 [6,30],表示构面加总的分数是正确的(表 11-6)。

表 11-6

		平方和	自由度	平均平方和	F	显著性
教学满意 1	组间	961.778	2	480.889	3.528	0.055
	组内	2 044.667	15	136.311		
	总和	3 006.444	17			
教学满意 2	组间	321.778	2	160.889	5.120	0.020
	组内	471.333	15	31.422		
	总和	793.111	17			

从方差分析摘要表得知:组间自由度为 2(有 3 个水平类别),组内自由度为 15,"教学满意 1"变量平均数差异整体检验的 F 值统计量为 3.528,显著性概率值 $p = 0.055 > 0.05$,接受零假设,3 个水平群体在教学满意变量的平均数没有显著不同,研究假设无法得到支持。"教学满意 2"变量平均数差异整体检验的 F 值统计量为 5.120,显著性概率值 $p = 0.020 < 0.05$,拒绝零假设,3 个水平群体在教学满意变量的平均数有显著不同,研究假设得到支持。研究范例中,因为因变量测量值有偏离值(26 分变为 66 分),造成统计分析结果偏误,从拒绝零假设变为接受零假设。可见要得到正确的统计分析结果,问卷数据资料的输入过程要特别注意其精确性。

二、对测量变量的属性／尺度定义不清，误用统计方法

各种统计方法，其自变量或因变量的测量尺度均有明确的规范，若变量测量尺度不符合该统计方法的变量属性假定，则统计结果便会产生偏误。如两个变量均为名义二分变量便不能采用积差相关方法，因为积差相关的变量必须为计量变量；共变量分析中"共变量"（co variate）、实验效果的因变量均必须为计量变量，如果变量不是连续变量则不应作为共变量；区别分析及 Logistic 回归分析的因变量必须为类别变量、自变量必须为计量变量，而方差分析的因变量则必须为计量变量、自变量必须为类别变量；列联表的差异比较的检验统计量采用的是卡方统计量等。研究者必须知道每种统计方法的变量测量尺度的假定，否则误用统计方法会造成所谓的"垃圾进、垃圾出"的情况，常见错误是背景变量多数为类别变量，研究者在复回归分析中也直接将其作为预测变量，投入回归模型中。

例如，在一项中学学生家庭社经地位对学生人际关系的预测中，研究假设为："中学学生家庭社经地位对学生人际关系有显著的解释力"。研究变量中家庭社经地位为名义三分变量，水平数值 1 为"低社经地位"组、水平数值 2 为"中社经地位"组、水平数值 3 为"高社经地位"组，此变量的测量尺度为"类别变量/间断变量"（或次序尺度），人际关系变量为计量变量（连续变量），其测量分数为 1 ~ 10 分，分数越高表示受试者的人际关系越佳。数据文件见表 11–7：

表 11-7　数据文件

社经地位（低）	人际关系	社经地位（中）	人际关系	社经地位（高）	人际关系
1	3	2	8	3	5
1	2	2	6	3	7
1	2	2	9	3	8
1	1	2	10	3	8
1	2	2	8	3	6
1	2	2	9	3	7
1	9	2	10	3	5

（一）回归分析结果

研究者直接以"社经地位"类别变量为预测变量、"人际关系"计量变量为因变量进行回归分析，执行 SPSS 功能列"分析（A）"/"回归方法（R）"/"线性（L）"程序，输出结果见表 11–8：

表 11-8　模型摘要

模　型	R	R^2	调整后的 R^2	估计的标准误
1	$0.320^{(a)}$	0.102	0.080	2.329

a. 预测变量:(常数),社会地位。

"社经地位"变量对"人际关系"的解释力为 10.2%，两者的相关系数为 0.320（表 11-9）。

表 11-9　系数$^{(a)}$

模　型		未标准化系数		标准化系数	t	显著性
		β 估计值	标准误	Beta 分布		
1	（常数）	4.243	1.181		3.593	0.001
	社经地位	1.029	0.482	0.320	2.133	0.039

a. 因变量:人际关系。

非标准化回归模型中的常数项为 4.243，非标准化回归系数 β 为 1.029；标准化回归方程中的标准化回归系数 β 为 0.320，回归系数显著性检验的 t 值为 2.133，显著性 $p = 0.039 < 0.05$，达到显著水平，表示学生的社经地位变量可有效解释或预测学生的人际关系，其解释力 i 预测力为 10.2%。由于标准化回归系数 β 等于 0.320，其数值为正，表示"社经地位"预测变量对"人际关系"结果变量的影响为正，即"社经地位"测量值的分数越高，"人际关系"结果变量的测量值分数也越高（但此种解释是错误的，因为社经地位变量不是计量变量，而是名义三分变量，水平数值编码间没有测量分数高低的含义）。

（二）独立样本单因子方差分析结果

因为社经地位为名义三分变量，人际关系为计量变量，探究不同社经地位的学生群组在人际关系的差异，可采用独立样本单因子方差分析，执行 SPSS 功能列"分析（A）"/"比较平均数法（M）"/"单因子方差分析（O）"程序，输出结果见表 11-10：

表 11-10　方差同质性检验

Levene 统计量	分子自由度	分母自由度	显著性
1.326	2	39	0.277

方差同质性检验方面，Levene 统计量为 1.326，显著性 $p = 0.277 > 0.05$，接受零假设，3 个群组的总体的方差相等，符合方差同质假定，直接进行传统的方差分析。

表 11-11

	平方和	自由度	平均平方和	F 检验	显著性
组间	145.071	2	72.536	29.293	0.000
组内	96.571	39	2.476		
总和	241.643	41			

方差分析摘要表中，F 检验统计量为 29.293，显著性 $p < 0.001$，达到 0.05 显著水平，表示 3 个群组中至少有一配对群组的平均数间有显著不同（至少有一配对组群体在因变量平均数的差异值显著不等于 0，至于是哪几对配对组平均数间的差异值显著不为 0，要查事后比较摘要表才能得知）。

事后比较摘要表见表 11-12（Tukey HSD）：

表 11-12　事后比较摘要表

（I）社经地位	（J）社经地位	平均差异（I-J）	标准差	显著性	95% 置信区间	
					下　界	上　界
低社经地位	中社经地位	−5.571（＊）	0.728	0.000	−7.35	−3.80
	高社经地位	−3.571（＊）	0.687	0.000	−5.24	−1.90
中社经地位	低社经地位	5.571（＊）	0.728	0.000	3.80	7.35
	高社经地位	2.000（＊）	0.543	0.002	0.68	3.32
高社经地位	低社经地位	3.571（＊）	0.687	0.000	1.90	5.24
	中社经地位	−2.000（＊）	0.543	0.002	−3.32	−0.68

＊ 在 0.05 水平上的平均差异很显著。

从事后多重比较摘要表中可以发现："中社经地位"组学生的人际关系显著的较"低社经地位"组及"高社经地位"组佳，而"高社经地位"组学生的人际关系又显著比"低社经地位"组学生佳，其中人际关系最佳的组别为"中社经地位"群组的学生，从各组在人际关系检验变量的测量分数的平均数高低来看，中社经地位 > 高社经地位 > 低社经地位。从单因子方差分析而言，3 个群组中中社经地位在结果变量测量值的分数最高，而非是高社经地位的群组，此结果和上述直接采用回归方法所得的结果截然不同。

两种不同统计方法之所以无法形成一致的结果，乃是在回归分析中研究者误用预测变量的测量尺度，将原来为类别变量的自变量在未经转换（须转换为虚拟变量）的情况下，直接投入回归模型中，此种程序并不符合直线回归模型的基本假定，故造成错误的结果。

【范例】

基本资料：

性　　别：	□女	□男		
年　　龄：	□30 岁以下	□31 ~ 40 岁	□41 ~ 50 岁	□51 岁以上
婚姻状况：	□未婚	□已婚	□其他	
教育程度：	□高中职以下	□专科	□大学	□研究所（硕、博士）
服务年份：	□5 年以下	□5 ~ 10 年	□11 ~ 15 年	□16 年以上

　　问卷调查的个人基本资料又称背景变量或人口变量，这些变量多数是名义尺度或次序尺度，适当的统计方法是以次数分布求出样本在人口变量各选项的次数及百分比，让读者知悉样本背景的分布情况。由于人口变量并不是计量变量（等距尺度或比率尺度），因此不能以皮尔逊积差相关系数来表示两两配对变量间的关系，但在 SPSS 统计软件操作中，使用者若是执行积差相关程序，于"双变量相关分析"对话视窗中，将人口变量选入"变量（V）"方框内，也可求出相关系数统计量。5 个人口变量的积差相关系数矩阵摘要表见表 11-13：

表 11-13　人口变量的积差相关系数矩阵摘要表

		性　别	年　龄	婚　姻	教育程度	服务年份
性别	Pearson 相关	1				
	显著性（双尾）					
	个数	402				
年龄	Pearson 相关	0.184^{**}	1			
	显著性（双尾）	0.000				
	个数	402	408			
婚姻	Pearson 相关	0.141^{**}	0.568^{**}	1		
	显著性（双尾）	0.005	0.000			
	个数	397	398	398		
教育程度	Pearson 相关	0.064	-0.224^{**}	-0.250^{**}	1	
	显著性（双尾）	0.201	0.000	0.000		
	个数	402	408	398	408	
服务年份	Pearson 相关	0.165^{**}	0.786^{**}	0.553^{**}	-0.251^{**}	1
	显著性（双尾）	0.001	0.000	0.000	0.000	
	个数	402	408	398	408	408

** 在显著水平为 0.01 时（双尾），相关显著。

上述摘要表中各配对变量单元格呈现积差相关系数统计量、相关系数显著性检验概率值 p、配对变量有效样本数个数，由于人口变量并非计量变量，无法求出各变量的平均数、离均差分数、标准差，表中所呈现的积差相关系数统计量是"没有实质意义的"。研究者不能只根据表中的数据解释变量间的关系，如"服务年份与性别、年龄、婚姻状况均呈显著正相关，相关系数 r 分别为 0.165（$p<0.01$）、0.786（$p<0.001$）、0.553（$p<0.001$），服务年份与教育程度呈显著负相关，相关系数 r 等于 −0.251（$p<0.001$），这样的论述是错误的：①因为人口变量各选项的水平类别是一个独立的群体，这些变量无法以平均数及标准差来表示其含义，由于变量没有平均数统计量，离均差分数统计量就无法估计，当然也无法计算积差相关系数统计量；②配对变量间有显著正相关或显著负相关，"正""负"相关的意义无法合理诠释。

三、数据表格的呈现不完整，未将原始资料统整为有用信息

资料（data）为未经研究者整理的原始数据，而信息（information）是经研究者整理归纳后的资料数据。有些研究者在呈现量化数据时，直接将统计分析软件（如 SPSS/AMOS/LISREL）输出的原始数据报表呈现出来，并未将原始数据报表加以整理，因而显得过于凌乱而不成体系。知识管理的流程为将资料转化为信息，再将信息转化为知识、智慧，若研究者只呈现原始输出结果数据，并未加以系统整理，所呈现结果只是知识管理的最低层次——资料，而非系统的信息。

以生活压力 4 个构面因素间的相关为例，原始输出的报表见表 11-15，此报表数据所呈现的是"资料"而非"信息"。

【资料形态的表格范例】

表 11-14 相关

		家庭压力	学校压力	个人压力	情感压力
家庭压力	Pearson 相关	1	0.468	0.614(**)	0.822(**)
	显著性（双尾）		0.050	0.007	0.000
	个数	18	18	18	18
学校压力	Pearson 相关	0.468	1	0.506(*)	0.529(*)
	显著性（双尾）	0.050		0.032	0.024
	个数	18	18	18	18
个人压力	Pearson 相关	0.614(**)	0.506(*)	1	0.608(**)
	显著性（双尾）	0.007	0.032		0.007
	个数	18	18	18	18

续表

		家庭压力	学校压力	个人压力	情感压力
情感压力	Pearson 相关	0.822$^{(**)}$	0.529$^{(*)}$	0.608$^{(**)}$	1
	显著性（双尾）	0.000	0.024	0.007	
	个数	18	18	18	18

* 在显著水平为 0.05 时（双尾），相关显著。

** 在显著水平为 0.01 时（双尾），相关显著。

【信息形态的表格范例】

表 11-15　生活压力 4 个构面因素间的相关矩阵摘要表

因素构念	家庭压力	学校压力	个人压力	情感压力
家庭压力	1			
学校压力	0.468$n.s.$	1		
个人压力	0.614**（0.377）	0.506*（0.256）	1	
情感压力	0.822***（0.676）	0.529*（0.280）	0.608**（0.370）	1

ns　$p>0.05$

　*$p<0.05$

　**$p<0.01$

　***$p<0.001$

括号内的数字为决定系数（r^2）。

以不同年级在生活压力、忧郁倾向的差异比较为例，其研究假设为：

假设 1　不同年级的高职学生在生活压力上有显著差异。

假设 2　不同年级的高职学生在忧郁倾向上有显著差异。

原始输出的数据表格见表 11-16（执行 SPSS 功能列"分析（A）"/"比较平均数法（M）"/"单因子方差分析（O）"程序）：

【直接呈现统计报表结果】

表 11-16　描述性统计量

		个数	平均数	标准差	标准误	平均数的95%置信区间		最小值	最大值
						下　界	上　界		
生活压力	一年级	6	33.17	5.231	2.136	27.68	38.66	26	40
	二年级	6	40.00	7.211	2.944	32.43	47.57	29	49
	三年级	6	49.00	8.343	3.406	40.24	57.76	34	57
	总和	18	40.72	9.398	2.215	36.05	45.40	26	57

续表

		个数	平均数	标准差	标准误	平均数的 95% 置信区间		最小值	最大值
						下　界	上　界		
忧郁倾向	一年级	6	28.50	6.656	2.717	21.52	35.48	20	36
	二年级	6	31.00	5.514	2.251	25.21	36.79	22	38
	三年级	6	35.00	4.980	2.033	29.77	40.23	26	40
	总和	18	31.50	6.071	1.431	28.48	34.52	20	40

表 11-16 为三个年级群体在因变量的描述性统计量，包括平均数、标准差、标准误、平均数的 95% 置信区间值、最小值及最大值，3 个年级群体的有效样本数各为 6 位（表 11-17）。

表 11-17　ANOVA

		平方和	自由度	平均平方和	F 检验	显著性
生活压力	组间	756.778	2	378.389	7.620	0.005
	组内	744.833	15	49.656		
	总和	1 501.611	17			
忧郁倾向	组间	129.000	2	64.500	1.945	0.177
	组内	497.500	15	33.167		
	总和	626.500	17			

表 11-17 为方差分析摘要表，年级变量在"生活压力"差异检验的 F 值统计量为 7.620，显著性概率值 $p = 0.005 < 0.05$；年级变量在"忧郁倾向"差异检验的 F 值统计量为 1.945，显著性概率值 $p = 0.177 > 0.05$（表 11-18）。

表 11-18　多重比较：Tukey HSD

因变量	（I）年级	（J）年级	平均差异（I-J）	标准差	显著性	95% 置信区间	
						下　界	上　界
生活压力	一年级	二年级	-6.833	4.068	0.245	-17.40	3.73
		三年级	-15.833(*)	4.068	0.004	-26.40	-5.27
	二年级	一年级	6.833	4.068	0.245	-3.73	17.40
		三年级	-9.000	4.068	0.101	-19.57	1.57
	三年级	一年级	15.833(*)	4.068	0.004	5.27	26.40
		二年级	9.000	4.068	0.101	-1.57	19.57

续表

因变量	（I）年级	（J）年级	平均差异（I-J）	标准差	显著性	95% 置信区间	
						下界	上界
忧郁倾向	一年级	二年级	−2.500	3.325	0.737	−11.14	6.14
		三年级	−6.500	3.325	0.158	−15.14	2.14
	二年级	一年级	2.500	3.325	0.737	−6.14	11.14
		三年级	−4.000	3.325	0.470	−12.64	4.64
	三年级	一年级	6.500	3.325	0.158	−2.14	15.14
		二年级	4.000	3.325	0.470	−4.64	12.64

* 在 0.05 水平上的平均差异很显著。

表 11–18 为事后比较摘要表，采用的方法为"Tukey HSD"法。

在表格的呈现上，因为上面的数据是未经整理过的原始资料，研究者不应把上述 SPSS 输出的原始数据表格直接放在研究论文中，而要呈现经整理过的系统信息。

【表格范例】

表 11-19　不同年级在生活压力、忧郁倾向的描述性统计量摘要表

变量名称	组　别	个　数	平均数	标准差	90%CI	
					LL	UL
生活压力	一年级 A	6	33.17	5.231	[27.68	38.66]
	二年级 B	6	40.00	7.211	[32.43	47.57]
	三年级 C	6	49.00	8.343	[40.24	57.76]
忧郁倾向	一年级 A	6	28.50	6.656	[21.52	35.48]
	二年级 B	6	31.00	5.514	[25.21	36.79]
	三年级 C	6	35.00	4.980	[29.77	40.23]

表 11-20　不同年级在生活压力、忧郁倾向差异的方差分析摘要表

变量名称		平方和	自由度	平均平方和	F 检验	事后比较	ω^2	统计检验力
生活压力	组间	756.778	2	378.389	7.620**	C>A	0.438	0.893
	组内	744.833	15	49.656				
	总和	1 501.611	17					

续表

变量名称		平方和	自由度	平均平方和	F 检验	事后比较	ω^2	统计检验力
忧郁倾向	组间	129.000	2	64.500	1.945$n.s.$			
	组内	497.500	15	33.167				
	总和	626.500	17					

ns $p > 0.05$

**$p < 0.01$

四、违背参数统计法假定的资料也采用参数统计法

各种"参数统计法"（parametric statistics）有一个最基本的假定，即样本必须来自正态分布的总体，以及总体的变异程度必须具有同质性。参数统计检验所用的测量资料的样本总体必须呈正态分布或接近正态分布、样本方差具有同质性或近乎相等、观察的各项资料是相互独立的，抽样样本数不能为小样本。"非参数统计法"（nonparametric statistics）是一种不受总体分布限制的统计方法（distribution-freest statistics），特别适用于检验非计量变量（间断变量），如类别变量或次序变量。尤其是当无法明确得知取样样本的总体性质是否为正态分布时，使用非参数统计法较适宜。不受总体分布性质限制的非参数统计检验法适用于以下情况：

1. 除非明确知悉总体分布的性质（nature of the population distribution），否则样本个数非常少时，应当采用非参数统计检验（nonparametric statistical test），不应使用参数统计检验（parametric statistical test）。在社会科学研究领域中，多数的小样本研究（有效样本数少于30）采用非参数统计检验较适宜。非参数统计对资料或总体的假定较少，适用于特别情境下的资料分布；此外，非参数统计检验法对于假设检验也可适用。

2. 如果资料不是计量变量，而是比计量变量还弱的次序变量，使用非参数统计法检验更为适当。如果研究者只希望受试者填写"较多"或"较少"的属性（间断变量），而不是填写"多多少"或"少多少"的资料（连续变量），则测量的分数就不是计量变量，此时不能采用参数统计法，而应使用非参数统计检验法。

3. 非参数统计法对于处理分类或类别化的资料（间断变量）特别有用，这种分类资料即名义或类别变量，其假设检验无法使用参数统计法。非参数统计检验可以处理数个来自不同总体分布的样本观察值，参数统计无法处理来自不同总体分布的样本资料（违反参数统计的基本假定）。

4. 与参数统计相较之下，非参数统计检验较容易学习和应用；而其检验结果也较参数统计的解释更直接。

在问卷调查中若是：①不知道总体参数的性质或随机样本不是来自正态分布的总体；②小样本的受试者或观察值（有效样本数在 30 以下，较为严格的要求为 50 以下）；测量资料的属性为名义或次序变量要进行差异比较时等，应采用非参数统计法，不应使用参数统计法。在小样本的资料结构分析中，有时采用参数统计法无法拒绝零假设（$p > 0.05$），但改用非参数统计法则统计显著性达到 0.05 显著水平（$p < 0.05$），因而形成两种不同的结果。

【范例】

在一项以单亲家庭及双亲家庭小学六年级学生为研究对象的行动研究中，研究者想探究两个群体在阅读成绩上是否有显著差异，从班级中挑选出 9 位单亲家庭学生，并随机抽取 9 位双亲家庭学生，调查数据见表 11–21。阅读成绩的评定分数为 1 ～ 10 分，分数越高表示学生的阅读成绩越佳。

表 11-21 调查数据表

受试者	S01	S02	S03	S04	S05	S06	S07	S08	S09	S10	S11	S12	S13	S14	S15	S16	S17	S18
家庭结构	1	1	1	1	1	1	1	1	1	2	2	2	2	2	2	2	2	2
阅读成绩	8	1	5	4	3	8	1	3	1	9	10	10	4	6	10	2	5	4

1. 参数检验——独立样本 t 检验

表 11-22

	家庭结构	个数	平均数	标准差	平均数的标准误
阅读成绩	1 单亲家庭	9	3.78	2.774	0.925
	2 双亲家庭	9	6.67	3.122	1.041

9 位单亲家庭学生的平均数为 3.78 分、9 位双亲家庭学生的平均数为 6.67 分。

表 11-23

		方差相等的 Levene 检验		平均数相等的 t 检验						
		F 检验	显著性	t	自由度	显著性（双尾）	平均数差异	标准误差异	差异的 95% 置信区间 下界	上界
阅读成绩	假设方差相等	0.746	0.401	−2.075	16	0.054	−2.899	1.392	−5.840	0.062
	不假设方差相等			−2.075	15.781	0.055	−2.889	1.392	−5.844	0.066

平均数差异的 95% 置信区间为［－5.840，0.062］，包含 0 数值，表示平均差异值为 0 的机会很大，平均数差异检验的 t 统计量等于 －2.075，自由度等于 16，显著性概率值 $p = 0.054 > 0.05$，表示结果为零假设的可能性很高，研究结果无法拒绝零假设，两个群体平均数差异值显著等于 0（或两个群体平均数相等）。

2. 非参数检验——Mann-Whitney 检验

表 11-24

	家庭结构	个　数	等级平均数	等级总和
阅读成绩	1 单亲家庭	9	6.94	62.50
	2 双亲家庭	9	12.06	108.50
	总和	18		

9 位单亲家庭学生的等级平均数为 6.94、9 位双亲家庭学生的等级平均数为 12.06（非参数统计检验中测量值最小的等级为 1，等级越高，表示原始分数测量值越大）。

表 11-25

	阅读成绩
Mann–Whitney U 统计量	17.500
Wilcoxon W 统计量	62.500
Z 检验	－2.047
渐近显著性（双尾）	0.041
精确显著性 [2*（单尾显著性）]	0.040

Mann–Whitney U 统计量等于 17.500，换算成 Wilcoxon W 统计量等于 62.500，Z 检验统计量为 －2.047，渐近显著性（双尾）$p = 0.041 < 0.05$，精确显著性 $p = 0.040 < 0.05$，表示统计结果为零假设的可能性很低，两个群体的等级平均数显著不相等，双亲家庭群组的等级平均数显著高于单亲家庭群组的等级平均数，表示双亲家庭群组的阅读成绩显著优于单亲家庭群组的阅读成绩。

【范例】

10 位受试者在前测与后测的调查数据见表 11–26，测量值为 1 ~ 10，测量值越高表示受试者的推理能力越佳。

表 11-26

受试者	S1	S2	S3	S4	S5	S6	S7	S8	S9	S10
前　测	4	5	6	2	1	3	7	8	9	6
后　测	6	4	7	3	4	5	9	6	10	9

1. 参数统计

表 11-27　配对样本统计量

		平均数	个　数	标准差	平均数的标准误
成对 1	前测	5.10	10	2.601	0.823
	后测	6.30	10	2.406	0.761

从表 11–27 得知：10 位受试者在前测推理能力的平均数为 5.10、标准差为 2.601；在后测推理能力的平均数为 6.30、标准差为 2.406。

表 11-28　配对样本检验

	配对变量差异					t	自由度	显著性（双尾）
	平均数	标准差	平均数的标准误	差异的 95% 置信区间				
				下　界	上　界			
成对 1　前测 – 后测	−1.200	1.619	0.512	−2.358	−0.042	−2.343	9	0.044

平均数差异值为 −1.200，差异的 95% 置信区间为 [−2.358，−0.042]，未包含 0 数值，表示前测与后测平均数差异值为 0 的概率很低，差异检验的 t 统计量为 −2.343，显著性概率值 $p = 0.044 < 0.05$，拒绝零假设。10 位受试者在前测平均数与后测平均数差异值显著不等于 0，后测平均数显著高于前测平均数。

2. 非参数统计

表 11-29　等级

		个　数	等级平均数	等级总和
后测 – 前测	负等级	2[a]	4.50	9.00
	正等级	8[b]	5.75	46.00
	等值结	0[c]		
	总和	10		

a. 后测 < 前测。

b. 后测 > 前测。

c. 后测 = 前测。

负等级（后测分数低于前测分数）的个数有 2 位，等级平均数为 4.50；正等级（后测分数高于前测分数）的个数有 8 位，等级平均数为 5.75（表 11–30）。

表 11-30 检验统计量[b]

	后测 - 前测
Z 检验	−1.912[a]
渐近显著性（双尾）	0.056

a. 以负等级为基础。
b. Wilcoxon 符号等级检验。

两个相关样本检验的统计量数为"Wilcoxon 符号等级检验"，Z 检验统计量为 −1.912，渐近显著性 $p = 0.056 > 0.05$，接受零假设。负等级的等级平均数与正等级的等级平均数的差异值为 0，表示 10 位受试者在前测、后测的分数没有显著不同。

上述小样本范例（样本数小于 30，或各水平类别的样本数小于 15）的假设检验中，使用参数检验及非参数检验方法所获得的结果刚好相反（多数情况下结果会一致），当样本数越少时，参数检验及非参数检验方法所得到的结果不一致的可能性越大。此时，研究者应以非参数检验的结果作为论述的依据，否则会违背参数统计的基本假定，造成统计结果的偏误。

【范例】

表 11-31

受试者	S1	S2	S3	S4	S5	S6	S7	S8	S9	S10	S11	S12	S13	S14	S15	S16	S17	S18
年 级	1	1	1	1	1	1	2	2	2	2	2	2	3	3	3	3	3	3
学习焦虑	5	4	3	1	6	3	10	5	7	2	8	9	2	3	4	5	6	3

资料中，类别变量"年级"为三分名义变量，3 个水平群体各有 6 位受试者，因变量为"学习焦虑"，测量值介于 1 ~ 10 分，分数越高表示受试者的学习焦虑感受越高。

1. 参数统计

表 11-32

	个 数	平均数	标准差	标准误	平均数的 95% 置信区间		最小值	最大值
					下 界	上 界		
1 一年级	6	3.67	1.751	0.715	1.83	5.50	1	6
2 二年级	6	6.83	2.927	1.195	3.76	9.90	2	10
3 三年级	6	3.83	1.472	0.601	2.29	5.38	2	6
总和	18	4.78	2.510	0.592	3.53	6.03	1	10

从单因子方差分析的描述性统计量可以知悉：水平群体 1 在学习焦虑的平均数为 3.67、标准差为 1.751。水平群体 2 在学习焦虑的平均数为 6.83、标准差为 2.927。水平群体 3 在学习焦虑的平均数为 3.83、标准差为 1.472。18 位受试者在学习焦虑因变量测量值的最小值为 1、最大值为 10，没有偏离值出现（表 11–33）。

表 11-33 方差分析摘要表

	平方和	自由度	平均平方和	F	显著性
组间	38.111	2	19.056	4.143	0.037
组内	69.000	15	4.600		
总和	107.111	17			

方差分析摘要表中组间自由度为 2、组内自由度为 15，平均数差异检验整体检验的 F 值统计量为 4.143，显著性概率值 $p = 0.037 < 0.05$，拒绝零假设，表示总体中 3 个水平群体至少有一个配对群组的平均数差异值显著不等于 0。

2. 非参数统计

表 11-34 NPar 检验 -Kruskal-Wallis 检验

	年 级	个 数	等级平均数
学习焦虑	1 一年级	6	7.50
	2 二年级	6	13.25
	3 三年级	6	7.75
	总和	18	

3 个水平群体的等级平均数分别为 7.50、13.25、7.75。

表 11-35

	学习焦虑
卡方	4.527
自由度	2
渐近显著性	0.104

a. Kruskal Wallis 检验。

Kruskal Wallis 检验统计量的卡方值等于 4.527、自由度为 2，显著性概率值 $p = 0.104 > 0.05$，接受零假设，3 个水平群体的等级平均数没有显著不同。

小样本情况下（有效样本数小于 30），使用参数统计分析结果可能与非参数统计分析结果不同，由于有效样本数为小样本，较易违反参数统计的基本假定，此时最好使用非参数统计法。

五、准实验研究程序未采用共变量分析统计方法

社会科学领域中，不同于"实验室设计"（laboratory experimental）或"真正实验设计"（true experimental design），多数的实验设计均为"准实验设计"（quasi-experimental design）。真正实验设计可采用随机取样与随机分派，并能控制实验研究中无关因素（干扰变量）的影响；准实验设计无法像真正实验设计一样，可以完全以"实验控制"（experimental control）来减少实验误差，但可以让随机样本在自然且实际的情境下进行实验（比较符合社会科学实际的现象），研究的外在效度较高。但由于其无法完全控制干扰变量，因此实验误差较大，为了降低实验误差与提高统计检验力，须改由"统计控制"（statistical control）的方法来处理，即采用共变量分析（analysis of covariance，ANCOVA）。

常用的准实验设计模型为"不等组前后测设计"（the nonequivalent pretest- posttest designs）或"等组前后测设计"（the equivalent pretest-post test designs）：

表 11-36

	前　测	实验处理	后测（立即效果）	追踪测验（保留效果 / 延宕效果）
实验组	O1	X	O3	O5
控制组	O2		O4	O6

未采用共变量分析进行的比较模型为：直接采用独立样本 t 检验分别进行 O1、O2，O3、O4，O5、O6 的差异检验；直接采用配对样本 t 检验进行 O1、O3，O1、O5 的差异检验。

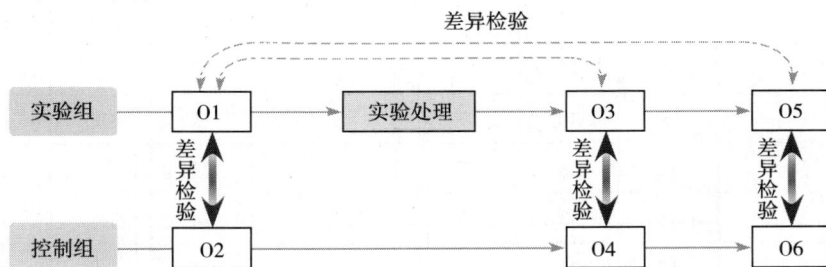

图 11-2

共变量分析旨在探讨排除共变量的影响后，实验处理组与控制组在结果变量（outcome variables）/ 因变量间的差异是否达到显著。共变量分析的概念架构图见图 11-3：共变量为前测分数，因变量 / 结果变量分别为后测分数（立即效果）、追踪测分数（保留效果），自变量为实验操控的变量（组别变量）；此外，研究者也可以进行两组进步分数的差异检验，实验组正向效果（进步分数）"= O3 - O1""= O5 - O1"，控制组分数变化"= O4 - O2""= O6 - O2"，独立样本 t 检验进行"O3 - O1"与"O4 - O2"或"O5 - O1"与"O6 - O2"两组量测值的差异检验。

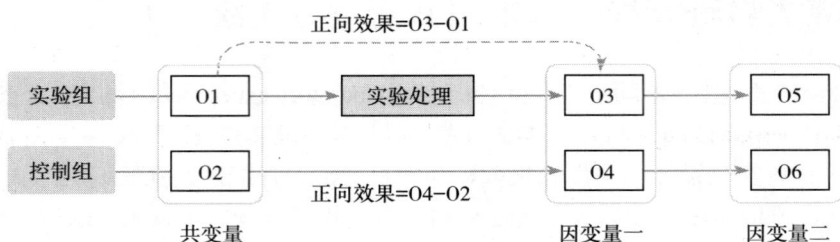

图 11-3　共变量分析的概念架构图

研究问题范例：在一项现实治疗对小学高年级低成绩学生的辅导效果研究中，实验组与控制组在前测（共变量）、后测（立即效果）、追踪测（保留效果）的相关资料数据见表 11-37，其中实验组（接受实验处理者）和控制组（未接受实验处理者）均有 13 位受试者。

表 11-37

组别（实验组）	前　测	后　测	追踪测	组别（控制组）	前　测	后　测	追踪测
1	6	31	30	2	15	25	27
1	5	27	29	2	14	7	28
1	7	28	30	2	17	23	28
1	9	26	28	2	16	27	25
1	8	25	27	2	10	25	24
1	9	39	25	2	12	27	28
1	9	40	33	2	14	25	29
1	11	35	27	2	15	29	14
1	4	15	27	2	23	23	12
1	5	30	25	2	25	28	11
1	12	28	27	2	23	27	23
1	15	33	27	2	24	26	32
1	13	25	26	2	15	30	22

两个研究假设如下：

研究假设 1：经实验处理后，实验组与控制组在立即效果（后测分数）上有显著不同。

研究假设 2：经实验处理后，实验组与控制组在保留效果（追踪测分数）上有显著不同。

（一）描述性统计量

执行 SPSS 功能列"分析（A）"/"叙述统计（E）"/"描述性统计量（D）"程序，可以求出各组在前测、后测、追踪测 3 个变量的描述性统计量。"调整后平均数"是执行功能列"一般线性模型（G）"/"单变量（O）"程序后摘录出来的数据（表 11-38）。

表 11-38　描述性统计量

		个　数	平均数	标准差	调整后平均数
前测	实验组	13	8.69	3.351	—
	控制组	13	17.15	4.913	—
	总　和	26	12.92	5.966	—
后测	实验组	13	29.38	6.577	30.860[a]
	控制组	13	24.77	5.732	23.294[a]
追踪测	实验组	13	27.77	2.242	26.069[a]
	控制组	13	23.31	6.824	25.008[a]

a. 使用下列的值评估模型中的共变量：前测 =12.92。

（二）直接进行两组平均数的差异比较

执行功能列"分析（A）"/"比较平均数法（M）"/"单因子方差分析（O）"程序，进行实验组、控制组两组在 3 个变量平均数的差异检验（F 统计量也可以代替 t 检验，进行两个独立群组的平均数显著性检验）（表 11-39）。

表 11-39　ANOVA

		平方和	自由度	平均平方和	F 检验	显著性
前测	组间	465.385	1	465.385	26.314	0.000
	组内	424.462	24	17.686		
	总和	889.846	25			
后测	组间	138.462	1	138.462	3.638	0.069
	组内	913.385	24	38.058		
	总和	1 051.846	25			
追踪测	组间	129.385	1	129.385	5.016	0.035
	组内	619.077	24	25.795		
	总和	748.462	25			

从方差分析摘要表中得知：实验组与控制组两个群组在后测（立即效果）上没有显著不同，F 统计量为 3.638，显著性概率值 $p = 0.069 > 0.05$，接受零假设；实验组与控

制组两个群组在追踪测（保留效果）上有显著不同，F 统计量为 5.016，显著性概率值 $p = 0.035 < 0.05$，拒绝零假设。如果直接进行两组平均数的差异检验，而未采用统计控制方法（单因子共变量分析），则研究假设的验证结果为：

1. 经实验处理后，实验组与控制组在立即效果上没有显著不同，研究假设 1 无法获得支持。
2. 经实验处理后，实验组与控制组在保留效果上有显著不同，实验组追踪测的群组平均数（$M = 27.77$）显著优于控制组追踪测的群组平均数（$M = 23.31$），研究假设 2 获得支持。

（三）采用统计控制法

统计控制法为以两组前测成绩为共变量，改用独立样本单因子共变量分析。执行功能列"一般线性模型（G）"/"单变量（O）"程序，将后测、追踪测变量指定为"因变量（D）"，组别变量指定为"固定因子（F）"、前测变量指定为"共变量（C）"。

表 11-40　受试者间效应项的检验——因变量：后测

来　源	型Ⅲ平方和	自由度	平均平方和	F 检验	显著性
前测	51.604	1	51.604	1.377	0.253
组别	177.475	1	177.475	4.737	0.040
误差	861.780	23	37.469		
校正后的总数	1 051.846	25			

注：$R^2 = 0.181$（调整后的 $R^2 = 0.109$）。

排除前测成绩的影响后，实验组与控制组两个群组在后测（立即效果）上有显著不同，F 统计量为 4.737，显著性概率值 $p = 0.040 < 0.05$，效果量为 0.181，拒绝零假设。经实验处理后，实验组后测分数的调整后平均数（$M = 30.860$）显著优于控制组后测分数的调整后平均数（$M = 23.294$）。

表 11-41　受试者间效应项的检验——因变量：追踪测

来　源	型Ⅲ平方和	自由度	平均平方和	F 检验	显著性
前测	68.518	1	68.518	2.862	0.104
组别	3.496	1	3.496	0.146	0.706
误差	550.559	23	23.937		
校正后的总数	748.462	25			

注：$R^2 = 0.264$（调整后的 $R^2 = 0.200$）。

排除前测成绩的影响后，实验组与控制组两个群组在追踪测（保留效果）上没有显著不同，F 统计量为 0.146，显著性概率值 $p = 0.706 > 0.05$，接受零假设。采用统计控制方法（单因子共变量分析），则研究假设的验证结果为：

1. 经实验处理后，实验组与控制组在立即效果上有显著不同，研究假设1获得支持。
2. 经实验处理后，实验组与控制组在保留效果上没有显著的不同，研究假设2无法获得支持。

采用统计控制法与未采用统计控制法的研究假设检验的情况见表11-42：

表 11-42

方　法	前　测	立即效果（后测）	保留效果（追踪测）
方差分析	—	未获支持	获得支持
统计控制法	—	获得支持	未获支持

从表中可以看出未采用统计控制法所得到的结果，刚好与采用统计控制法相反。

如果采取真正实验设计（true experimental design），研究者可以随机选取与随机分派受试者，除实验者可操作的自变量或实验变量外，对于其他干扰变量（extraneous variables）或混淆变量均可加以控制。一般的干扰变量包括个体变量（生理状态、身心发展程度）或情境变量（个体所在的物理情境变因，如设备、通风等）。由于研究者可有效操控干扰变量，因此可使实验组与控制组（control group）或实验组与对照组（comparison group）两个组别受试者在各方面的特征或条件完全相同。真正实验设计是一种"受试者间设计"（或称完全随机化设计）。一般常见的真正实验设计包括等组后测设计、等组前后测设计、所罗门四群组设计（Solo-man four-group design）。

等组后测的设计架构见表11-43：

表 11-43　等组后测的设计架构

	实验处理	后测（立即效果）
R（实验组）	X	O1
R（控制组）		O2

等组前后测的设计架构见表11-44：

表 11-44　等组前后测的设计架构

	前　测	实验处理	后测（立即效果）
R（实验组）	O1	X	O3
R（控制组）	O2		O4

真正实验设计可采用传统的独立样本 t 检验或独立样本方差分析来进行假设检验。在等组前后测的设计中，由于有前测的测量分数，实验组正向效果的测量分数变化为 O3 − O1，控制组测量分数的变化为 O4 − O2，因此也可以进行 (O3 − O1) & (O4 − O2)

的差异比较。将等组前后测的设计架构扩充，真正实验设计程序中可能会有两个实验组或对照组，有两个实验组的架构见表 11-45：

表 11-45　两个实验组架构

	前　测	实验处理	后测（立即效果）
R（实验组一）	O1	X1	O4
R（实验组二）	O2	X2	O5
R（控制组）	O3		O6

所罗门四群组设计为合并"等组前后测设计"及"等组后测设计"两种设计法，因而会有两个实验组及两个控制组，这种设计可以排除前测效应的影响。所罗门四群组的实验架构见表 11-46：

表 11-46　所罗门四群组的实验架构

	前　测	实验处理	后测（立即效果）
R（实验组一）G1	O1	X1	O2
R（控制组一）G2	O3		O4
R（实验组二）G3		X2	O5
R（控制组二）G4			O6

所罗门四群组的实验设计可以检验"前测与实验处理间的交互作用"是否达到显著，两个固定因子（自变量）分别为前测（有无前测）、实验处理（有无实验处理），均为名义二分变量；因变量为实验处理效果，其交叉单元格为 2×2，如此可进行独立样本二因子方差分析。此外，对于实验处理效果的显著性，研究者可以进行下列测量值的差异比较："O2 & O1"（实验处理效果的影响）、"O2 & O4"（实验处理效果的影响）、"O5 & O6"（实验处理效果的影响）、"O5 & O3"（实验处理效果的影响）、"O6 & O4"（时间或成熟变因的影响），这些差异比较可使用传统独立样本 t 检验或独立样本单因子方差分析。上述前测与实验处理间交互作用的 2×2 表格见表 11-47：

表 11-47　交互作用的 2×2 表格

A 因子 B 因子		实验处理固定因子	
		有实验处理	无实验处理
前测固定因子	有前测	G1（O2）	G2（O4）
	无前测	G3（O5）	G4（O6）

独立样本二因子单变量方差分析的操作：执行 SPSS 功能列"分析（A）"/"一般线性模型（G）"/"单变量（U）"程序；独立样本二因子多变量方差分析的操作：执行SPSS 功能列"分析（A）"/"一般线性模型（G）"/"多变量（M）"程序。

六、统计的逻辑顺序颠倒，结果论述不严谨

就多因子方差分析而言，若是自变量、结果变量/因变量均相同，研究者采用以下的统计流程：one-way ANOVA → two-way ANOVA → three-way ANOVA，其结果会造成部分解释欠缺完整。如进行高职学生性别（A 因子）、学生年级（B 因子）在生活压力因变量的差异比较，若是二因子交互作用项达到显著（$p < 0.05$），表示高职学生性别（A 因子）在生活压力的差异会受到学生年级（B 因子）自变量的影响；而高职学生年级（B 因子）在生活压力的差异会受到学生性别（A 因子）自变量的影响。研究者进一步要进行的是"单纯主要效果"（simple main effect）项的比较，因为二因子方差分析的交互作用项达到统计显著水平，所以之前的单因子方差分析的结果就没有实质意义（不论方差分析的 F 值统计量是否达到显著水平）。相对的，若是二因子方差分析的交互作用项没有达到统计显著水平（$p \geqslant \alpha$，显著性概率值 $p = 0.05$ 的可能性较低），此时可以直接就两个因子主要效果（main effect）项的 F 值统计量是否达到统计显著水平进行解释，如果显著性概率值 p 小于 0.05，就可拒绝零假设，获得支持研究假设的结论；如果显著性概率值 p 大于或等于 0.05，表示研究假设无法得到支持，这种解释又与之前单因子方差分析的统计结果重复，使信息解释过度累赘。

以高职学生性别及年级在生活压力的交互作用为例，性别变量为名义二分变量（男生、女生）、年级变量为名义三分变量（一年级、二年级、三年级），生活压力变量为受试者在"生活压力量表"上的得分，测量值分数越高表示受试者所感受的生活压力越大。所谓交互作用显著表示性别变量在生活压力的差异会受到年级变量的影响，当年级不同时，性别变量在生活压力的差异便不同。就一年级群体而言，女生的生活压力显著低于男生的生活压力；就三年级群体而言，女生的生活压力显著高于男生的生活压力；就二年级群体而言，女生的生活压力与男生的生活压力没有显著不同。若研究者没有进行二因子方差分析，直接采用单因子方差分析，可能得出：就全体样本而言，"女生与男生的学习压力没有显著不同的结论"，此结论并未考虑到年级变量，当纳入年级变量时，性别变量在生活压力的差异并未呈现一致的结果。其二因子方差分析交互作用图如图 11-4 所示：

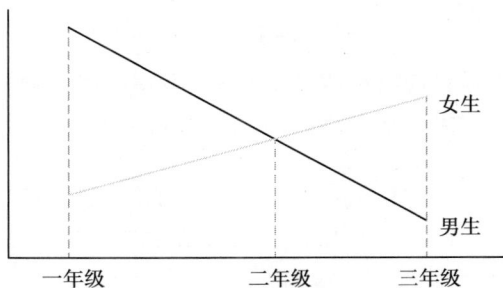

图 11-4　二因子方差分析交互作用图

再以一个结构方程模型的假设适配度检验为例，研究者根据相关理论文献及之前的实证性研究，提出中小企业组织的组织学习、知识管理、组织制度影响组织文化及组织

效能的因果模型图。图中的 3 个外因潜在变量为组织学习、知识管理、组织制度，2 个内因潜在变量为组织文化及组织效能。研究者根据调查的样本资料进行统计分析，以检验假设模型图与样本资料是否适配，若无法适配，研究者可根据修正指标值及指标增删的合理性来修正假设模型图，并再次进行适配度的检验。

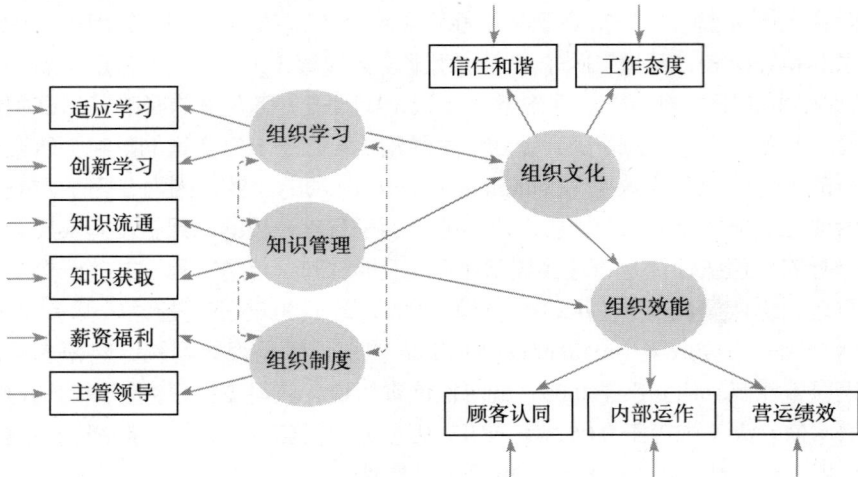

图 11-5

若研究者根据整体假设模型图，将其分离为数个次模型图，再分别检验每个次假设模型图与样本资料是否适配，其操作与检验的假设模型图如下：

1. 探究模型图 11–6 是否适配？其中外因潜在变量（自变量）为组织学习、内因潜在变量（因变量）为组织文化。

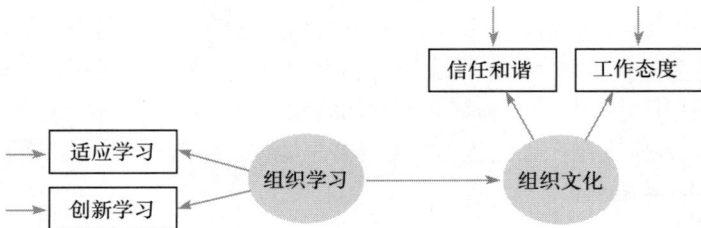

图 11-6

2. 探究模型图 11–7 是否适配？其中外因潜在变量（自变量）为知识管理、内因潜在变量（因变量）为组织文化。

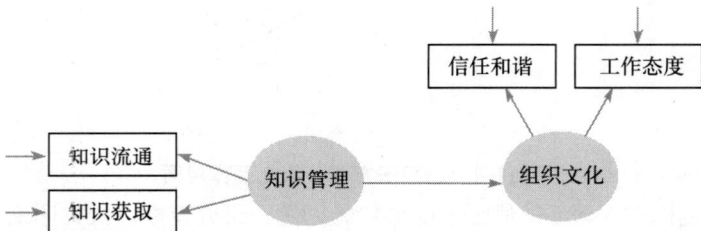

图 11-7

3. 探究模型图 11-8 是否适配？其中外因潜在变量（自变量）为组织制度、内因潜在变量（因变量）为组织文化与组织效能，模型图中的组织文化变量为中介变量，对组织制度变量而言为内因潜在变量（因变量），对组织效能变量而言为外因潜在变量（自变量）。

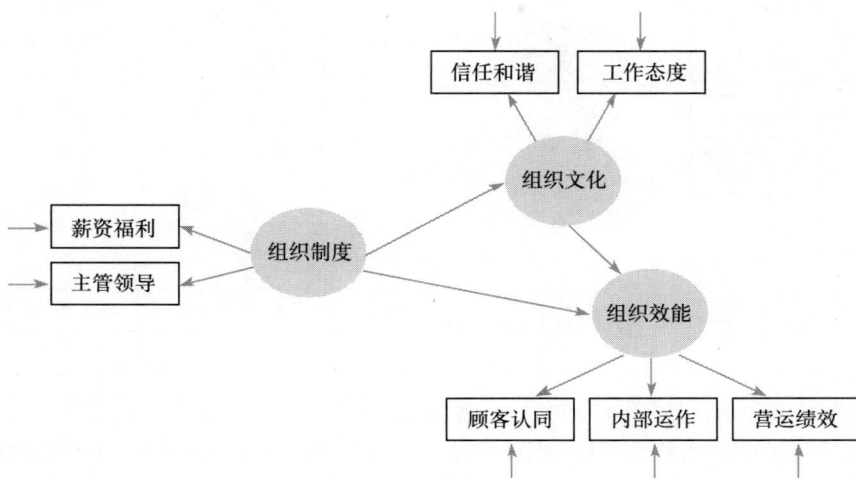

图 11-8

4. 探究模型图 11-9 是否适配？其中外因潜在变量（自变量）为组织学习与知识管理、内因潜在变量（因变量）为组织文化与组织效能，模型图中的组织文化变量为中介变量，对组织学习与知识管理变量而言为内因潜在变量（因变量），对组织效能变量而言为外因潜在变量（自变量）。

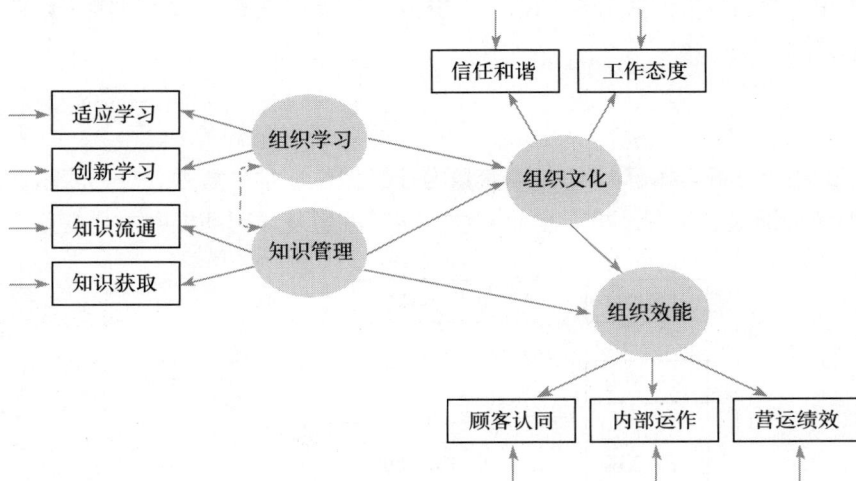

图 11-9

5. 探究模型图 11-10 是否适配？其中外因潜在变量（自变量）为组织学习与组织制度、内因潜在变量（因变量）为组织文化与组织效能，模型图中的组织文化变量为中介变量，对组织学习与组织制度变量而言为内因潜在变量（因变量），对组织效能变量而言为外因潜在变量（自变量）。

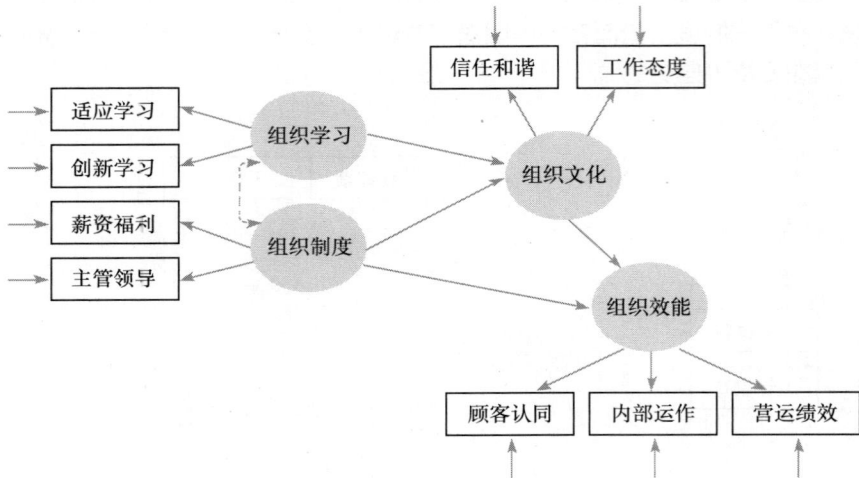

图 11-10

综上所述，研究者将完整模型图分为数个子假设模型图，逐一进行子假设模型图与样本资料是否适配的检验，其操作方法并非错误，但这种程序与结构方程模型的理论与假定不合，研究者所进行的是一种模型适配度的探索性建构，而非假设模型适配度的检验。研究者应当进行检验的是 3 个外因潜在变量与两个内因潜在变量间的因果关系，而非其中配对潜在变量间的影响路径，若整体适配度不佳，表示研究者所提的假设模型与样本资料间无法契合，此时研究者可根据修正参数指标值与统计参数显著性，进行假设模型的修正，之后再验证修正的假设模型与样本资料是否适配，如此才能达到简化与验证模型的目的。

【范例】

完整的路径分析图如下：3 个外因变量为社经地位、学生智力、行为表现，3 个内因变量为教师期望、学习动机、学业成绩，教师期望及学习动机为中介变量。

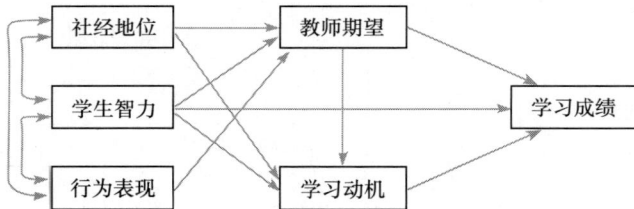

图 11-11　路径分析图

不适当的路径分析程序为从验证简单路径分析推演至完整路径分析。

1. 路径分析图中 3 个外因变量为社经地位、学生智力、行为表现，中介变量为教师期望，内因变量为学业成绩，3 个外因变量对内因变量为学业成绩没有直接影响效果。

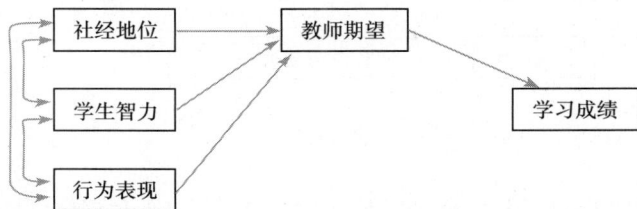

图 11-12

2. 增列外因变量学生智力对内因变量学业成绩的直接效果路径。

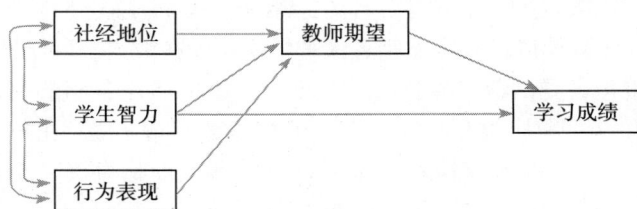

图 11-13

3. 增列中介变量学习动机，教师期望除对学业成绩有直接影响路径外，也通过学习动机变量而影响学业成绩。

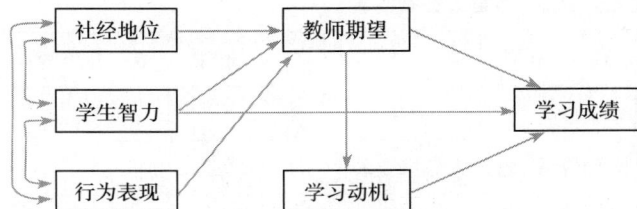

图 11-14

4. 增列外因变量社经地位对学习动机中介变量的直接影响路径。

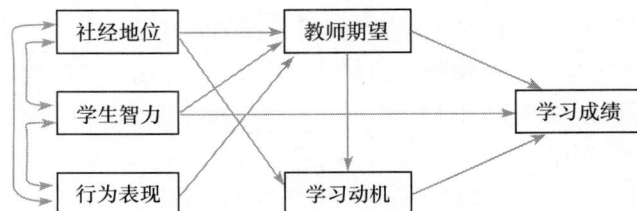

图 11-15

5. 增列外因变量学生智力对学习动机中介变量的直接影响路径，理论建构假设模型路径图的验证。

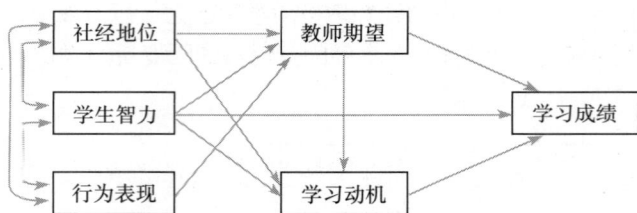

图 11-16

七、背景变量组别人数的差异过大，而未将组别人数合并

在问卷调查中多数采用概率抽样方式，这会造成部分背景变量中某个名义变量的组别或类别的有效样本数过少，尤其是当名义变量的群组划分超过 5 个时，更容易产生某个类别/群组人数与其他群组人数差距过大的情况。如在成人公民素养的调查研究中，有效样本数共 370 位，受试者年龄变量群组及人数如下：5 个群组的有效样本数分别为 78、92、110、81、9，其中"61～70 岁"组的样本数只有 9 位。在方差分析中，研究者并未将"61～70 岁"组人数并入"51～60 岁"组，而是直接以 5 个群组进行公民素养的差异比较。由于"61～70 岁"组的样本数与其余 4 组差异甚大，统计结果会造成偏误。最好将年龄变量从"名义五分变量"变为"名义四分变量"，如此，便不会出现某一个水平群组样本数特别少的情况。

表 11-48

合并前的"名义五分变量"各组人数摘要表					
20～30 岁	31～40 岁	41～50 岁	51～60 岁	61～70 岁	总人数
78	92	110	81	9	370
合并后的"名义四分变量"各组人数摘要表					
20～30 岁	31～40 岁	41～50 岁	51～70 岁	—	总人数
78	92	110	90	—	370

在一项不同学历成年人的生活满意度感受差异的问卷调查中，"学历"基本资料分为 5 个类别："□中小学　□高中职　□专科　□大学　□研究所"，学历为五分名义变量，其水平数值编码分别为 1、2、3、4、5。调查数据资料见表 11–49：

学历背景 5 个群组中，中小学、高中职、专科、大学、研究所 5 个水平类别的有效样本人数分别为 8、8、8、8、2 位，由于研究所组的人数只有 2 人，与其他各组的人数差距较大，因此将水平数值 4（大学）与水平数值 5（研究所）的人数合并，水平数值注解为"大学研究所"，合并后学历变量变为四分名义变量，4 个水平数值编码为 1、2、3、4，水平数值的命名分别为"中小学""高中职""专科""大学研究所"。

表 11-49 调查数据资料

学 历	生活满意	学历_合并	学 历	生活满意	学历_合并
1	9	1	3	5	3
1	10	1	3	9	3
1	8	1	3	8	3
1	7	1	3	5	3
1	4	1	3	10	3
1	7	1	3	6	3
1	8	1	3	10	3
1	9	1	4	9	4
2	8	2	4	9	4
2	4	2	4	3	4
2	10	2	4	10	4
2	8	2	4	8	4
2	3	2	4	9	4
2	8	2	4	9	4
2	9	2	4	10	4
2	7	2	5	1	4
3	10	1	5	2	4

表 11-50 学历背景合并前与合并后的描述性统计量对照表

学历背景合并前描述性统计量				学历背景合并后描述性统计量			
组 别	个 数	平均数	标准差	组 别	个 数	平均数	标准差
中小学	8	7.75	1.832	中小学	8	7.75	1.832
高中职	8	7.75	2.416	高中职	8	7.13	2.416
专科	8	7.88	2.232	专科	8	7.88	2.232
大学	8	8.38	2.264	大学研究所	10	7.00	3.528
研究所	2	1.50	0.707				
总和	34	7.41	2.560	总和	34	7.41	2.560

表 11-51　学历背景合并前的方差分析摘要表

	平方和	自由度	平方平方和	F 检验	显著性
组间	80.610	4	20.153	4.309	0.007
组内	135.625	29	4.677		
总和	216.235	33			

方差分析的 F 值统计量为 4.309，显著性概率值 $p = 0.007 < 0.05$，拒绝零假设，表示至少有一个配对水平群组在因变量的平均数差异值显著不等于 0。

表 11-52　多重比较　因变量：生活满意　Tukey HSD

（I）学历	（J）学历	平均差异（I-J）	标准误	显著性	95% 置信区间	
					下　界	上　界
研究所	中小学	−6.250（*）	1.710	0.008	−11.22	−1.28
	高中职	−5.625（*）	1.710	0.020	−10.59	−0.66
	专科	−6.375（*）	1.710	0.007	−11.34	−1.41
	大学	−6.875（*）	1.710	0.003	−11.84	−1.91

经 Tukey HSD 事后比较发现："研究所"群体（水平类别 5）在因变量的平均数，显著高于"中小学"群体（水平类别 1）、"高中职"群体（水平类别 2）、"专科"群体（水平类别 3）、"大学"群体（水平类别 4）。

表 11-53　学历背景合并后的方差分析摘要表

	平方和	自由度	平均平方和	F 检验	显著性
组间	4.985	3	1.662	0.236	0.871
组内	211.250	30	7.042		
总和	216.235	33			

学历背景合并前的方差分析 F 值为 4.309（自由度 $= 5 - 1 = 4$），显著性 $p = 0.007$，表示 5 个群组中至少有一个配对群组的平均数有显著不同，其中的差异主要是"中小学 > 研究所""高中职 > 研究所""专科 > 研究所""大学 > 研究所"，显示"研究所"群组在生活满意度的测量值显著低于其他 4 个群组。学历背景合并后的方差分析 F 值统计量为 0.236（自由度 $= 4 - 1 = 3$），显著性 $p = 0.871 > 0.05$，接受零假设：$\mu_1 = \mu_2 = \mu_3 = \mu_4$，表示 4 个群组在生活满意的测量分数平均数均没有显著不同，任一配对群组平均数的差异值均显著等于 0。

上述资料范例说明在进行方差分析时，若有某个背景变量的水平数值的有效样本数差距过大，可能会造成方差分析结果的偏误。在进行某个类别变量各水平在因变量上的差异比较检验时，如果发现类别变量中某个群组的人数为个位数或少于 15，或与其他各群组的人数差异甚大，可将此群组的人数与其他群组的人数合并，也可将此群组的人数纳入统计分析中。范例中由于研究所群组样本数只有两位，因此在方差的差异比较中，可将研究所两位样本暂时排除，只进行"中小学""高中职""专科""大学"4个群组在生活满意度的差异比较。

表 11-54　排除"研究所"群组样本后方差分析摘要表（$N=32$）

	平方和	自由度	平均平方和	F	显著性
组间	6.344	3	2.115	0.438	0.727
组内	135.125	28	4.826		
总和	141.469	31			

4 个水平类别为中小学、高中职、专科、大学，组间自由度为 3，组内自由度为 28，平均数差异整体检验的 F 值统计量为 0.438，显著性概率值 $p = 0.717 > 0.05$，接受零假设，4 个类别群组在生活满意变量的平均数没有显著不同，研究假设无法得到支持。

【范例】

探究不同教育阶段教师对"十二年教育实施日程"的看法，从小学、中学、高中 3 个不同教育阶段的群体中各随机抽取受试样本，题目共分为 5 个选项：□非常同意 □同意 □无意见 □不同意 □非常不同意。调查结果的次数及百分比见表 11-55：

表 11-55　原始选项 * 阶段教师　交叉表

			阶段教师			总　和
			1 小学教师	2 中学教师	3 高中教师	
原始选项	1 非常同意	个数	4	0	12	16
		在阶段教师之内的 /%	2.7	0.0	8.8	3.9
	2 同意	个数	50	40	35	125
		在阶段教师之内的 /%	33.6	31.0	25.5	30.1
	3 无意见	个数	35	34	30	99
		在阶段教师之内的 /%	23.5	26.4	21.9	23.9
	4 不同意	个数	60	50	45	155
		在阶段教师之内的 /%	40.3	38.8	32.8	37.3
	5 非常不同意	个数	0	5	15	20
		在阶段教师之内的 /%	0.0	3.9	10.9	4.8
总和		个数	149	129	137	415
		在原始选项之内的 /%	35.9	31.1	33.0	100.0
		在阶段教师之内的 /%	100.0	100.0	100.0	100.0

在 149 位小学教师中，勾选非常同意、同意、无意见、不同意、非常不同意的人次分别为 4、50、35、60、0 位；129 位中学教师中，勾选非常同意、同意、无意见、不同意、非常不同意的人次分别为 0、40、34、50、5 位：137 位高中教师中，勾选非常同意、同意、无意见、不同意、非常不同意的人次分别为 12、35、30、45、15 位。在百分比同质性检验中，设计变量为教育阶段样本（小学教师群、中学教师群、高中教师群 3 个群体），$J = 3$（3 个类别）、反应变量为题目 5 个选项，$I = 5$（5 个反应水平），构成的交叉表为 5×3（表 11-56）。

表 11-56　卡方检验

	数　值	自由度	渐近显著性（双尾）
Pearson 卡方	35.436[a]	8	0.000
概似比	42.576	8	0.000
线性对线性的关联	0.786	1	0.375
有效观察值的个数	415		

a. 1 个格（6.7%）的预期个数少于 5。最小的预期个数为 4.97。

百分比同质性检验的卡方值统计量等于 35.436，自由度等于 8，显著性概率值 $p < 0.001$，表示总体参数为零假设的可能性很低，研究结果必须拒绝零假设 H_0：$p_1 = p_2 = p_3 = p$，小学教师、中学教师、高中教师 3 个群体（设计变量）对"十二年教育实施日程"看法勾选的次数、百分比间有显著不同。至于 3 个类别群体是在哪个反应选项间的看法有显著差异，须进一步百分比同质性检验的事后比较才能得知。

在上述设计变量与反应变量构成的交叉表中，有两个单元格人数为 0 次，且勾选"非常同意"及"非常不同意"两个选项的人次显著少于其余 3 个选项，"总和"行列的人次差异甚大。进一步分析，将受试者勾选"非常同意"与"同意"选项的次数合并，统称为"同意"选项，勾选"非常不同意"与"不同意"选项的次数合并，统称为"不同意"选项。合并后的交叉表的人次及百分比见表 11-57：

表 11-57　合并选项 * 阶段教师交叉表

			阶段教师			总　和
			1 小学教师	2 中学教师	3 高中教师	
合并选项	1 同意	个数	54	40	47	141
		在合并选项之内的 /%	38.3	28.4	33.3	100.0
		在阶段教师之内的 /%	36.2	31.0	34.3	34.0
	2 无意见	个数	35	34	30	99
		在合并选项之内的 /%	35.4	34.3	30.3	100.0
		在阶段教师之内的 /%	23.5	26.4	21.9	23.9

续表

			阶段教师			总　和
			1 小学教师	2 中学教师	3 高中教师	
3 不同意		个数	60	55	60	175
		在合并选项之内的 /%	34.3	31.4	34.3	100.0
		在阶段教师之内的 /%	40.3	42.6	43.8	42.2
总和		个数	149	129	137	415
		在合并选项之内的 /%	35.9	31.1	33.0	100.0
		在阶段教师之内的 /%	100.0	100.0	100.0	100.0

表 11–57 显示，"总和"横行个数分别为 149（小学教师群）、129（中学教师群）、137（高中教师群），"总和"竖列个数分别为 141（同意选项）、99（无意见选项）、175（不同意选项），没有单元格的个数为 0 或接近 0。

表 11-58　卡方检验

	数　值	自由度	渐近显著性（双尾）
Pearson 卡方	1.351[a]	4	0.853
概似比	1.352	4	0.852
线性对线性的关联	0.295	1	0.587
有效观察值的个数	415		

a. 0 个格（0.0%）的预期个数少于 5。最小的预期个数为 30.77。

百分比同质性检验的卡方值统计量等于 1.351，自由度等于 4，显著性概率值 $p = 0.853 > 0.05$，表示总体参数为零假设的可能性很高，研究结果必须接受零假设 H_0：$p_1 = p_2 = p_3 = p$，小学教师、中学教师、高中教师 3 个群体（设计变量）对"十二年教育实施日程"看法勾选的次数、百分比间没有显著不同，研究假设无法得到支持。上述 5×3 表格与 3×3 表格间同时进行百分比同质性检验，其统计分析结论刚好相反，一个拒绝零假设（$p < 0.05$）、一个接受零假设（$p > 0.05$），其原因就在于某些单元格人次为 0。

八、复回归分析中虚拟变量与多元共线性问题

在复回归分析中，多数研究者会将背景变量作为预测变量直接投入回归模型中，如此也能进行复回归分析，但输出结果却无法合理地作出解释，其原因在于回归分析中作为预测变量（自变量 / 解释变量）的变量必须为计量变量，而背景变量一般均为名义变量（非计量变量），若直接将其投入回归模型中并不符合回归分析的基本假定。此时，研究者

必须将非计量自变量转换为"虚拟变量"（dummy variable），"虚拟变量"的水平数值一般以 0、1 表示，一个有 m 个水平的间断变量转换后会有"$m-1$"个虚拟变量。以年龄变量为例，合并后的年龄变量为"名义四分变量"，转换为虚拟变量后必须增列 3 个（＝4－1）虚拟变量。

表 11-59

水平数值注解	20 ~ 30 岁	31 ~ 40 岁	41 ~ 50 岁	51 ~ 70 岁
水平数值	1	2	3	4

表 11-60　以水平数值 4 为参照组增列的虚拟变量

水平数值注解	水平数值	参照组	年龄 _D1	年龄 _D2	年龄 _D3
20 ~ 30 岁	1		1	0	0
31 ~ 40 岁	2		0	1	0
41 ~ 50 岁	3		0	0	1
51 ~ 70 岁	4	0	0	0	0

表 11-61　以水平数值 3 为参照组增列的虚拟变量

水平数值注解	水平数值	参照组	年龄 _D1	年龄 _D2	年龄 _D4
20 ~ 30 岁	1		1	0	0
31 ~ 40 岁	2		0	1	0
41 ~ 50 岁	3	0	0	0	0
51 ~ 70 岁	4		0	0	1

表 11-62　以水平数值 2 为参照组增列的虚拟变量

水平数值注解	水平数值	参照组	年龄 _D1	年龄 _D3	年龄 _D4
20 ~ 30 岁	1		1	0	0
31 ~ 40 岁	2	0	0	0	0
41 ~ 50 岁	3		0	1	0
51 ~ 70 岁	4		0	0	1

表 11-63　以水平数值 1 为参照组增列的虚拟变量

水平数值注解	水平数值	参照组	年龄 _D2	年龄 _D3	年龄 _D4
20 ~ 30 岁	1	0	0	0	0
31 ~ 40 岁	2		1	0	0
41 ~ 50 岁	3		0	1	0
51 ~ 70 岁	4		0	0	1

多元共线性（multilinearility）又称线性相依，表示回归模型由于自变量/预测变量间本身的相关太高，造成回归分析时的困扰。复回归分析中若有多元共线性问题，可直接采用统计回归（statistical regression）来处理，最常用的是"逐步回归法"（stepwise regression）。采用逐步多元回归可直接解决回归分析中共线性问题；如果回归模型中共线性问题较为严重，即使采用逐步回归法也无法完全解决共线性问题，此时输出的回归分析结果中部分预测变量的标准化回归系数（β 系数）的正负号数值，与原先预测变量和结果变量的相关系数的正负号数值完全相反，以致部分研究结果前后矛盾，或部分预测变量标准化回归系数（β 系数）大于 1，造成回归模型出现无法解释或不合理的情况。解决多元共线性问题较简单的方法为预测变量简约法，研究者可将某个与其他预测变量相关特别高的自变量从回归模型中移除，而较严谨的做法为采用主成分回归分析法。

九、解释前后颠倒，误解推论统计的含义

量化研究的研究问题有两大类型：一为现况及行为频率的调查，二为假设检验、前者旨在探究受试者对某个现象、方案或议题的看法，如中学学生家长对新量尺分数了解的比例、消费者对甲品牌车满意的比例等，通常以次数、百分比来表示。中学学生家长对新量尺分数内涵了解的百分比只有 32%，结论之一就是"约只有三成中学学生家长了解新量尺分数的内涵"；假设检验必须估算样本统计量及统计量的显著性，才能得出接受零假设或研究假设的结论，在假设检验程序中研究者常犯的一个错误是统计量的显著性（p 值）没有达到显著水平（$p < 0.05$），还加以解释组别平均数的高低或相关系数的高低。如在一项男女生工作压力的调查研究中，男生工作压力的平均数为 30.25、女生工作压力的平均数为 29.76，独立样本 t 检验的 t 统计量为 1.504，显著性概率值 $p = 0.052$。部分研究者作出以下解释：

男女生工作压力 t 检验的统计量虽未达显著水平（$t = 1.504$，$p = 0.052$），但显著性 p 值 0.052 与显著水平 0.05 差距很小，两者平均数的差异接近统计显著水平。从平均数的高低而言，男生工作压力的平均数（$M = 30.25$）稍微高于女生的平均数（$M = 29.76$），所以研究假设也可以获得支持。

当显著性概率值 $p > 0.05$，不论 p 值是多少，均表示从样本资料推估总体时总体参数为零假设的可能性很高，因为零假设的概率很大，没有足够理由拒绝零假设，研究结果必须接受零假设：$\mu_{男生} = \mu_{女生}$，或 $\mu_{男生} - \mu_{女生} = 0$，表示在总体中，男生群体平均数与女生群体平均数的差异值显著等于 0。

上述解释是不符合假设检验与推论统计的真正含义的。当显著水平 α 定为 0.05 时，拒绝零假设必须满足样本统计量显著性概率值 $p < \alpha$，因为只要 $p \geq$ 显著水平 α 时，即使 p 值为 0.05 或 0.051 或 0.052，均表示从样本资料中获得的样本统计量没有足够证据可以拒绝零假设，研究结果为零假设的概率很大，此时研究假设无法得到支持。范例中

的零假设为两个群体的平均数相等 H_0: $\mu_{男生}$ = $\mu_{女生}$，样本资料没有足够证据可以拒绝零假设，必须接受零假设，即男生群体工作压力平均数等于女生群体工作压力平均数。样本统计量中，男生工作压力平均数等于 30.25、女生工作压力平均数等于 29.76，两个样本平均数之所以不相等，是因为抽样误差或巧合。当研究者不采用抽样而直接采用普查方法，两个总体的平均数应是相等数值或差异甚小的数值。范例中合理的解释为：

男女生工作压力平均数的差异中，男生工作压力的平均数（M = 30.25）虽稍微高于女生平均数（M = 29.76），但两个群体平均数差异并未到 0.05 显著水平。样本统计量的 t 值为 1.504，显著性概率值 p = 0.052 > 0.05，接受零假设，研究假设："男女生工作压力有显著差异"无法获得支持，表示男生与女生的工作压力没有显著不同，样本平均数间的差异值是巧合或抽样误差导致的。

再以中学教师的外向人格特质与学生学习动机的相关为例，两个计量变量的积差相关系数为 0.125，显著性概率值 p = 0.051，错误的解释为：

中学教师的外向人格特质与学生学习动机的相关系数为 0.125，显著性概率值 p = 0.051，p 值虽大于 0.050，但与临界概率值显著水平 α 差异甚小，两者的相关很接近统计显著水平，从相关系数的大小及正负号来看，相关系数值为 0.125，符号为正数，表示两个变量呈正相关，教师的外向人格特质越多，学生的学习动机越高。

合理的解释为：

中学教师的外向人格特质与学生学习动机的相关系数虽为 0.125，但显著性概率值 p = 0.051 > 0.050，样本统计量数据没有足够证据可以拒绝零假设，表示两个变量间的相关系数显著为 0，即"中学教师的外向人格特质与学生学习动机间没有显著相关存在"，研究假设无法获得支持。

推论统计程序中对于拒绝或接受零假设，研究者要采用"绝对比较"的观点，即比较统计量数与临界值，结果只有两种情况：一是检验统计量数落入拒绝区（拒绝零假设）；二是检验统计量数落入接受区（接受零假设）。如以统计软件输出的显著性 p 值作为判断指标，要将显著性 p 值与显著水平 α 进行比较，其结果也只有两种情况：显著性 p 值 ≥ α；显著性 p 值 < α。若将显著水平 α 设定为 0.05，则显著性 p 值只要大于 0.05，则结果为零假设的概率很大，研究结论为接受零假设。即使显著性 p 值 = 0.051、p 值 = 0.052，研究者也不能以"显著性 p 值（如 p = 0.052）接近显著水平 0.05，与显著水平 0.05 差异甚小"作为拒绝零假设的依据，因为这样的比较并不是"绝对"的检验，而是一种近似的推估，并不符合推论统计的内涵。统计量数的比较必须是绝对的比较，不能以显著性 p 与显著水平 0.05 近似的判别作为拒绝零假设的理由。显著性概率值 p 与显著水平 α 间的两种明确关系见图 11–17，图上显示的二分判别法十分明确，

并没有灰色地带。

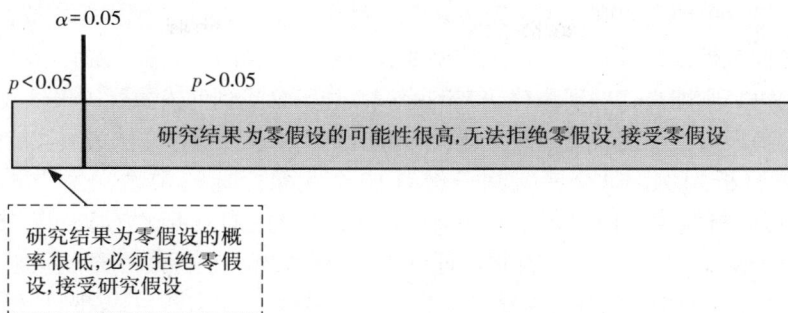

图 11-17

典型的显著水平是将 α 设定为 0.05 或是 0.01，行为及社会科学中多数设为 0.05，显著性 p 的含义在于拒绝或接受零假设，如果 p 值小于 0.05，表示结果为零假设的概率很低（零假设出现的机会小于 5%），有足够的证据陈述零假设可能为假，研究假设成立并达到"统计显著性"（statistically significant）；相对的，若是 p 值 $\geq$ 0.05，表示结果为零假设的概率很高（零假设出现的机会大于 5%），没有足够证据可以陈述零假设是假，研究假设不成立。以显著性 p 值判别零假设是否可以被接受的情况只有两种：一为接受零假设，二为拒绝零假设，即使显著性 p 值与显著水平 α 差异较小，也只有上述两种情况：$p \geq \alpha$、$p < \alpha$，因而没有"接近"的判断语。

十、表格的呈现不完整

量化研究统计程序输出的数据中许多是有前后关系的，若研究者没有完整地将其呈现出来，而只呈现样本统计量及显著性概率值 p，就无法表现量化研究"完整性"的特征。以不同年级在生活压力及忧郁倾向的方差分析为例，许多研究者只呈现表 11-64：

【不完整表格范例】

表 11-64　不同年级在生活压力、忧郁倾向的差异比较摘要表

		个　数	平均数	标准差	F 值	事后比较
生活压力	一年级 A	6	33.17	5.231	7.260**	C>A
	二年级 B	6	40.00	7.211		
	三年级 C	6	49.00	8.343		
忧郁倾向	一年级 A	6	28.50	6.656	1.945n.s	
	二年级 B	6	31.00	5.514		
	三年级 C	6	35.00	4.980		

ns $p > 0.05$

** $p < 0.01$

由于研究者只呈现一个 F 统计量，无法知道组间离均差平方和（SS）及组内离均差平方和，也没有呈现自由度，因此无法看出组间均方值（MS）与组内均方值，F 统计量数据是否有误或抄录错误，无法由上述摘要表中看出。若研究者能完整地将方差分析摘要表呈现出来，则能真实呈现量化研究的面貌，也不会受到他人质疑（表格不完整，并不是说研究者表格呈现错误，而是其提供的数据无法反映该统计方法最真实的一面）。

以因素分析为例，研究者编制一份有 10 个测量指标的中学学生"学习压力量表"，经项目分析结果，10 个题目均适当；再以探索性因素分析建立量表的"构念效度"（construct validity），即"量表能够测量出理论上某个概念或潜在行为特质的程度"。由于构念或潜在特质是一种无法观察的变量，因此必须借由量表的测量题目或测验项目来测量。

执行 SPSS 功能列"分析（A）"/"维度缩减（D）"/"因子（F）"程序，可以进行因素分析，即将相关较高或同质性较高的指标题目分组。范例中因素分析程序的因素萃取的方法为"主轴因子"法、萃取的"因子个数"限定为 3 个共同因素，因子分析的转轴法为直交转轴的"最大变异法"（直交转轴法表示共同因素与共同因素间没有相关，共同因素间的夹角成 90°）。

表 11-65 因子分析输出结果：共同性

	初 始	萃 取
题目_1	0.964	0.969
题目_2	0.960	0.967
题目_3	0.970	0.967
题目_4	0.939	0.927
题目_5	0.955	0.931
题目_6	0.925	0.902
题目_7	0.950	0.959
题目_8	0.944	0.958
题目_9	0.934	0.940
题目_10	0.852	0.835

萃取法：主轴因子萃取法。

因为采用主轴因子分析法来萃取共同因素，所以初始共同性不是 1。

表 11-66 解说总变异量

因子	初始特征值			平方和负荷量萃取			转轴平方和负荷量		
	总 和	方差的/%	累积/%	总和	方差的/%	累积/%	总和	方差的/%	累积/%
1	6.492	64.919	64.919	6.428	64.280	64.280	3.846	38.459	38.459
2	2.140	21.402	86.321	2.084	20.839	85.119	2.880	28.797	67.256

续表

因子	初始特征值			平方和负荷量萃取			转轴平方和负荷量		
	总　和	方差的/%	累积/%	总和	方差的/%	累积/%	总和	方差的/%	累积/%
3	0.919	9.190	95.511	0.843	8.425	93.544	2.629	26.288	93.544
4	0.141	1.414	96.925						
5	0.134	1.340	98.266						
6	0.068	0.683	98.948						
7	0.037	0.374	99.322						
8	0.029	0.288	99.610						
9	0.022	0.224	99.833						
10	0.017	0.167	100.000						

萃取法：主轴因子萃取法。

3 个共同因素的特征值分别为 3.846、2.880、2.629，累积的解释变异量为 93.544%。

表 11-67　转轴后的因子矩阵[a]——根据题目顺序排列

	因　子		
	1	2	3
题目_1	0.951	0.179	0.179
题目_2	0.944	0.135	0.241
题目_3	0.944	0.150	0.229
题目_4	0.146	0.911	0.274
题目_5	0.914	0.186	0.247
题目_6	0.206	0.867	0.328
题目_7	0.298	0.329	0.873
题目_8	0.172	0.907	0.324
题目_9	0.292	0.333	0.862
题目_10	0.236	0.383	0.796

萃取法：主轴因子萃取法。

旋转方法：含 Kaiser 常态化的 Varimax 法。

a 转轴收敛于 5 个迭代。

表 11-68 转轴后的因子矩阵^(a)——根据因素负荷量排序

	因 子		
	1	**2**	**3**
题目 _1	0.951	0.179	0.179
题目 _3	0.944	0.150	0.229
题目 _2	0.944	0.135	0.241
题目 _5	0.914	0.186	0.247
题目 _4	0.146	0.911	0.274
题目 _8	0.172	0.907	0.324
题目 _6	0.206	0.867	0.328
题目 _7	0.298	0.329	0.873
题目 _9	0.292	0.333	0.862
题目 _10	0.236	0.383	0.796

萃取法：主轴因子萃取法。

旋转方法：含 Kaiser 常态化的 Varimax 法。

a 转轴收敛于 5 个迭代。

【完整表格范例】

因素分析完整的表格呈现见表 11-69，其中共同因素一包括题目 _1、题目 _2、题目 _3、题目 _5 共 4 题，共同因素二包括题目 _4、题目 _6、题目 _8 共 3 题，共同因素三包括题目 _7、题目 _9、题目 _10 共 3 题。

表 11-69 完整表格范例

指标题目	因素构念 1	因素构念 2	因素构念 3	共同性	独特性变异量
题目 _1	0.951$^{\#}$	0.179	0.179	0.968	0.032
题目 _2	0.944$^{\#}$	0.135	0.241	0.967	0.033
题目 _3	0.944$^{\#}$	0.15	0.229	0.966	0.034
题目 _4	0.146	0.911$^{\#}$	0.274	0.926	0.074
题目 _5	0.914$^{\#}$	0.186	0.247	0.931	0.069
题目 _6	0.206	0.867$^{\#}$	0.328	0.902	0.098
题目 _7	0.298	0.329	0.873$^{\#}$	0.959	0.041
题目 _8	0.172	0.907$^{\#}$	0.324	0.957	0.043
题目 _9	0.292	0.333	0.862$^{\#}$	0.939	0.061
题目 _10	0.236	0.383	0.796$^{\#}$	0.836	0.164
特征值	3.846	2.880	2.629	9.355	
解释变异量	38.459	28.797	26.288		
累积解释变异量	38.459	67.256	93.544		

注：# 因素负荷量大于 0.70。

【不完整的表格范例】

在表 11–70 中，研究者只呈现共同因素所包含的题目的因素负荷量，其余的因素负荷量均未呈现，结果无法估算每个题目的共同性（每个题目在 3 个共同因素的因素负荷量平方的总和）及每个共同因素的特征值（共同因素在 10 个指标变量的因素负荷量平方的总和），因而无法让读者完全知悉整个学习压力量表的因素结构。这种表格出现在许多量化研究论文中，如果研究者能将因素结构中的所有因素负荷量（factor loading）完整呈现出来，那么读者也能估算题目的共同性与共同因素特征值的数据。

表 11-70　不完整的表格范例

指标题目	因素构念 1	因素构念 2	因素构念 3	共同性
题目 _1	0.951			0.968
题目 _2	0.944			0.967
题目 _3	0.944			0.966
题目 _4		0.911		0.926
题目 _5	0.914			0.931
题目 _6		0.867		0.902
题目 _7			0.873	0.959
题目 _8		0.907		0.957
题目 _9			0.862	0.939
题目 _10			0.796	0.836
特征值	3.846	2.880	2.629	9.355
解释变异量	38.459	28.797	26.288	
累积解释变异量	38.459	67.256	93.544	

没有呈现题目在所有共同因素的因素负荷量，对于共同性与特征值的数据无法完整说明。

十一、设定显著水平为 0.05，但统计分析程序的显著水平却大于 0.05，增加第 I 类型的错误率

在一般社会科学及行为科学的量化研究中，均将显著水平 α 设定为 0.05（有时也会设定为 0.01）。当样本统计量显著性 p 值小于设定的 α 值，研究者才可以作出拒绝零假设的结论。当类别变量为三分名义以上的变量时，进行类别（群组）间的测量分数的差异比较时，研究者直接单独进行多次的 t 检验（或 Z 检验），每个 t 检验的显著水平虽然均设定为 0.05，但此种统计分析程序的整体错误率却不是 0.05。若自变量有 3 个类别（三分名义变量），总共要单独进行 3 次 t 检验，整个假设检验结论的错误率增加至 0.15（= 0.05 × 3），研究者第 I 类型的错误率大大增加，此时如果改为采用独立样本方差分

析，则可以真正将显著水平 α 控制在 0.05。再就单因子多变量方差分析而言（同时检验两个以上的因变量），在多变量统计量 Λ 值达到 0.05 显著水平后，直接进行单变量方差分析，以查看哪几个因变量在自变量群组间的差异达到显著。在进行个别单变量分析时，研究者直接将显著水平设定为 0.05，如果单变量 F 值统计量的显著性 p 值 < 0.05，则作出拒绝零假设的结论。

两个群组单变量 t 检验的零假设为：$H_0: \mu_1 = \mu_2$（总体平均数相等），两个群

组多变量检验（3 个因变量）的零假设为：$H_0: \begin{bmatrix} \mu_{11} \\ \mu_{21} \\ \mu_{31} \end{bmatrix} = \begin{bmatrix} \mu_{12} \\ \mu_{22} \\ \mu_{32} \end{bmatrix}$（总体平均数相等），3 个群组单变

量 F 检验的零假设为：$H_0: \mu_1 = \mu_2 = \mu_3$（总体平均数相等），两个群组多变量检验（3 个因

变量）的零假设为：$H_0: \begin{bmatrix} \mu_{11} \\ \mu_{21} \\ \mu_{31} \end{bmatrix} = \begin{bmatrix} \mu_{12} \\ \mu_{22} \\ \mu_{32} \end{bmatrix} = \begin{bmatrix} \mu_{13} \\ \mu_{23} \\ \mu_{33} \end{bmatrix}$（总体平均数向量相等）。如果 MANOVA

程序的统计量未达到 0.05 显著水平，表示统计结果为零假设的概率很高，研究结果必须接受零假设：总体平均数向量相等，即所有检验因变量在类别变量的平均数差异值均为 0。

就生活压力 4 个向度（家庭压力、学校压力、情感压力、个人压力）而言，研究者探究不同年级的高职学生在生活压力 4 个向度的差异时，由于检验的因变量有 4 个，因此采用单因子多变量方差分析。假定多变量统计量 Λ 值为 0.654，显著性 $p = 0.002 < 0.05$，表示至少有一个因变量在年级自变量的差异达到显著，研究者之后进行 4 个单变量检验，每次检验的显著水平也设定为 0.05。研究者由于单独进行 4 次单变量检验，造成假设结论整体错误率提升至 0.20（$= 0.05 \times 4 = 0.20$），增加第 I 类型的错误率。为将实质的显著水平控制为 0.05，并与多变量程序相互呼应，研究者在进行单变量检验时，应将显著水平 α 改为 0.05 ÷ 因变量个数，即 0.05 ÷ 4 = 0.012 5，当单变量 F 值的显著性 p 值小于 0.012 5，才能作出拒绝零假设的结论。4 个因变量的 MANOVA 检验的程序见图 11-18。

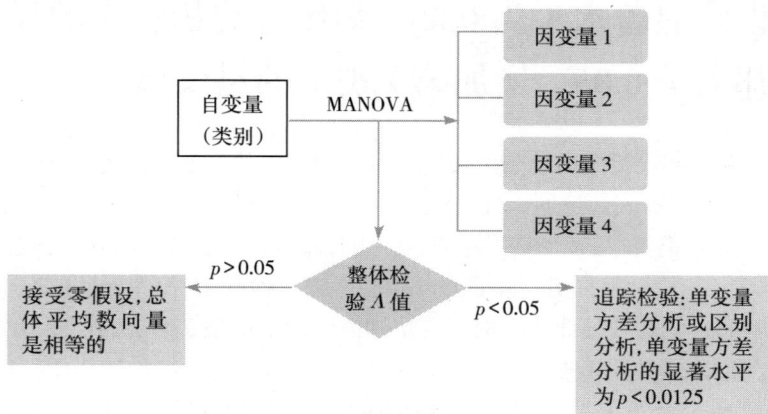

图 11-18

MANOVA 分析程序中，若多变量零假设被拒绝，一般在单变量检验中至少会有一个因变量是显著的（$p < \alpha \div$ 因变量个数），但因为多变量程序同时考虑到因变量间的关系，有时多变量零假设被拒绝（即总体平均数矢量显著不相等），但单变量检验程序中却没有任何一个因变量达到显著。所以"拒绝多变量的零假设，并不一定保证至少在单变量 F 值检验中有一个检验变量是显著的，因为显著性检验也包括变量间线性关系的比较"，二者的关系类似于单变量方差 F 值检验及其事后比较分析。单变量方差分析程序中有时整体检验 F 值达到 0.05 显著水平，但以 Tukey 法或 Scheffe 法程序进行事后比较时，并没有发现任何配对群体的平均数间有显著差异。方差分析整体检验 F 值达到显著水平，并不保证至少有一个配对水平群体的平均数间有显著不同，因为有时事后比较特别复杂。多变量程序同时考虑到因变量间的关系，但单变量程序并没有，也就是说多变量检验法同时注意到变量间彼此的差异或关联，而单变量检验法是独立、分开检验每个变量在水平群组间的差异（Stevens, 2009）。

【范例】

表 11-71

群组	1	1	1	1	1	2	2	2	2	2	3	3	3	3	3
Y1	3	4	5	5	6	4	4	5	6	6	5	6	6	7	7
Y2	7	7	8	9	10	5	6	7	7	8	5	5	6	7	8

（Stevens, 2009, 156）

（一）单变量检验结果

表 11-72

		平方和	自由度	平均平方和	F	显著性
Y1	组间	6.933	2	3.467	3.467	0.065
	组内	12.000	12	1.000		
	总和	18.933	14			
Y2	组间	11.200	2	5.600	3.574	0.061
	组内	18.800	12	1.567		
	总和	30.000	14			

单变量检验结果中，3 个群组在 Y1 变量的整体检验的 F 值统计量为 3.467，显著性概率值 $p = 0.065 > 0.05$，接受零假设 $H_0: \mu_1 = \mu_2 = \mu_3$（总体平均数相等）；3 个群组在 Y2 变量的整体检验的 F 值统计量为 3.574，显著性概率值 $p = 0.061 > 0.05$，接受零假设 $H_0: \mu_1 = \mu_2 = \mu_3$（总体平均数相等）。数据表明 3 个水平群组在因变量 Y1 的平均数没有显著不同，在因变量 Y2 的平均数也没有显著差异。

（二）多变量检验结果

表 11-73

效　果		数值	F	假设自由度	误差自由度	显著性
群组	Pillai's Trace	0.952	5.450	4.000	24.000	0.003
	Wilks' Lambda 变量选择法	0.097	12.201	4.000	22.000	0.000
	多变量显著性检验	8.856	22.139	4.000	20.000	0.000
	Roy 的最大平方根	8.799	52.791	2.000	12.000	0.000

多变量检验 Λ 统计量为 0.097，显著性概率值 $p < 0.001$，其余 3 个多变量检验统计量的显著性 p 也均达显著水平，表示统计结果为零假设的可能性很低，总体平均数向量显著不相同，研究结果拒绝零假设 $H_0 : \begin{bmatrix} \mu_{11} \\ \mu_{21} \end{bmatrix} = \begin{bmatrix} \mu_{12} \\ \mu_{22} \end{bmatrix} = \begin{bmatrix} \mu_{13} \\ \mu_{23} \end{bmatrix}$，表示至少有一个因变量在水平群组间的平均数有显著差异。但上述单变量检验结果中却没有任何一个因变量在水平群组的差异达到显著（若采用追踪检验单变量检验，其显著水平为 $0.05 \div 2 = 0.025$），这是因为组内相关高达 0.88 的关系，数值表示的含义为受试者在变量内的分数变异情况，在 ANOVA 程序中为 MS_w 量数，在 MANOVA 程序中相当于 $|W|$。当两个检验变量间有不同程度的相关时，其误差之间也会有不同程度的变化，对多变量误差项会产生一定程度的影响。多变量统计量数 Λ 为误差项 $|W|$ 与 $|T|$（全体的 SSCP 矩阵）间的比值，当 $|W|$ 量数越小，整体检验的统计量数 Λ 也会达到 0.05 显著水平。

表 11-74

年　级	1	1	1	1	1	1	2	2	2	2	2	2	3	3	3	3	3	3
数学焦虑	20	25	25	24	26	18	19	21	12	28	20	19	18	21	20	21	20	24
年　级	1	1	1	1	1	1	2	2	2	2	2	2	3	3	3	3	3	3
数学焦虑	20	25	25	24	26	18	19	21	25	13	20	18	12	21	20	19	16	24

在范例资料中，年级变量为三分类别变量，水平数值 1 为一年级、水平数值 2 为二年级、水平数值 3 为三年级。因变量数学焦虑为计量变量，测量值分数越高表示中学学生的数学焦虑越高。

表 11-75

	个　数	平均数	标准差	平均数的 95% 置信区间		最小值	最大值
				下　界	上　界		
1 一年级	12	23.00	3.075	21.05	24.95	18	26
2 二年级	12	19.58	4.358	16.81	22.35	12	28
3 三年级	12	19.67	3.284	17.58	21.75	12	24
总和	36	20.75	3.865	19.44	22.06	12	28

　　12 位水平群体 1 受试者（一年级）的平均数为 23.00、标准差为 3.075、平均数的 95% 置信区间为［21.05，24.95］，12 位水平群体 2 受试者（二年级）的平均数为 19.58、标准差为 4.358、平均数的 95% 置信区间为［16.81，22.35］，12 位水平群体 3 受试者（三年级）的平均数为 19.67、标准差为 3.284、平均数的 95% 置信区间为［17.58，21.75］，全部样本的平均数为 20.75、标准差为 3.865。

表 11-76

	平方和	自由度	平均平方和	F	显著性
组间	91.167	2	45.583	3.485	0.042
组内	431.583	33	13.078		
总和	522.750	35			

　　学生年级在数学焦虑差异检验的方差分析摘要表的组间自由度为 2，组内自由度为 33，平均数差异整体检验的 F 值统计量为 3.485，显著性概率值 $p = 0.042 < 0.05$，研究结果为零假设的可能性很低，3 个类别群组在数学焦虑的平均数有显著不同，研究假设得到支持（表 11-77）。

表 11-77

	（I）年级	（J）年级	平均差异（I-J）	标准差	显著性	95% 置信区间	
						下界	上界
Tukey HSD	1 一年级	2 二年级	3.417	1.476	0.068	−0.21	7.04
		3 三年级	3.333	1.476	0.076	−0.29	6.96
	2 二年级	1 一年级	−3.417	1.476	0.068	−7.04	0.21
		3 三年级	−0.083	1.476	0.998	−3.71	3.54
	3 三年级	1 一年级	−3.333	1.476	0.076	−6.96	0.29
		2 二年级	0.083	1.476	0.998	−3.54	3.71
Scheffe 法	1 一年级	2 二年级	3.417	1.476	0.084	−0.37	7.20
		3 三年级	3.333	1.476	0.093	−0.45	7.12
	2 二年级	1 一年级	−3.417	1.476	0.084	−7.20	0.37
		3 三年级	−0.083	1.476	0.998	−3.87	3.70
	3 三年级	1 一年级	3.333	1.476	0.093	−7.12	0.45
		2 二年级	0.083	1.476	0.998	−3.70	3.87
LSD	1 一年级	2 二年级	3.417*	1.476	0.027	0.41	6.42
		3 三年级	3.333*	1.476	0.031	0.33	6.34
	2 二年级	1 一年级	−3.417*	1.476	0.027	−6.42	−0.41
		3 三年级	−0.083	1.476	0.955	−3.09	2.92
	3 三年级	1 一年级	−3.333*	1.476	0.031	−6.34	−0.33
		2 二年级	0.083	1.476	0.955	−2.92	3.09

续表

	（I）年级	（J）年级	平均差异（I-J）	标准差	显著性	95% 置信区间	
						下　界	上　界
Bonferroni 法	1 一年级	2 二年级	3.417	1.476	0.081	−0.31	7.14
		3 三年级	3.333	1.476	0.092	−0.39	7.06
	2 二年级	1 一年级	−3.417	1.476	0.081	−7.14	0.31
		3 三年级	−0.083	1.476	1.000	−3.81	3.64
	3 三年级	1 一年级	−3.333	1.476	0.092	−7.06	0.39
		2 二年级	0.083	1.476	1.000	−3.64	3.81

* 平均差异在 0.05 水平是显著的。

在常用的 3 种事后比较方法中，Tukey HSD 法、Scheffe 法及 Bonferroni 法（巴氏法）均未发现任何一个配对组的平均数间有显著差异，表示 3 组配对群体的平均数差异值均显著为 0（$\mu_1 - \mu_2 = 0$ & $\mu_2 - \mu_3 = 0$ & $\mu_3 - \mu_1 = 0$，如果改为 LSD 法进行事后比较，可以发现配对群组一年级与二年级群体在数学焦虑平均数间有显著不同，两个群体平均差异值为 3.417，一年级群体的数学焦虑显著高于二年级群体。此数据说明即使假设检验整体 F 值统计量达到 0.05 显著水准，采用 Tukey HSD 法、Scheffe 法或 Bonferroni 法进行事后比较时，也有可能出现没有任何一组配对群体间的平均数达到显著水平（所有配对群体间平均数差异值均显著等于 0）的情况。

第十二章　撰写量化研究论文的建议

　　量化研究中无论采用问卷调查法还是实验研究法，其论文的撰写与安排通常有一定的模型可以遵循，一般均分为 5 章（包括绪论、文献综述、研究设计与实施、研究结果与讨论、结论与建议）。由于研究者采用的是量化研究范式，因此一定会应用到统计方法，统计方法为量化研究的核心。如果研究者能了解各统计方法应用的时机，就能进行假设检验与回答研究问题。此外，量化数据的分析要"客观化""合理化"，假设检验要"明确化"。

一、了解各统计方法应用的时机与参数统计的假定

　　各种统计方法均有其基本假定与适用时机，研究者对此应有基本认识。其中研究者较为常用的是相关与平均数的差异检验，若两个变量中一个为计量变数，另一个为名义二分变量，则不能采用积差相关，此时应改为点二系列相关；评分者信度（scorer's reliability）系数，则应采用等级相关或 Kendall 和谐系数；两个均为名义变量所构成的列联表的相关，必须采用 Φ 相关或列联相关，相关系数显著性检验的统计量为卡方检验。平均数差异主要分为独立样本与相依样本，独立样本为自变量的群组类别是独立且互斥的，而相依样本则是同一群受试者重复接受不同测量时，两个或两个以上测量分数间的差异。至于多变量分析与单变量分析的时机，研究者也必须厘清，尤其是采用参数统计方法时，其统计方法均有其基本的假定与变量测量尺度的要求，资料结构若不符合参数统计的基本假定或小样本的资料分析，则应改为非参数统计法。了解各测量变量的尺度与统计方法应用时机，才能"编制最严谨的测量工具、选对正确的统计方法、求出最精确的统计结果、作出最完整的分析说明"。总体检验包含单变量检验与多变量检验两大类型，如果检验的因变量只有一个，那么因变量的检验是彼此独立的，即为单变量检验，其零假设为假定总体的平均数相等；如果检验的因变量同时有两个以上，统计程序为多变量检验，其零假设为假定总体的平均数矢量矩阵相等。

二、完整的表格呈现——以体现量化的真实性

　　若表格的数据有其前后算术或运算关系，研究者最好完整地将表格归纳整理呈

现，如方差分析摘要表、探索性因素分析摘要表、典型相关参数摘要表、多变量分析的SSCP 矩阵摘要表等（从 SSCP 矩阵摘要表可求出不同矩阵的行列式及多变量统计量 Λ 值）。若正文中的表格太多，研究者可考虑将部分表格放在"附录"处。如果研究结果的表格不多，可直接将整理的信息表格放在正文内。此外，若要更明确地展现表格中数据的特性，研究者可辅以"图"的方式呈现。不论以何种图或表的方式呈现统计分析的数据，研究者必须于正文中以文字说明图或表内"统计分析数据或统计量"的意义，若没有辅以文字说明，那么这些图或表是独立分离于正文之外的，无法和正文形成有机的连接。必须辅以文字说明或对图表进行进一步的诠释，才能赋予图表生命力。为诠释图表数据的含义，在正文中通常可用以下方式连接："……，从表 4-× 中可以发现：……"，或"……，从表 4-× 中可以得知以下几点：……"，或"……，由表 4-× 中可以知悉：……"等。

对于表格统计量数的呈现，APA 手册建议统计量数四舍五入至小数点后第二位即可，如果表格中的统计量数包含点估计值（如平均数、回归系数的斜率、胜算比），最好增加其置信区间（confidence intervals），置信区间一般为 95%，同一篇论文中所设定的置信区间值最好一样（设定的显著水平 α 相同），各水平群组有效样本数以小写斜体"n"表示，有效样本总数以大写"N"表示。论文中为配合表的解读，陈述的文字不宜用"从以上表格……""从前页表格……""从下列表格……""从第 × 页表格……"，因为这样的论述过于笼统。文字是根据表格论述的，应把表格编号完整交代，如"从表格 ×……""从表格 4-×……""从表格 4-1-×……"等。

【范例表格】

表 ×　生活满意结果变量的描述性统计量摘要表

变　量	个数 n	平均数 M	标准差 SD	α 信度 α	全　距 可能数值	全　距 实际数值	偏态 $Skew$	百分比值 l/%
工作满意	217	3.99	0.63	0.92	1.00 ~ 5.00	2.00 ~ 5.00	−0.43	74.83
人际关系	217	4.00	0.57	0.89	1.00 ~ 5.00	2.00 ~ 5.00	−0.18	74.90
家庭生活	217	4.00	0.69	0.96	1.00 ~ 5.00	1.63 ~ 5.00	−0.37	75.01%
整体生活满意	217	4.00	0.52	0.95	1.00 ~ 5.00	2.55 ~ 5.00	−0.14	75.04

表 4-×　不同性别的小学高年级学生人格特质量表的独立样本 t 检验分析摘要表

变　量	男生（$n = 404$） M（SD）	男生（$n = 404$） 95%CI	女生（$n = 403$） M（SD）	女生（$n = 403$） 95%CI	t 值	η^2	1-β
友善性	18.39(4.45)	[17.35, 19.12]	19.65(4.28)	[17.35, 21.23]	−4.083***	0.020	0.983
严谨自律性	13.10(3.88)	[12.15, 14.26]	14.31(3.70)	[13.37, 15.21]	−4.522***	0.025	0.995

续表

变量	男生（ $n = 404$)		女生（ $n = 403$)		t 值	η^2	1-β
	M (SD)	95%CI	M (SD)	95%CI			
神经质	7.97(2.97)	[5.65,9.21]	9.22(3.05)	[8.38, 11.01]	−5.911***	0.042	1.000
聪颖开放性	16.66(5.03)	[15.25, 18.16]	16.21(5.26)	[15.08, 18.35]	1.249ns		
外向性	16.25(3.72)	[15.29, 18.21]	16.41(3.40)	[15.21, 17.98]	−0.635ns		

注： $N = 807$ $df = 805$ ***$p < 0.001$ ns $p > 0.05$ CI：置信区间
如果没有呈现有效样本个数，统计量部分应增列其自由度，如 t （805）
（表格修改自陈思絜，2012）

【范例表格——独立样本单因子方差分析的水平群组统计量数】

表 4-×   不同出生顺序的小学高年级学生生活适应量表的描述性统计量数摘要表

层面	老大（A）（ n =292）			中间子女（B）（ n =105）			老幺（C）（ n =292）			独生子女（D）（ n =118）		
	M (SD)	95%CI		M (SD)	95%CI		M (SD)	95%CI		M (SD)	95%CI	
		LL	UL		LL	UL		LL	UL		LL	UL
个人适应	24.33(5.24)	23.73	24.93	24.26(5.30)	23.23	25.28	24.10(4.93)	23.53	24.67	24.36(4.23)	23.59	25.13
家庭适应	31.11(7.96)	30.19	32,02	32.28(7.60)	30.81	33.75	31.02(8.01)	30.10	31.94	31.69(6.97)	30.43	32.96
学校适应	20.02(4.51)	19.50	20.54	19.88(4.76)	19.11	20.64	19.50(4.33)	19.00	20.00	19,61(4.27)	18.83	20.39
同侪适应	20.01(4.91)	19.45	20.58	20.10(4.76)	19.18	21.03	19.72(4.44)	19.21	20.23	20.01(4.49)	19.19	20.83
整体生活适应	95.47(19.39)	93.24	97.71	96.51(17.96)	93.04	99.99	94.35(18.41)	92.23	96.47	95.68(16,86)	92.60	98.75

注：CI = 置信区间   LL= 下限   UL= 上限

【范例表格—强调测量题目结构的因素分析】

表 ×   高雄市小学特教教师生活满意度量表因素分析(最大变异法直交转轴)摘要表

预试题号及题目		抽取因素构念			共同性	正式题号
		工作满意	人际关系	家庭生活		
1	我认为教学工作能增进自我成长	0.78	0.19	0.17	0.67	1
2	教师工作能发挥我的兴趣专长	0.81	0.25	0.18	0.76	2

续表

预试题号及题目		抽取因素构念			共同性	正式题号
		工作满意	人际关系	家庭生活		
3	我对教学工作能促进教学相长感到满意	0.83	0.26	0.16	0.78	3
4	我认为教学工作可以成为终生的事业	0.82	0.22	0.09	0.72	4
5	我乐意分享教学经验	0.83	0.26	0.11	0.76	5
6	我认为教师在社会中扮演着重要的角色	0.75	0.16	0.24	0.65	6
9	我喜欢与别人合作、共事	0.50	0.55	0.25	0.62	7
10	我和亲友(或同事)的关系能互相鼓励	0.44	0.71	0.25	0.76	8
11	我和亲友(或同事)之间能彼此规劝	0.32	0.69	0.22	0.62	9
12	和学校同事一同谈论公事或私事,让我有被支持的感觉	0.14	0.81	0.08	0.68	10
13	当我有不愉快或困难时,有朋友可以倾诉或讨论	0.29	0.75	0.22	0.70	11
14	当我有困难时,朋友对我的协助让我感动	0.22	0.74	0.27	0.66	12
15	我和家人相处时是和乐融洽的	0.08	0.40	0.78	078	13
16	我觉得我和家人可以互相分享彼此的感受	0.20	0.19	0.87	0.84	14
17	我觉得我和家人可以互相沟通	0.20	0.15	0.90	0.88	15
18	我与家人的关系是可以互补的	0.27	0.20	0.85	0.84	16
19	在家庭中,我觉得我很重要而且受到尊重	0.18	0.11	0.89	0.84	17
20	家人可以分享我的喜怒哀乐,是我倾诉讨论的对象	0.13	0.10	0.92	0.87	18
21	我可以毫无顾忌地和家人讨论每一件事	0.10	0.14	0.82	0.71	19
22	我喜欢和家人一起从事活动	0.15	0.23	0.83	0.76	20
特征值		4.81	3.71	6.37		
解释变异量 /%		24.04	18.55	31.86		
累积解释变异量 /%		24.04	42.59	74.45		

注:因素负荷量表大于 0.45,以粗体字表示(表中因素负荷量中的整数位 0 也可以省略)(表格修改自吕淑惠,2012)。

如果研究者要进行两个样本群体在变量的相关分析,可将两个样本群体在变量间的相关情况同时呈现,一组样本群体的统计量数呈现于下三角形区域,另一组样本群体的统计量数呈现于上三角形区域。

【范例表格——两个样本群体的群体组内相关】

表 4-× 特教教师男生群体、女生群体正向心理与生活满意的内在相关系数、平均数及标准差摘要表

测量变量	1	2	3	4	5	6	7	8	9	M	SD
乐观态度	—	0.639***	0.644***	0.386***	0.819***	0.576***	0.537***	0.329***	0.568***	19.33	2.63
正向意义	0.591***		0.662***	0.366***	0.793***	0.645***	0.595***	0.373***	0.636***	16.43	2.14
正向情绪	0.459**	0.606***		0.360***	0.791***	0.621***	0.546***	0.409***	0.610***	16.05	2.10
内在动机	0.325*	0.353*	0.533***		0.751***	0.376***	0.417***	0.402***	0.485***	22.78	3.64
整体正向心理	0.733***	0.754***	0.800***	0.799***	—	0.676***	0.649***	0.483***	0.716***	74.581	8.24
工作满意	0.690***	0.747***	0.655***	0.393**	0.755***	—	0.578***	0.353***	0.742***	24.04	3.71
人际关系	0.483**	0.568***	0.578***	0.482**	0.668***	0.691***		0.540***	0.834***	24.04	3.46
家庭生活	0.393**	0.340*	0.383**	0.295*	0.445**	0.497***	0.664***	—	0.823***	32.42	5.42
整体生活满意	0.592***	0.611***	0.602*	0.434***	0.697***	0.819***	0.881***	0.878***	—	80.61	10.23
M	19.11	16.04	15.76	22.61	73.52	23.67	23.73	30.48	77.89		
SD	2.77	2.14	2.20	4.14	8.72	4.04	3.30	5.53	11.08		

注：上三角形为男生群体，下三角形为女生群体；最后两个横栏为男生群体的平均数与标准差；最后两个纵列为女生群体的平均数与标准差。（为让小数点一致，相关系数 r 四舍五入至小数点后第二位即可。）

三、描述前后脉络一贯、系统，能相互呼应

量化研究中，"研究目的""研究问题""研究假设""统计方法"应前后呼应，资料处理的统计分析是验证研究者所提的假设、回答研究问题，进而形成主要研究发现，研究者再根据主要研究发现，归纳统整成结论。"研究目的""研究问题""研究假设""统计方法"举例如下。

研究目的：探讨高职学生生活压力与其忧郁倾向间的关系。

研究问题：高职学生生活压力与其忧郁倾向间是否有显著相关？

研究假设：高职学生生活压力与其忧郁倾向间有显著相关。

统计方法：以皮尔逊积差相关求出生活压力与忧郁倾向两个变量间的相关情况，若统计量相关系数 r 达到 0.05 显著水平，则求出其决定系数；在关系程度的判别方面，相关系数 r 小于 0.40，表示两个变量间为低度相关；相关系数 r 大于或等于 0.70，表示两个变量间为高度相关；相关系数 r 介于 0.40 ~ 0.70，表示两个变量间为中度相关。

以公私立高职学生生活压力的差异比较为例："研究目的""研究问题""研究假设""统计方法"写法如下：

研究目的：探讨公私立高职学生生活压力的差异情况。

研究问题：公私立高职学生的生活压力是否有显著不同？

研究假设：公私立高职学生的生活压力有显著不同。

统计方法：采用独立样本 t 检验来了解公私立高职学生生活压力的差异情况，若样本统计量 t 值达到 0.05 显著水平，则求出其效果量及统计检验力，以了解公私立学校类别对高职学生生活压力变量解释变异的程度。

以结果变量为二分类别变量的 Logistic 回归分析的预测为例，"研究目的""研究问题""研究假设""统计方法"叙写如下：

研究目的：探讨高中学生的社经地位、智力、学习动机、教师期望、学业成绩对其考上的学校类别（公立、私立）的预测情况。

研究问题：高中学生的社经地位、智力、学习动机、教师期望、学业成绩等变量是否可有效预测其考上的学校类别（公立、私立）。

研究假设：高中学生的社经地位、智力、学习动机、教师期望、学业成绩等变量可以有效预测其考上的学校类别（公立、私立）。

统计方法：由于效标变量为二分名义变量，解释变量为计量变量，回归预测采用 Logistic 回归分析法。

以观察变量的路径分析或潜在变量的路径分析模型图的验证为例，研究者根据理论文献提出变量间影响的因果模型图，之后再利用 SEM 进行理论模型图的验证，"研究目的""研究问题""研究假设""统计方法"叙写如下：

研究目的：探究中学校长科技领导、教师科技素养与教师专业成长、创新教学能力之间的关系。

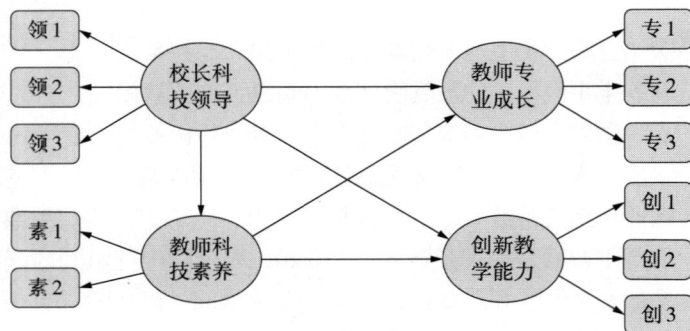

图 12-1　理论建构的假设模式图

研究问题：中学校长科技领导、教师科技素养与教师专业成长、创新教学能力间的
关系模型图是否可以得到支持？

研究假设：中学校长科技领导、教师科技素养与教师专业成长、创新教学能力间的
关系模型图可以得到支持。

统计方法：采用结构方程模型进行模型检验，包括模型外在适配度及内在适配度。

四、严谨选用或编制研究的测量工具

测量工具（量表或测验）在量化研究中扮演着重要角色，一份适当的量表或测验必
须具备良好的信效度。信度（reliability）指的是测量工具的一致性（consistency）、稳定
性（stability）或可预测性（predictability），一般较常使用的信度为折半信度（split-half
reliability）、重测信度（test-retest reliability）、内部一致性 α 系数。李克特形态量表的
信度指标通常采用克朗巴贺（Cronbach）所提的 α 系数。在信度指标的判别方面，量
表层面或构面因素的内部一致性 α 系数最低要求为 0.60 以上，较佳的指标值为 0.70 以
上，总量表内部一致性 α 系数最低要求为 0.80 以上，较佳的指标值为 0.90 以上。效度
（validity）指的是测量工具能够正确测出其所要测量的潜在行为特质或态度的程度，表
示的是测量工具的正确性或可靠性程度。一般常用的效度为内容效度（content validity）、
效标关联效度（criterion-related validity）、构念效度（construct validity），构念效度通常
借由因素分析（factor analysis）统计方法来建构，以因素分析统计方法所萃取的共同因
素要能解释原先量表题目 60% 以上的变异量，最低要求也要达到 50%。

研究者使用的测量工具来源有 3 种：一是直接引用已有的研究工具，二是研究者修
订编制，三是研究自行编制。直接引用正式出版的测验必须向出版商购买，否则会违反
著作权法与研究伦理；如果是未出版的量表，在征求原作者 / 团体同意后，可以直接采
用，但研究者要考虑以下几个问题。

1. 原测量工具施测的对象是否和研究者研究的对象相同，如果研究对象不同则不宜
   直接采用。如"生活压力量表"，原作者探究的对象为一般高中学生，而研究者
   目前研究的对象为高职学生，由于高中生与高职生两个总体是不同的，因此不能
   直接采用。
2. 原测量工具编制的年代与研究者使用的年代的差距是否在 3 年以内，由于社会快
   速变迁，3 年前编制的测量工具目前的适当性如何有待商榷，相距的年代越远，
   直接引用测量工具，统计分析结果所造成的偏误越大。
3. 原测量工具的题目是否适当、每个测量项目词句的描述是否明确清楚、量表的信
   效度是否良好、量表编制的理论依据是否扎实，是否有相关理论文献或经验法则
   支持等。
4. 量表的构面分类要有理论依据，编制初试的测量题目时，题目与其所归属的构面

要界定清楚，若研究者没有界定量表的构面内容及构面个数，测量题目的编制较不易，也较欠缺内容效度。编制的题目经因素分析程序后，构面的个数可能会稍微变动，但这种变动是合理的，因为建构效度与内容效度间可能会有差异。

例如，甲研究者在 2012 年对高职学生学习压力的调查研究中，直接引用乙研究者之前编制的"学习压力量表"，在第三章研究工具小节中，就其直接引用乙研究者编制的"学习压力量表"的表述为：

范例（一）
……，本研究使用的学习压力量表直接引用王伟明（2002）编制的"高职学生学习压力量表"，该量表经因素分析抽取 3 个层面："考试压力""课堂压力""期望压力"，3 个层面的内部一致性 α 系数分别为 0.75、0.81、0.82，总量表的内部一致性 α 系数为 0.92，因素分析的累积解释变异量为 67.85%，……

上述量表中，乙研究者编制测量工具的年代（2002），与甲研究者目前研究的年代（2012）相差 10 年，两个研究的对象虽均为高职学生，乙研究者编制的学习压力量表的信效度也不错，但间隔时间较久远，不宜直接采用，重新修订编制并经样本预试较为适宜。

范例（二）
……，本研究使用的学习压力量表直接引用王伟明（2011）编制的"高职学生学习压力量表"，该量表的因素分析采用主轴法，配合直交转轴的最大变异法共抽取 3 个因素构面："考试压力""课堂压力""期望压力"，3 个因素的内部一致性 α 系数分别为 0.62、0.65、0.78，总量表的内部一致性 α 系数为 0.79，因素分析的累积解释变异量为 63.24%，……

研究者引用的量表编制年代与目前开展研究的时间仅差一年，总体特质或属性不至于变动太多，但总量表的内部一致性 α 系数未达 0.80，且有两个因素构面的 α 系数未达 0.70。就整体而言，量表的信度系数属"尚可"，并未达到很好的指标，研究者不宜直接采用，重新修订编制并经样本预试较为适宜。

范例（三）
……，本研究使用的学习压力量表直接引用王伟明（2010）编制的"高职学生学习压力量表"，该量表的因素分析采用主轴法，配合直交转轴的最大变异法共抽取 3 个因素构面："考试压力""课堂压力""期望压力"，3 个因素的内部一致性 α 系数分别为 0.75、0.81、0.82，总量表的内部一致性 α 系数为 0.91，因素分析的累积解释变异量为 48.95%，……

原量表编制的时间在 3 年以内，总量表信度的内部一致性 α 系数为 0.91，3 个学习压力因素构面的信度指标均大于 0.70，量表的信度良好；在构念效度方面，经因素分析萃取的 3 个因素构面及其所包含的测量指标题目与原先编制差不多，表示量表的构念效度不错。许多研究者会根据上述指标，直接表述为"学习压力量表的信效度佳"，但观察因素分析萃取的 3 个因素的解释变异量，其累积解释变异量只有 48.95%，未达到50%，表示以 3 个共同因素来解释整个学习压力量表测量项目的总变异未达到 1/2，构念效度不佳，研究者不宜直接采用，重新修订编制并经样本预试较为适宜。

范例（四）

……，本研究使用的学习压力量表直接引用王伟明（2010）编制的"高中学生学习压力量表"，该量表的因素分析采用主轴法，配合直交转轴的最大变异法共抽取 3 个因素构面："考试压力""课堂压力""期望压力"，3 个因素的内部一致性 α 系数分别为0.75、0.81、0.82，总量表的内部一致性 α 系数为 0.91，因素分析的累积解释变异量为62.50%，虽然原量表的适用对象为一般高中生，而非高职学生，但高中、高职同属中等教育阶段的后半段，样本属性类似，所以研究者可直接采用此量表。

上述范例中直接采用"高中学生学习压力量表"作为研究工具，其论述的内容有待商榷，虽然高中生与高职生同属中等教育阶段的后三年，但两者总体的特征并非完全相同，在某些重要变因上差异甚大。高中学生总体与高职学生总体的特质或倾向间有很大的不同，其样本的特质或倾向也有差异存在，研究者不能以"类似""近似""差不多"来进行总体间的推估。高职学生的总体很大，样本抽取容易，最佳方法是根据原先量表加以编修并进行预试，重新建构量表的信效度。

五、统计分析结果兼顾统计显著性与实务显著性

当样本数越大时，越容易达到统计显著性。有时变量间有显著相关或平均数差异达到 0.05 显著水平，但其效果量其实很低，此时即使达到统计显著性（$p < 0.05$），也没有实务显著性或临床显著性。统计显著性所显示的只是资料结构有足够的证据可以拒绝零假设，研究假设可以获得支持而已。为让读者了解自变量与因变量间的关联程度，在量化研究的表格中除呈现样本统计量的统计显著性外，最好也应一并呈现实务显著性统计量，即效果值或效果量，如在相关分析中增列决定系数；在 t 检验中增列 η^2；在方差分析中增列 ω^2；在因素分析中增列特征值、解释变异量与共同性；在复回归分析中增列 R^2（多元相关系数的平方，表示回归模型中的预测变量对效标变量的可以解释或预测的变异量）；在区别分析与典型相关分析中增列 p^2（典型相关系数的平方）。此外，若能增列统计检验力（statistical power），就可以知道研究推论裁决正确率的高低。

从零假设的检验而言，如果零假设为假，且根据样本资料所得的统计量数有足够证据拒绝零假设，表示研究结果拒绝"错误的零假设"，推论是一种正确决定，这种裁决的正确率称为统计检验力。若将显著水平 α 设定为 0.05，统计检验力的门槛值一般设

为 0.80（高于 80%）。就样本大小对统计检验力的影响来看，样本数越大，抽样标准误越小（分母越小），统计检验力越大，研究结果要达到 80% 的统计检验力，就要有足够的样本或受试者。就统计显著性而言（$p < 0.05$），如果研究取样有偏差，或取样人数不够多，或测量工具编制欠缺严谨、没有好的信效度，都可能使原先结果拒绝零假设的变为接受零假设，研究假设从可以支持变为无法成立。如果研究假设是根据理论文献建构的，当研究假设无法得到支持时，并不表示一定是错误的，只能说明目前所搜集的样本资料无法支持研究者所建立的研究假设，研究假设无法适用于样本所在的总体，研究假设至目前为止无法得到支持。假设验证中，研究者最好以"得到支持"或"无法获得支持"的用语来陈述，避免"研究假设是对的"或"研究假设是错误的"／"研究假设是不对的"等用语。

以高中语文教师教学投入与学生语文成绩的相关研究为例，研究者编制"教师教学投入量表"与"语文成绩测验"，量表的测量值越高，表示高中学生知觉的教师教学投入越积极，语文成绩测验的分数值域介于 0 ~ 100 分，分数越高表示受试者的语文成绩越佳。研究者采取分层丛集抽样方法，共抽取 900 位高二学生填答量表与测验，经统计分析发现教师教学投入与学生语文成绩间有显著正相关，其相关系数为 0.20（$p = 0.008 < 0.01$）。研究者根据此统计分析结果作出以下结论："高中二年级语文教师的教学投入越积极，学生的语文成绩越佳"。再根据此结论提出以下建议："高中语文教师的教学行为要让学生真正感到其投入与用心程度"。上述结论与建议是根据统计显著性而得出的，其推论与论点并没有错，但研究者若能增列效果量（决定系数），则更能看出两个变量间的关系。语文教师的教学投入与学生语文成绩间虽有显著正相关，但两者实质的关联程度并不十分密切，决定系数只有 0.04（= 0.20 × 0.20），表示教学投入变量对语文成绩变量的解释变异量只有 4%。可见教学投入变量并不是影响学生语文成绩的重要变量之一，其他变量可能是学习环境、教师的教学策略、学生的学习动机，因此上述研究结论如果改为下面的表述，可能较适宜：

> 高中二年级语文教师的教学投入虽与学生的语文成绩间有显著关系，但两者间的关联程度不大。

教学投入变量对语文成绩变量的解释变异量只有 4%，可以以下面两个重叠正方形表示其含义：

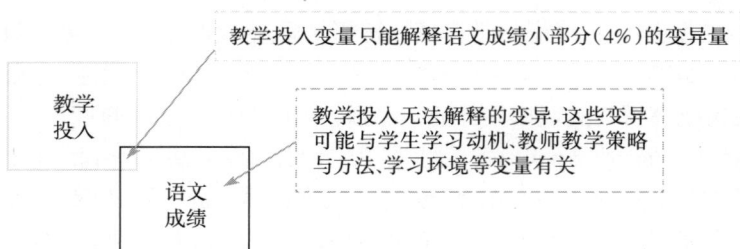

教学投入变量只能解释语文成绩小部分（4%）的变异量

教学投入无法解释的变异，这些变异可能与学生学习动机、教师教学策略与方法、学习环境等变量有关

教学投入

语文成绩

图 12-2

六、研究过程中取样的方法要完整交代清楚

研究推论主要是从抽样样本推论至样本所在的总体，如果抽样方法不当，统计分析结果可能就不同。因而在许多量化研究中，探究相同变量间的关系时，不同的研究者会获得不同的结果，其中的一个原因即是抽样方法不同。如先前的研究是采用分层随机取样，而研究者采用的是判断取样，统计分析结果就可能不同，或呈现完全不一致的结论。在使用相同的研究程序与类似的测量工具后，统计分析的结果若依然不同，其原因可能是取样样本方法不同。若研究者能在研究对象小节中，详细交代抽样方法，对于日后他人从事类似的研究会有较大的帮助。有些调查研究因为考虑研究的可行性与总体的属性，因而采用判断抽样法或滚雪球抽样法，这些非概率抽样法并非错误的抽样方法，只是较无法真正反映总体真正的属性或特征，研究推论的偏误可能较大。当研究程序中无法采用概率抽样而改为非概率抽样法时，研究者也应详细说明采用此方法的原因，以便后续研究者可以参考改进，设计更为严谨的研究程序。若研究者采用便利抽样法，更应该详细说明为何要采取此种抽样方法，如不采用便利抽样法，为何无法抽取有效样本数，研究抽样有何困难等。

非概率抽样法特别适用于"特殊总体"，所谓特殊总体有几个特征：一是总体的总个数较少，即使全部进行普测，有效总数也可能只有数百人，如研究对象为中学校长等主管、某一地区医院护理长、小学隔代教养的高年级学生等；二是此类总体无法根据随机取样法顺利抽取出样本，如调查对象为抽烟的成年人、参加学校班亲会的家长等。对于特殊总体的调查研究，优先考虑的是研究的可行性及样本的取得，若随机抽样法无法抽取研究所需的目标样本，研究者应采用非概率抽样法，如立意取样、便利抽样。如研究者想探讨隔代教养高年级学生的依附关系与其情绪智力间的关系，若以班级为单位，采用丛集随机抽样，抽取的班级学生中可能只有少数几位是隔代教养，甚至没有隔代教养的学生，此种随机取样即使可以得到很大的样本数，但真正符合研究所需的"目标有效样本"数可能很少，不仅浪费取样调查的时间，也不符合经济效益。为顺利知道班级中有哪些是隔代教养学生，可先在教师或辅导室处取得相关资料，之后再将问卷发给这些学生。研究者如果要进行比较研究，可再从班上非隔代教养群体中随机抽取相同的学生样本数，经由非概率取样方法才能顺利抽取研究所需的目标样本。

七、厘清主要研究发现与结论的差异

量化研究论文的第五章包括结论与建议，为了使结论一节写得更明确，研究者在写结论前会将第四章统计分析的结果整理成"主要研究发现"一节，之后，研究者再根据主要研究发现统整归纳为研究"结论"，并根据研究结论提出研究的建议。研究结论与主要研究发现的不同点在于，结论是将主要研究发现中较有意义与较重要的内容加以统整归纳，并以非统计的术语呈现，因而结论的标题尽量不要出现有关统计的专门用词，如"显著差异""有显著负相关""达 0.05 显著水平"等。如果语词无法进行转换，统计

专门用词也不能出现于结论标题中。如在一项高职学生的生活压力与自杀意向的调查研究中，主要研究发现为：

1. 私立高职学生的生活压力显著高于公立高职学生的生活压力。
2. 高职女学生的生活压力显著高于高职男学生的生活压力。
3. 低社经地位高职学生的生活压力显著高于高社经地位、中低社经地位学生的生活压力。
4. 高职学生的生活压力与其自杀意向呈显著正相关（$r = 0.70$），两者间的决定系数达 0.49。

根据上述 4 个主要研究发现，研究者将其统整为两点结论：

结论一："就读私立、性别为女生及低社经地位的高职学生所感受的生活压力较大。"（统整主要研究发现 1、研究发现 2、研究发现 3）

结论二："高职学生所感受的生活压力越大，其自杀意向越强。"（将主要研究发现 4 的统计术语转换）。

就二因子方差分析而言，若探讨高职学生学校类别（公立学校、私立学校）、社经地位（高社经地位、中社经地位、低社经地位）在生活压力的交互作用情况，由于自变量有两个因子，两个因子构成的单元格为 2×3，因变量为整体生活压力，使用的统计方法为二因子单变量方差分析，假设交互作用显著（显著性 $p < 0.05$），研究发现可以陈述为：

"高职学生学校类别与其社经地位对生活压力有显著的交互作用。"

"交互作用"一词为二因子方差分析的术语，表示一个自变量在因变量的差异会受到另一个变量的影响。以上论述若改为下列描述语，多数读者可能较容易了解：

"不同学校类别（公、私立）的高职学生在生活压力感受的差异，会因家庭社经地位的不同而不同。"
或
"不同高、中、低家庭社经地位的高职学生在生活压力感受的差异，会因其就读公立、私立学校类别的不同而有差异。"

研究建议的提出必须与研究结论相契合，研究者不应过度类推或作经验法则、理论导引型的建议。理论导向及经验法则的建议与研究结论无法契合，此种建议过于松散，他人不用进行研究及统计分析等程序，也可以写出这些建议论点。论文答辩时，常有委员提出以下质疑："不用辛苦进行研究，您是否也可以写出这些建议来？""您提出的研究建议是根据哪些研究结果而来的？""您的研究建议好像跟研究结论完全无关？"等，正因研究建议与研究结论间没有形成紧密关联，才令答辩委员产生困惑。主要研究发现、研究结论与研究建议间的关系可以图示如图 12-3 所示：

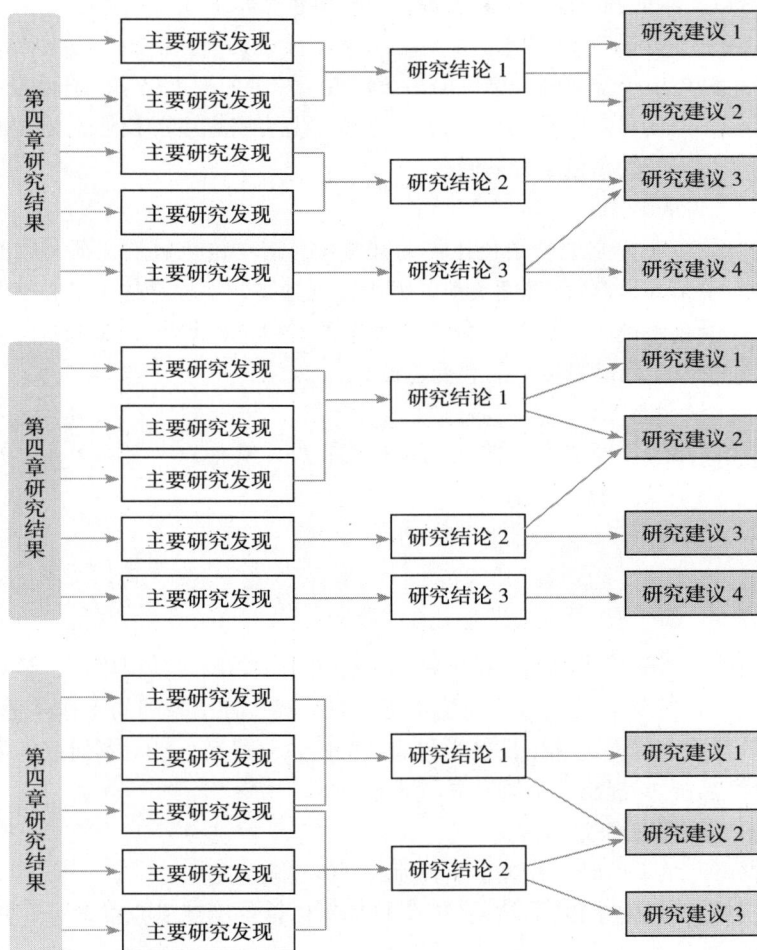

图 12-3

从上述关联图中可知：一个主要研究发现可以导引出一个研究结论，但多数研究结论是统合归纳数个主要研究发现而得。每个研究结论可以导引出一个或数个具体研究建议，但也有可能研究建议是统合归纳两个研究结论而得。主要研究发现、研究结论与研究建议并不是完全一对一的关系，重要的是要有前后脉络的关系。根据资料统计分析及假设检验可以得到许多主要研究发现，将主要研究发现统整可以归纳为研究结论。与主要研究发现相较之下，研究结论较有统整性，之后再根据研究结论延伸具体研究建议及未来研究建议等。

以谢玫芸（2008）进行"高雄市小学教师外向性人格、角色压力与幸福感的关系研究"一文的部分结论与建议为例：

第二节 结 论

综合以上实证调查所获得的发现，研究者将其归纳成三点结论：

（一）高雄市小学教师人格倾向多数接近于"外向性人格"；越倾向外向性人格的教师，所知觉的幸福感及"生活满意度"较佳，相对的，其所感受的角色压力较低。

（说明略）

（二）高雄市小学教师角色压力的知觉中，以"角色过度负荷"层面的感受最高；"角色过度负荷"感受程度越高，幸福感的"身心健康"感受程度越低；此外，角色压力中的"角色模糊"知觉越高，幸福感的"生活满意度"的感受越低。

（说明略）

（三）高雄市小学教师所知觉的幸福感良好，其中以"人际关系"方面的感受最深刻。

（说明略）

第三节 建 议

本节依据研究结果及所归纳的结论，提出小学教师、学校单位、教育行政单位应重视教师身心健康与幸福感状态，并减轻、分担教师的工作角色压力，以提升教育质量，促进学生良好学习成长的建议。最后，针对本研究的限制与缺失进行检讨，并提出未来研究方向的参考。

一、对小学教师的建议

根据研究结果，研究者对小学教师的具体建议如下：

（一）积极强化正向的外向性人格特质，以增进生活满意的质量（呼应结论一）

在本研究结果中，外向性人格可以带来较佳的生活满意度。而每个个体中皆有不同程度的外向性人格，若能强化本身积极、热情、乐观、温和、友善等正向的外向性人格特质，时时保持开朗、愉悦的情绪感受，则不管面对任何事物皆能轻易地面对、接受并处理。

（以下省略）

（二）培养多方抒压渠道，重视身心健康，保持良好的精神体力（呼应结论二）

本研究结果发现，教师角色过度负荷会影响身心健康。因此，教师在面对繁杂的级务处理、课程教学、行政活动时，应该让自己能够专注有效率地处理事务，并能公私分明，即工作时间与自我生活要清楚分明，勿将工作事务带回家，或让个人的私事影响工作。（以下省略）

二、对学校及教育行政单位的建议

根据研究结果，研究者对学校及教育行政单位的建议如下：

（一）学校活动的推动或行政工作的分派宜简化或合并，以减少教师负荷量（呼应结论二）

从研究中得知，高雄市小学教师角色压力中角色过度负荷显著最高，幸福感中身心健康感受最低。根据文献综述也得知，教师压力若无法减轻、负担无法减重，不仅影响教师本身的身心问题，更会影响教育质量、影响学生成长。故学校应以教师教学、学生学习为重，在学校活动或行政工作方面，优先考虑是否加重教师负担、是否影响课程教学，若能将工作合并、责任分工、活动简化勿繁杂，在教师的压力负荷不至于太大的情况下，学校活动的推动与行政工作的推行才得以顺利，教师的教学工作才得以不受影响。（以下省略）

（二）学校定时举行教师联谊活动，并鼓励教师参与，增进教师间的情谊与互动（呼应结论三）

从研究中得知，教师的人际关系感受显著最高，可见人际关系的和谐是促进教师幸福感受的重要因素。一般来说，教师的生活圈较为单纯，而学校通常是教师主要的人际关系来源，若学校能重视教师互动气氛的和谐，使教师间相处的感受更融洽，则教师对学校就会有向心力并认同，于公于私都能形成合作协助、相互关怀的关系。学校应定时安排教师休闲联谊或人际互动技巧的相关活动，鼓励教师积极参与，以增进教师间更为密切的情谊。

（三）对于所指派的政策与活动，应给予学校行政人员或教师充分的运作时间与正向的反馈鼓励（呼应结论二）

从研究中得知，教师的角色过度负荷感受较为深刻，除了必须配合学校行政例行举办的活动，还有班级教学的级务处理、亲师沟通与课程教学等待办事项。然而，在这些事项之外，若再加上教育行政单位不定时指派政策或活动，而教职员必须在一定期限内配合完成，这些突如其来的压力，必定会再加重教师的负担感受。故建议教育行政单位应于学期初前，将整个学年度的活动与政策实施计划安排出来，并告知学校单位先行准备，以免措手不及，而学校也可因此酌情减少学年度的活动安排，以免加重教师的负担。

八、变量间的假设检验要与研究架构图相呼应

量化研究架构的绘制应十分明确，读者从研究架构图中即可知悉研究者想探究的主要研究问题或要进行的假设检验，变量中的自变量、中介变量、因变量等变量最好以独立的图示表示。

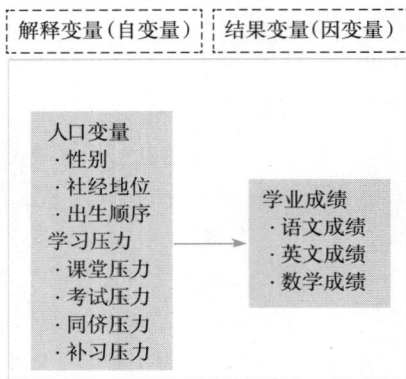

图 12-4　研究架构图 1　　　　　　　图 12-5　研究架构图 2

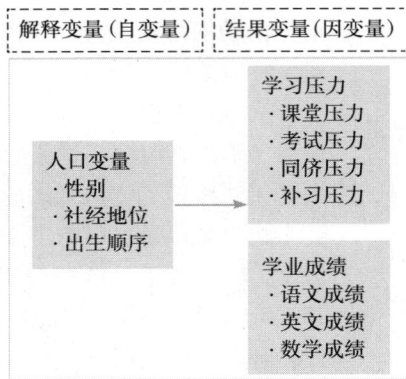

左边的研究架构中，若研究者的假设检验之一为：

1. 不同人口变量的中学学生在学习压力的感受有显著差异。

1–1. 不同人口变量的中学学生在课堂压力构面的感受有显著差异。

1–2. 不同人口变量的中学学生在考试压力构面的感受有显著差异。

1–3. 不同人口变量的中学学生在同侪压力构面的感受有显著差异。

1–4. 不同人口变量的中学学生在补习压力构面的感受有显著差异。

1–5. 不同人口变量的中学学生在整体学习压力的感受有显著差异。

增列的假设检验与架构图无法呼应，从研究者绘制的架构图 12–4 中，人口变量与学习压力变量均是自变量（解释变量），因变量为"学业成绩"变量，由于人口变量与学习压力变量均为自变量，两者间只有相关没有差异，如果要增列研究问题："不同人口变量的中学学生在学习压力的感受是否有显著差异"，原先变量间的关系应修改为图12–5。图 12–5 除可进行以下假设检验外："不同人口变量的中学学生在学业成绩上有显著差异""不同学习压力程度的中学学生在学业成绩上有显著差异"，也可进行"不同人口变量的中学学生在学习压力的感受有显著差异"的假设检验。研究架构图 1 无法明确说明"学习压力"变量是个"中介变量"，研究架构图 2 可让读者知悉：对人口变量而言，"学习压力"变量属性为因变量，对学业成绩变量而言，"学习压力"变量属性为因变量，明确区分自变量与因变量者才能进行差异检验，否则只能进行自变量间相关的探究。

对现象或对某一事件看法的调查，即单一变量的资料分析，探究受试者对某一事件

或某种社会现象看法的统计分析，一般会采用次数、百分比或平均数、标准差等基本统计量数加以说明。如果增列不同人口变量对看法间的差异，多数会采用卡方检验或平均数的差异检验。图 12-6 为中学语文教师对多元评量实施现况调查研究的一种研究架构。

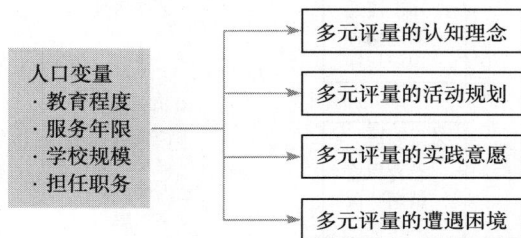

图 12-6　研究架构图 3

如果研究者探究的是变量间的关系，研究主题中变量的排列不同，所对应的研究架构图会有所不同。以"中小企业组织职员知觉知识管理、组织学习与组织效能间关系的研究"为例，研究主题是两个变量与一个变量间的关系，"知识管理""组织学习"为同一层次的变量，就性质而言可归为自变量，"组织效能"为另一层次变量，变量的性质属于因变量，组织效能为主要结果变量。变量间探究的重点为"知识管理"与"组织效能"间的关系，或不同知识管理在组织效能间的差异；"组织学习"与"组织效能"间的关系，或不同组织学习在组织效能间的差异；"知识管理"及"组织学习"对"组织效能"的影响（如预测解释或交互作用）。

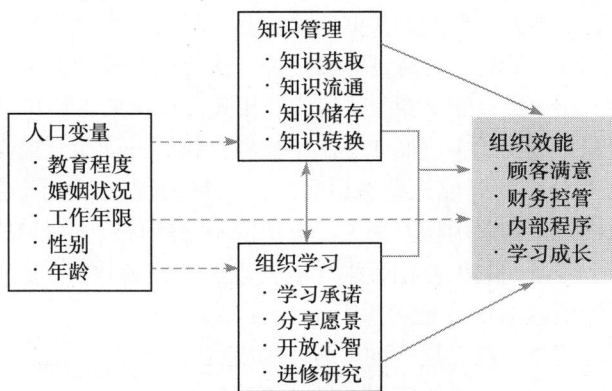

图 12-7　研究架构图 4

若研究者探究的主题为"中小企业组织职员知觉知识管理与组织学习、组织效能间关系的研究"，研究主题是一个变量与两个变量间的关系，"知识管理"为第一层次的变量，就性质而言为自变量，"组织学习"及"组织效能"为另一层次变量，变量的性质属于因变量，变量间主要的结果变量为"组织学习"及"组织效能"两个，变量间探究的重点为"知识管理"与"组织学习"间的关系，或不同知识管理在组织学习间的差异；"知识管理"与"组织效能"间的关系，或不同知识管理在组织效能间的差异；"知识管理"对"组织学习"的影响（如预测解释）、"知识管理"对"组织效能"的影响（如预测解释）。

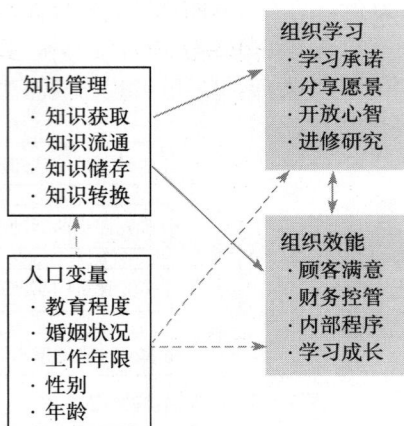

图 12-8　研究架构图 5

九、相同资料结构可采用不同统计方法交叉验证

假定搜集的样本资料符合基本假定（如正态性假定、样本独立性假定、方差同质性假定、线性关系假定等），采用不同的参数统计法所获得的统计结果应会一致。如两个独立水平群体在计量因变量的平均数差异检验，研究者同时采用独立样本 t 检验及独立样本单因子方差分析所得到的假设检验是相同的；两组计量变量间的关系采用皮尔逊积差相关及典型相关，所得到变量间的关联程度应是一样的（个别变量的典型负荷量绝对值设为 ≥ 0.50）。如两个变量间达到显著负相关，在典型相关分析中，两个变量与其典型变量间的相关会一正一负；如果变量间呈线性相关，且相关达到 0.05 显著水平，将具解释变量的计量变量分成高、中、低 3 个水平群组，将另一计量变量作为因变量，采用独立样本单因子方差分析的 F 值统计量也会达到 0.05 显著水平。但若是变量间的关系不是线性而是曲线相关，则采用积差相关法与单因子方差分析所得到的假设检验显著性会不相同，可能两个变量间的积差相关统计量未达 0.05 显著水平（$p > 0.05$），但单因子方差分析的 F 值统计量达到 0.05 显著水平（$p < 0.05$）。

统计方法所呈现结果的叙述是一种"理性的描述"，"理性的描述"即就事论事，根据整理表格的数据论述假设检验的结果，其结果只有两种：研究假设得到支持（拒绝零假设）、研究假设无法得到支持（接受零假设）。统计量的显著性 p 值与显著水平 α 的比较也只有两种情况：$p < \alpha$（0.05）、$p \geq \alpha$（0.05），假设检验的零假设是被拒绝或是被接受，根据统计分析整理的表格数据作客观论述，通常是不会错误的，但此种论述是根据"数据逐一说明"，是一种客观的、理性的陈述。在综合讨论时，研究者应将假设检验的结果加以统整，并与之前相关的理论或实证研究相互印证，若与之前的研究结果不同，研究者可就其可能原因加以论述。将实证结果与理论文献或经验法则进行统合陈述的部分，就是"感性的投入"，理性与感性的结合才能将量化研究的数据结果进行合理化的说明、进行有意义的诠释。尤其是研究结果与之前实证研究不同之处，或是研究结果与

理论不符合、与经验法则相互矛盾的地方，研究者更应就其缘由加以论述。量化研究论文架构的第四章或第四部分为"研究结果与讨论"，研究结果为搜集资料统计分析的数据诠释，讨论为研究结果的对照、比较与可能原因的论述。

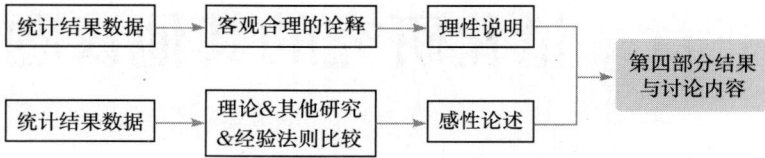

图 12-9

第十三章　量化研究的其他议题

一、量化研究主题来源

（一）题目选定的来源

量化或质性研究的主题来源，主要可从下列 7 个方面加以思考：

1. 个人的实务经验

个人的实务经验是指研究者在职场或其他实际情境的经验所发现的值得探究的问题或相关议题，如学校行政人员发现教师兼任行政工作者的工作压力与工作投入，与未兼任行政工作者有所不同，研究者可能会探究兼任行政工作者与未兼任行政工作者的工作压力、工作投入的差异。新课程实施后，中学老师发现，学生课后补习有增多的趋势，以此推论学生的学习压力可能与之前有所不同，因而研究者以"新课程实施后中学学生学习压力的探究"作为其研究主题。再例如一位有关护理领域的研究者，观察与访谈接触重大伤病的照顾者发现，重大伤病的照顾者的生活质量似乎较差，因而研究者拟编制一份能测量出重大伤病的照顾者生活质量的量表。研究者先采用团体焦体访谈，建构量表的构面与各测量题目，再根据专家效度加以修正并经预试，研究的主要焦点在于重大伤病的照顾者生活质量量表的编制与应用，因而以"重大伤病的照顾者生活质量量表的建构与应用"为研究主题。

2. 所学理论的应用

研究者将其课堂所学或所熟知的理论加以应用于社会科学领域中，包括心理学理论、学习理论与教学理论、社会学理论、人格理论、组织与管理理论、行政学理论、政治学理论与经济学理论等。如研究者将混沌理论应用于学校行政运作中、将多元智能理论应用于语文教学中、将多媒体科技应用于低成绩学生的学习辅导上等。以混沌理论而言，研究者可能以"混沌理论作为中学校园危机管理预警制度的研究"为主题；或"私立高职学校行政管理的混沌现象的研究""从混沌理论的观点来探究高中学校组织的发展"等为主题。再如研究者阅读有关教学评价指标的理论，发现目前有关教学评价指标测量项目及评价构面欠缺具体，且部分测量项目与教育现场不符合，因而研究者想编制一份适合小学教学评价指标的量表，而以"小学教学评价指标的再建构"为研究主题，为达到研究目的，研究者采用德尔菲法、焦点团体访谈及问卷调查法。

3. 文献资料的促发

从之前的文献中，研究者可能会发现许多值得探讨的主题。从文献理论中研究者得知，一般教师的外向性人格特质与学生的学习动机有关，而研究者是位语文教师，因此将研究对象改为以语文教师为主，研究主题延伸为"语文教师的外向性人格特质与学生学习动机的相关研究"或"语文教师的情绪智商与学生学习适应的相关研究"；再如研究者从内政部统计的相关资料中，发现国人的离婚率甚高，想探究离婚后的成年人对未来婚姻及人生的看法，可以设定"离婚成年人婚姻观的研究"为研究主题。

4. 验证之前的研究

他人的研究成果与研究的建议，也是研究者找寻研究议题的重要来源。从他人的研究中可以发现原先研究主题的创新性与研究扩展的可行性。如探究高中学生的生活压力与忧郁倾向的相关，研究者想探究的是变量间的关系是否也发生于高职学生的群体中，因而以"高职学生的生活压力与忧郁倾向的相关研究"作为研究主题。如果研究者要缩小研究群体，只以私立高职学生为研究对象（因为研究者认为私立高职学生的社经地位普遍较低，其生活压力的感受可能较公立高职学生大），可以将研究主题设定为"私立高职学生的生活压力与忧郁倾向的相关研究"；此外，研究者从之前文献中发现在退休教师生活满意度的调查研究中，"退休教师的社会参与活动与生活满意度的相关研究"与"退休教师的身心调适与生活满意度的相关研究"均显示，社会参与活动、身心调适与生活满意度有显著的正向关联。此时，研究者可进一步将 3 个变量统整，除验证之前退休教师的社会参与活动、身心调适变量与生活满意度变量的关系外，也可探究两个变量对生活满意度是否有显著的交互作用或显著的解释力，或彼此间是否也有某种程度的关系存在，可以将"退休教师的社会参与活动、身心调适与生活满意度的相关研究"作为研究的主题。如果相同的主题已被多数研究者研究过，且研究获得的结果大同小异，重复相同研究议题的价值性相对就较低，研究者可采用"元分析"（meta-analysis）（或称统合分析）的方法来整合这些统计数据，建构不同的研究模型。

5. 因果关系的验证

因果关系的验证就是实验研究法的应用，在社会科学领域中，实验室实验与真正实验法的可行性较低，通常会采取"准实验设计"，再以统计控制法（共变量分析）来处理数据资料。在教育或辅导咨询的领域中，一个新的教学策略、一个创新的教学方法或评量方式、一种辅导方案或理论的评估应用，均是一种教学效果或辅导效果的探究。如研究者想探究现实治疗法在企业组织中的应用成效，而以"现实治疗团体对中型企业组织绩效落后员工辅导成效的效果研究"为主题；再如研究者想探究 Big 6（大六）理念应用于班级学习历程的效益，可以"大六技能应用于小学高年级学生自我导向学习成效"为研究主题。在跳远体育活动训练中，研究者想探究左脚起跳与右脚起跳对跳远成绩是否有显著的影响，可以"不同起跳脚对跳远成绩的影响效果研究"作为研究主题。

6. 解决实务的问题

解决实务问题的研究历程就是一种"行动研究"，行动研究是研究者于所处的情境中，为解决个体所遭遇的实务问题而采取的策略解决方法。行动研究的研究对象是一个个体，此个体可能是一个人、一个群体、一个组织（班级或学校）。行动研究的结果关注的不是演绎推论到其他情境或其他总体，而是改变研究者所处情境中的人、环境或组织。如研究者为小学主任，想提升学校学生的体适能，因而拟订一个完善而可行的体适能提升策略，并于学校中推展，研究者可以以"营造健康校园提升学生体适能的行动研究——以〇〇市××小学为例"作为研究主题；再如生态环境的教育推展研究，研究者可以"建置生态校园提升学生探索兴趣的行动研究——以〇〇市××中学为例"作为研究主题。行动研究的研究范式可以是质性研究，也可以是量化研究，若研究者使用到测量工具、测验或检核表等，这些测量工具必须配合研究主题及组织情境自行编制，如此才能符合行动研究的含义。

（二）题目选定的考虑

研究者在拟定研究主题时，必须同时考虑以下几个因素：

1. 研究者兴趣

有兴趣的议题才能导引研究者研究的动力，兴趣是动力的来源、动力是行动的开始，因而在找寻主题时，必须是研究者感兴趣而又想进一步探究的议题。

2. 专业的程度

兴趣只是促发研究者去"做"的动机，至于做了以后能否完成，或完成后论文的质量程度如何，则与研究者的专业知能有密切关系。专业知能的习得并非短期的，它与研究者在硕博就读期间的投入程度有密切关系，研究者专业知能越丰富，越能洞悉问题的根源，越能完整而深入地进行资料的解释，并作出合理而适切的推论。

3. 概念的测量

不论是量化研究还是质性研究，研究者确定研究主题与研究实施程序后，还需要考虑到一个重要因素：资料是否能有效搜集，以质性研究为例，受访者是否愿意配合、访谈的文字稿是否可以取得与转译；至于量化研究则是概念或构念是否可以有效测量，若没有具体而适当的测量题目，则无法搜集到研究用的数据资料；此外，也需要考虑到研究对象，若研究的总体为特殊群体（如受刑人、离异者、遭遇家暴者、重大伤病照顾者等），研究者则应考虑特殊群体是否会配合问卷的填答。

4. 研究伦理

研究伦理是研究者在整个研究过程中应遵守的行为规范，如以正式出版社出版的测验作为研究工具之一，研究者却没有向出版社购买测验，取得合法使用权限；或统计分析结果进行个体（受试者个人或组织）的资料分析和比较，个体资料未用编号代替，而直接把当事者姓名或机构呈现出来，造成当事者的困扰或研究历程中造成受试者的身心伤害等。

5. 研究创新性

创新是研究追求的目标之一，一个有创新性的研究其价值性较高，但是创新必须有基本专业知能或学识涵养为基础，研究主题可能是研究者经由观察、阅读、访谈等发现的。创新的主题探究，可作为后续研究者继续研究的议题，以创新性题目作为研究主题时，研究者要注意研究是否可行。因为创新性题目之前没有研究者从事研究，其中的原因之一可能是研究无法进行，这方面研究者要慎重评估考虑。

6. 研究价值性

值得探究或研究的议题，一般是因为有其重要性或特殊性，研究结果有其理论的价值性或实务的应用性，对于社会科学或行为科学的知识有某种程度的帮助。若是行动研究，则研究结果可提供问题解决的参考。量化研究的研究结果的效益有程度上的不同，但不论效益如何，只要研究者遵行研究流程，采取严谨方法搜集原始资料，则研究结果多少有其价值性存在。

7. 研究可行性

量化研究或质性研究在拟定研究主题与研究程序时，均需要考虑到研究是否具体可行，研究目的是否可以达成。如研究者想探究妇女被家暴后，其婚姻观及人生观的看法如何？研究者拟采用访谈法，但没有被家暴妇女愿意受其访谈；或以"一位国外学生学习语文心路历程的分析——以韩国学生为例"这一研究主题而言，研究者无法从语文学习中心找到国籍为韩国的学生，则此研究主题的困难度就较高。以量化研究而言，研究者想以全国地区高中教师为总体，但此总体甚大，研究抽样甚为不易，这种类型的研究也较难以达成。

8. 研究实务性

就行动研究的观点而言，研究的主要目的在于解决问题，而非进行学术研究，因而行动研究的内涵是实务导向的，此种研究在于应用有效策略或方法以改变实务情境，增加效率与效能，或改变绩效产能、营造优质的工作或学习情境。研究者若是采用行动研究法，则应关注研究结果的应用性与实务性。

研究主题的来源及考虑因素，可以图 13-1 所示模型图表示。

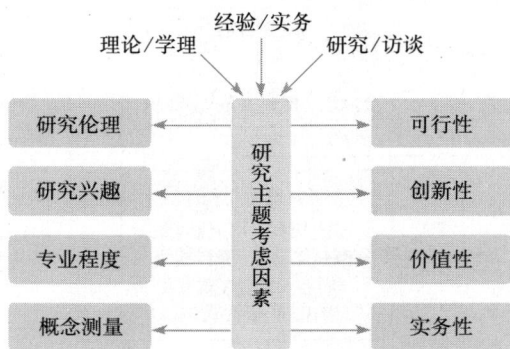

图 13-1　模型图

当研究者确定研究主题后，必须再阅读相关的文献资料，以拟订研究的目的及聚焦于要研究的问题，若是现状、事象或行为频率看法的调查，则不用提出研究假设；进行两个变量间的相关研究或进行差异比较时，才需要提出研究假设。资料统计分析采用的是演绎推论，类似亚里士多德所提的三段论式：

大前提：凡是人都会死。

小前提：因为您也是人。

结论：所以您也会死。

将演绎推论法用于量化推论统计中，以"有无抽烟和肺癌关系的研究"为例：

大前提：样本统计量显示有抽烟者得肺癌的概率，显著高于无抽烟者。

小前提：总体中有些人有抽烟、有些人没有抽烟。

结论：总体中抽烟者得肺癌的概率较高。

再以"高职学生生活压力与自杀意向的相关研究"为例：

大前提：样本统计量显示高职学生生活压力与自杀意向间有显著正相关存在。

小前提：高职学生总体中，学生对生活压力的感受程度各不相同。

结论：高职学生对生活压力感受越高者，其自杀意向就越高。

由于量化研究是由已知样本统计量来推论未知总体的参数，因此其统计分析方法的应用属于哲学上的演绎法；如果研究者配合结构式访谈或非结构式访谈，将受试者的想法、意见或对事件的反应，和量化研究结果进行检核或比较，由于受访者的意见不一，看法可能有所不同，此时必须采用归纳法，将其中受访者主要的共同论点撷取出来，否则无法聚焦资料，形成有系统的资讯。量化研究在确定主题后，其后的研究流程可以简化为如图 13–2 所示。

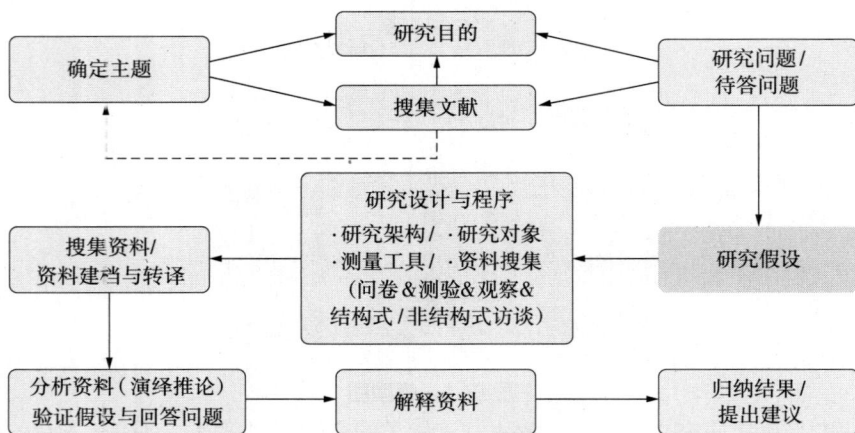

图 13-2

当研究者确定研究议题的同时，也要思考资料搜集的方法，包括问卷、量表、测验、观察（检核表或划记）、结构式访谈等。若研究者有把握资料可以借由上述测量工具或方法加以搜集，接下来要考虑的是"测量工具的编制"，不论是自编、修订编制还是直接引用他人的量表，研究者要确保测量工具的编制发展没有问题。最后要考虑的是慎选研究对象，如果研究对象是特殊群体，要考虑到可否找到这些特殊群体，或这些群体填答的可能性与填答的意愿，如果研究对象填答问卷意愿很低，即使研究主题很有价值或创新性，研究目的也无法达成。这些因素均是研究者在拟定研究主题与选定研究对象时所应考虑的。

二、测量工具——量表编制的一般原则

（一）量表编制的一般原则

量表题目编制的适当性会影响受试者填答的真实性与意愿。一般测量题目编制原则如下：

1. 编制修订的量表必须与研究主题有关

如研究主题为中学学生学习动机、学习方式与学业成绩关系的研究，研究者探究的3 个变量名称为"学习动机""学习方式""学业成绩"，问卷中包含的 3 个主要研究测量工具为"学习动机量表""学习方式量表""学业成绩测验"。问卷名称要能包括所有量表的内涵，并以中性词句作为标题，如上述研究测量工具探究的是中学学生的学习行为，因而整个问卷名称以"中学学生学习行为调查问卷"为标题。如果一份问卷包含的量表类型多，各量表的测量指标（题目数）就不应太多，一般而言，若有 3 个变量的量表，每个量表的测量指标项目最好在 20 题左右。

2. 测量题目的词句要具体清楚明确，让填答者能了解题目内涵

范例题目如：

> 1. 您了解我国的失业率吗？
> □非常了解　□大部分了解　□少部分了解　□非常不了解
> 2. 您具有民主素养吗？
> □非常符合　□大部分符合　□少部分符合　□非常不符合
> 3. 您推展的班上活动均有价值性？
> □非常符合　□大部分符合　□少部分符合　□非常不符合
> 4. 您认为贵校的行政单位运作良好吗？
> □非常同意　□大部分同意　□少部分同意　□非常不同

范例中第一题"失业率"一词欠缺具体明确，题目所列是要受试者回答哪一年的失业率？第二题"民主素养"一词过于含糊，且其时间点也交代不清，第三题"价值性"的界定不够明确，是哪种价值性？第四题"行政单位"所包含的处室很多，题目所要表达的是所有行政单位间的平行沟通联系，还是某个行政单位的独立有效运作呢？上述题

目可分别修改如下：

1. 您了解我国今年的失业率大约是多少吗？
2. 在开会场所表决中您会遵守"少数服从多数"的规则吗？
3. 您推展的班上活动都有正向的教育价值吗？
4. 您认为贵校教务处的行政运作良好吗？
5. 您认为贵校处室间的职务分工合理吗？

3. 测量题目的词句要完整，让受试者一看就懂

测量题目所表达的意思要完整，让受试者一看到题目，即知道测量题目所要问的问题，表达不完整的题目如：

1. 退休后您固定运动吗？
□非常符合　□大部分符合　□少部分符合　□非常不符合

运动一词过于模糊，题目中的"固定"指的是每周或每月？建议修改题目为：退休后您每周固定从事游泳运动吗？

2. 您的所得是多少？_____

题目中的"所得"指的是每天？每月？每年？或一年的总收入？由于研究者没有完整地将词句表达出来，易造成受试者填答的困扰，有些受试者可能无法明确判断要如何填答，会跳过此题。

建议修改题目为：您一年的总收入所得是多少？_____

收入变量的调查与受试者的隐私权有关，因而许多受试者可能不会据实回答，从而影响之后问卷的填答，研究者对于这种有关当事者隐私资料的调查要谨慎，若不是重要变量，研究者最好舍弃此调查题目，以免受试者产生防卫心理而乱填问卷。

4. 测量题目中不能出现描述性的副词或形容词

所谓描述性副词或形容词如"经常""偶尔""极少""总是""常常"等，这些词句是一种个人的知觉状态，可以作为量表的选项项，但出现于测量题目中较为不宜。以"经常"一词而言，常会随个人主观认知不同而有差异。有些人一个星期七天游泳五次，觉得游泳的次数很少，有些人一个星期只游泳三次，便觉得已经很多了。较佳的测量题目是将描述词转换为较具体的数字。

出现描述词的题目类型如下：

1. 您经常运动吗？
□非常符合　□大部分符合　□少部分符合　□非常不符合

2. 您偶尔会大声责骂学生吗？
□非常符合　□大部分符合　□少部分符合　□非常不符合
3. 退休后您极少从事运动吗？
□非常符合　□大部分符合　□少部分符合　□非常不符合
4. 贵校教师经常与行政单位对立吗？
□非常符合　□大部分符合　□少部分符合　□非常不符合

第一个题目可修改为：

1. 您一星期平均大约游泳多少次？

第二个题目可修改为：

2. 您平均每天大声责骂班级学生大约多少次？

有些测量项目也可以出现描述频率的副词或形容词，只要题目的时间点能明确表示出来即可，如第三题与第四题可修改为：

3. 退休后您每周很少从事运动吗？
4. 这学期以来，贵校教师经常与行政单位对立吗？

5. 一个测量题目只包含一个主要概念

每个测量项目或题目均是一个指标项目，只能测出一个主要概念，若题目包含两个以上概念，则无法具体反映受试者对此概念或态度的看法。此类题目如下：

1. 您喜爱阅读文艺小说及武侠小说吗？
□非常符合　□大部分符合　□少部分符合　□非常不符合
2. 您和学校同人喜爱阅读心理辅导的相关书籍吗？
□非常符合　□大部分符合　□少部分符合　□非常不符合
3. 教学活动中，您通常是采用直接教学法或分组讨论法吗？
□非常符合　□大部分符合　□少部分符合　□非常不符合
4. 我会参考其他教师有创意的教学策略或班级经营技巧，整合应用在我的
班级中。
□非常符合　□大部分符合　□少部分符合　□非常不符合

上述题目中均包含两项概念，而两项概念又是独立的，每个概念均可以单独成为一个测量项目。以第一题为例，可能某些受试者喜爱阅读文艺小说，但不喜爱武侠小说，或不喜爱阅读文艺小说但喜爱武侠小说，此时测量项目即无法反映这些受试者的真正感受，造成受试者填答困扰。上述题目可修改为：

> 1–1. 您喜爱阅读文艺小说吗？
> 1–2. 您喜爱阅读武侠小说吗？
> 2–1. 您喜爱阅读心理辅导的相关书籍吗？
> 2–2. 贵校同人喜爱阅读心理辅导的相关书籍吗？
> 【备注】若是教师间的认识互动不够，则询问受试者其他教师对某一事件
> 　　　　或现象、方案看法的问题就不应出现。
> 3–1. 教学活动中，您通常是采用直接教学法吗？
> 3–2. 教学活动中，您通常是采用分组讨论法吗？
> 4–1. 我会参考其他教师有创意的教学策略，整合应用在我的班级中。
> 4–2. 我会参考其他教师有创意的班级经营技巧，整合应用在我的班级中。

6. 避免双重否定的描述语，少用单重否定的描述语

双重否定的词句易混淆当事者的判断及思考，误解题目所表达的意思，研究者若要增列测谎题或采用否定式词句，则只要用单一否定的描述语即可，每个量表单一否定描述的题目最好不要超过两题。双重否定描述语的题目类型及修正范例如：

1. 我不会与学生共同制订具体不可行的班规。
□非常符合　□大部分符合　□少部分符合　□非常不符合

题目可修正为：我会与学生共同制订具体可行的班规。
或单一否定问题为：我不会与学生共同制订具体可行的班规。

2. 我不赞同老师假期不分派学生的回家功课。
□非常符合　□大部分符合　□少部分符合　□非常不符合

题目可修正为：我赞同老师假期不分派学生的回家功课。

3. 我不喜爱老师采取不民主的教学方式。
□非常符合　□大部分符合　□少部分符合　□非常不符合

题目可修正为：我不喜爱老师采取权威的教学方式。
题目可修正为：我喜爱老师采取民主的教学方式。

或修正为：我不喜爱老师采取民主的教学方式。

7. 避免错误的前提或不当假定

题目内容词句中若有不当假定或错误前提，这些假定或前提通常会诱导受试者主观的认知与勾选的取向，即会影响受试者原先的价值判断。此类题目如：

1. 学校应全部负起照顾学生的责任，基于此论点您同意学校应办理营养早餐吗？
   □非常同意 □大部分同意 □少部分同意 □非常不同意
   题目中的不当假定语词为"学校应全部负起照顾学生的责任"，此描述语词会误导受试者认为学校的职责是全面性的，学生早餐的问题也应重视，因而会诱导受试者勾选"□非常同意"选项。
   题目可修正为：您同意学校应办理营养早餐吗？

2. 小学低年级每节上课时长 40 分钟太长了，您同意缩短为每节 35 分钟吗？
   □非常同意 □大部分同意 □少部分同意 □非常不同意
   第二题中"小学低年级每节上课时长 40 分钟太长了"，此叙述语句是一种错误的前提假定，当受试者看到此句话时，会受到此句含义的影响，认为目前小学低年级一节上课时间为 40 分钟，对学生而言真的是太长了，当看到缩短到 35 分钟时，便会倾向勾选"非常同意"选项或"大部分同意"选项。
   题目可修正为：您同意将小学低年级每节上课时间缩短为 35 分钟吗？

3. 若您是贵校校长，您会采取何种领导方式？
   □高关怀高取向 □高关怀低取向 □低关怀高取向 □低关怀低取向
   或选项词为：
   □民主 □权威 □权变
   此种题目是一种不确定的假定词句，假定受试者可能担任某种职位、或某种事件会发生于当事者身上，而后再询问当事者有何反应或会采取何种策略，这与自陈量表的本质并不符合，这样的题目最好不要出现。

8. 避免引导式或诱导式的词句或问题

引导式或诱导式的词句通常会引用学者专家或医学观点来说明事件间的关联性，之后询问受试者对某一事件的看法或反应态度，由于受试者受到心理学"初始效应"的影响，因此其填答或勾选的选项，自然会朝向之前引导式或诱导式词句所表达的事件关联，使得测量题目无法正确可靠地反映受试者的真正看法或知觉感受。此类题目如：

1. 医学证实抽烟对人体有害，您同意员工上班抽烟吗？
   □非常同意 □大部分同意 □少部分同意 □非常不同意

题目可修正为：您同意员工上班抽烟吗？

2. 多数专家认为能力分班弊多于利，您同意中学新生应采取能力分班吗？
　　□非常同意　□大部分同意　□少部分同意　□非常不同意
　　题目修正为：您同意中学新生采取能力分班吗？

3. 学术研究证实，抄写式作业对学生创意没有帮助，您会同意暑假作业多数为抄写式作业吗？
　　□非常同意　□大部分同意　□少部分同意　□非常不同意
　　题目可修正为：您会同意暑假作业多数为抄写式作业吗？

4. 考试作弊是一种不道德的行为，您对于考试作弊的看法如何？＿＿＿＿＿＿＿＿
＿＿＿＿＿＿＿＿＿＿＿＿＿＿＿＿＿＿＿＿＿＿＿＿＿＿＿＿＿＿＿＿＿＿＿＿＿

　　上述题目中的"医学证实抽烟对人体有害""多数专家认为能力分班弊多于利""学术研究证实，抄写式作业对学生创意没有帮助"等，均是一种具引导式的提示语，这些提示语会引导受试者均朝某一个选项作出反应，如"□非常不同意"选项，此种题目所调查的数据资料的可靠性也不高。第四题为开放式题目，但此题目的前半段却出现负向诱导式的提示语："考试作弊是一种不道德的行为"，受试者在回答此开放题时，定会受到前述负向诱导式的提示语的影响，题目无法真实反映受试者对考试作弊的真正看法或意见。

9. 避免包裹式或同时涵盖多种条文的法令问题

　　所谓包裹式的问题，即一个政策内包含许多次政策，或一个方案同时包含数个次方案，一个法令同时包含许多法令条文，或一个计划同时包含多个子计划等，研究者直接以包含次要项的主要项作为题目的题干来询问受试者，造成受试者填答的困扰。此种题目类型如下：

1. 您对《中华人民共和国教师法》的满意程度为何？
　　□非常满意　□大部分满意　□少部分满意　□非常不满意
2. 您对贵子女就读学校的满意度如何？
　　□非常满意　□大部分满意　□少部分满意　□非常不满意

10. 避免出现学术用语、地方俚语、成语或专门术语

　　题目的用语尽量用白话，词句要让每位受试者都看得懂、题意要让每位受试者都明白，如此，受试者才能真实反映其看法。有关学术用语、地方俚语、成语或专门术语等，最好不要出现在题目中。此种类型的题目如下：

1. 您对大学学力测验每科划分为 15 级分的看法如何？
　□同意　□不同意　□没有意见
2. 我认为本校教师对学生普遍有月晕效应存在。
　□非常同意　□大部分同意　□少部分同意　□非常不同意
3. 您同意教学观摩中，学生会有霍桑效应的行为发生吗？
　□非常同意　□大部分同意　□少部分同意　□非常不同意
4. 您了解贵子女在这次三年级模拟考中的 T 分数吗？
　□了解　□不了解　□没特别注意
5. 贵校校长采取下列哪种领导方式？
　□高关怀高取向　□高关怀低取向　□低关怀高取向　□低关怀低取向
6. 我觉得我们校长是位刚柔并济的人。
　□非常同意　□大部分同意　□少部分同意　□非常不同意

上述范例中的"学测 15 级分""月晕效应""霍桑效应""T 分数""X 关怀 X 取向""刚柔并济"等词，是学术用语、专门用语或成语，这些用语非其专门领域的人无法了解，因多数人无法明白其所代表的意义，所以出现在题目中并不适当。

11. 避免受试者的能力无法回答的问题

问卷填答要有效，必须让受试者有意愿也有能力回答，对于受试者无法知悉的事情，如他人对某事件或现象的看法，由于这并不针对受试者本身的知觉感受而设计，因此受试者通常无法回答。如"多数家长对于班上导师的班级经营多持肯定态度？"受试者无从得知其他家长的态度，此种题目并不是一种自陈量表。受试者能力无法回答的问题类型如下：

1. 您了解青少年的亚文化吗？（受试者家长）
　□了解　□不了解
2. 您对贵子女就读学校的知识管理做法的满意程度？（受试者家长）
　□非常满意　□大部分满意　□少部分满意　□非常不满意
3. 本校其他教师十分肯定我采用的班级经营策略。
　□非常符合　□大部分符合　□少部分符合　□非常不符合
4. 您第一次被级任老师责骂是在哪个求学阶段？
　□小学　□中学　□高中职　□大学

12. 背景资料最好与研究变量有关

量化研究中多数研究者会将背景变量纳入自变量之一，以探究不同背景变量的受试者在某个变量态度上的差异。背景资料变量如受试者性别、年龄、婚姻状态、服务年资、教育程度、年总收入等。问卷中所列的背景资料必须是日后资料分析时的变量之一，若没有使用到调查的这些背景变量，会徒增受试者填答的困扰。背景资料变量分类时必须兼顾周延性与互斥性，所谓周延性是类别群体（水平）的分类，包含所有总体中的所有可能类别，如性别变量的类别划分为男生与女生，即可包含总体中所有个体的性别；互斥性是类别间不能有交集重叠处，否则许多受试者无法勾选，没有互斥性的题目如下：

您的年龄：□ 30 岁以下　　□ 30 ～ 40 岁　　□ 40 ～ 50 岁　　□ 50 岁以上

上述题目中若受试者年龄刚好为 30 岁、40 岁、50 岁，则可以勾选两个选项，如年龄为 40 岁的受试者，可以勾选"☑30 ～ 40 岁"选项，也可以勾选"☑40 ～ 50 岁"选项，较适宜的类别划分为：

您的年龄：□ 30 岁（含）以下　　□ 31 ～ 40 岁　　□ 41 ～ 50 岁
　　　　　　□ 50 岁（含）以上

实施问卷调查时，可能是研究者亲自施测或以邮寄问卷方式施测，若研究者亲自施测，则问卷回收较无问题；若采用邮寄问卷的方法，则要注意问卷回收率，问卷的回收率越高，有效样本数越多，统计误差或抽样误差值相对就越小。要提高问卷的回收率，应注意以下量表编制的事项。

（二）量表编制时的注意事项

1. 慎选研究主题与研究对象

研究主题若是敏感性或具威胁性的议题，如婚前性行为、考试作弊行为、抽烟行为、课堂逃学行为等，其问卷若设计不当，则问卷的回收率可能很低，此种特殊议题的调查研究一定要采用匿名方式填答。此外，研究者要具体明确地告知受试者研究用途，除不进行个别资料分析外，还要遵守保密守则。此外，若研究特殊群体，研究者不用局限于概率抽样，也可采用便利、判断或滚雪球的抽样方法。

2. 问卷的总题目数最好不要太多

问卷编制时，研究者可能会经专家效度、预试问卷历程进行删题，之后再编制为正式问卷，问卷的题目数不宜过多，每个量表的题目数最好介于 15 至 20 题即可，量表中的每个构面以 3 ～ 5 题最为适宜。总问卷的题目数最好不要超过 60 题（能低于 50 题更佳），因为题目数越少，受试者填答的意愿越高，若问卷题目数超过 70 题，从未谋面的受试者配合填答的意愿会降低。

3. 重视问卷的表面效度

问卷的格式编排适当、印刷精美、字体适中，视觉效果佳，则能提高受试者填答问卷的意愿。此外，除了研究所需，否则不需要受试者具名回答，而以"不具名"方式较佳，因为"具名"填答的问卷，受试者填答的意愿会较低。表面效度除重视字体大小、版面的编排、印刷的质量外，纸张颜色的选用也非常重要，过于沉浸于政治的民众，对于某种纸张颜色有些会排斥，因而研究者在选用纸张颜色时也要注意。

4. 附上请托函及回邮信封

请托信函是研究者对受试者的一种书面性的礼貌行为，表示的是对受试者的尊重，让受试者知道研究者为何人，为何要从事此研究，研究结果会如何应用等。当受试者觉得他受到研究者尊重，了解个人在研究中的重要角色时，配合的意愿会较高。此外，为让受试者能尽快将问卷寄回，必须于原问卷信封中附上回邮信封，回邮信封的收件人、邮政编码、收件人地址、邮票均已完备，如此，受试者将问卷邮寄回来的比例自会提高。

5. 同一组织找一位负责人回收寄回

若研究者以各组织群体为问卷施测对象，可协调并请托单位组织内的某个个体协助发放及回收问卷，此个体在组织中是较有影响力者，影响力并非权势的误用，而是一种正向人际关系的运用。对于协助发放及回收问卷的组织或各单位负责人，研究者最好亲自拜访或电话请托。

6. 给予填答者诱因——金额不多的纪念品或物品

诱因即是一种增强物，其金额不用太多，所谓"礼轻情意重"，诱因只是表示研究者对受试者的尊重与礼貌，诱因物品太贵重，研究者财力负担不起，而受试者也会觉得很奇怪。诱因物品的选择上，要根据受试对象的不同而稍有差异，一般常见的诱因物品如圆珠笔、自动铅笔等书写工具，作为增强物较为便宜也较为实用。

7. 考虑受试者填答的前后日期

在问卷发放时，若能掌握研究总体重大事件的活动日期，则可避开总体最忙碌的时间进行问卷调查。如研究者的总体为中小学教师，开学后一至两周及学期结束前一周，是教师最为忙碌的时间点，研究者若于此时发放问卷，则造成教师的不便，进而影响教师填答问卷的意愿与问卷回收率；再如中学学生月考前一周或月考当周对学生施测，也会造成学生及任课教师的困扰。

8. 催收——电话请求或再寄提示信函

当问卷寄发后二至三星期，若尚未收到寄回问卷，则研究者可进行问卷催收工作。问卷催收是以中肯的态度致电，请求当事者能帮忙或再寄一份问卷及催收信给受试者，当研究者进行问卷催收工作，问卷回收率都会提升。受试者是在配合研究者进行研究，问卷填答并不是其应履行的义务，在问卷催收信函的用语上，要以中肯而请托的词句来写。

三、量化研究伦理

不论是质性研究或量化研究，整个研究历程及资料结果的呈现均必须恪守研究伦理，研究伦理是研究者在整个研究过程中所应遵守的行为准则，或表现出正向而能为社会大众接受的行为。以教师行动研究或实验研究为例，研究者必须遵守的研究伦理守则包括以下几点（Kirk,1995）：

1. 研究者应该知悉研究伦理、价值的所有议题，负起做决定的责任，也应为采取的行动负起全责，不论是研究主持人、协同研究者、研究助理或研究职员均应遵守所有研究过程中应有的伦理守则。

2. 应该告知受试者相关研究的信息，尊重受试者。在实验过程中受试者有权拒绝或中途离开，研究人员对受试者的福祉、权利、尊严，要特别加以保护与尊重。

3. 保护受试者身心安全，真实告知受试者参与研究的危险程度与可能受到的影响。研究者有义务更改或重新规划有害于受试者身心安全的实验设计。

4. 保护弱势族群受试者的人权、兴趣，弱势族群如学生、少数民族、病患、贫困者、犯人等。

5. 未经事前谨慎严谨的伦理分析，不能对受试者使用隐瞒策略。要保证受试者不因研究而受到任何伤害。

6. 参与者私人资料只有在其事先同意的前提下才能搜集；研究结果的出版也要当事者同意或以笔名出现，以保障当事者的隐私权与人格权。

7. 资料搜集分析后，应提供有关研究性质与相关发现给受试者。此外，更应正确而诚实地呈现研究报告，不能任意扭曲资料的解释结果。

以质性研究者而言，研究者若采用完全参与者的观察类型，即被观察者完全不知研究者为何人，也不知其行为时时刻刻正在被他人观察，观察者与被观察者在自然情境中一起从事活动，若是研究者在活动结束后，也未告知受试者其行为已被研究者观察记录下来，之后，研究者将田野观察的结果作成研究论文发表，这样的研究行为恐有违研究伦理；此外，在访谈结果中，研究者未持中性立场，误解受访者的意思并有意扭曲，未将受访者原始表述的意思正确转译为文字书面档案，而是断章取义或任意撷取受访者的话语，表明研究者的研究欠缺翔实，可能造成受访者的身心伤害，此种研究历程也有违研究伦理。

社会科学领域中，研究者在研究过程中应遵守受试者"自动同意原则"，绝不强迫任何人参加研究，除非是基于特殊而正当的理由，否则也不可以欺骗受试者。学者W.L.Neuman 指出：不论是实地研究或实验研究，研究者可能基于正当方法论的观点采取欺骗受试者的方法，因为如果受试者知悉真实研究目的后，他们可能会改变原来真实的行为表现，或不让研究者进入研究场域进行研究。若研究者能够在不欺骗的情况下达成研究目的，就绝不可以采取欺骗受试者的方法。此外，研究者必须于事后对受试者详细说明，绝不能对受试者隐瞒（王佳煌、潘中道译，2008）。

就量化研究而言，不论研究者是采用问卷调查法（可能是行为、现象调查，或是从事态度构念间相关的调查探究）或实验研究法，研究者应遵守的伦理行为有以下几项：

（一）严禁捏造原始数据资料

量化研究最重要的是研究者要去搜集原始资料（一手资料），原始资料可能是通过问卷调查（书面式的问卷或网络在线问卷）的量表、调查表或测验等取得，此外，也可能是通过观察划记或检核表取得。如果研究者没有实际从事搜集资料的研究程序，就无法获得原始的数据资料，此时，若研究者凭空捏造数据资料，进行资料的统计分析，即是一种资料造假的行为。此种行为严重违反研究伦理，是一种不合乎伦理，也不道德的行为。量化研究中不论统计分析结果是否支持研究假设，至少数据资料是研究者利用修订编制的相关测量工具搜集而得的原始资料，这些资料并没有"对"或"错"的问题，只有"适当与否"或"可靠性程度差异"的问题，但如果研究者完全没有进行资料搜集的工作，而是在研究室或个人研究处理室内凭空捏造假的数据资料，则其行为不仅是"错的"，也是研究中所不允许的。

（二）严禁涂改统计分析数据

第二种严重违反研究伦理的行为是，虽然研究者实际做了资料搜集工作，但在统计分析时，任意涂改输出的报表数据，以让拟订的研究假设可以获得支持。如两个变量间的相关系数与显著性统计分析结果分别为 $r = 0.25$、$p = 0.068$，研究者在论文报表中故意将其改为"$r = 0.45$、$p = 0.002$"，因而假设检验从"接受零假设"变为"拒绝零假设"，研究假设从"无法得到支持"变为"可以获得支持"。任意篡改数据资料或统计分析结果也是一种造假行为，严重违背研究伦理，是一种不合乎伦理也不道德的行为。量化研究的迷思之一就是，研究者大多希望其研究假设能获得支持，其实未获得支持的研究假设也有其背后隐含的意义，只要研究者能加以客观诠释与作出合理解释，也许也是一项另类的发现。

（三）严禁以威胁或权力强迫受试者配合

研究者在搜集资料的过程中，不能借由权势或威胁等不当方式，强迫受试者填答问卷或配合参与实验。此外，整个研究过程不能让受试者生理或心理受到伤害，如让实验组看了极恐怖的影片或照片，或让受试者置身于会让其产生高度焦虑的情境中，之后再让受试者填写情绪改变量表，此种研究历程或研究设计也违反研究伦理。若是研究者借由职权、权力或不当控制（如以考核成绩逼迫受试者）来强迫受试者填答问卷，也不符合研究伦理准则；如研究对象为学校教师，行政人员随机发放问卷时，强迫教师一定要填答，否则会影响教师考核成绩；采取丛集取样时，被抽取为样本的班级，老师强迫每位学生均要填答，否则要扣某科成绩等。当受试者未在自由意志之下填答问卷，会心不甘情不愿，也不会全心诚实地填答，此时研究者所得到的数据资料是很不可靠的。此外，研究对象不能以"无行为能力"者为受试对象，因为无行为能力者（如失智老人）根本无法完成问卷的填写，研究搜集到的数据资料是有问题的。

(四) 客观进行资料分析并进行资料保密

质性研究中为保护当事人，在论文资料的呈现上会将当事人真正的身份隐藏，而改以化名或其他间接方法来描述当事人，让读者无法从文章中推断受访者为何人。在量化研究中，研究者要统计分析的是整体数据资料，而非个别填答者、个案或组织体，如果研究者要进行个别组织群体的分析，必须以代号呈现，论文报告中的个体均要转换为代码，不能将学校名称、个人、组织、单位加以直接呈现；而个别受试者填答的资料，研究者也必须遵守保密规定（假设从问卷或测验中可以得知受试者）。对于搜集的数据资料，研究者对统计分析结果的解释必须客观中性，符合一般推论统计的写法。若是采用结构式访谈或半结构式访谈，必须真实无误将受访者的意见呈现，并加以统整归纳，而非以自己主观的看法来论述。

(五) 敏感性信息的获得，要重视当事者的隐私

在量化研究中，有些研究主题的内容敏感性极高，问卷的测量题目也与受试者的隐私权有关。这些研究主题如性行为、偷窃、考试作弊、抽烟、阅读不良刊物等，其测量题目对多数人而言颇具侵犯性，许多受试者对这些调查问卷是不愿据实填答的，若研究者基于研究需要，要以上述所列的相关敏感性的主题作为探究议题，研究者必须很明确且坦白地告知受试者研究目的及用途。此外，也要遵守保密行为规范，不进行个别受试者的统计分析，而是对所有样本作整体现况的了解。为了让受试者去除防卫心理，填答者最好以不具名方式填答问卷。

(六) 直接引用他人的测量工具，未征求当事者同意

量化研究中的测量工具如果是出版社正式出版的测验，研究者必须购买才能使用，若研究者未正式购买而直接使用，则会违反著作权法。若研究者的量表是直接引用他人编制的量表（未正式出版），或只进行少数题目的增删或词句修改，在使用前必须征求原编制者的同意，未征得同意之前，不能随意使用其量表作为研究的测量工具，这些都是研究者在使用测量工具时应遵守的行为准则。

(七) 抄袭他人数据或引注不当

数据抄袭是研究者将他人的研究数据结果作为自己统计分析的数据，此种行为与造假行为一样，是严重不合乎伦理守则的行为。量化研究的设计中，即使采用相同的测量工具、施测相同的研究对象，所得到的数据结果也不会完全相同，如平均数、标准差、样本统计量等量数的数值（一般取到小数点后第二位）不可能完全相同，其相同的概率甚低。此外，在文献资料上，研究者可能过度引用，或从某学者、他人研究中抄录一段文章却没有加以引注来源，此种情况将造成引注的遗漏。引用不当或引注遗漏可能是研究者在撰写论文中的疏漏，其争议较少，只要研究者事后补上即可。但数据抄袭则是一种造假，其行为已经违法，严重违反研究伦理。

量化研究历程中，研究者必须遵守的行为准则或研究伦理的具体行为如图13-3所示：

研究历程 / 研究行为	研究伦理 / 研究行为准则
文献探讨	• 引注文献来源 • 列出参考书目 • 避免过度引用
测量工具	• 避免非法使用 • 征求他人同意
研究对象	• 避免伤害对方 • 自愿配合原则 • 严禁强迫威胁
资料搜集	• 准确搜集资料 • 详列抽样方法 与搜集的程序
资料分析	• 严禁篡改数据 • 真实呈现报表 • 客观诠释结果
论文撰写	• 严禁假手他人 完成研究论文

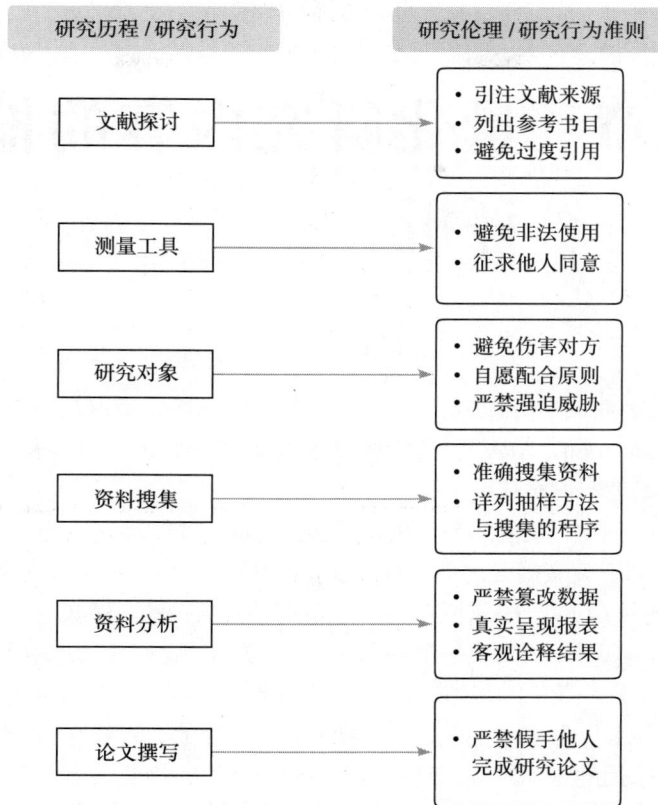

图 13-3 研究者必须遵守的研究伦理行为准则

第十四章 量化研究内容的检核与评析

不论是量化研究或质性研究，一般论文写作格式均以美国心理学会（Amer-ican Psychological Association，APA）出版手册为依据，这是行为及社会科学研究领域多数研究论文写作的参考范例格式。

在论文目次排列中，主要章节目录之前会先呈现论文中英文摘要、图表目次。一般而言，中文摘要列于英文摘要之前，其次是目次（或称目录），目次的后面为表次（表目录）、图次（图目录）（一般常说图表，但通常是表次在前，图次在后）。论文主体第一章的编码从数字1开始，依序递增编码，第一章之前的页码通常采用 Ⅰ、Ⅱ、Ⅲ、Ⅳ、Ⅴ、Ⅵ、Ⅶ、Ⅷ、Ⅸ、Ⅹ的编码方式，以区别于章节内容的页码。

量化研究的摘要一般要包括以下几个部分：研究目的、研究方法、研究样本、研究工具、资料处理采用的统计方法、研究结果与研究建议，摘要后面附上 3 ~ 4 个关键字词。下面范例摘要的内容修改自吴窈芬（2008）论文摘要部分：

高雄市成人社区公共事务参与态度与公民素养关系的研究

中文摘要

1 本研究旨在探究高雄市成人社区公共事务参与态度与公民素养的关系，2 研究方法主要采用问卷调查法，以居住高雄市的成人为研究样本，并以随机取样抽取受试者，总共发出问卷 500 份，有效回收 411 份，有效样本回收率为 82%。主要研究工具为研究者修订编制的 "社区公共事务参与态度量表" 及 "公民素养量表"。资料处理采用的统计分析方法包括项目分析、信度分析、次数分析、描述性分析、积差相关、t 检验、二因子方差分析、复回归分析、3 典型相关及结构方程模型等。 4

5 有效资料经统计分析归纳主要研究发现，得到以下结论：1. 成人对社区公共事务参与态度表现居中上水平，在 "社区环境" 层面得分最高，得分最低的是"社区活动"层面。2. 成人公民素养程度颇高，尤其对公民角色的认知最为理想，但在公民个人行为表现与公民团体行为表现两个层面则较不 理想。3. 50 岁以上、已婚、高中职、居住社区时间 15～20 年的成人，在社区公共事务参与态度上有较佳的表现。4. 成人社区公共事务参与态度程度越高，其公民素养表现越高，显示社区公共事务参与态度与公民素养有正相关存在。5. 成人社区公共事务参与态度的表现不因性别及个人收入而有差异存在。6. 性别、年龄、婚姻状况、职业及个人收入不影响成人对"社区环境""互动意愿"及"社区营造"的参与。7. 成人社区公共事务参与 6 个态度面向与其公民素养 4 个行为面向间典型相关显著，6 个控制变量主要通过 2 组典型变量影响 4 个效标变量，两者的整体关系密切。8. 成人社区公 共事务参与 6 个态度面向可以有效预测成人公民素养，其共同解释方差为 50.2%。9. 成人社区公共事务参与态度对成人公民素养的因果模型图的验证方面，若将部分测量指标的误差项设定为非独立关系，则假设因果模型图与样本资料尚可以契合。

　6 根据上述研究发现，本研究提出以下几点建议：（一）对社区居民的建议：1. 在社区居住环境中，加强对公共领域的了解。2. 主动参与社区公共事务，并培养合群性。3. 学习公共服务的精神，进而对社会尽义务与责任。（二）对社区及相关政府机关的建议：4. 举办居民喜欢且有意义的活动。5. 运用社区组织，整合社区资源，培养居民的认同感。6. 设计一套鼓励社区参与的奖励机制。7. 加强社区安全网络。8. 重视对妇女及高龄者的服务，促进参与的机会。

　　关键词：成人、社区公共事务、参与态度、公民素养 ⑦

　　上述摘要中包括研究题目、研究目的①、资料搜集方法与样本抽取方法②、资料搜集的研究工具③、资料处理中所使用的统计方法④、研究结论⑤、研究建议⑥与关键词⑦。摘要内容尽量简短，最好不要超过 2 页，简化于 1 页内呈现较佳。

　　在章节的叙述上，各章的起始页通常为"奇数页"，若是一章的结束在奇数页，则次页偶数页应留空白页。各章与节中间应加注一段简要说明文字，否则文章的架构不完整。至于目录中的章节排列应采用大纲式的排列方式，大标题与次标题排列要层次井然，章之下的次标题节要内缩一格，"附录"中的附录一、附录二等次标题也要内缩一格，如此大纲层次才清楚，至于章标题则对齐文字的左边沿即可。

【总目次范例】

目　录

节要内缩 1 个或 2 个空格

次标题要内缩,纲要层次才会清楚

【章起始页范例】

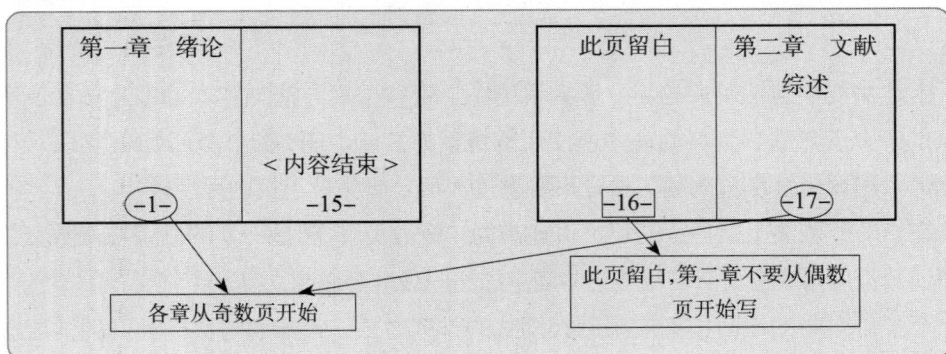

第一章　绪论		此页留白	第二章　文献综述
	＜内容结束＞		
—1—	—15—	—16—	⑰

各章从奇数页开始

此页留白,第二章不要从偶数页开始写

　　各章要从新的一页开始（必须为奇数页），不要为了节省印刷成本而接续于前一章节结尾之处。

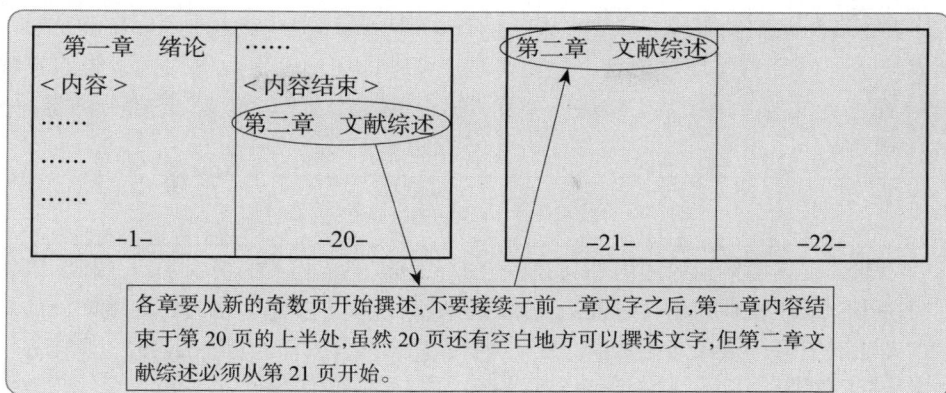

第一章 绪论	……	
<内容>	<内容结束>	
……	第二章 文献综述	
……		
……		
−1−	−20−	

第二章 文献综述	
−21−	−22−

各章要从新的奇数页开始撰述，不要接续于前一章文字之后，第一章内容结束于第20页的上半处，虽然20页还有空白地方可以撰述文字，但第二章文献综述必须从第21页开始。

在章节的接续上，一般常见的缺失有以下几点：一是章标题与节次标题中间没有导引性说明文字；二是部分章的起始页接续于前一章文字之后，没有从新的一页开始（此页应为奇数页）；三是各章中次标题节从新的一页开始，而不是接续前一节次的后面（节标题不用从新的一页开始）；四是章标题与节次标题的格式没有居中对齐，章标题与节标题的文字大小一样，无法看出章节的层次。若章与节中没有增列一两段起始说明文字，会形成较多的纲要标题，文章的前后脉络性较差，例如：

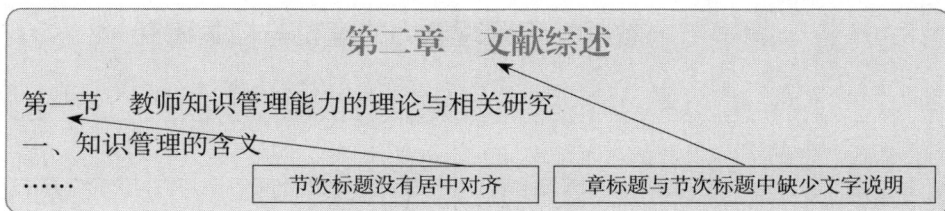

第二章　文献综述

第一节　教师知识管理能力的理论与相关研究
一、知识管理的含义
……

节次标题没有居中对齐　　章标题与节次标题中缺少文字说明

由于各章标题属第一层次标题，因此各章的起始要从新的奇数页开始，节次标题属第二层次标题，接续前一节之后的文字即可，范例格式如：

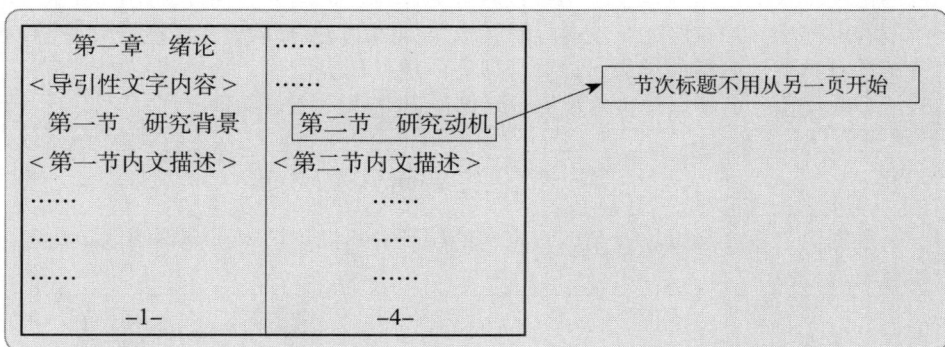

第一章 绪论	……
<导引性文字内容>	……
第一节 研究背景	第二节 研究动机
<第一节内文描述>	<第二节内文描述>
……	……
……	……
……	……
−1−	−4−

节次标题不用从另一页开始

在章标题与节次标题间增列导引性文字，可以使章节间连贯且脉络化，章标题字与节次标题字在正文中要采用"居中对齐"格式，章标题的字号要大于节标题的字号，至于字体与字号研究者可自行决定，只要美观、清晰即可。以下范例为摘录修改方惠丽（2009）硕士论文的"第二章文献综述"及"第五章研究结论与建议"的部分内容：

第二章　文献综述

本研究就搜集到的国内外与知识管理、班级经营相关的资料加以分析，以探讨小学级任教师知识管理能力与班级经营效能间的关系。首先，先就知识的含义加以厘清，再从知识管理的意义与特性切入来分析知识管理的内涵，以作为本研究的依据；接着，针对班级经营的定义及特性提出讨论，并厘清班级经营效能的含义，界定班级经营效能的研究指标，以作为量表编制的依据。最后再就近期相关实证研究的结果，加以分析探究，以期与本研究的结果相互印证。

本章旨在探讨小学教师知识管理能力与班级经营效能的意义与理论，以及两者间的关系。全章共分三节：第一节为教师知识管理能力的理论与相关研究；第二节为班级经营效能的理论与相关研究；第三节为知识管理能力与班级经营效能的关系及其相关研究。

> 导引性说明的文字段落，类似前导架构

第一节　教师知识管理能力的理论与相关研究

......

第五章　研究结论与建议

本研究旨在探讨高雄市小学级任教师知识管理能力与班级经营效能的关系。首先，从文献分析探讨教师知识管理能力与班级经营的含义、理论基础及相关实证研究，据以形成本研究的研究架构，作为问卷调查的测量工具编制修订的依据；其次，以高雄市小学级任教师为总体，采用分层抽样及随机取样二阶段的取样法，抽取研究对象进行问卷施测；最后就搜集的资料进行统计分析，并撰述归纳统计分析的结果，以验证研究所提的研究假设；最后将主要研究发现统整为结论，并根据结论发现提出具体的研究建议。

第一节　主要研究发现

根据第二章文献综述及第四章资料的统计分析结果，本研究得到以下几点研究发现：

一、......

< 标题一的内容 >

二、......

> 导引说明文字

< 标题二的内容 >

一、绪论内容的检核

第一章研究动机的描述方面，叙述内容要扣紧研究主题，研究动机所要呈现的内容就是研究者为什么要从事这个主题的研究，要具有说服力。研究者要考虑的是研究动机需契合研究主题，从事此研究的原因要完整交代，研究者通常会从实务经验或理论文献中导出研究动机。在理论文献方面，一般会有两种情况：

①研究文献很少，之前相关研究很少或没有人研究，所以研究者才要从事此方面的研究，体现创新性或探索性；②研究文献很多，但研究者为进一步探究变量间的关系是否因时空转变而有所不同，因而又做同样类似的研究。

就第一点而言，相关的理论文献很少，可能有3种原因，一是研究主题不值得研究，二是变量间的关系不值得探究，三是之前研究者忽略了此主题的价值性。不论是何种原因，若相关理论文献不多或相关实证研究很少，研究者应详细论述为何（why）要探究此研究主题，只要研究者论述合理且具说服力，研究主题当然就值得探究。对于第二点而言，理论文献很多，表示之前已有许多相关的实证研究，既然之前已经有很多研究者对类似或相关主题做过研究，为何研究者还要探究，是否有旧酒装新瓶的感觉？研究者应该于研究动机中详细论述此研究与之前研究不同之处在哪里，研究的价值性为何，研究者重复此研究的前因脉络为何？否则无法明确说服他人。

有些研究者在找寻文献资料时，常会提出这样一个问题："糟糕！我的文献资料很少"，其实这是不用担心的，因为某些研究具有创新性，之前相关的文献或实证研究就会比较少，"文献资料不在多，而在于是否与研究主题有关"，研究者要把握的是如何有系统、有脉络地将文献资料呈现。

研究动机交代欠缺完整的范例如下：

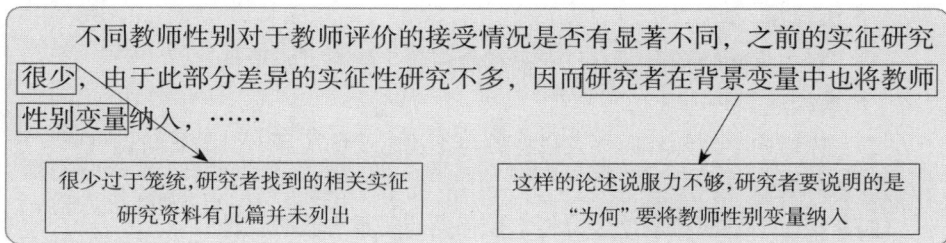

> 不同教师性别对于教师评价的接受情况是否有显著不同，之前的实证研究很少，由于此部分差异的实证性研究不多，因而研究者在背景变量中也将教师性别变量纳入，……
>
> 很少过于笼统，研究者找到的相关实证研究资料有几篇并未列出
>
> 这样的论述说服力不够，研究者要说明的是"为何"要将教师性别变量纳入

【重新改写的范例】

> 不同教师性别对于教师评价的接受情况是否有显著不同，之前的实证研究很少（方国雄，2008；林启光，2007），由于此部分差异的实证性研究只有两篇，加上两篇研究结果并不一致，其实际的差异情况有待进一步探究；此外在研究者个人职场经验中发现，许多学校试办教师评价活动时会因教师性别不同而有不同的接受度，由于这只是个人服务学校教师的情形，加上缺少实证量化数据支持，不能作推估分析，因而在研究背景中将教师性别变量作为研究变量之一。
>
> 详细交代之前已有哪些人做过相关或类似的实证研究

　　研究动机的写作有两个不同格式，一是将研究者研究动机的内涵融入正文之中；二是以条例式列举研究者的研究动机。其范例格式如下：

【将研究动机融入正文之中的基本范例】

第 一 章　结　论

〈前导性引言的内容〉

第一节　研究动机

〈研究动机内容描述〉，……此为研究动机之一。（或写为研究动机一）
〈研究动机内容描述〉，……此为研究动机之二。（或写为研究动机二）
〈研究动机内容描述〉，……此为研究动机之三。（或写为研究动机三）

【条列式列举研究动机的范例】

第 一 章　结　论

〈前导性引言的内容〉，……

第一节　研究动机

内容描述，……
根据以上研究背景所述，研究者探究此主题主要的研究动机有以下 4 点：
一、中学教师外向性人格特质的影响的研究文献不足
"内容描述，……"
二、对中学教师角色压力与幸福感的现状了解有其重要性
"内容描述，……"
三、探讨中学教师外向性人格特质与幸福感受的关系有其教育价值性
"内容描述，……"
四、探讨中学教师角色压力与幸福感受的关系有其必要性
"内容描述，……"

注：此格式摘要修改自谢玫芸（2008）的硕士论文。

　　有些研究者会在研究动机之前增列"研究背景"小节，研究背景与研究动机不同，前者是描述一个事实现状或脉络情境，后者是叙述研究者为何要从事此研究，若不增列研究背景小节，可将研究背景的内容融入研究动机之中。第一章研究动机之后会详列研究目的与研究问题，研究目的与研究问题必须是有机连接，其前后必须契合（质性研究是研究目的与待答问题的连接契合）。有些研究者会将研究目的与研究问题一一对应，如此，会造成研究目的过度琐碎，一般而言，研究目的详列 4 ~ 6 项即可。如研究主题

为"中学学校组织的知识管理、创意活动与学校效能关系的研究",研究者探讨的研究问题为:

1. 中学学校组织的知识管理、创意活动与学校效能的现状如何?
2. 不同组织变量(学校规模、校长性别、学校位置、校长学历)学校的知识管理是否有显著不同?
3. 不同组织变量(学校规模、校长性别、学校位置、校长学历)学校的创意活动是否有显著不同?
4. 不同组织变量(学校规模、校长性别、学校位置、校长学历)学校的学校效能是否有显著不同?
5. 学校组织的知识管理与创意活动间是否有显著相关?
6. 学校组织的知识管理与学校效能间是否有显著相关?
7. 学校组织的创意活动与学校效能间是否有显著相关?
8. 学校组织的知识管理与创意活动各变量是否可以有效预测学校效能?
9. 学校组织的知识管理、创意活动影响学校效能的假设因果模型是否可以得到支持?

若采用研究目的与研究问题一一对应的写法,至少要列9个研究目的。相对地,采用综合式的写法,则上述9个研究问题可以整合为以下5个研究目的:

1. 了解中学学校组织的知识管理、创意活动与学校效能的现状。
2. 探究不同组织变量的学校在知识管理、创意活动与学校效能的差异情况。
3. 探究学校组织的知识管理、创意活动与学校效能间的相关程度。
4. 探讨学校组织的知识管理、创意活动对学校效能的预测情况。
5. 验证学校组织的知识管理、创意活动对学校效能影响的因果模型图。

在量化研究中,研究目的、研究问题与研究假设是前后契合的,研究目的与研究问题通常写入第一章绪论中,而研究假设则写入第三章研究设计与实施中(有些研究者会将研究假设呈现于第一章中)。进行差异比较时,研究者除探究变量间的关系或因果模型外,还会进一步分析背景变量(个人或组织的基本资料)在变量间的差异情况。个人或组织背景变量很多,为何只探究在研究架构中所呈现的背景变量,这一点要在第一章研究动机中加以说明,并在第二章文献综述中整理之前相关实证研究中,背景变量在变量的差异比较结果。随着研究主题的不同,研究者所要探究的背景变量也有所不同,通常于研究架构中呈现的背景变量,不外乎下列几个缘由:一是先前理论文献支持,研究者想进一步再加以验证;二是实务经验法则引发,研究者于个人职场或工作情境中发现影响目标变量的可能变量;三是研究者根据自己专业知能,认为此背景变量可能对目标变量有所影响。

以下列高职学生生活压力的研究为例，研究者探究的背景变量包括学生性别（男 & 女）、学校形态（公立 & 私立）、家庭社经地位（高社经地位 & 中社经地位 & 低社经地位）。研究目的、研究问题、研究假设与假设检验的统计方法为：

研究目的：了解不同背景变量高职学生的生活压力间的差异情况。
研究问题：不同背景变量高职学生的生活压力间是否有显著差异？
研究假设：不同背景变量的高职学生其生活压力间的感受有显著差异。
资料处理方法：t 检验、one-way ANOVA（单因子方差分析）或单因子多变量方差分析（MANOVA）。

研究目的的起始动词最好以类似行为目标的动词描述，研究问题为疑问句，最后要以问号（？）作结尾，研究假设采用肯定句描述。

研究目的可以导出研究问题，根据研究问题再提出研究假设。研究者写研究假设时，若要详列背景变量针对被探究变量的差异情况，可以进一步就不同背景变量一一呈现：

> **研究目的 1**：了解不同背景变量高职学生的生活压力间的差异情形。
> **研究假设 1**：不同背景变量的高职学生其生活压力间的感受有显著差异。
>> **研究假设 1-1**：不同学生性别的高职学生其生活压力间的感受有显著差异。
>> **研究假设 1-2**：不同学校类型的高职学生其生活压力间的感受有显著差异。
>> **研究假设 1-3**：不同家庭社经地位的高职学生其生活压力间的感受有显著差异。
>
> 子假设是否叙写，由研究者自行决定

研究目的与研究问题（质性研究为待答问题）并非一对一的关系。一个研究目的可能包含数个研究问题或待答问题。范例如下：

> **研究目的 1**：了解语文教师课堂科技媒体的使用情况。
> **研究问题 1**：
> - 1-1 语文教师课堂使用科技媒体的现状为何？
> - 1-2 语文教师最常使用的科技媒体为哪几种？
> - 1-3 语文教师课堂使用科技媒体的意愿为何？
> - 1-4 语文教师课堂不想使用科技媒体的原因为何？

> **研究目的 2**：了解语文教师教学困扰的情况。
> **研究问题 2**：
> - 2-1 语文教师教学困扰的情况如何？
> - 2-2 语文教师教学最感困扰的事项是什么？
> - 2-3 不同性别的语文教师教学困扰的感受事项是否有显著不同？
> - 2-4 不同年龄的语文教师教学困扰的感受事项是否有显著不同？

不论是量化研究或质性研究，为让读者对研究的主要变量有更明确的了解，第一章绪论中通常会增列"名词解释"一节。名词解释即解释界定研究题目中主要变量名称，而非论文内容的理论词句的解释。许多研究者将文献综述中理论名词或专门学术用语放在名词解释一节，其实这是不适当的，如研究者在文献综述中介绍"后设认知""自我统合"，便会于名词解释中增列"后设认知""自我统合"的含义，其实这两个心理学专门用语并不是研究者探究的主要变量，无须加以特别诠释，因为这两个名词的操作性定义在研究中没有界定。

名词解释即"解释研究者所探究的研究题目中呈现的主要变因、变量或用语的内涵"，内涵的诠释包括变量名词的"概念性定义"及"操作性定义"，以下列各研究题目为例，其对应的名词解释包含的名词变量有：

> **研究题目**："多元智能短期儿童语文教学行动研究与课程模型建构"
> **名词解释内涵**：多元智能、短期儿童语文教学、课程模型
>
> **研究题目**："语文教师教学评量研究"
> **名词解释内涵**：语文、语文教师、教学评量
>
> **研究题目**："语文写作评量指标建立的研究"
> **名词解释内涵**：语文写作、写作评量指标
>
> **研究题目**："中学教师知识管理能力与班级经营效能的相关研究"
> **名词解释内涵**：中学教师、知识管理能力、班级经营效能
>
> **研究题目**："高职学生时间管理、知识管理与学业成绩的相关研究"
> **名词解释内涵**：高职学生、时间管理、知识管理、学业成绩

"名词解释中的概念变量并非文献综述中某个理论名词或专门术语的重新界定。"名词解释中的变量内涵包括变量或专门名词的"概念性定义"（conceptual definition）与"操作性定义"（operational definition）。概念性定义为一般理论或专家学者对名词概念

的通俗化定义，它通常是以较易理解的概念来诠释。操作性定义则是将变量的概念性定义具体化，虽然同一专门名词或术语的概念性定义大同小异，但由于此概念是无法观察的变量（称为潜在变量或因素构念），因此研究者都会采用可观察、可测量的外在指标变量加以测量。由于研究者编制或采用的测量工具与计分方式不同，因此若没有界定变量的操作性定义，就无法让读者知悉测量值分数高低所代表的意义。

以学生数学焦虑而言，学生考试焦虑的指标为受试者在研究者修订编制的"数学焦虑量表上的分数"。有些研究者采用正向指标值，即受试者在数学焦虑量表的得分越高，表示受试者的数学焦虑感越高；有些研究者会采用反向指标值，即受试者在数学焦虑量表的得分越低，表示受试者的数学焦虑感越高；再以高职学生的学业成绩为例，研究者采用的学业成绩指标可能是受试者学期总平均成绩、学年总平均成绩、研究者自编的成绩测验的分数、学期某几科的平均分数等，因此若研究者没有界定概念的"操作性定义"，无法让读者明确其测量值是何种测量工具得到的分数，测量值高低所代表的意义也不容易被读者知悉。

常见的在名词解释或变量名词定义方面的缺失有以下几点：1. 只界定变量的概念性定义没有界定其操作性定义，或概念性定义引用文献综述中他人论述的观点，而非研究者个人统整归纳的定义；2. 操作性定义欠缺明确，没有说明测量值分数高低所代表的意义、潜在概念变量所包括的向度（构念或层面）内涵。概念性定义中引用他人论点又引发两方面的问题：一是在文献理论的内容探讨时，研究中列举许多学者或其他研究者界定的概念意涵，为何于名词解释中只列举少数学者或某位研究者所持的观点；二是无法看出研究者个人统整归纳与专业知能转换的能力。"概念变量的概念性定义最好是研究者经由理论文献的探究后，自行统整归纳的定义。"没有对理论文献消化吸收并提出批判，最多是一些资料的堆叠，只有经由内化历程，转换为研究者个人的知识信念并加以呈现，才能展现研究者的专业知能。

【不完整名词解释范例】

一、知识管理能力

知识管理能力是将教师知识作为系统转换的程序，其转换历程为资料、信息、知识与智慧，教师知识管理能力是教师借由社群或互动方式，将内隐知识转换为外显知识，进而将知识做最大程度的运用，以建立优质学习环境（Anderson, 2003）。本研究所指的教师知识管理是指教师在研究者修订的"知识管理能力量表"上的测量值分数，得分越高，表示教师知识管理能力越佳。

欠缺概念的因素构念(向度)的界定说明

直接引用某一学者的观点作为概念性定义，欠缺研究者个人对概念统整归纳的部分

【完整名词解释范例】

> **一、教师知识管理能力**
>
> 　　知识管理是一个系统化的程序与价值性的活动，教师除具备相关理论与实务知识外，更需运用信息科技的能力，将内隐知识外显化，借由交流互动，将知识传递、转化、创新，并储存于知识资料库中，以提升教学效能。教师具备上述一系列的能力，即为教师的知识管理能力。本研究所指的教师知识管理是教师在研究者修订的"知识管理能力量表"上的测量值分数，得分越高，表示教师知识管理能力越佳；反之得分越低者，表示其知识 管理能力越差。其中知识管理能力的内涵，包含"知识取得""知识储存""知识运用""知识分享"及"知识创新"5 个向度。

　　更详细的名词解释，除包括主要概念变量的概念性定义外，若概念变量因素分析的建构效度或原先编制时的内容效度结果又分成数个层面（又称向度、构面），则可以进一步就各向度的意义内涵再详细加以说明，以让读者详细知悉各向度所表示的意义。上述"知识管理能力"名词解释的较完整界定如下：

> **一、教师知识管理能力**
>
> 　　知识管理是一个系统化的程序与价值性的活动，教师除具备相关理论与实务知识外，更需运用信息科技的能力，将内隐知识外显化，借由交流互动，将知识传递、转化、创新，并储存于知识资料库中，以提升教学效能。教师具备上述一系列的能力，即为教师的知识管理能力。本研究所指的教师知识管理是教师在研究者修订的"知识管理能力量表"上的测量值分数，得分越高，表示教师知识管理能力越佳；反之得分越低者，表示其知识管理能力越差。其中知识管理能力的内涵，包含"知识取得""知识储存""知识运用""知识分享"及"知识创新"5 个向度。
>
> 　　（一）"知识取得"是指教师能以不同的方式和来源，获取班级经营所需的相关知识或知能。
>
> 　　（二）"知识储存"是指当知识以各种渠道获取后，教师是否有能力利用各种有效方式将其保存起来。
>
> 　　（三）"知识运用"是指教师在吸取新知识后，能活用知识，将知识快速且正确地运用在各种班级经营活动上。
>
> 　　（四）"知识分享"是指教师有能力通过各种沟通的渠道及互动形式，与他人进行知识的交流共享。
>
> 　　（五）"知识创新"是指教师有能力通过不断的省思及研发，将旧知识统整或创发出新知识。
>
> > 增列潜在构念各向度的概念性定义,若向度变量的操作性定义与潜在构念概念不同,要另外再加以说明

明确界定概念或向度的操作性定义，才能详细解读统计输出结果，以"中学学生数学态度与数学动机、数学成绩的相关研究"主题为例，数学态度分为 4 个向度：学习信心、学习焦虑、学习兴趣、应用价值，各个向度的分数测量值高低所表示的意义如下：

1. 学习信心：
测量值分数越高，表示学生学习数学的信心越高，反之越低。
2. 学习焦虑：
测量值分数越高，表示学生数学学习的焦虑感越低，反之越高。
3. 学习兴趣：
测量值分数越高，表示学生学习数学的兴趣越高，反之越低。
4. 应用价值：
测量值分数越高，表示学生知觉数学有用性及应用性的程度越大，反之越小。

4 个向度的测量值分数越高，表示学生的数学态度越积极、正向；相对地，4 个向度的测量值分数越低，表示学生的数学态度越负向、消极。由于同一潜在构念下的 4 个构面计分方向性一致（分数越高均表示学生的数学态度越正向），因此 4 个构面间彼此的相关应为正相关，这种情况下计算 4 个构面的加总分数才有意义。4 个向度加总的总分即为整体数学态度，此概念变量的分数越高，表示学生的数学态度越积极、正向。300 位学生进行相关的统计分析结果如下：

【原始输出表格】

表 ×　中学学生数学态度构面（方向一致）、整体数学态度与数学动机、数学成绩的相关矩阵摘要表 I

变量名称	相关统计量数	学习信心	学习焦虑	学习兴趣	应用价值	整体数学态度
学习信心	Pearson 相关	1	0.541(**)	0.678(**)	0.578(**)	0.812(**)
	显著性（双尾）		0.000	0.000	0.000	0.000
学习焦虑	Pearson 相关	0.541(**)	1	0.678(**)	0.605(**)	0.874(**)
	显著性（双尾）	0.000		0.000	0.000	0.000
学习兴趣	Pearson 相关	0.678(**)	0.678(**)	1	0.631(**)	0.878(**)
	显著性（双尾）	0.000	0.000		0.000	0.000
应用价值	Pearson 相关	0.578(**)	0.605(**)	0.631(**)	1	0.805(**)
	显著性（双尾）	0.000	0.000	0.000		0.000
整体数学态度	Pearson 相关	0.812(**)	0.874(**)	0.878(**)	0.805(**)	1
	显著性（双尾）	0.000	0.000	0.000	0.000	

数学动机	Pearson 相关	0.387(**)	0.341(**)	0.424(**)	0.388(**)	0.449(**)
	显著性(双尾)	0.000	0.000	0.000	0.000	0.000
数学成绩	Pearson 相关	0.481(**)	0.360(**)	0.554(**)	0.420(**)	0.526(**)
	显著性(双尾)	0.000	0.000	0.000	0.000	0.000
	个数	300	300	300	300	300

** 在显著水平为 0.01 时(双尾),相关显著。

从上述相关矩阵摘要表可以看出,4 个数学态度构面彼此间均呈显著正相关,4 个数学态度构面与整体数学态度变量(4 个构面分数的加总)的相关系数分别为 0.812、0.874、0.878、0.805;4 个数学态度构面与数学动机变量的相关呈显著正相关,4 个数学态度构面与数学成绩变量的相关呈显著正相关,整体数学态度与数学动机、数学成绩的相关系数分别为 0.449、0.526,均达 0.05 显著水平,表示学生的数学态度越积极或越正向,其数学学习动机越高,数学成绩也就越佳。

若研究者界定的操作性定义不一,则统计输出结果会不一样,在 4 个数学态度构面的操作性定义中,学习焦虑构面的界定采用反向计分法:

学习焦虑:测量值分数越高表示学生学习焦虑感越高;相对地,分数越低表示学生学习焦虑感越低。

在上述界定中,学习信心、学习兴趣、应用价值 3 个构面的分数越高,表示学生的数学态度越正向,但学习焦虑构面刚好相反,其测得的分数越高,学生的数学态度反而越负向。此种界定方式要注意输出报表的解释,此外,若将 4 个构面向度加总为"整体数学态度"变量,会产生计分及统计分析的错误。

【原始输出表格】
　　表 ×　中学学生数学态度构面(方向不一致)、整体数学态度与数学动机、数学成绩的
相关矩阵摘要表 II

变量名称	相关统计量数	学习信心	学习焦虑	学习兴趣	应用价值	整体数学态度
学习信心	Pearson 相关	1	−0.541(**)	0.678(**)	0.578(**)	0.774(**)
	显著性(双尾)		0.000	0.000	0.000	0.000
学习焦虑(反向计分)	Pearson 相关	−0.541(**)	1	−0.678(**)	−0.605(**)	−0.158(**)
	显著性(双尾)	0.000		0.000	0.000	0.006
	个数	300	300	300	300	300
学习兴趣	Pearson 相关	0.678(**)	−0.678(**)	1	0.631(**)	0.688(**)
	显著性(双尾)	0.000	0.000		0.000	0.000

续表

变量名称	相关统计量数	学习信心	学习焦虑	学习兴趣	应用价值	整体数学态度
应用价值	Pearson 相关	0.578(**)	−0.605(**)	0.631(**)	1	0.657(**)
	显著性(双尾)	0.000	0.000	0.000		0.000
整体数学态度	Pearson 相关	0.774(**)	−0.158(**)	0.688(**)	0.657(**)	1
	显著性(双尾)	0.000	0.006	0.000	0.000	
数学动机	Pearson 相关	0.387(**)	−0.341(**)	0.424(**)	0.388(**)	0.361(**)
	显著性(双尾)	0.000	0.000	0.000	0.000	0.000
数学成绩	Pearson 相关	0.481(**)	−0.360(**)	0.554(**)	0.420(**)	0.487(**)
	显著性(双尾)	0.000	0.000	0.000	0.000	0.000
	个数	300	300	300	300	300

** 在显著水平为 0.01 时(双尾),相关显著。

当数学学习焦虑向度计分值所表示的数学态度构念的含义与其他 3 个向度含义一样时(测量值分数越高,越有正向积极的数学态度),数学学习焦虑向度与其他 3 个数学态度向度之间一般会呈显著正相关,范例中的相关系数分别为 0.541($p < 0.001$)、0.678($p < 0.001$)、0.605($p < 0.001$);当数学学习焦虑向度计分值所表示的数学态度构念的含义与其他 3 个向度含义相反时(数学学习焦虑测量值分数越低,越有正向积极的数学态度;其余 3 个向度的测量值分数越高,越有正向积极的数学态度),数学学习焦虑向度与其他 3 个数学态度向度之间一般会呈显著负相关,范例中的相关系数分别为 −0.541($p < 0.001$)、−0.678($p < 0.001$)、−0.605($p < 0.001$),两种不同计分法所输出的相关矩阵的绝对值数值相同,相关系数正负号刚好相反。第一种界定方法中,数学学习焦虑与数学动机、数学成绩两个变量均呈显著正相关,其相关系数分别为 0.341($p < 0.001$)、0.360($p < 0.001$),正相关表示的是学习焦虑分数越高(学习焦虑向度的数学态度越正向),数学动机与数学成绩的分数也越高(数学动机越强、数学成绩越佳),其结论为"学生感受的数学学习焦虑越低,其数学学习动机越强、数学成绩也越好;学生感受的数学学习焦虑越高,其数学学习动机越弱、数学成绩也越差"。

就第二种界定与计分方法而言,数学学习焦虑与数学动机、数学成绩两个变量均呈显著负相关,其相关系数分别为 −0.341($p < 0.001$)、−0.360($p < 0.001$),负相关表示的是学习焦虑分数越"高"(学习焦虑向度的数学态度越负向),数学动机与数学成绩的分数就越"低"(数学动机越弱、数学成绩越差);也可以描述为学习焦虑分数越"低"(学习焦虑向度的数学态度越正向),数学动机与数学成绩的分数就越"高"(数学动机越强、数学成绩越佳),其结论为"学生感受的数学学习焦虑越低,其数学学习动机越强、数学成绩也越好;学生感受的数学学习焦虑越高,其数学学习动机越弱、数学成绩也越差"。这一结论和采用第一种界定方法的结论是相同的。

当向度测量值分数高低表示的潜在构念含义相反时，如第二种界定方式中，数学学习信心、数学兴趣、应用价值 3 个向度测量值分数越高，表示受试者有较正向积极的数学态度；但数学学习焦虑向度测量值分数越高，表示受试者有较负向消极的数学态度。由于向度计分表示的数学态度潜在特质内涵相反，若将 4 个向度的分数加总作为"整体数学态度"变量，则此"整体数学态度"变量是无法合理诠释的，更是没有意义的，因此其分数计分的"方向性不一致"；当"分数缺乏一致性的计分"时，其中向度的分数会互相抵消，此时"整体数学态度"变量无法界定操作性定义，而其统计分析的数据是不正确的。以范例而言，第一种界定方法是 4 个向度计分所表达的概念含义相同，"整体数学态度"与数学动机、数学成绩均呈显著正相关，其相关系数分别为 0.449（$p < 0.001$）、0.526（$p < 0.001$）；第二种界定方法是 4 个向度计分所表达的概念含义刚好相反，"整体数学态度"与数学动机、数学成绩虽也呈显著正相关，其相关系数分别为 0.361（$p < 0.001$）、0.487（$p < 0.001$），但明显可以看出两者的相关系数有很大差异，第二种界定方法中所输出的"整体数学态度"与 4 个数学态度构面，以及与数学动机、数学成绩变量间的相关系数都是错误的。由于"整体数学态度"变量本身测量值分数的计分就错误，因此之后有关"整体数学态度"变量的所有统计分析结果都是"错误的"。

假设验证一般包括："假设获得支持""假设无法获得支持"。如果假设之下又有数个子假设，则假设验证可能的结果可分为以下 4 种："假设获得支持""假设大部分获得支持""假设少部分获得支持""假设无法获得支持"，有时为简化假设验证的结果，将"假设大部分获得支持"与"假设少部分获得支持"统称为"假设部分获得支持"。以下面的研究假设为例：

研究假设二：不同背景变量（性别 & 学校类别 & 社经地位）的高职学生，其生活压力有显著不同。

研究假设 2-1：不同性别变量（男生 & 女生）的高职学生，其生活压力有显著不同。

研究假设 2-2：不同学校类别变量（公立 & 私立）的高职学生，其生活压力有显著不同。

研究假设 2-3：不同社经地位变量（高社经地位 & 中社经地位 & 低社经地位）的高职学生，其生活压力有显著不同。

在上述研究假设的验证方面，如果假设 2-1、2-2、2-3 全部有显著差异，则研究假设二可写为"研究假设二获得支持"；如果假设 2-1、2-2、2-3 全部没有显著差异，则研究假设二可写为"研究假设二无法获得支持"；若假设 2-1、2-2、2-3 三个假设的统计差异检验有 1 个或 2 个有显著差异，则可写为"研究假设二部分获得支持"（当然研究者可以根据假设获得的个数，写为大部分获得支持或少部分获得支持）。如果研究者要针对各子假设分别讨论假设验证情况也可以，其中类别变量（间断变量）在计量变量上的差异，若检验变量（计量变量）的总分及各向度都达到显著水平，则子假设在计量变量的差异假设便得到支持；如果只是某些向度达到显著，则子假设的假设检验应写为："研究假设部分获得支持"较为适当。

【范例说明】

表 × 不同性别学生在生活压力 5 个向度差异比较的 t 检验摘要表

		方差相等的 Levene 检验		平均数相等的 t 检验	
		F 检验	显著性	t	显著性（双尾）
家庭压力向度	假设方差相等	18.152	0.000	−2.584	0.010
	不假设方差相等			−2.089	0.039
学校压力向度	假设方差相等	1.441	0.230	0.239	0.811
	不假设方差相等			0.223	0.824
自我压力向度	假设方差相等	3.738	0.054	−0.882	0.378
	不假设方差相等			−0.761	0.448
情感压力向度	假设方差相等	5.287	0.022	−1.133	0.258
	不假设方差相等			−0.993	0.322
人际压力向度	假设方差相等	5.524	0.019	−2.864	0.004
	不假设方差相等			−2.498	0.014

在上表中，不同性别的高职学生在生活压力 5 个向度的差异比较中，只有在"家庭压力向度"及"人际压力向度"两个变量达到 0.05 显著水平，在"学校压力向度""自我压力向度""情感压力向度"3 个变量的差异未达显著，表示性别变量在生活压力变量中的差异并未全部达到显著，性别的差异只出现于少数几个构面变量，"研究假设 2−1：不同性别变量（男生 & 女生）的高职学生，其生活压力有显著不同"的假设验证结果写为"研究假设 2−1 部分获得支持"较为合适。

二、论文内文的格式与检核

量化研究内文引注时，直接引用的文字在 40 字以内要列出页数（一字不漏地引用），通常完全引用他人的话语时，最好在文字前后加注引号或以不同字体写于另一段中。相关呈现格式范例如下：

1. 文中引注范例：
探索性因素分析最好采用逐题删除法，每次只要删除一个指标变量，如此进行的因素分析其建构效度较佳（Heck, 2008：203）。

2. 呈现于正文中范例：

Heck（2008）指出探索性因素分析最好采用逐题删除法，每次只要删除一个指标变量，如此进行的因素分析其建构效度较佳（p.203）。

Heck（2008, p.203）指出探索性因素分析最好采用逐题删除法，每次只要删除一个指标变量，如此进行的因素分析其建构效度较佳。

3. 一句不漏引注时于引注的文字前后增列引号

Heck（2008）指出："探索性因素分析最好采用逐题删除法，每次只要删除一个指标变量，如此进行的因素分析其建构效度较佳。"（p.203）吴明隆（2009，p504）根据资料探究经验发现：

"探索性因素分析最好采用逐题删除法，每次只要删除一个指标变量或题目，经过多次不断探索程序，才能求出量表最佳的建构效度。"

内文引注时最好改写或将部分词句修改，不要完全引用或照抄（字句均完全一样）；同一页或同一段引用的文字最好不超过 500 字，若是超过 500 字应先征得原作者同意。

论文正文格式编排时，非研究者个人的话语或论点（如受访者的访谈内容中所表达的意见，或量化研究中受试者于开放式题目填写的看法或感受）要以不同于正文的字体呈现，如此才能区别是受访者的话语还是研究者撰写的词语，如：

> 受访者自己的话或受访者所表达的文句用和正文不同的字体表示
>
> 　　从问卷开放式题目可以明显看出学生不喜欢的科目，和教师的教学方法与教师对学生的态度有密切关系，许多学生在开放式题目中均提到：
>
> 　　"我最不喜欢的科目是数学，因为数学老师很凶，成绩稍微退步，就大声责骂我们。"（S003）
>
> 　　"课堂中我最不喜欢的学科是英语，英语老师好严格，课堂中只要同学发出一点声音或掉了东西，就要到教室后面罚站20分钟，真讨厌。"（S006）
>
> 　　"地理是我最讨厌的科目，因为老师讲课声音很小，每次上课我都想睡觉，真的很无聊。"（S023）
>
> 　　从以上学生填写的内容来看，责备、过度要求、课堂欠缺活泼性等都是学生不喜欢课程的原因之一，……

引用过多的脚注来说明该词或该段文字的出处在论文撰述中是多余的。脚注一般在页下，使用脚注不是为了解释该段落、该句子或该专门名词的出处，若要注明引用的来源，则采用文中注最为便利（这也是论文写作时最常见的格式）。若是一段文字出现于该段的位置会打断文词的通畅性，或破坏段落的完整性时；或是该句子字义没有再特别诠释恐引起读者误解；或是该专有名词有特殊含义，没有再用脚注加以补充，无法让读者了解等情况下，使用脚注。若只是说明该句子、名词用语等的出处，则不必采用脚注，此外，如果专门术语或名词是一般学术领域通用的，也不用特别采用脚注的方式加以补充说明。研究者直接以括号引注的方式呈现引注资料的来源即可：

由于卡方值很容易随样本数大小而变动，当样本数很大时，卡方值很容易达到显著，会造成多数假设模型与样本资料方差共变量矩阵无法契合的情况，因而当样本数很大时，整体适配度卡方值检验统计量只能当作参考指标值（吴明隆，2009）。

将增列脚注融入正文的范例如下：

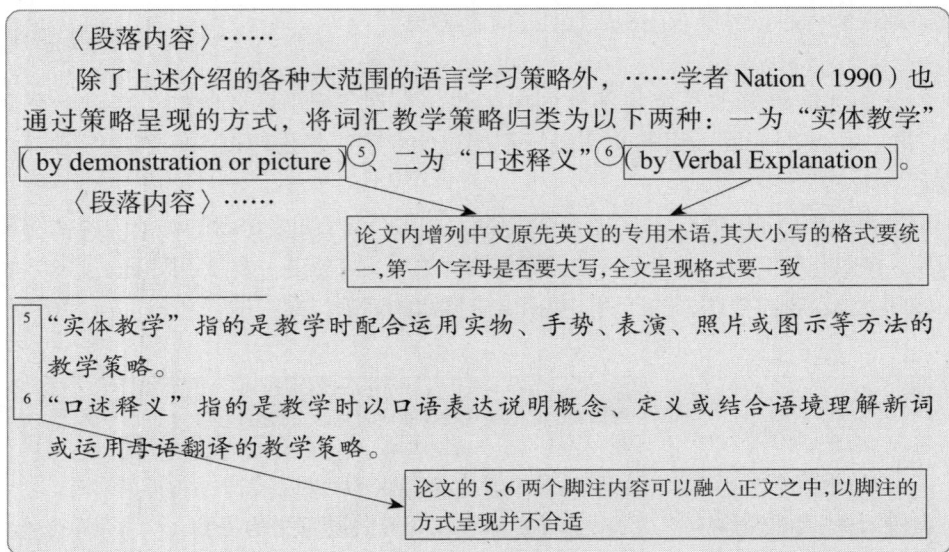

〈段落内容〉……

　　除了上述介绍的各种大范围的语言学习策略外，……学者 Nation（1990）也通过策略呈现的方式，将词汇教学策略归类为以下两种：一为"实体教学"（by demonstration or picture）⑤，二为"口述释义"⑥（by Verbal Explanation）。

〈段落内容〉……

论文内增列中文原先英文的专用术语，其大小写的格式要统一，第一个字母是否要大写，全文呈现格式要一致

5　"实体教学"指的是教学时配合运用实物、手势、表演、照片或图示等方法的教学策略。
6　"口述释义"指的是教学时以口语表达说明概念、定义或结合语境理解新词或运用母语翻译的教学策略。

论文的 5、6 两个脚注内容可以融入正文之中，以脚注的方式呈现并不合适

上面增列的脚注 5 及脚注 6 融入正文之中，不但不会影响段落的通畅及可读性，更可简化格式，如：

"除了上述介绍的各种大范围的语言学习策略外，……，学者 Nation（1990）也通过策略呈现的方式，将词汇教学策略归类为以下两种：一为"实体教学"（by demonstration or picture）；二为"口述释义"（by verbal explanation）。所谓"实体教学"指的是教学时配合运用实物、手势、表演、照片或图示等方法的教学策略；"口述释义"指的是教学时以口语表达说明概念、定义或结合语境理解新词或用母语翻译的教学策略"。

注：以上文词修改摘录自郭雅婷（2008）的硕士论文。

文中页数引用的通用格式（增列页数范例）如下，在英文文献格式方面，半角逗号（,）或分号（;）后面要空一格（半角空白），之后再接续第二作者、年份或页数。

格式一（单页）：
（作者，出版年份，页 ×）或（作者，出版年份：×）
（Author, Published Year,p. ×）或（Author, Published Year: ×）
范例一：
……（Amy,2002：17）/ ……（Amy,2002,p.17）
格式二（二页以上）：
（作者，出版年份，页 ××–××）或（作者，出版年份：××–××）
（Author,Published Year,pp. ××–××）　或（Author,Published Year: ××–××）
范例二：
……（Amy,2002,pp.17–19）/ ……（Amy,2002：17–19）

内文引注【范例格式】

在大样本的情况下，零假设很容易被拒绝，拒绝零假设表示有显著差异或有显著相关，此种显著性称为统计显著性。统计显著性有时没有实质意义或无法下结论，研究者应增列统计显著性的效果值，此效果值称为实用显著性（Kish, 2008, p.16）/（Kish, 2008：16）/（吴怡明，2009，页25）/（吴怡明，2009：25）。

探索性因素分析通常保留特征值大于 1 的因素，此外，研究者也可以根据原来编制量表的向度限定萃取的因素构念。探索性因素分析要配合转轴法，且须采用逐题删除程序，一次只删除一个题目，经过不断探索萃取，才能抽取最佳的因素构念（Kish, 2008, pp.17–19）/（Kish, 2008：17–19）/（陈雅明，2007：25–29）/（陈雅明，2004，页 25–29）。

同一括号中有多笔资料，中文文献按姓氏笔画排列，标点符号用全角字母，每位作者以全角分号"；"隔开；西文文献以姓氏字母排列，标点符号用半角字母，每位作者以半角分号";"隔开，姓氏字母或笔画相同则进一步以名字排列，所有公元数字全部用半角。同一括号中有中文与西文多笔文献资料，则先呈现中文引注文献，再呈现英文引注文献。同一括号中同一作者有多笔资料，则根据年份排列，年份先远后近；同一年份资料，则在年份后加注 a、b、c、…以示区别。

同一作者同一年代多笔资料：……（Lay, 2006a; 2006b; 2006c）
同一作者多笔资料不同年代：……（王伟明，2005；2007；2009；Heck, 2008；2009）
同一作者增列不同页数：……（Heck, 2005,4,6,18-19）
同一作者增列不同页数：……（王伟明，2005：4，6，18-19）

内文引注时若是中文作者为 5 位（含）以下时，第一次出现须列出所有作者名字，文章正文中以 "、" 隔开，最后一位作者用连接词（与/及/和）连接；引注作者出现在括号中，全用 "、" 连接。

> 　　在大样本的情况下，零假设很容易被拒绝，拒绝零假设表示有显著差异或有显著相关，此种显著性称为统计显著性。统计显著性有时没有实质意义或无法下结论，研究者应增列统计显著性的效果值，此效果值称为实用显著性（作者Ⅰ、作者Ⅱ、作者Ⅲ、作者Ⅳ，2008）/（Heck, Kish, Long, & Hu, 2009）。
> 　　在一项全国性的调查研究证实学校组织的知识管理与学校效能有显著正相关（陈太雄、王一明、吴启先、杜圣发，2010）。
> 　　陈太雄、王一明、吴启先与杜圣发（2010）等人研究发现，学校组织的知识管理与学校效能有显著正相关。

西文作者为 5 位（含）以下时，第一次出现须列出所有作者名字，文章正文中以 "、" 隔开，最后一位作者用连接词符号（与/及/和）连接；引注作者出现在括号中，全用 "," 连接，最后一个用 ",&" 连接，只有两位作者直接以 "&" 连接。作者为 3～5 位时，第二次出现只写出第一位作者，其后以 "等" 字简化（英文为 et al.,），如第二次出现的参考文献作者：

1. 王启明等人（2009）研究发现……
2. 相关研究发现，……（王启明等，2009），或……（Kish, etal., 1998）

> 　　Amy 等人（2010）认为量化研究最重要的是测量工具要有良好的信效度，……
> 　　有学者认为量化研究最重要的是测量工具要有良好的信效度，……（Amy, et al., 2010）
> 　　在大样本的情况下，零假设很容易被拒绝，拒绝零假设表示有显著差异或有显著相关，此种显著性称为统计显著性。统计显著性有时没有实质意义或无法下结论，研究者应增列统计显著性的效果值，此效果值称为实用显著性（Author_A, Author_B, Author_C, Author_D, & Author_E, 2009）。
> 　　Amy、Gay 与 Lily（2009）等人采用后设研究方法发现，许多研究者对李克特选项词的选用欠缺精准，有些研究选项词的计分似乎不适当。
> 　　有学者采用后设研究方法发现，许多量化研究的问卷调查工具中，研究者对于李克特选项词的选用欠缺精准，有些研究选项词的计分似乎不适当（Amy, Gay, & Lily, 2009）。

> 若之前有引注 Amy、Gay 与 Lily（2009）等人的文献资料，则上述引注可简化为：
>
> 　　有学者采用后设研究方法发现，许多量化研究的问卷调查工具中，研究者对于李克特选项词的选用欠缺精准，有些研究选项词的计分似乎不适当（Amy et al., 2009）。

正文中的作者引注与括号内资料引注的基本格式用法如下：

（一）二位作者

Devlin 与 Lilly（2002）认为李克特选项词的个数，……。

李克特选项词的个数，……（Devlin & Lilly, 2002）。

（二）三位作者

Devlin、Lilly 及 John（2009）对于量化研究的抽样程序认为最好采用概率取样方法，……而对于统计方法的使用，……

Devlin（2009）等人进一步指出量化研究的统计方法应配合研究假设，……。进行回归分析时应先呈现变量间的相关矩阵，以大致作为共线性诊断判别的参考（Devlin, Lilly, & John, 2003）。

若共线性问题十分严重，则最好采用变量删除法或主成分回归分析（Amy et al., 2003）。

（三）四位作者

在复回归分析中，若自变量的个数少于 4 个，最好采用强迫进入法较为适当（Morris, Lilly, Price, & John, 2009）。之后于文中再次引用此四位作者的论点时，则于段落后以"（Morris et al., 2009）"简化表示（, 号、& 号后面均要空一格，即一个半形字）。

Morris、Lilly、Price 与 John（2009）等学者认为在复回归分析中，若自变量的个数少于 4 个，最好采用强迫进入法较为适当。之后于文献中有引注相同作者的论点时，则直接以"Morris 等人（2009）"简化表示。

（四）群体作者简称

若引注的资料来源是某个群体或协会的资料，而群体名称较长，一般可以通用简称方式表示，英文群体或协会的简称格式为"完整名称'简称'"，中文格式为"完整名称〔简称〕"，再次出现该作者群体可以以"作者群体或组织的简称代替即可"，如：

> "教育改革总咨议报告书提到教育改革的理念应关注于 4 个方面：教育松绑、学习权的保障、父母教育权的维护、教师专业自主权的维护。
>
> 为适应 21 世纪社会的特点与变迁方向，教育现代化更应配合主体性的追求，以反映以下几个变革方向：人本化、民主化、多元化、科技化与国际化，并重视"关键能力"的培养。
>
> 有关论文写作的格式及基本规范在美国心理学协会（American Psychological Association，APA）第六版手册中有简要介绍，研究者写作论文时最好参考此书的格式内容，书中对研究伦理与出版标准也有简要说明，如研究者要确保科学知识的正确性；研究人员要保护研究参与者的权利、福祉与隐私；研究者要保护知识引用的合法性（APA, 2010）。
>
> 根据第六版 APA（2010, p.120）手册格式所列举的统计简写符号表，推论统计未达显著水平（not statistically significant）（显著性 $p > 0.005$），其简写符号为小写斜体字"*ns*"；显著性（错误率）以小写斜体字"*p*"表示。

内文正文的中英文格式混合，是研究生在论文写作中常犯的错误，如：

> 正文中"&""et al."为英文写作格式, 中文写作格式中不宜采用这些符号
>
> Walsh & Lilly(2008) 认为结构方程模型的复核效度可采用交叉验证的方法，常用方法为将原来取样有效样本随机分割为两个子资料文档样本，一个为目标检验样本，一个为效度验证样本，……
>
> 结构方程模型的复核效度的交叉验证方面，Walsh et al.（2008）认为可采用下列两种不同做法，……

上述内容较适宜或一致性的表达范例如：

> 正文中的 & 宜改为"与""和"等中文格式
>
> Walsh 与 Lilly(2008) 认为结构方程模型的复核效度可采用交叉验证的方法，常用方法为将原来取样有效样本随机分割为两个子资料文档样本，一个为目标检验样本，一个为效度验证样本，……此外，Walsh 与 Lilly 进一步指出，……（同一段落中，第二次引用可省略年份）
>
> 结构方程模型的复核效度的交叉验证方面，Walsh 等人（2008）认为可采用下列两种不同做法，……
>
> 正文中的"et al."宜改为"等""等人"的中文格式

其他范例如：

正文中出现英文写作格式，中英文格式混用

一、正文内中英文格式混淆

　　Stone, Organ, & Fisher（2008）等人指出，采用结构方程模型进行假设模型适配度的检验，不能只从少数几个适配度指标来判断，……

　　Stone et al.（2008）指出，采用结构方程模型进行假设模型适配度的检验，不能只从少数几个适配度指标来判断，……

二、修改的范例内容

　　Stone、Organ 与 Fisher（2008）等人指出，采用结构方程模型进行假设模型适配度的检验，不能只从少数几个适配度指标来判断，……

　　Stone 等人（2008）指出，采用结构方程模型进行假设模型适配度的检验，不能只从少数几个适配度指标来判断，……

　　采用结构方程模型进行假设模型适配度的检验，不能只从少数几个适配度指标来判断，……（Stone, Organ, & Fisher, 2008）。

中文著作引注范例如：

　　根据研究发现，中学生的情绪智力与家庭依附有显著相关，……（王启明、陈小娟、林小白、张小明，2009）。

　　王启明、陈小娟、林小白与张小明（2009）等人调查研究发现，中学生的情绪智力与家庭依附有显著相关，……。王启明等人进一步研究发现，……（同一段落，第二次引用可省略年份）

　　中学生的情绪智力除与家庭依附有显著相关外，还会受到家庭社经地位的影响（王启明等，2009）。（不同段落或于不同位置出现，不宜省略年份）

英文著作引注范例如：

　　根据研究发现，中学生的情绪智力除与家庭依附有显著相关外，也会受到家庭社经地位的影响，……（Bock, Jan, Lilly, & Jon, 2007）。

　　Bock、Jan、Lilly 和 Jon（2007）等人研究发现，中学生的情绪智力与家庭依附有显著相关，……。Bock 等人（2007）进一步以半结构访谈研究发现……。

注：同一段落内引注同一项参考文献，第二次引用时可省略年份，如：

　　Bock、Jan、Lilly 和 Jon（2007）等人研究发现，中学生的情绪智力与家庭依附有显著相关，……。Bock 等人进一步以半结构访谈研究发现……。

若引注的资料为古籍，作者无日期可考，其年份可以省略，而以"无日期（n.d.）"代替，如"……（庄子，无日期）/""……（Plato, n.d.）"。二手资料引注时，要于作者前加"引自"，表示资料为二手资料，有些研究者为区分文献综述内容是一手资料的期刊论文或书籍，或是间接引注的二手资料，会在引自的二手资料文献中增列页数。二手资料文献引用的范例如下：

> 1984 年王启明提出精进教学的具体策略……（引自陈一白，2005）。若要增列页数，则括号内的引注为"……（引自陈一白，2005，页 28）"。
>
> 有关精进教学的具体策略，有以下方法……（王启明，1978；引自陈一白，2005）。
>
> 有关测量模型的聚敛效度与区别效度做法，学者提出可采用以下几个方法，……（Lilly, 1985；引自 Kish, 2008）。若要增列页数，则括号内的引注为"……（引自 Lilly, 1985；引自 Kish, 2008, p.35）"。
>
> 有关测量模型的聚敛效度与区别效度做法，Lilly（1985）曾提出以下几个具体方法，……（引自 Kish, 2008, p.35）。

文献综述中引用二手资料并非错误，只要研究者将引注的来源注明清楚即可。若引用文献的年份在十年以内，或研究者可以找到原始文献来源的期刊、论文、书籍等，应尽量把原始作者的资料文献找出来，因为一手资料总比二手资料来得准确，否则可能会产生连续误用或错误诠释的情况。

多个文献引注的错误排列格式如下，其中括号内的引注未根据中文文献在前（根据作者姓氏笔画排序）、西文文献在后（根据字母顺序排序）的格式排列，此外排列的顺序没有根据姓名笔画及英母字母顺序，此种引注的格式完全没有逻辑性：

> 括号内引注的资料排列完全没有逻辑性
>
> 有关中小学教师情绪智能与班级气氛的相关实征研究（吴三雄，2005；王一发，2007; Cook & Yano, 2004; Amy & Lilly, 2000; Stone, Organ, & Fisher, 2008; Wood et al., 2007; 高思太，2006）指出，教师情绪智能显著影响班级氛围，……

另一种常见的错误为正文多位作者的引注按文献的年份顺序排列，此种排列虽然有逻辑性，但不符合美国心理协会（APA）手册的规定，与参考文献的格式无法前后呼应（以表格资料呈现时，有时为突显年份的重要性可根据年份远近排序，排序时也要把握中文文献在前，英文文献接续在后的原则）。

> 括号内引注的资料虽根据年份远近排序,但中英文资料交错出现

　　有关中小学教师情绪智能与班级氛围的相关实证研究（Amy & Lilly, 2000；Cook & Yano, 2004；吴三雄，2005；高思太，2006；王一发，2007；Wood et al., 2007；Stone, Organ, & Fisher 2008）指出，教师情绪智能显著影响班级氛围，……。

多个文献引注的正确格式范例如（先引注中文文献，再引注英文文献）：

　　有关中小学教师情绪智能与班级氛围的相关实证研究（王一发，2007；吴三雄，2005；高思太，2006；Amy & Lilly, 2000；Cook & Yano, 2004；Stone, Organ, & Fisher, 2008；Wood et al., 2007）指出，教师情绪智能显著影响班级氛围，……。

　　作者在 6 位（5 位）以下，第一次引注或出现在论文中时，必须将作者全部列出；之后再次出现时则以"等人"或"et al."简化，如果引注的文献资料的作者是一个群组，其作者人数在 6 位以上，则不论是第一次出现或之后出现于文献中皆以"et al."简化。如：

　　第一次引注（全部作者均要列出）：
　　相关的实证研究指出，教师的领导与人格特质变量会显著影响班级氛围，……（Bock, Cook, Allen, Brady, & Walker, 2004）。

　　第二次引注（以简化引注列出）：
　　班级氛围除受到教师人格特质的影响外，也与教师的情绪智能有显著密切关系（Bock et al., 2004）。

　　作者在 6 位以上：
　　进行实作评量时，评量的指标必须明确且具体（Walker, et al., 2009）。
　　Walker 等人（2009）认为进行实作评量时，评量的指标必须明确且具体，……。

　　文献综述是信息的呈现而非资料的堆砌，研究者在论述某个概念的含义或解析某个概念时，常列举许多国内外学者或他人的论点或定义的内容，最后却没有加以统整归纳提出个人对概念变量的观点，因而无法建构概念含义的"概念性定义"。或是列举许多相关研究，但最后却没有将这些相关研究的异同点加以整理。没有将资料转换成系统的

信息内容，就无法让读者看出研究者要表达的主要观点。文献资料整理方面，研究者常会遇到的问题或较不适当的方面有以下几点：

1. 未进行统整或分析批判

引注许多人（学者或研究者）的观点或研究，却没有加以统整归纳，提出个人的综合意见或自己的看法。如"Gates（2005）认为情绪智商是……；Wang（2002）指出情绪智商为……；陈启光（2008）从社会心理学的观点出发，认为情绪智商是……。"上述描述文字介绍之前相关学者或他人对情绪智商所下的定义或对其内涵的描述，但研究者不能只描述某个人对概念变量的定义。较有系统的排列是介绍完这些学者或之前研究者所下的定义或描述后，研究者（研究群体）提出个人综合性看法，如"……，综合以上相关学者的看法，研究者将情绪智商定义为……"。

2. 段落的编排格式不适当

一个研究者的论点或研究发现自成一个段落，有些内容两三行也自成一段，段落内容显得过于凌乱而无系统性。如：

Wang（2007）以中学教师为对象，发现中学教师认为教师知识管理能力认知的重要性显著高于教师知识管理能力的实践程度。

Long（2006）以小学教师为对象，发现教师在知识管理能力的"知识创新能力"向度的情况最不理想。

苏明信（2008）以台湾地区中部中学教师为研究对象，发现中学教师在"知识应用能力"向度的表现较佳，但在"知识分享能力"向度的表现则有待加强。在学历的差异方面，林石化（2009）研究发现，不同教师学历变量在中学教师的知识管理能力变因方面有显著不同，研究所毕业的教师在知识管理能力的表现最佳。

Bose（2008）研究发现，小学教师的知识管理能力因教师性别不同而有差异。

Davis（2007）研究发现，中学教师的知识管理能力因教师性别不同而有差异。

但陈三同（2006）的研究则发现，中学教师的知识管理能力不因教师性别不同而有所差异。

上述研究发现有两点不当之处：一为每个段落的内容过于简短，若相关文献研究较多，则呈现的内容过于凌乱；二为未将相同或类似的研究结果统整归纳。研究者应将相关类似的研究合并为一个段落，或将相关研究发现的文献统整在同一段落。如：

Wang（2007）以中学教师为对象，发现中学教师认为教师知识管理能力认知的重要性显著高于教师知识管理能力的实践程度。至于向度间的比较，Long

（2006）研究发现，小学教师在知识管理能力的"知识创新能力"向度的情况最不理想。国内苏明信（2008）以台湾地区中部中学教师为研究对象则发现，中学教师在"知识创新能力"表现尚可，但在"知识分享能力"向度的表现则有待加强，其中表现较佳的为"知识应用能力"。

至于教师性别变量在知识管理能力的差异情况，国内外的研究结果并未呈现一致性结论，Bose（2008）、Davis（2007）研究均发现，教师的知识管理能力因教师性别不同而有差异，但国内方金美（2009）、陈三同（2006）的研究则发现，教师的知识管理能力不因教师性别不同而有差异，……。

3. 引注的资料无法与参考文献契合

文献内容引注的资料来源在参考文献中未呈现，此为文献引注的遗漏，这种情况在多数研究论文中经常发生；相对的情况为文献引注的膨胀，指的是参考文献中列举的许多文献在正文中均未提及，列举的文献是多余而没有意义的。例如研究者在整篇论文中引注的中英文参考文献只有 56 篇，但后面列举的参考文献却多达 120 篇，这就是一种参考文献的膨胀；或是研究者在整篇论文中引注的中英文参考文献有 56 篇，但列举在后面参考文献的资料却只有 45 篇，有 11 篇参考文献未列举，这虽然不是一篇"研究错误"的论文，但却是一篇"内容不严谨"的论文。

4. 内文撰写格式欠缺一致性

内文引注的格式不统一，排除词句完全引用的文献或二手资料文献外，有些文献内容引注有增列页码，有些引注没有增列页码。如

……（Morris & Lilly, 2008）。 ／……（陈启明、王伟忠，2009）。
……（Morris & Lilly, 2008, p.12）。 ／……（陈启明、王伟忠，2009，页 12）。
……（Morris & Lilly, pp.12–27）。 ／……（陈启明、王伟忠，2009，页 12–13）。

如果研究者引用的是原作者所叙述或所表达的内容（词句均完全相同），就必须增列页码，若要区别一手资料或二手资料的引注，通常一手资料的引注不用增列页码，转引的二手资料就可增列页码。二手资料又称为间接文献，表示研究者引用的概念或相关研究结果，不是直接看到甲作者的专书、期刊论文或会议资料等文献，其资料是在乙作者的专著、期刊论文或会议论文中所看到。若研究者从图书馆或网络资源等渠道将乙作者引注的甲作者的资料找到并加以检核，则此时研究者引注的甲作者的文献资料称为一手资料或直接文献资料。

【二手资料引注范例】

在多变量方差分析程序中，共方差矩阵相等的检验可采用 Box M 检验，Box M 检验对于数据文件非正态性十分敏感，可能由于资料未符合多变量正态

性而拒绝 Box M 检验，而非共变量矩阵不相等。因此采用 Box M 检验法前，最好先检核资料是否符合多变量正态性假定。当每个群体的个数在 20 以上，因变量的个数是 6 个以上时，采用卡方近似值较佳；在其余状况下采用 F 统计量近似值会得到较为正确的结果（Stevens, 2002；引自吴明隆，2009，页 254）。

【一手资料引注范例】

在多变量方差分析程序中，共方差矩阵相等的检验可采用 Box M 检验，Box M 检验对于数据文件非正态性十分敏感，可能由于资料未符合多变量正态性而拒绝 Box M 检验，而非共变量矩阵不相等，因此采用 Box M 检验法前，最好先检核资料是否符合多变量正态性假定。当每个群体的个数在 20 以上，因变量的个数是 6 个以上时，采用卡方近似值较佳；在其余状况下采用 F 统计量近似值会得到较为正确的结果（Stevens, 2002）。

5. 引用的学者论点说服性不足

将某位研究者发表于期刊上的观点作为一派理论内容的论述，或以硕博士论文中研究者论述的要点作为某位学者的论述。文献中介绍相关学者的理论内涵，若是国内学者，必须是国内大家一致推崇认同的，如在心理学方面的论述采用张春兴的心理学相关书籍中的观点则较无争议。

在语文教学策略理论方面，相关学者的论点有以下几位：

一、Morris 与 Mok 的语文教学策略理论
Morris 与 Mok（2010）从学习心理学观点提出，……
二、徐伟明的语文教学策略理论
徐伟明（2005）认为较佳的语文教学策略理论……

引注徐伟明（2005）的资料是一篇硕博士论文或期刊论文，可能是徐伟明个人综合归纳相关文献或于实务工作经验中发现并提出，此语文教学策略可以在文献中加以介绍，但将其作为"单一理论派别"则较不适当。

6. 英文专门用语格式不一

论文正文中，研究者若要增列中译用语的原文（通常为英文），原文的大小写格式要一致。通常除简写、作者姓氏及组织机构外，一般均使用小写表示即可，如果第一个字母使用大写，全文的格式要一致，不要有些增列原文的第一个字母为大写，有些为小写。专用术语第一个字母大小混杂使用的范例如：

> 　　根据美国心理学会（American Psychology Association，APA）出版的"教育与心理测验标准"一书的分类，效度（Validity）分为 3 种形态：一为"内容关联效度"（Content-related validity）、二为"效标关联效度"（criterion-Related validity）、三为"构念效度"（construct validity）。"效标关联效度"又分为"同时效度"（concurrent validity）与"预测效度"（Predictive validity），"构念效度"最常使用的方法为"因素分析"（factor analysis），此种因素分析一般为探索性因素分析 EFA 而非验证性因素分析 CFA 。
>
> > 第一次出现增列的原文不要以简称符号表示，要完整呈现其全名。

　　增列专用术语原文一般均以小写表示即可（简写的群体或统计方法通常全为大写），上述格式修改如下：

> 　　根据美国心理学会（American Psychology Association，APA）出版的"教育与心理测验标准"一书的分类，效度（validity）分为 3 种形态：一为"内容关联效度"（content-related validity）、二为"效标关联效度"（criterion-related validity）、三为"构念效度"（construct validity）。"效标关联效度"又分为"同时效度"（concurrent validity）与"预测效度"（predictive validity），"构念效度"最常使用的方法为"因素分析"（factor analysis），此种因素分析一般为探索性因素分析（exploratory factor analysis，EFA）而非验证性因素分析（confirmatory factor analysis，CFA）。

　　正文提到的作者不用加入其职务名称，如林三雄院长（2006）认为……，或陈启发教授（2007）认为……。个人行政职务或职称常常会更动，研究论文中没有特殊含义时，最好将这些行政职务或职称省略，若增列其职称置放于括号内引注，则无法相互呼应，如"……（林三雄院长，2006）"的格式与一般学术论文写作格式并不符合；此外，若是研究者个人或团体要出现于研究论文中，应采用"研究者""研究者个人"或"研究团体"，不要以"笔者"自称。

三、图表格式的呈现与检核

　　表格是量化研究中数据或统计量数呈现的重要部分，统计分析的各种量数若没有以表格方式呈现，则无法彰显这些数据的系统性与可读性。在 APA 格式中，一般表格线的呈现为"保留天地线"及"标题横线"，至于直线一般则不呈现。但若是纵线有特殊用途，或纵线没有呈现时某些统计量数会让读者误解，则这些表格直线也可以呈现。至于表格中的横线是否要呈现，则视表格中统计量数的特性及变量而定。表格中显著性（p 值）通常会以星号（asterisk）表示，星号表示的显著水平是双尾检验的 p 值，若是单尾显著水平的 p 值可以采用不同符号，如"+"号表示，一般表格内各种参数或统计量数只需保留到小数点后第二位即可。

双尾检验：$*p < 0.05$　$**p < 0.01$　$***p < 0.001$　$ns\ p > 0.05$

单尾检验：$-p < 0.05$　$++p < 0.01$　$+++p < 0.001$　$ns\ p > 0.05$

统计量数的显著性未达 0.05 显著水平时（not statistically significant），一般以简写 "*ns*" 斜体字表示。

表格呈现时研究者应注意以下几点：

1. 这个表格的呈现是否必要？
2. 表格的标题是否简洁而有意义？
3. 参数代表的英文或希腊字母是否为斜体字？
4. 表格的直线或纵行是否删除或隐藏？
5. 表格第一列中各栏的变量或简称是否适当？
6. 表格中的各种统计量数或统计显著性的检核是否正确？
7. 表格是否与正文相结合（正文中是否有提到所列举的表格）？
8. 表格跨页时，次页表格的标题是否呈现并加注"（续）"？
9. 表格下的附注或注解是否与表格中的符号相符合？
10. 表格的流水编号是否有遗漏（编号不能为汉字，必须为数值）？
11. 相关资料整理成表格呈现，是否对表格的内容加以诠释？（不能请读者自行解释表格内容）。
12. 表格内容是否过多而失去表格的特性？
13. 表格的标题是否与表格本体分离在两个不同页码？

在下述范例表格中，"表 3-6 生命态度量表项目分析摘要表"的表格标题出现于第 72 页，而表格内容却呈现于第 73 页，造成表格标题与表格本体分离的情况，会造成读者阅读的困难，在论文表格排列中应尽量避免。如果表格移到下一页时可完整呈现表格的内容，也不会造成表格的标题与本体的分离，则编排时就把此表格移到下页，原先页码的地方就空白。

表格标题与本体分离的范例如下（此种排版格式为不适当表格）：

| ...... |
| ...... |
| ...... |
| （表格 3-5 的说明） |
| （段落内容说明） |
| ...... |
| ...... |
| **表 3-6　生命态度量表项目分析摘要表** |

-72-

题目	CR 值	题目与总分相关	备注
A1			
A2			
A3			
A4			
A5			
A6			

-73-

修改上述表格标题与本体分离的范例如下（将表格标题移到另一页开始处，原先的地方留白）。

```
……
……
……
〈表格 3–5 的说明〉
〈段落内容说明〉
……
……

              –72–
```

```
表 3-6   生命态度量表项目分析摘要表

| 题目 | CR 值 | 题目与部分相关 | 备注 |
| A1 |
| A2 |
| A3 |
| A4 |
| A5 |
| A6 |

              –73–
```

此处留白，将表格移至下一页

表格呈现的基本格式范例一：

【范例表格一】

表 4-1　不同性别教师在工作投入各向度及整体教师工作投入 t 检验分析摘要表

统计量数 变量名称	性　别	个　数	平均数	标准差	t 值	η^2
工作专注向度	男	200	20.79	2.63	−5.16***	0.063
	女	200	22.01	2.05		
工作评价向度	男	200	21.77	2.40	−3.88***	0.036
	女	200	22.66	2.18		
工作认同向度	男	200	20.27	2.98	−3.02**	0.022
	女	200	21.08	2.38		
工作参与向度	男	200	18.92	3.19	−0.37ns	—
	女	200	19.03	2.99		
工作乐趣向度	男	200	21.17	2.55	−5.16***	0.063
	女	200	22.38	2.11		
教师工作投入	男	200	102.90	10.78	−4.53***	0.049
	女	200	107.15	7.71		

ns $p > 0.05$　　** $p < 0.01$　　*** $p < 0.001$

一般统计量数保留至小数点后第二位

ns 与显著水准 p 要小写且斜体

表格呈现的基本格式范例二（表格数字编号与表格标题放在同一行）：

【范例表格二】

表格数字编号与表格标题排版时置于同一行

表 4-1　不同性别教师在工作投入各向度及整体教师工作投入 t 检验分析摘要表

统计量数 变量名称	性　别	个　数	平均数	标准差	t 值	η^2
工作专注向度	男	200	20.79	2.63	-5.16^{***}	0.063
	女	200	22.01	2.05		
工作评价向度	男	200	21.77	2.40	-3.88^{***}	0.036
	女	200	22.66	2.18		
工作认同向度	男	200	20.27	2.98	-3.02^{**}	0.022
	女	200	21.08	2.38		
工作参与向度	男	200	18.92	3.19	$-0.37ns$	—
	女	200	19.03	2.99		
工作乐趣向度	男	200	21.17	2.55	-5.16^{***}	0.063
	女	200	22.38	2.11		
教师工作投入	男	200	102.90	10.78	-4.53^{***}	0.049
	女	200	107.15	7.71		

$ns\ p > 0.05$　$** p < 0.01$　$*** p < 0.001$

表格中的横线是否呈现，视是否影响表格的可读性与完整性而定

　　不适当的表格呈现格式，常见的为以中文数字作为表格的编号、表格标题没有居中、表格过于复杂不易阅读、表格无标题、表格中增列的符号未在表格下面注解中说明、表格中没有的符号或简写在表格注解说明中出现等。

【不适当范例表格】

表格流水号不是数字,此外表格标题没有居中

除了表格数据的完整性外,直线(纵行)不必呈现

表一 不同性别教师在工作投入各向度及整体教师工作投入 t 检验分析摘要表

统计量数 变量名称	性别	个数	平均数	标准差	t 值	η^2
工作专注向度	男	200	20.79	2.63	-5.16***	0.063
	女	200	22.01	2.05		
工作评价向度	男	200	21.77	2.40	-3.88***	0.036
	女	200	22.66	2.18		
工作认同向度	男	200	20.27	2.98	-3.02**	0.022
	女	200	21.08	2.38		
工作参与向度	男	200	18.92	3.19	-0.37ns	—
	女	200	19.03	2.99		
工作乐趣向度	男	200	21.17	2.55	-5.16***	0.063
	女	200	22.38	2.11		
教师工作投入	男	200	102.90	10.78	-4.53***	0.049
	女	200	107.15	7.71		

ns $p > 0.05$ (* $p < 0.01$) ** $p < 0.01$ *** $p < 0.001$

*注解符号在表中没有呈现,没有必要增列

表格与文字要有关系,否则表格与论文正文的内容会分离,如:

> 不同性别教师变量在"工作专注""工作评价""工作参与""工作乐趣"4个向度的差异均达显著;此外,在整体教师工作投入的感受也达到显著水平($t = -4.53$,$p < 0.05$),……

上述对 t 检验差异的描述并没有错误,只是研究者并未说明解析的内容是根据哪个表格而来,因而发生"未将表格融入正文内容"的情况,比较适当的叙写方式应是:

不同教师性别在教师工作投入差异的比较见表4-1，从此表中可以得知：不同性别教师在"工作专注""工作评价""工作参与""工作乐趣"四个向度的差异均达显著；此外，在整体教师工作投入的感受也达到显著水平（$t = -4.53$，$p < 0.05$），……

> 表格融入正文的描述，如此表格与内文才能形成有机连接

将相关实证研究整理成表格的方式可以让读者易于理解，也便于进行比较分析。除了要与内文结合外，表格的内容也要加以解析或诠释。在量化研究论文中常发生的一种情况是，研究者很用心地整理之前许多研究对某些变量间相关或差异的实证研究结果，并简化表格形式，但最后没有将整理后的表格内容加以诠释，如：

研究者个人根据全国硕博士论文资讯网查询到最近六年有关之前研究者对中学教师"知识管理"变量的相关研究，整理如表2-5。

> 从表2-5中研究者发现什么，对于表2-5内容有何评析或结论，并没有进一步加以叙述说明或诠释，此种表格所代表的意义是研究者只负责将搜集的文献资料整理成表格，对于表格的内容及异同点则留给读者自己发现或解读。

修改上述内文描述的范例如下：

研究者个人根据全国硕博士论文资讯网查询到最近六年有关之前研究者对中学教师"知识管理"变量的相关研究，为便于比较分析说明，整理如表2-5所列。

〈表2-5　小学教师知识管理能力相关研究摘要表内容〉

由表2-5的内容可知，各研究者在教师知识管理能力内涵的分类构面差异不大，其中以陈启光（2009）界定的内涵最为完整，整合上述研究者分类的构面内涵，教师知识管理能力大致分为五个向度：知识取得、知识储存、知识应用、知识分享、知识创新，……。至于教师背景变量在知识管理能力差异比较方面，研究者探究的变量包括教师性别、教师年龄、教师服务年资、教师学历、学校硬件设备与学校规模……。多数研究指出（王明和，2008；林以太，2007；陈启光，2009）教师知识管理能力中"知识创新"能力较差，……。

> 对整理出的表格内容诠释分析，才能让表格充满生命力

至于图呈现的原则及解释与表大同小异，一般图的范例格式如下：

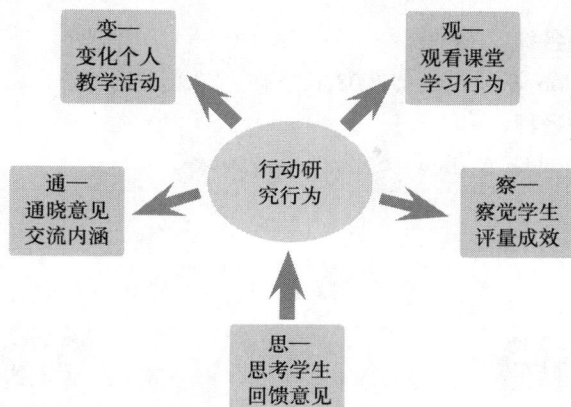

图 14-1　教师教学行动反思的 5 种指标
资料来源：吴明隆（2009），页 73

　　若引用或绘制图形，以简化图形表示复杂的概念或变量间的关系，研究者要考虑的是：1. 此图形是否必要？ 2. 图形表达的概念是否简洁、清楚而易懂？ 3. 图形下标题的简称是否合适？ 4. 图形标题的位置是否正确（图的标题要居中置于图形的下方）？ 5. 引用或修改的图形的引注来源是否正确？ 6. 正文中是否就图形的表达内涵或意义加以诠释或说明？ 7. 图是否完整地呈现于一页，没有被分隔于不同页码中？ 8. 图本体与图下的标题及图来源引注是否被分离在不同的页码？图资料来源出处的写法有两种：简要式和完整式，完整式包括书籍名称或期刊名称（期刊名称要增列文章标题），不论是简要式或完整式均要列出引注图形的页码。上述教师教学行动反思的 5 种指标图采用完整式引注如下：

图 14-1　教师教学行动反思的 5 种指标
资料来源：取自教学伦理，吴明隆，2009，台北：五南，页 73

　　根据 APA 出版手册范例，完整式资料来源格式为（取自 APA 出版手册第六版，153 页范例）：

图 X　图的标题名称
取自 "Preschool Home Literacy Practices and Children's Literacy Development: A Longitudinal Analysis," by M. Hood, E. Conlon, and G. Andrews, 2008, Journal of Educational Psychology, 100, p.259.

上述资料来源改为简要式格式为：

> 图 X   图的标题名称
> 取自 Hood, Conlon, & Andrews, 2008, p.259   或
> 图 X   图的标题名称
> 取自 Hood, Conlon, & Andrews（2008）, p.259

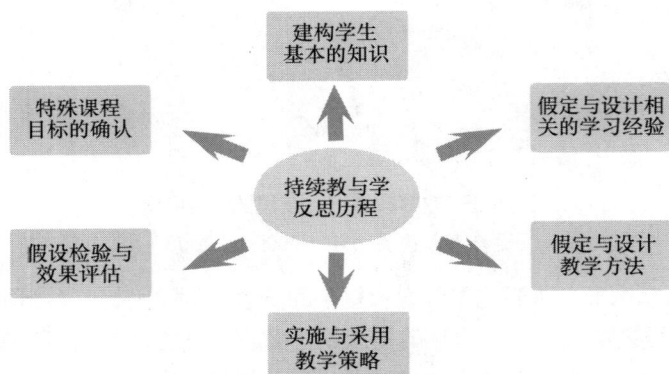

图 14-2   教与学探索的系统步骤图

资料来源：引自 "Teaching-for-Learning(TFL): A Model for Faculty to Advance Student Learning," by F.C.Clifton, J.Jason, & G.M.Divya, 2007, Innovative Higher Education, 31, p.158.

图下方的图编号、图标题及资料来源，与表格编号及表格标题呈现的方式类似，可以将图资料来源直接接续于图标题的后面，或将资料来源置于图标题的下方。

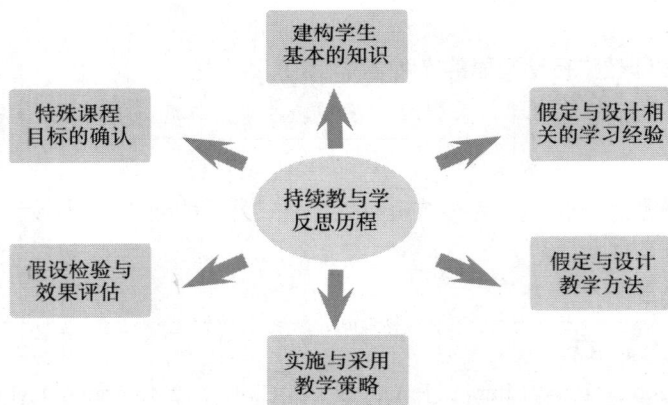

图 14-3   教与学探索的系统步骤图

资料来源：引自 "Teaching-for-Learning(TFL): A Model for Faculty to Advance Student Learning," by F.C.Clifton, J.Jason, & G.M.Divya, 2007, Innovative Higher Education, 31, p.158.

　　图下方注解的资料来源可以从第二列开始，也可以接续图形标题的后面，资料来源采用完整式的引注或简要式引注都可以，重要的是整篇论文的格式要统一，即满足"一致性"的要求，不要有些图采用完整式引注，有些图采用简要式引注。图形绘制时一个重要的原则是"图形最好不要跨页呈现"，每一个图大小以一页为原则，图形如果跨页会影响图形的完整性，读者也不易阅读，如编排时超过半页，宜单独放置一页。图形绘制时其内容呈现必须考虑以下几点：图是否简要、清楚、明确；正文中是否提及图和对图内容的诠释；是否于图下增列图的标题及出处；图中内容是否要增列注解或数值；图中的箭头符号或对象位置是否正确；图的架构或模型是否完整等。表的标题在上，图的标题在下，均置于图表的中间（图要增列引注页码，若此图概念是出自研究者个人，则不用呈现图的出处）。图表均需要有编号，编号以数值为主，图表的编码一般在三码以下，如果研究论文中图的个数较少，则直接采用一码表示图的次序，如图1、图2，……相对地，若是图表的数目较多，最好采用二码或三码的编码方式，否则增删表格时很容易造成流水编号跳号或重复等错误。

　　图形绘制排版时，研究者定要将整个图绘制于同一页之中，其中重要的排版原则是"图的本体绝对不能被切割，其次是图本体与图下标题及出处也不能被分离在不同页码（若图形的概念是出自研究者个人，则图标题下的资料来源可以省略）"。若图形较为复杂，无法完整呈现于一页之中，研究者可将图形缩小，尽量于一页中呈现；如果还是无法将图形于一页中呈现，研究者最好将图形简化，以符合"不跳页"的排版原则（图14-4）。

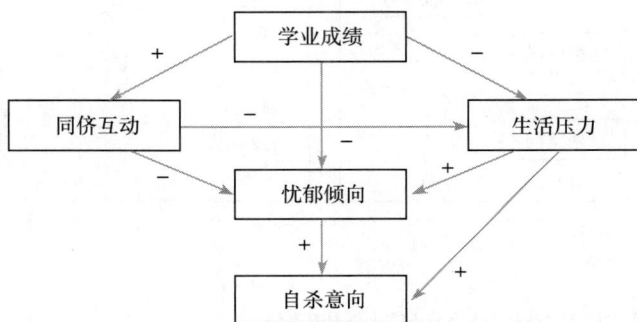

图 14-4　研究变量间路径分析假设模型图

　　例如上述路径分析假设模型图绘制得十分清楚完整，中介变量"忧郁倾向"同时受到"学业成绩""同侪互动"及"生活压力"3个变量影响，而内因变量（因变量）"自杀意向"直接受变量"忧郁倾向"及"生活压力"的影响，其影响均为正向；外因变量"学业成绩"对"忧郁倾向"及"生活压力"的影响假定为负向，表示学生的学业成绩越低，其感受的生活压力越大、忧郁倾向程度越高。此路径分析图被切割成两页时（图的本体被切割成两部分），无法完整呈现整个路径图变量间影响的因果模型关系，论文内容中尽量避免（最好不要出现），否则研究者没有把握图形对象绘制与呈现时的原则，图形所要表达的完整内涵或变量间关系无法呈现。

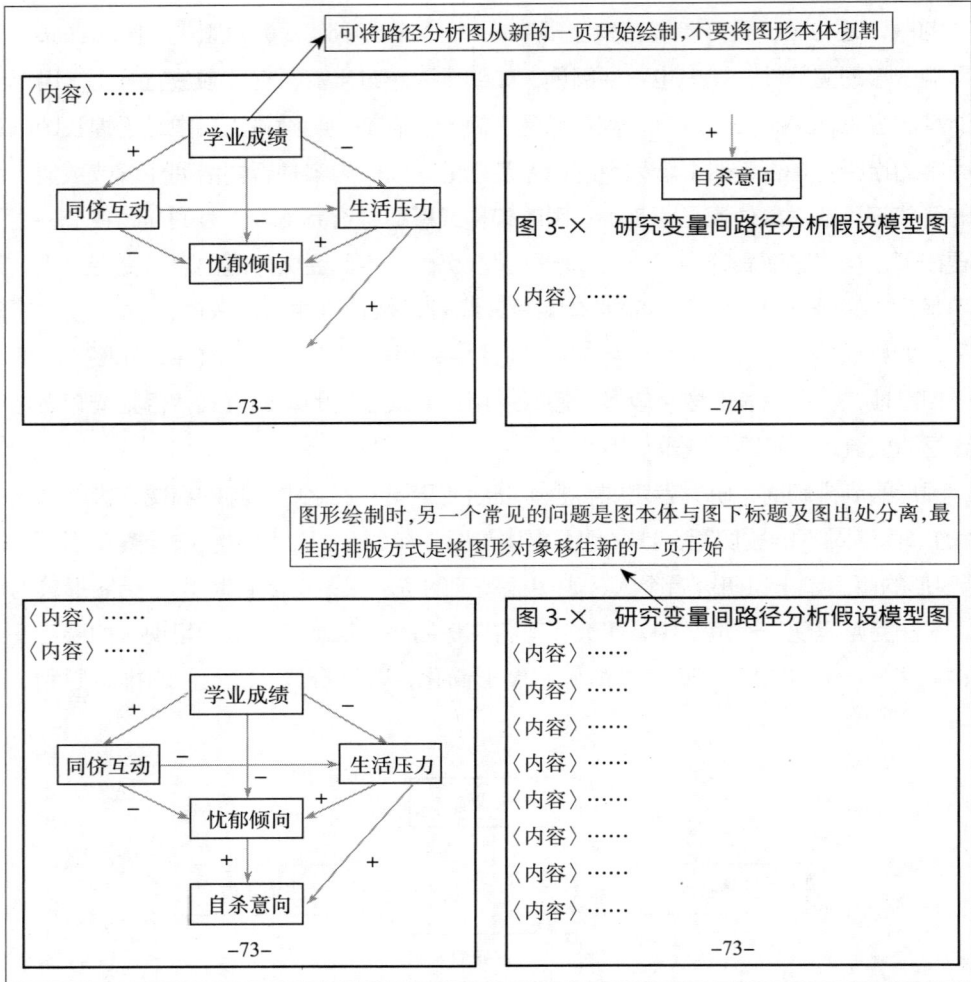

四、研究设计与结果分析的撰述

在第三章研究设计与实施方面，常见的缺失为没有绘制研究架构图。量化研究中研究架构图非常重要，能够呈现变量间的关系或影响路径，从研究架构图中，读者也可以明了研究者所使用的统计方法是否适当。若探究两个变量间的关系（如小学教师知识管理能力与班级经营效能相关的研究），可以将架构图绘制如下（图 14-5）：

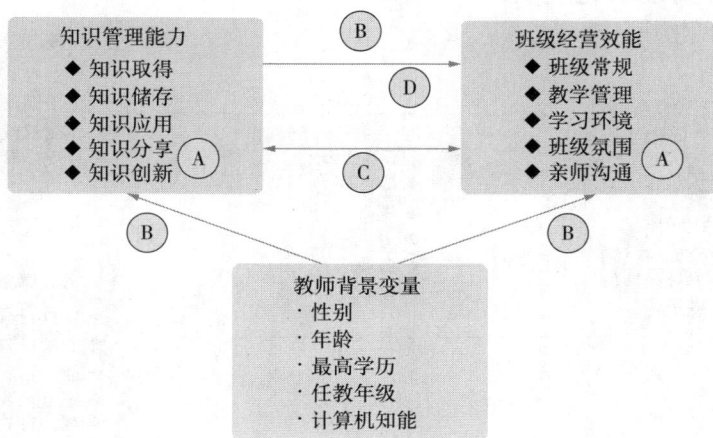

图 14-5　研究架构图范例

注 A：现象分析；B 差异比较；C：相关分析；D：回归分析

　　若根据理论文献将相关研究扩大为变量间因果关系的探究，其假设模型即可根据研究架构图导出。以上述研究架构图为例，研究者想要进一步以结构方程模型（SEM）来验证教师知识管理能力影响班级经营效能的假设模型，根据研究架构图导出的假设模型图如下（图 14-6）：

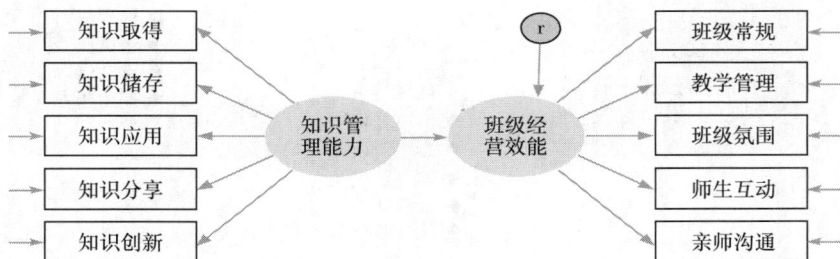

图 14-6　因果关系的假设模型图

　　如果探究的是 3 个变量的关系，可以将主要的因变量置于研究架构图的中间或是最后，如研究者探讨的主题为"小学高年级学生父母教养方式、自我概念与学习压力的相关研究"，自变量为"学生父母教养方式"与"学生自我概念"，因变量为"学生学习压力"，在架构图绘制中可以将"学习压力"变量置放于中间，也可以将其置放于后面。不论研究架构图如何绘制，必须兼顾美观、易懂及区辨的功能（研究架构图修改自王素慧 2008 年的硕士论文）。

【因变量置于中间的架构图范例】

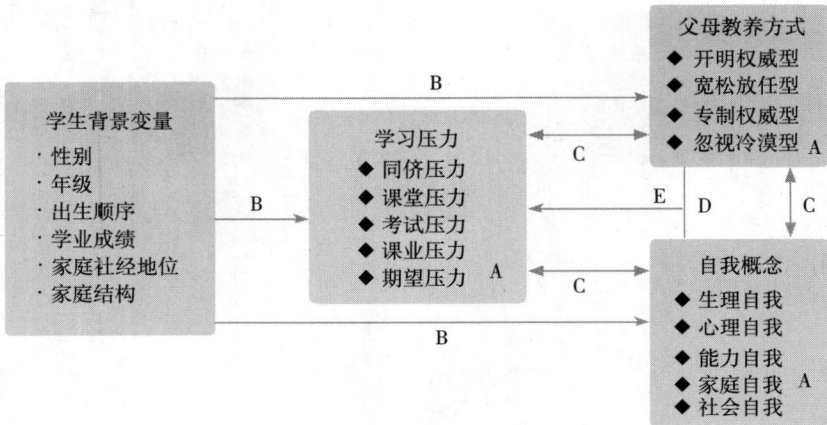

父母教养方式
◆ 开明权威型
◆ 宽松放任型
◆ 专制权威型
◆ 忽视冷漠型 A

学生背景变量
· 性别
· 年级
· 出生顺序
· 学业成绩
· 家庭社经地位
· 家庭结构

学习压力
◆ 同侪压力
◆ 课堂压力
◆ 考试压力
◆ 课业压力
◆ 期望压力 A

自我概念
◆ 生理自我
◆ 心理自我
◆ 能力自我
◆ 家庭自我 A
◆ 社会自我

B C E D C B

图 14-7 研究架构图范例

注 A：现象分析；B 差异比较；C：相关分析；D：回归分析；E：双因子方差分析

【因变量置于后面的架构图范例】

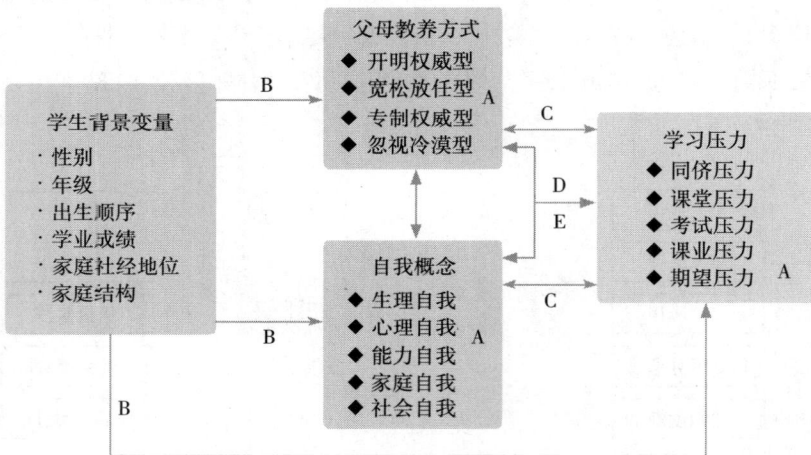

父母教养方式
◆ 开明权威型
◆ 宽松放任型 A
◆ 专制权威型
◆ 忽视冷漠型

学生背景变量
· 性别
· 年级
· 出生顺序
· 学业或绩
· 家庭社经地位
· 家庭结构

自我概念
◆ 生理自我
◆ 心理自我
◆ 能力自我 A
◆ 家庭自我
◆ 社会自我

学习压力
◆ 同侪压力
◆ 课堂压力
◆ 考试压力
◆ 课业压力
◆ 期望压力 A

B C D E C B B

图 14-8 研究架构图范例

注 A：现象分析；B 差异比较；C：相关分析；D：回归分析；E：双因子方差分析

在研究架构图中，除了要探究的主要变量外，通常会有一个"受试者个人背景变量"或"受试者服务或任职的单位组织变量"，前者如受试者的性别、年龄、服务年资、婚姻状态、就读科系等；后者如组织规模大小、主管（或领导者）的性别、单位组织性质等。个人背景变量及单位组织变量有时会通称为"背景变量"或"人口变量"。背景变量包含的内容相当多，考虑研究价值性，不可能将所有背景变量纳入，研究主题要纳入多少个背景变量，应从理论文献或经验法则来论述选取。

若研究者采用结构方程模型进一步探讨 3 个潜在变量间的关系，由于假设模型图是导引自研究架构图，此时，研究者要明确界定外因潜在变量（自变量）与内因潜在变量

（因变量）。以范例的研究架构为例，父母教养方式、学生自我概念两个潜在变量均为外因潜在变量，内因潜在变量只有学生学习压力一个，假设模型图如下（图中只绘出潜在变量）（图 14–9）：

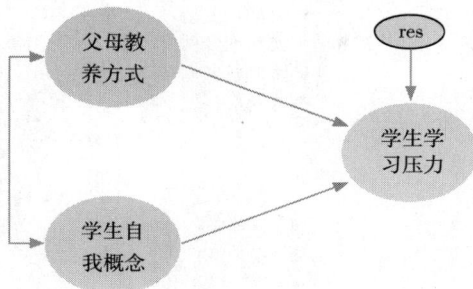

图 14-9

研究架构图中界定父母教养方式、学生自我概念两个潜在变量均为外因潜在变量（自变量），两个变量在假设模型图中没有因果关系，只有共变关系（在研究架构图中以双箭头符号表示路径 C 的统计方法为积差相关），假设模型图与研究架构图符合（图 14–10）。

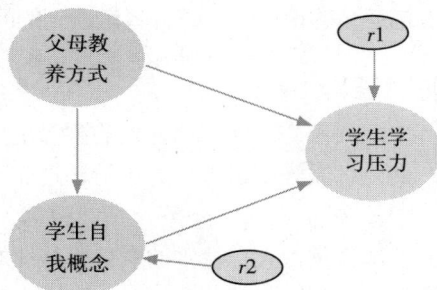

图 14-10

在上述研究架构图中，外因潜在变量为父母教养方式（自变量），内因潜在变量（因变量）为学生学习压力。学生自我概念为中介变量，就父母教养方式变量而言，它的性质是一个内因潜在变量（因变量）；就学生学习压力变量而言，它的性质是一个外因潜在变量（自变量）。由于研究者将学生自我概念变量界定为中介变量，因此在假设模型图中，父母教养方式与学生自我概念两个潜在变量没有共变关系（不能分析其共变关系），只有因果关系。此假设模型图与研究者绘制的研究架构图明显不能契合，研究架构图所呈现的是父母教养方式与学生自我概念两个潜在变量间有相关存在（虽然有相关不一定有因果，但两个变量间有共变关系也可能有因果关系存在），但上述假设模型图中所呈现的是父母教养方式与学生自我概念两个潜在变量间有因果关系存在。如果研究者要探究第二种假设模型图，则研究架构图修改如下更为适当。此处所谓的"更适当"用语，说明原先研究架构图并不是错误的，只是为了让研究架构图与假设模型图能前后契合而已（因为两个变量间没有相关，则两个变量间绝对没有因果关系，所以研究架构图中探讨两个变量间的共变关系，在结构方程模型统计方法中进一步探讨变量间是否具有因果关系也是合理的）。

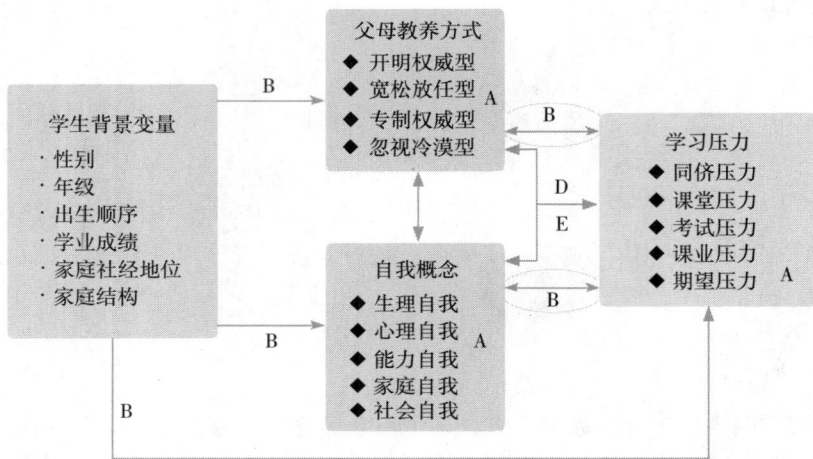

图 14-11　研究架构图范例
注 A：现象分析；B 差异比较；D：回归分析；E：双因子方差分析

在论文的研究设计与实施章节的论述中，研究者常遇到的问题有以下几点：

（一）研究工具的时空差异

量化研究工具编制过程欠缺严谨，直接引用他人的测量工具，而原先编制者的测量工具信效度并非十分理想。此外，原先测量工具的年份超过 3 年，如果研究对象为一般群体，如学生、教师、成年人、学生家长、公务人员、教官、一般民众、企业组织员工、消费者等，这些群体的总体通常很大，从中抽取一部分样本作为预试对象通常是可行的。对于可能有时空差异或信效度不佳的测量工具，研究者直接引用，但论文中又没有论述其原因，会让他人质疑研究者是为研究便利与时效，而跳过某些重要研究程序。除了标准化测验外，一般量表或问卷最好要经逐题文字审核修改及预试，若是有某些特殊原因，没有经预试程序，至少对测量工具题目及构面的适当性要再次确认，并且要于论文中加以完整说明。

（二）测量工具未经预试程序

如果研究的总体为一般群体，自编或修订的测量工具最好要先预试，预试可以通过统计分析的客观量数，得知测量工具题目的适当性与其信效度。研究者不要因为怕麻烦而省略预试步骤（如果是成绩测验可以由预试资料得知测验的难度、鉴别度及题目选项的诱答性）。

预试问卷分析的内容包括量表的项目分析情况、量表的信效度。项目分析及信效度检验是以"量表"为一组分析单位，并非以问卷（包含两种以上不同量表或测验）为分析单位。若一份问卷包含 3 种不同量表，则项目分析极端组比较时，题目加总的分数是以量表中的题目为一个群组,而非是将 3 种不同量表的所有题目加总,因素分析或信度也要以各"量表"为单位进行统计分析。如在"小学高年级学生生命态度、人际关系与忧郁倾向的相关研究"中,研究者使用的"生活感受调查问卷"(测量工具的问卷名称最好能以中性词语表示)包括 3 种量表:"生命态度量表""人际关系量表""忧郁倾向量表",预试问卷的项目分析及信效度检验,要分别就"生命态度量表""人际关系量表""忧郁倾向量表" 3 种不同测量工具进行统计分析,分别求出 3 种量表的项目分析、量表的建构效度、量表的信度(包括量表各构面及总量表的信度)。

预试资料统计分析时,最让研究者困扰的是量表的"建构效度",要求出量表的建构效度必须采取探索性因素分析方法,既然是"探索性"程序,研究者可能要经由多次因素分析,才能求出量表最适当的建构效度。多数研究者在编制量表时会先根据理论、文献或访谈资料确定概念变量的向度内涵,经由专家效度检核以进一步建构量表的内容效度,之后抽取适当样本进行预试问卷的项目分析,经项目分析后,将保留的题目纳入因素分析程序中。

多数实证研究资料显示,因素分析结果常会发生以下几个问题:一为采用特征值大于 1 的准则所萃取保留的因素个数,与原先编制时的向度(构面／层面)的个数不符合;二为萃取的共同因素中所包含的题目,与原先研究者编制的架构内容不同,如原属"考试压力"向度的部分题目被归于"课堂压力"因素构念中,而原属"课堂压力"向度的部分题目被归于"期望压力"因素构念中;三为少数题目在所有共同因素的因素负荷量均低于 0.40,无法将此题目归于某个因素中;四为少数题目在两个共同因素的因素负荷量均高于 0.45,具有跨因素构念的特性等。以上几个问题在第一次因素分析时是常见的,研究者不用气馁或灰心,除非研究者编制或采用的量表的建构效度十分稳定,否则第一次因素分析时大多会有上述情况出现,只要研究者采用"逐题删除法",将不适当的题目删除,再反复进行因素分析程序,最后可求出较佳的建构效度,研究者删除的题目顺序不同,最后共同因素保留的题目(指标变量)也会不同。研究者应切记"探索性因素分析"中,"探索"的含义就是要不断地尝试,尝试探索是要经多次因素分析程序的。

在研究论文中若采用"探索性因素分析"方法,而有以下的描述,其真实性有待检验(有待检验表示可能发生,但发生的概率很低,并非不可能):

> 为求出知识管理量表的建构效度,将项目分析保留的二十五个题目全部纳入因素分析程序中,在不限定因素个数条件下,共抽取五个共同因素,五个共同因素构念所包含的题目 与研究者原先编制时完全相同 ,显示量表的建构效度甚佳。
>
> > 除非量表原先的建构效度十分稳定,否则此种情况出现的概率十分低,会让读者质疑研究者此段内容的真实性。

其次的描述表达如：

> 为求出知识管理量表的建构效度，将项目分析保留的二十五个题目全部纳入因素分析程序中，第一次因素分析在不限定因素个数条件下，共抽取五个共同因素，五个共同因素概念中所包含的题目与研究者原先编制时部分不同，部分题目的归属不合理，因而研究者根据第一次因素分析转轴后的因素矩阵摘要表，将与因素构面不符合的题目删除，共删除 9 题，删除后进行第二次因素分析，第二次因素分析结果的因素概念与其包含的题目符合原先研究者编制的架构，……
>
> 一次删除 9 题，不符合探索性因素分析的操作程序，此种删题方法，恐删除过多的题目，无法求出量表最佳的建构效度。

下面为一个包含 27 个题目的"期望压力量表"，此量表根据专家效度检核及研究者修订建构内容效度，共分为 4 个向度：课业期望压力、升学期望压力、行为期望压力、职业期望压力，预试有效样本数为 196 位。

【范例说明】

表 14-1 "期望压力量表"描述性统计量摘要表

	个　数	最小值	最大值	平均数	标准差
a01 课业	196	1	5	2.47	1.078
a02 课业	196	1	5	2.85	1.424
a03 课业	196	1	5	3.35	1.302
a04 课业	196	1	5	3.20	1.492
a05 课业	196	1	5	1.79	0.983
a06 课业	196	1	5	4.05	1.090
a07 课业	196	1	5	4.06	1.253
a08 课业	194	1	5	2.91	1.295
a09 课业	196	1	5	3.76	1.304
a10 课业	194	1	5	3.79	1.235
a11 升学	196	1	5	2.99	1.349
a12 升学	196	1	5	3.15	1.368
a13 升学	196	1	5	2.81	1.328
a14 升学	194	1	5	2.71	1.506
a15 升学	196	1	5	2.37	1.424

续表

	个 数	最小值	最大值	平均数	标准差
a16 升学	196	1	5	3.18	1.497
a17 行为	196	1	5	2.64	1.295
a18 行为	196	1	5	3.94	1.080
a19 行为	196	1	5	3.40	1.179
a20 行为	196	1	5	2.27	1.164
a21 行为	196	1	5	4.19	0.999
a22 职业	196	1	5	3.77	1.205
a23 职业	195	1	5	3.35	1.309
a24 职业	196	1	5	2.81	1.340
a25 职业	196	1	5	4.14	1.146
a26 职业	196	1	5	3.86	1.376
a27 职业	196	1	5	3.61	1.390

从上述描述性统计量摘要表中可以得知，高职学生期望压力量表 27 个题目的数据文件没有无效值或极端值，各题目的最大值均为 5。期望压力量表原先编制时，根据理论文献共分为 4 个向度构念，其内容效度及专家效度均适当。课业期望压力构面包括第 1—10 题，升学期望压力构面包括第 11—16 题，行为期望压力构面包括第 17—21 题，职业期望压力构面包括第 22—27 题，量表题目归属于哪个期望压力向度非常明确。经项目分析结果，27 个题目均保留，因而因素分析程序时，量表所有题目均纳入。

因素分析采用主成分方法抽取因素，配合直交转轴的最大变异法，在限定 4 个因素个数的情况下，经 9 次迭代运算过程，结果如表 14-2 所列。第一次因素分析结果，4 个共同因素所包括的题目十分凌乱，与研究者原先建构的内容效度及题目向度分类有很大不同。

表 14-2 "期望压力量表"第一次因素分析转轴后的成分矩阵[a]

题 目	成 分			
	1	2	3	4
a15 升学	0.792	0.306	0.047	0.122
a13 升学	0.758	0.133	0.115	0.167
a14 升学	0.688	0.444	0.161	0.115
a04 课业	0.659	0.036	0.357	0.065
a27 职业	0.643	0.036	0.222	0.305
a16 升学	0.621	0.282	−0.014	0.343

续表

题 目	成 分			
	1	2	3	4
a08 课业	0.479	−0.037	0.384	0.079
a17 行为	0.273	0.702	0.086	−0.099
a01 课业	0.216	0.685	0.261	−0.118
a20 行为	−0.068	0.675	0.017	0.167
a11 升学	0.217	0.543	0.461	0.196
a02 课业	0.506	0.539	0.331	−0.069
a05 课业	0.259	0.532	0.027	0.255
a19 行为	−0.094	0.443	0.416	0.399
a18 行为	0.009	0.408	0.031	0.208
a12 升学	0.087	0.406	0.367	0.396
a06 课业	−0.032	0.149	0.755	0.149
a09 课业	0.397	0.190	0.673	0.255
a07 课业	0.419	0.020	0.652	0.229
a10 课业	0.347	0.296	0.637	0.150
a03 课业	0.277	0.463	0.551	0.090
a21 行为	0.093	0.043	0.417	0.333
a23 职业	0.107	0.195	0.226	0.748
a22 职业	0.335	0.142	0.302	0.652
a24 职业	0.360	0.393	0.080	0.618
a26 职业	0.345	−0.139	0.254	0.485
a25 职业	0.407	−0.005	0.415	0.421

萃取方法：主成分分析。旋转方法：含 Kaiser 常态化的 Varimax 法。

a. 转轴收敛于 9 个迭代。

　　研究者若采用"逐题删除法"，删题根据 a21、a12、a11、a01、a05、a04、a02、a27、a08、a25 的次序，则第十次因素分析结果转轴后的成分矩阵摘要表如表 14-3，其中 4 个因素构念分别为升学期望压力、课业期望压力、职业期望压力、行为期望压力。升学期望压力向度包含 4 题、课业期望压力向度包含 5 题、职业期望压力向度包含 4 题、行为期望压力向度包含 4 题，经因素分析程序删除部分题目后，最后保留的题目共有 17 题，此因素分析程序所建立的建构效度与原先研究者编制的内容效度最为符合。

表 14-3　"期望压力量表"最后转轴后的成分矩阵[a]

题　目	成　分			
	1	2	3	4
a15 升学	0.835	0.165	0.151	0.161
a13 升学	0.790	0.161	0.219	−0.032
a14 升学	0.775	0.277	0.136	0.267
a16 升学	0.616	0.121	0.31	0.241
a06 课业	−0.083	0.793	0.137	0.122
a09 课业	0.365	0.722	0.256	0.092
a07 课业	0.320	0.711	0.261	−0.084
a10 课业	0.363	0.637	0.192	0.183
a03 课业	0.304	0.637	0.085	0.346
a23 职业	0.080	0.187	0.842	0.105
a22 职业	0.271	0.294	0.750	0.070
a24 职业	0.353	0.099	0.713	0.306
a26 职业	0.198	0.347	0.474	−0.185
a20 行为	0.004	0.136	0.065	0.773
a17 行为	0.365	0.069	0.004	0.626
a19 行为	−0.144	0.508	0.303	0.557
a18 行为	0.167	0.025	0.052	0.527

萃取方法:主成分分析。旋转方法:含 Kaiser 常态化的 Varimax 法。
a. 转轴收敛于 7 个迭代。

4 个共同因素个别的解释变异量分别为 18.789、18.499、14.612、12.116,累积的解释变异量为 64.016%,其数值大于学界所提倡的 60.00% 的指标值,可见量表的建构效度不错。

表 14-4　解说总变异量摘要表

成　分	平方和负荷量萃取			转轴平方和负荷量		
	总　和	方差的百分比 /%	累积 /%	总　和	方差的百分比 /%	累积 /%
1	6.566	38.624	38.624	3.194	18.789	18.789
2	1.629	9.582	48.206	3.145	18.499	37.287
3	1.532	9.009	57.216	2.484	14.612	51.899
4	1.156	6.800	64.016	2.060	12.116	64.016

萃取方法:主成分分析。

经由以上实际资料的分析结果，最后得出量表的构念效度，共约进行 10 次因素分析探索的程序，采用"逐题删除法"获得的建构效度与原来研究者编制的内容效度最为符合。当然，采用"逐题删除法"也有可能经少数几次探索即获得与内容效度符合的建构效度。内容效度是一种根据专业知能的主观认知判断，构念效度或称建构效度是以统计方法的客观量数来判别，若两种效度的结果相同或是甚为接近，表示量表的效度甚佳；如果采用因素分析程序，最后求出的构念效度与内容效度差异甚大，研究者可采用其他弹性的因素分析方法或验证性因素分析法。

（三）抽样过程写得笼统含糊

取样对象交代不清，一般总体未采用概率取样方法。概率取样包括随机取样、分层抽样与丛集抽样，经由概率抽样方法所抽取的样本较具有代表性（样本性质与总体性质最为接近）；有时研究者因考虑研究可行性或研究总体为特殊群体，可以采用非概率抽样方法，如立意取样、便利抽样、滚雪球抽样等方法。不论采用何种抽样法，必须于论文的研究设计与实施中将如何抽取样本的方法加以详细介绍，这是量化研究"真实性"的体现。研究对象选取最简单且较能代表总体性质的抽样方法为随机抽样（又称简单随机抽样）。虽然采用概率抽样的方法抽出的样本性质与总体性质最为接近，但研究过程也必须考虑研究"可行性"，有时采用概率抽样方法，抽取出的受试者或群体无法配合施测，此时研究可能被迫中断而无法继续进行。研究对象选取时，研究者应把握以下原则：

"问卷调查的受试者若能完全根据概率抽样（probability sampling）方法抽取样本当然最好，有时因研究可行性问题，无法完全采用概率抽样法选取样本时，研究者要退而求其次，也可改用非概率抽样法。"不论研究者采用何种抽样方法，尽量要让样本特征能正确地代表总体特征，将抽样偏误降到最低，最重要的是，在"研究对象"节次中要详细交代研究中的受试者是如何抽样取得的。

没有详细介绍抽样方法的描述例子如下。

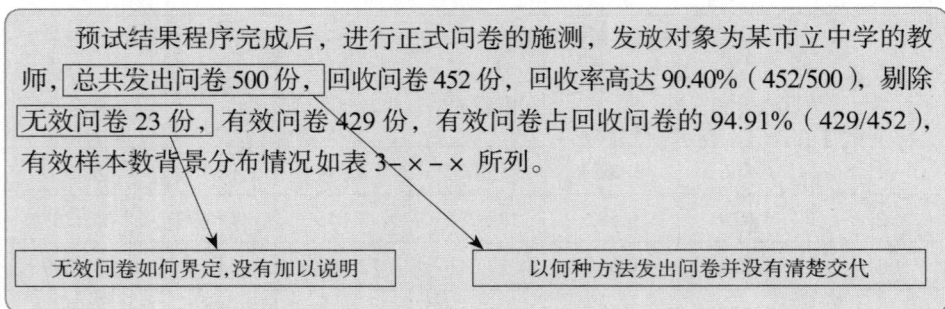

预试结果程序完成后，进行正式问卷的施测，发放对象为某市立中学的教师，总共发出问卷 500 份，回收问卷 452 份，回收率高达 90.40%（452/500），剔除无效问卷 23 份，有效问卷 429 份，有效问卷占回收问卷的 94.91%（429/452），有效样本数背景分布情况如表 3-×-× 所列。

无效问卷如何界定，没有加以说明　　以何种方法发出问卷并没有清楚交代

【说明抽样方法的典型范例】

> 预试结果程序完成后，进行正式问卷的施测，正式施测抽取的学校采用二阶段概率抽样方法，第一阶段采用"分层抽样"法，从大、中、小 3 种规模的学校组织中，根据各分层的学校数随机抽取三分之一的学校，第一阶段抽取的学校总数有 25 所；第二阶段采用"简单随机抽样法"，根据抽取出的目标学校随机抽取 20 名教师施测，总共发出问卷 500 份，回收问卷 452 份，回收率高达 90.40%（452/500），剔除无效问卷 23 份（所有量表填答选项均相同或遗漏填答的题目太多，则视为无效问卷），有效问卷 429 份，有效问卷占回收问卷的 94.91%（429/452），有效样本数背景分布情况如表 3–×–× 所列。

从上述范例所描述的内容，读者很清楚地知悉研究者采用的抽样方法有两种，一为分层抽样（根据学校规模数大小，将学校分为大型规模、中型规模、小型规模 3 个层级）、二为简单随机抽样。两种抽样方法均为概率取样法，抽取样本的代表性最高，但在实际研究历程中，完全采用概率取样法，有时是无法让研究顺利进行的。如研究者以简单随机抽样方法抽到甲学校，但甲学校的主管、教师不愿意或不想让研究者进到学校施测，则研究者就无法搜集到相关资料，在这种情况下，若研究者完全采用概率取样，资料搜集就会中断。此时研究者应改用立意取样或便利抽样，虽然这两种取样方法较无法符合"代表性"或"精确性"特征，但却符合研究"可行性"的考虑因素，只要研究者在研究对象节次中完整清楚交代如何抽取这些样本即可。下面的范例格式即符合"真实性"与"完整性"的特性。

【范例格式】

> 预试结果程序完成后，进行正式问卷的施测，研究对象的总体为某市公立中学教师，研究者原先采用简单随机抽样法，从该市公立学校中随机抽取 20 所学校，再委请教务主任或熟识教师从学校中随机抽取 20～30 位教师填写问卷，但联系与接洽后有 10 所学校不同意其学校教师作为施测对象。因此研究者增列"立意抽样法"，委请熟识教师或主任帮忙协助施测，采用上述两种方法总共发出问卷 500 份，回收问卷 452 份，回收率高达 90.40%（452/500），剔除无效问卷 23 份（所有量表填答选项均相同或遗漏填答的题目太多，则视为无效问卷），有效问卷 429 份，有效问卷占回收问卷的 94.91%（429/452），有效样本数背景分布情况如表 3–×–× 所列。

（四）研究假设的撰写不适当

研究假设必须与研究问题前后呼应，研究假设须写为肯定句形式（研究问题为疑问句），统计方法的显著性检验是检验研究假设是否成立或得到支持，若有足够的证据推翻零假设，便可支持研究假设。因为研究者认为变量间有相关，有差异，或有因果关系，才要编制测量工具，抽取样本以验证研究者所建立的假设是否可以得到支持。其次在资料处理与研究假设中常见的一个问题是，准实验研究的统计资料处理未采用统计控制的共变量分析方法，而直接采用独立样本 t 检验进行实验组与控制组在检验变量的差异比较。

（五）研究架构图绘制过于复杂或不完整

研究架构图或研究流程图欠缺完备，或变量间关系的线条符号过于复杂，无法突显图形简要、明确、易于了解的特性。一般研究架构图中的变量间相关会以双箭头符号表示（←→），差异或预测会以单箭头符号表示（→）。若研究者采用结构方程模型以验证假设模型与样本资料的契合度，则再根据研究架构图的因果关系变量导出假设模型图，并根据研究架构内容，确立潜在变量与指标变量。有些让读者不易解读的研究架构图是由于绘制的线条花样过多，图中变量间的关系除有粗细不同的线条样式外，还有实线及虚线线条。其实研究者不宜使用过多的线条样式，只要以适当的符号注解，读者便可以了解研究者所要探究的变量间的关系。

（六）没有取得原编制者的同意函

直接引用他人编制的量表或测验，没有取得授权同意使用或修改的同意书，则可能违反研究伦理。如果因为原先研究者或编制者无法联络，或无法得知其地址或服务单位，则测量工具同意函可以省略，此部分研究者应在研究论文中清楚交代。如果研究者引用他人编制的测量工具，只进行小幅度的修改，最好也要取得原编制者（或修订者）的授权同意书，这是一种研究伦理行为，若研究者有考虑加以修订或增列题目，可以先告知原编制者可能会参考量表再进行部分内容修订。如果使用的测量工具为正式出版的"标准化测验"，研究者要按照出版社的规定购买施测的份数。此外，附录中绝不能将已正式出版的标准化测验或量表内容呈现，否则会违反著作权法。如果量表或测验是直接引用他人编制的（未正式出版），论文答辩时可以附录方式增列于论文后面让答辩委员参阅，正式印刷论文时最好不要增列于附录之中，因为此量表或测验不是研究者个人亲自编制或修订的，不算研究者个人的"产物"或"知识"，不应将其置放于论文之中。

（七）行动研究的研究流程图欠缺再循环修正的程序

部分研究者会在其服务的单位或职场进行行动研究，行动研究是一种反思循环的历程，而非一种直线式活动或教学历程的介绍，没有循环、修正、反思的过程，不能称为行动研究。此外，行动研究题目中的组织或单位应该以"化名"代替，不要直接列出研究者个人服务的单位或任教的学校或组织群体，如此，较符合学术研究的伦理行为。有些研究者将整个教学历程，一种不同于传统的教学模型或评量的过程于论文中加以介绍，之后再冠以行动研究之名，这是研究者没有深入了解行动研究的内涵所造成的错误。缺少"行动反思、修正与再循环"的过程就不是一种行动研究，最多只是一种"××历程的介绍描述"而已，以"图卡整合于语文教学应用的行动研究"主题为例，研究者在语文教学历程中，与传统讲述法不同之处在于配合图卡，以图卡引导学习，论文内容只介绍将图卡有效应用于语文教学的整个历程，此种历程与描述不符合行动研究的内涵。

虽然行动研究偏向于质性研究，但多数行动研究在成效评估方面也采用量化的方法，因为量化的方法有客观的统计量数作为论述的依据，态度、感受或成效评估除观察访谈外，若配合量化研究测得的客观数据，其说服性较高。

（八）堆砌开放式资料而欠缺统整性

量化研究程序中，有时某些议题为深入探究受试者内心感受，会配合结构式访谈或半结构式访谈。非量化统计分析取得的资料，常见的问题为未进行归纳统整，未将当事人共同的看法或相似主题合并在一起，并以一个适当的次标题呈现，因此结果并非信息的表达而是凌乱资料的堆砌。知识管理的 4 个层次是：资料、信息、知识、智慧，论文研究所要呈现的是系统性信息而非原始资料，正如统计分析数据表格所要呈现的是统计分析后的结果量数，而非原始数据表格。

研究方法论一般均会介绍到抽样方法，抽样通常包括预试问卷的抽样和正式问卷的抽样。预试问卷抽样目的在于经预试中抽取的小样本资料来检核分析测量工具是否需要再进一步进行内容修改或题目增删。第一阶段抽取的样本数一般是"量表"总题数的 3 ～ 5 倍，若量表要进行因素分析，则最佳的预试样本数最好是量表总题数的 5 倍以上。预试抽样最低样本数是根据理论而来，其研究的对象是一般群体。

五、研究结论与附录的检核

在结论与建议章节常见的问题为：研究结论的标题用语不适当，不是以肯定句而是以疑问句的形式作为结果；长篇论述结论，没有采用条例式方式，无法突显主要研究结论，即研究者未将数个有关的主要发现归纳为一个研究结论，并以一个小标题呈现；未能厘清"主要研究发现"与"研究结论"的异同，研究结论出现过多的统计相关术语；研究建议与研究结论无法契合，许多研究建议并非从研究结果中引申而得，而是根据经验法则与专业知能来撰述，因而常会让读者质疑："这些建议不用前面的统计分析或研究也可以洋洋洒洒地写出"。为了让读者很明确地知道研究建议与研究结论的联系，列举的每个研究建议开头最好加注："从研究中发现"或"从研究中得知"，如此才能让读者明确知悉研究建议是从哪个研究结论推导而得。

在主要研究发现与研究结论方面，许多研究者常无法厘清二者的主要差别，研究结论要采用肯定句，最好不要出现统计术语。此部分研究者可参考之前章节中的范例，不适当的结论例子如下：

"公立与私立学校教师的工作压力有显著不同；此外，组长与导师的工作压力也有显著差异。"（结论出现统计术语与研究主要发现的描述相同。）

"教师的知识管理能力与班级经营效能有显著相关。"（结论出现统计术语与研究主要发现的描述相同。）

"教师教学评价指标与应用的问题。"（结论以问题的形式呈现，不是具体陈述性语句。）

"中学学生感受到的考试压力平均分数为 4.20 分，位于中位数之上。"（结论过于笼统，无法明确得知平均数 4.20 分表示的压力程度，因为此处研究者没有交代其使用的是五点量表，六点量表，或是其他不同形式的量表，只以平均分数来说明，无法让读者很清楚地知悉学生感受的考试压力程度为何。）

"父母的教养方式与学生自我概念对中学学生的学习压力有显著预测力。"（假定研究者父母教养方式有开明权威型、宽松放任型、专制权威型、忽视冷漠型，而自我概念变量包括生理自我、心理自我、能力自我、家庭自我、社会自我等，研究结论只描述父母的教养方式与学生自我概念两个变量可预测学生的学习压力，其中不明确的地方如预测力多少、9 个预测变量中哪一个的预测力最佳等均没有具体描述。上述结论可改写为：

"父母的教养方式与学生自我概念 9 个向度变量中'心理自我'的预测力最佳，其解释变异为 27.7%，其余变量的预测力均小于 1.00%。"

撰述结论时，将统计专门术语改为非统计专门用语，便于读者理解，但有时有些研究发现的统计术语无法转换为其他普通用语，此时在结论标题中出现统计专门用语亦无不可，如上述"预测力"或"解释变异量"等用语，若要转换为其他语句表达有其实质困难。

"小学生感受的学习压力中'考试压力'最大，整体学习压力的感受程度则不高。"

假定学习压力 5 个向度：考试压力、课堂压力、同侪压力、课业压力、期望压力在李克特五点量表中，其向度单题平均得分分别为 2.21、1.89、2.01、2.07、2.14，其整体学习压力受试者单题平均得分为 2.06，研究者得出受试者整体学习压力感受不高是适当的结论。但研究者再增列"小学生感受的学习压力中'考试压力'最大"则不够严谨，因为考试压力向度单题平均得分只有 2.21，所谓"最大"，只是 5 个学习压力的相对比较分数而已，但对受试者而言，其知觉的"考试压力"也不高。若 5 个选项为非常困扰、大部分困扰、一半困扰、少部分困扰、非常没有困扰，则受试者平均填答选项为"少部分困扰"，因此就向度相对比较而言，研究者下此种结论用词要更精准。上述的结论可改为：

"小学生感受的整体学习压力程度不大，若以 5 个学习压力向度比较而言，'考试压力'感受较高。"

质性研究的对象通常是一个"个体"或一个"组织体"，受试者多数有特殊背景，如受暴妇女、同性恋、杰出行为表现者、新移民子女母亲等，质性研究的受访者一般不会是社会学中的普通个体或群体，因为此种质性研究的价值性较低。由于质性研究的被访谈者或被观察者有特殊身份，所以质性研究论文中，被研究的个体必须以"化名"或"虚拟称谓"出现，以表示对其隐私的尊重。量化研究受试者一般是大群体，将有足够代表性的受试者填写的量表或问卷进行整体的统计分析，在进行差异比较时，研究者不能以组织个体为比较单位，如一所大学与另一所大学。个体或某个组织体的比较分析，在量化研究中必须避免，若要进行两个组织体的比较，组织群体也要以"虚拟名称"代替。所以量化研究的研究工具（问卷）在说明语中会加注：

……，本研究所取得的资料或你填写的内容，纯粹为学术用途，资料统计分析不涉及个人或单位的差异比较，仅做整体的分析，你所填的资料也会遵守保密原则，不会对外公开，请你放心作答，……

"整体资料分析"是量化研究的特性，也是研究者应遵守的研究伦理守则之一。进行两个组织群体的差异与不当论述范例如下：

"就通识教育课堂的学习动机比较而言，启光科技大学学生的学习动机明显高于见明科技大学的学生；从教师教学态度的投入与认同来看，启光科技大学学生对该校通识教育课程教师的教学投入与认同比例，也显著高于见明科技大学的学生对该校教师教学投入与认同的比例，……"

"通过以上的比较分析，从修读通识教育课程学生所表达的意见中可以明显看出，见明科技大学的学生不但学习动机显著低于启光科技大学学生，学生对教师的教学态度与教师认同程度也显著低于启光科技大学学生对教师教学态度与教师的认同度。就教学心理学或学习心理学观点而言，学生学习动机高低很大程度上受到任课教师教学态度与策略的影响，此结果显示，见明科技大学通识教育任课教师的教学态度与方法可能需要进一步加以检讨改进。"

上述不当论述包括：一是进行两个学校组织群体的比较；二是进行单位组织群体比较时，正文撰述未用化名表示两个学校名称，而直接将两个学校名称具体呈现出来（假定启光科技大学与见明科技大学是两所技职院校的真实名称）；三是研究结果可能原因的推论论述严重伤害到见明科技大学的师生。量化研究虽然重视"统计数据结果真实的描述"，但前提是"统计分析程序不能违反量化研究的真正内涵，不能对受试者个人或受试单位组织造成任何伤害"。量化研究程序的统计分析，最好不要对个别组织群体进行变量间差异比较，若要进行差异比较，此比较必须是中性的，且结果论述要遵守保密原则。

有些研究者会在结论与建议一章中增列"研究局限"，而省略研究建议一节，其排列的章节为：

第五章　研究与建议

（章与节中导引性描述内容）

第一节　主要研究发现

（内容描述）

第二节　结论

（内容描述）

第三节　研究局限

（内容描述）

此种节次的排列是不合逻辑的，研究中欠缺"研究建议"一节。研究结论与研究建议在一般学术论文中是非常重要的，欠缺研究结论无法让读者看出研究者花费那么多心血，到底发现或统整出何种结果，无法突显研究的价值性；没有研究建议的论文或研究是不完整的，读者会质疑"你那么辛苦做了这个研究，难道从结论中没有得出一点心得或省思吗？"心得或省思是研究者根据研究结论导引而来，不论研究建议是否可行或是否可以真正落实，研究者均可以提出。

论文后面常会增列"附录"标题，附录内的编号通常采用"附录一""附录二"等次标题呈现。作为附录的资料有三种：一是此项资料文字若置于论文本文中（通常是第三章或第四章）会占用过多篇幅，使正文内容过于繁杂，不易阅读；二是在论文研究程序中所使用的测量工具或相关的佐证资料数据、表格；三是统计分析时相关的数据表格甚多，将这些表格置于正文中会影响正文的连贯性。量化研究不论采用准实验研究法或问卷调查法，都要使用到测量工具（单一量表或包含数种量表的问卷或测验），由于测量工具内容题目较多，因此论文中通常会将资料搜集的问卷或测验置于附录中；此外，进行初稿问卷专家效度检核时，由于专家效度意见摘要表的表格较大，所以专家效度修正意见内容摘要表也会置于附录中。

如果研究者探讨的变量较多，为突现量化研究"完整性"的特性，会将许多统计分析结果完整摘要表置放于附录中，正文中只描述关键性的统计量数并就结果加以说明。若量化研究程序配合半结构式或结构式访谈，为让读者清楚了解研究者的访谈内容，也会将访谈大纲放于附录中。哪些表格或数据内容要放于附录之中才较为适当，简要的判别方法为"若将此表格或内容数据于正文中呈现，是否过于冗赘，影响正文的可读性；或是否过于繁杂，影响正文的连贯性"，此部分研究者可根据专业知能自行判断，呈现的方式"没有对错，只有适当与否"而已。以学生学习压力的探究为例，附录内容包含以下几个部分："学习感受调查问卷专家效度修正意见表""学习感受调查预试问卷""学习感受调查正式问卷""结构式访谈纲要""测量工具引用同意书""统计分析数据摘要表"（若这些表格很多，也可以考虑是否放在附录中）等。其中"统计分析数据摘要表"的内容如果可以最好放在正文中，这样读者在阅读正文时，可以与表格数据摘要表作对照，有助于对内容的消化吸收。

　　附录内容呈现的【范例格式】如下，其中每个附录最好都从新的一页开始，而不要接续于前一个附录之后。

> 附录一
> 　　学习感受调查问卷专家效度修正意见表
> 　（修正意见摘要表内容）
> 附录二
> 　　学习感受调查问卷（预试问卷）
> 　（预试问卷内容）
>
> 附录三
> 　　学习感受调查问卷（正式问卷）
> 　（正式问卷内容）
>
> 附录四
> 　　结构式访谈纲要
> 　（结构式访谈纲要内容）
> 附录五
> 　　量表同意书
> 　（量表同意书）
> 附录六
> 　　背景变量在各变量的方差分析摘要表
> 　（方差分析摘要表）

　　进行专家效度审核的学者专家或实务工作者的名字未按照姓氏笔画排列，而根据其职务排列，也是量化研究论文格式常见的不适当之处。按职务或职称排列学者专家的姓名是较不适宜的编排方式，其背后隐含的是社会职务的歧视，这是不符合研究伦理的。每个人虽然职务不同，但都在其工作岗位上对社会作出了贡献，不能因个人工作属性或职务不同而将其姓名列为有次序性的等级。

【范例一】不适当的专家效度名册格式

未按姓氏笔画排列，而按照个人认知的职务排序

表 3-5　知识管理量表专家效度名单

编　号	姓　名	职　务
1	陈国雄教授	启发大学教育系主任
2	林淑惠副教授	私立明明科技大学副教授
3	刘镇太校长	高雄市六启小学校长
4	杜展发校长	高雄县光明小学校长
5	王光信主任	高雄县光明小学主任
6	吴启光老师	高雄市大发小学老师

私立学校中的"私立"二字不要呈现

【范例二】专家效度名册呈现的正确格式范例

"私立"大学或"私立"技职院校的"私立"用语通常省略

表 3-5　知识管理量表专家效度名单

编　号	姓　名	职　务
1	王光信	高雄县光明小学主任
2	吴启光	高雄市大发小学老师
3	杜展发	高雄县光明小学校长
4	林淑惠	明明科技大学副教授
5	陈国雄	启发大学教育系教授兼主任
6	刘镇太	高雄市六启小学校长

注：姓名栏根据姓氏笔画排列

按姓氏笔画排序是较通用的格式，比较没有争议

　　进行专家效度的专家审核意见汇整时，直接将专家名字列出，而未采用匿名编号的方式也是不恰当的。比较严谨而合理的呈现方法是，将专家学者按照字母代号随机代替，此代号只有研究者知道，如此也比较符合研究伦理。下表为方惠丽（2009）编制"教师知识管理量表"时在专家效度修正意见的部分表格内容：

【范例三】专家效度检核意见表

以字母编号代替专家姓名

附录一 知识管理量表的"知识取得"向度专家效度修正意见表（$N=13$）

题号	原始题目	人 数	修正意见	修正后题目内容
1	我会使用互联网、电子数据库搜寻，以获取教学或班级经营的相关知识。	适合：9 修正：4 删除：0	G、I：我会使用互联网、电子资料库搜寻系统，以获取教学或班级经营的相关知识。 J、L：用词应一致，将"教学"二字删除	修正： 我会使用互联网、电子数据库搜寻系统，以获取班级经营的相关知识。
2	我会阅读教育书籍、期刊、报章杂志，以获取教学与班级经营的新知识。	适合：10 修正：3 删除：0	F："教育"二字删除 J、L：用词应一致，将"教学"二字删除	修正： 我会阅读教育书籍、期刊、报章杂志，以获取班级经营的新知识。
3	我会参加各种教师研习活动，以增进自己的班级经营知能。	适合：13 修正：0 删除：0		保留： 我会参加各种教师研习活动，以增进自己的班级经营知能。
4	我能通过与其他教师的讨论，来取得班级经营的经验与知能。	适合：13 修正：0 删除：0		保留： 我会通过与其他教师的讨论，来取得班级经营的经验与知能。
5	我会借由教学观摩或其他教师的教学档案，来获取班级经营的经验和新知识。	适合：12 修正：1 删除：0	A："教学观摩"及"其他教师的教学档案"是两个不同概念	保留： 我会借由教学观摩或其他教师的教学档案，来获取班级经营的经验和新知识。
6	我会积极参与进修（学分班）的机会，以取得班级经营的相关知识。	适合：8 修正：3 删除：2	B：将3,6题合并 L：删除 F：删"（学分班）"一词 G：删"的机会"一词 K：增"学位"进修	修正： 我会积极参与进修，以取得班级经营的相关知识。

附：关于抽样及变量计分与检验的补充内容

一般群体的总体通常比较大，因此才有足够的样本可以进行二阶段的样本抽取。若研究的总体为"特殊群体"，则抽样程序可跳脱研究方法论书籍中所介绍的一般抽样原则，因为特殊群体的总样本数不多，其次是有些特殊群体受试者填答问卷较困难，研究者需要花费更多的心力与时间，特殊群体如"单亲家庭""资源班学生""HIV 感染受刑人""中辍复学生""某一县市中学（小）校长""重症学生照顾者"等。以特殊群体作为探究对象，由于总体本身总数就不多，若研究者再根据上述抽样理论进行抽样，在排除预试人数后，正式问卷施测人数恐更少。研究要考虑的因素之一是"可行性"，为使研究能顺利进行，研究者可采取弹性策略。

所谓弹性策略是研究者在编制完问卷初稿后，采用专家效度进行内容效度的建构，之后修订问卷为施测工具，施测时以全部特殊群体或可配合问卷填答的群体样本为受试者，搜集到数据文件为正式统计分析的资料。在进行正式问卷统计分析前，先从有效样本数据文件中随机选取一定比例的人数（一般为 20% ~ 40%）作为预试的人数，根据抽取受试者填答的资料进行量表的项目分析及信效度检验。预试统计分析可能会删除部分题目，研究者将不适当的题目删除后，再以原先抽取的总样本数作为正式问卷统计分析的数据文件，只是进行第二阶段统计分析时，要将第一阶段删除的题目排除。以"特殊群体"为研究对象时的资料搜集与统计分析流程如下：

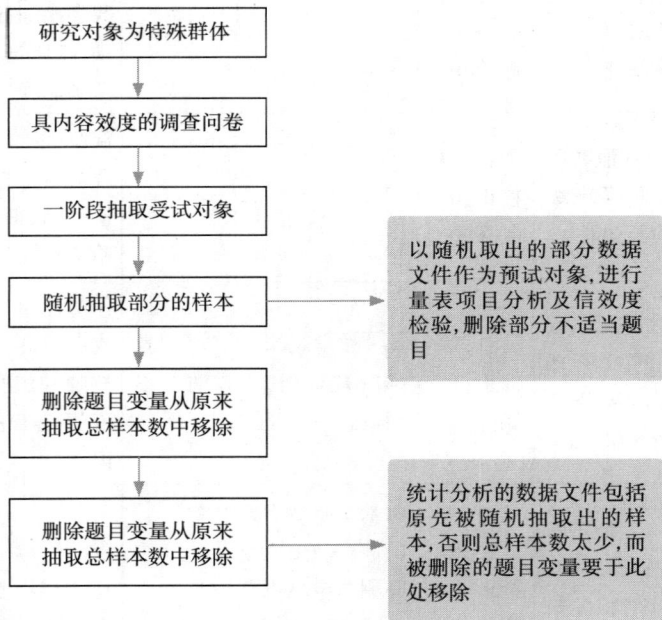

图 14-12　特殊群体采用一阶段抽样的统计分析程序图

以"HIV 感染受刑人"的人格特质、社会支持与希望感的相关研究为例，研究者使用 3 种测量工具："人格特质量表"（共有 10 题）、"社会支持量表"（共有 12 题）、"希望感量表"（共有 12 题），由于 HIV 感染受刑人为特殊群体（其总体总数较少且不易让受试者填答问卷），因而研究者只能施测一次。施测完将有效问卷的资料建档后，从数据文件中随机抽取 20% ~ 40% 的子数据文件作为第一阶段预试卷分析的样本，3 种量表原先题目数及题目变量编码如下：

第一阶段分析被随机抽取出的样本

受试者	A1	A2	A3	A4	A5	A6	A7	A8	A9	A10
007										
012										

受试者	B1	B2	B3	B4	B5	B6	B7	B8	B9	B10	B11	B12
007												
012												

受试者	C1	C2	C3	C4	C5	C6	C7	C8	C9	C10	C11	C12
007												
012												

经第一阶段分析结果，"人格特质量表"删除第 5 题、"社会支持量表"删除第 1 题、"希望感量表"删除第 8 题与第 9 题。第二阶段统计分析时以原先抽取的所有有效样本为数据文件，其中也包括第一阶段分析时抽取出的样本，第二阶段统计分析验证假设时，题目变量要排除第一阶段分析的 4 个题目（A5、B1、C8、C9）。

正式统计分析时也包含第一阶段从数据文件中抽出的样本

受试者	A1	A2	A3	A4	A5	A6	A7	A8	A9	A10
001					删除					
⋮					删除					
098					删除					

受试者	B1	B2	B3	B4	B5	B6	B7	B8	B9	B10	B11	B12
001	删除											
⋮	删除											
098	删除											

受试者	B1	B2	B3	B4	B5	B6	B7	B8	B9	B10	B11	B12
001										删除	删除	
⋮										删除	删除	
098										删除	删除	

若第一阶段随机抽出小样本以因素分析求出的"社会支持量表"有 3 个向度，或原先编制建构的内容效度分为 3 个构面，则第二阶段分析中包含第 1 题（B1）的构面总分须将第 1 题（B1）删除，假设原先编制建构的内容效度 3 个向度包含的题目如下：

"社会支持量度"第一个构面：包含题目 B1、B2、B3、B4。
"社会支持量度"第二个构面：包含题目 B5、B6、B7、B8、B9。
"社会支持量度"第三个构面：包含题目 B10、B11、B12。

第二阶段以全部样本进行分析时，社会支持量表 3 个构面包含的题目如下：

"社会支持量度"第一个构面：包含题目 B2、B3、B4（第一题 B1 被排除）。
"社会支持量度"第二个构面：包含题目 B5、B6、B7、B8、B9。
"社会支持量度"第三个构面：包含题目 B10、B11、B12。

一般潜在因素构面包含的题目数最好在 3 题以上，若采用此方法保留的题目只有两题，此构面变量勉强可以保留，只是研究者在研究局限的部分要略加交代；如果某个向度或某个因素构面所包含的题目只剩一个题目，则此因素构面的变量在第二阶段正式统计分析时最好删除，因为以一个题目（或称指标变量）来反映一个潜在心理特质的代表性不足。

研究者于结果讨论中常犯的一个写作问题就是，结果讨论未与之前文献实证研究结果相结合，文献综述与资料统计分析结果分离，无法将综述的文献内容融入统计分析结果之中，分析结果的解释与讨论欠缺深入。虽然某些研究者会在结果讨论中论述统计分析结果与先前相关研究结果的异同，但对于可能的原因却未进一步加以论述，如：

"此统计分析结果与……等人的研究结果相同，而与……等人的研究结果不同。"

这样的结果讨论并没有意义，研究者资料的呈现只停留于知识管理的第二阶段"信息"，而没有达到"知识"与"智慧"的层次，尤其是研究结果与先前研究结果或实务经验不同时，其可能原因为何，研究者要进一步加以论述或解析，这些论述的观点就是知识管理的"知识"与"智慧"层次。在推论可能的原因时，研究者不能与一般经验法则或合理性相违背，一般陈述的形式为：

"……研究者推论可能原因为……"或"……研究者推论可能的原因有以下几点：一为……；二为……"

在变量计分与检验方面，若题目形式为多选题，则通常是逐题分析，因为各复选项内涵不同，因而不能加总计分。若测量工具为李克特形态或其他加总量表形式，这种量表通常是测量受试者的行为态度、心理特质或某个潜在构念，若采逐题分析，则潜在变量（因素构念）的指标变量（题目）的代表性不足，因为不能以一个外在指标变量（题目）来描述某位受试者的心理特质感受或态度行为，所以潜在构念的指标变量通常会以数个题目来测量（一般最少要求是每个向度要 3 个题目）。计分时，研究者必须将每个向度（层面）所包括的题目加总，以向度（层面）总分作为构念变量。如下图学习压力量表，此量表包含 3 个向度构念：考试压力、课堂压力、同侪压力，分别包含四题、四题、五题，计分时必须先将各向度所包含的题目的分数加总，假设量表 13 个题目的变量编码为 a1、a2，…，a13，则各向度变量分数分别为：

考试压力向度分数 ＝a1+a2+a3+a4，在 SPSS 统计软件中可以使用"sum（a1 to a4）"算出向度加总分数。

课堂压力向度分数 ＝a5+a6+a7+a8，在 SPSS 统计软件中可以使用"sum（a5 to a8）"算出向度加总分数。

同侪压力向度分数 ＝a9+a10+a11+a12+a13，在 SPSS 统计软件中可以使用"sum（a9 to a13）"算出向度加总分数。

学习压力量表分数 ＝a1+a2+a3+a4+a5+a6+a7+a8+a9+a10+a11+a12+a13，在 SPSS 统计软件中可以使用"sum（a1 to a13）"算出学习压力量表 13 题的总分。

在统计分析中，各向度计分法必须相同，若各向度都采用题目加总分数，则问卷中各量表的向度（构面）都必须采用题目加总分数。另外一个计分方法是先计算各向度的总分，再将向度总分除以向度的题目数，求出的分数为"向度单题平均得分"，如果研究者要采用向度单题平均得分，各向度变量均要采用此计分方法。以上述学习压力量表而言，各向度单题平均得分计算为：

考试压力向度单题平均分数 ＝（a1+a2+a3+a4）/4，在 SPSS 统计软件中可以使用"sum（a1 to a4）/4"算出向度单题平均分数。

课堂压力向度单题平均分数 ＝（a5+a6+a7+a8）/4，在 SPSS 统计软件中可以使用"sum（a5 to a8）/4"算出向度单题平均分数。

同侪压力向度单题平均分数 ＝（a9+a10+a11+a12+a13）/5，在 SPSS 统计软件中可以使用"sum（a9 to a13）/5"算出向度单题平均分数。

学习压力量表单题平均分数 ＝（a1+a2+a3+a4+a5+a6+a7+a8+a9+a10+a11+a12+a13）/13，在 SPSS 统计软件中可以使用"sum（a1 to a13）/13"算出量表单题平均分数。

只要研究者变量的计分方法一致，所有变量采用加总后的分数，或全部变量采用单题平均分数，则所有统计分析结果是相同的。

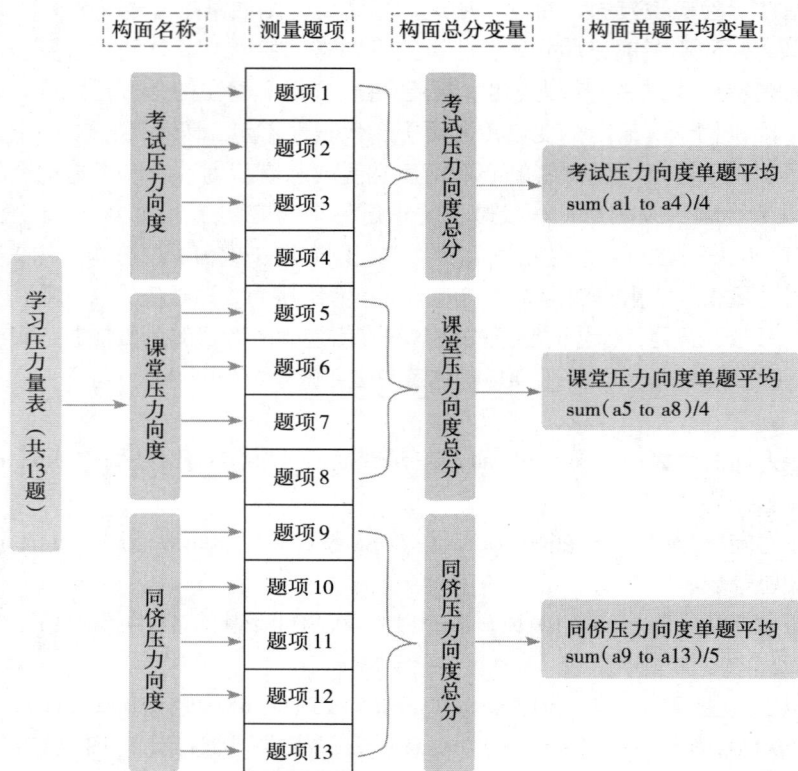

图 14-13　潜在构念与向度（构面）及构面单题平均数关系图

【实例说明 - 将向度总分及向度单题平均分别设为变量的比较】

下面以方惠丽（2009）在"小学级任教师知识管理能力与班级经营效能的相关研究"的数据文件为例："教师知识管理能力"量表共分为 5 个向度：知识取得（6 题）、知识储存（6 题）、知识应用（6 题）、知识分享（4 题）、知识创新（6 题）；"班级经营效能量表"原来有 6 个向度，范例中只取"班级氛围"1 个向度，此向度的题目数有 4 题。表 14-5 为 SPSS 统计软件输出的原始报表。

表 14-5　各向度变量及向度单题平均变量的描述性统计量摘要表

变量名称	个　数	题目数	最小值	最大值	平均数	标准差
知识取得向度	605	6	9.00	30.00	23.244 6	3.443 44
知识储存向度	605	6	6.00	30.00	21.287 6	4.860 97
知识应用向度	605	6	8.00	30.00	23.408 3	3.501 69

续表

变量名称	个　数	题目数	最小值	最大值	平均数	标准差
知识分享向度	605	4	4.00	20.00	14.128 9	2.899 52
知识创新向度	605	6	8.00	30.00	23.266 1	3.606 96
班级氛围向度	605	4	8.00	20.00	16.500 8	2.010 42
知识取得单题	605	单题平均	1.50	5.00	3.874 1	0.573 91
知识储存单题	605	单题平均	1.00	5.00	3.547 9	0.810 16
知识应用单题	605	单题平均	1.33	5.00	3.901 4	0.583 62
知识分享单题	605	单题平均	1.00	5.00	3.532 2	0.724 88
知识创新单题	605	单题平均	1.33	5.00	3.877 7	0.601 16
班级氛围单题	605	单题平均	2.00	5.00	4.125 2	0.502 61

若以向度变量来检核是否有错误计分值或极端值，可以从题目数及最大值来判别，以"知识取得向度"为例，此向度包含的题目数（指标变量个数）共有 6 题，采用李克特五点量表计分时，选项计分值为 1 ~ 5 分，因此向度变量的分数值应为 6 ~ 30 分。若描述性统计量的最小值小于 6 分或是最大值大于 30 分，表示向度题目原始数据文件有错误。如果采用向度单题平均分数值作为变量名称，由于向度单题平均变量为向度总分除以题目数，因而其分数全距为 1 ~ 5，最大值超过 5 分（若李克特表采用的是六点量表，6 个选项的计分从 1 ~ 6，则全距分数为 1 ~ 6），表示向度题目原始数据文件有错误（表 14-6）。

表 14-6　不同教师学历在向度变量及向度单题平均变量的方差分析摘要表

变量名称		平方和	自由度	平均平方和	F 检验	显著性
知识取得向度	组间	68.051	2	34.026	2.888	0.056
	组内	7 093.744	602	11.784		
	总和	7 161.795	604			
知识储存向度	组间	259.729	2	129.865	5.579	0.004
	组内	14 012.228	602	23.276		
	总和	14 271.957	604			
知识应用向度	组间	154.654	2	77.327	6.419	0.002
	组内	7 251.505	602	12.046		
	总和	7 406.159	604			
知识分享向度	组间	94.810	2	47.405	5.727	0.003
	组内	4 983.134	602	8.278		
	总和	5 077.944	604			

续表

变量名称		平方和	自由度	平均平方和	F 检验	显著性
知识创新向度	组间	178.097	2	89.049	6.980	0.001
	组内	7 680.058	602	12.758		
	总和	7 858.155	604			
班级氛围向度	组间	18.820	2	9.410	2.338	0.097
	组内	2 422.430	602	4.024		
	总和	2 441.250	604			
知识取得单题	组间	1.890	2	0.945	2.888	0.056
	组内	197.048	602	0.327		
	总和	198.939	604			
知识储存单题	组间	7.215	2	3.607	5.579	0.004
	组内	389.229	602	0.647		
	总和	396.443	604			
知识应用单题	组间	4.296	2	2.148	6.419	0.002
	组内	201.431	602	0.335		
	总和	205.727	604			
知识分享单题	组间	5.926	2	2.963	5.727	0.003
	组内	311.446	602	0.517		
	总和	317.371	604			
知识创新单题	组间	4.947	2	2.474	6.980	0.001
	组内	213.335	602	0.354		
	总和	218.282	604			
班级氛围单题	组间	1.176	2	0.588	2.338	0.097
	组内	151.402	602	0.251		
	总和	152.578	604			

　　从以上方差分析摘要表中可以发现，无论采用"向度总分"（构面总分）或采用"向度平均单题分数"（构面平均单题分数）求出的 F 值及其显著性 p 值均相同。不同的是组间与组内的离均差平方和（SS）及均方值（MS），因变量的测量值不同，所以 SS 栏及 MS 栏的数值会不同。不同教师学历变量在"知识取得""知识储存""知识应用""知识分享""知识创新""班级氛围"等变量差异检验的 F 值，分别为 2.888（$p=0.056$）、5.579（$p=0.004$）、6.419（$p=0.002$）、5.727（$p=0.003$）、6.980（$p=0.001$）、2.338（$p=0.097$），表示不同教师学历变量在上述 6 个知识管理向度有显著的差异存在。

【以向度总分为变量的复回归结果】

表 14-7　知识管理 5 个向度变量预测班级氛围向度的模型摘要表

模　型	R	R^2	调整后的 R^2	估计的标准误
1	0.626（a）	0.392	0.387	1.574 60

注：预测变量：(常数)，知识创新向度，知识储存向度，知识取得向度，知识分享向度，知识应用向度。

表 14-8　知识管理 5 个向度变量预测班级氛围向度的回归系数摘要表

模型	向度变量	未标准化系数		标准化系数	t	显著性
		β 的估计值	标准误	Beta 分布		
1	（常数）	7.180	0.488		14.702	0.000
	知识取得向度	0.096	0.028	0.165	3.447	0.001
	知识储存向度	−0.011	0.019	−0.026	−0.566	0.571
	知识应用向度	0.140	0.032	0.245	4.350	0.000
	知识分享向度	−0.009	0.034	−0.012	−0.248	0.804
	知识创新向度	0.178	0.028	0.320	6.309	0.000

注：因变量：班级氛围向度。

【以向度单题平均为变量的复回归结果】

表 14-9　知识管理 5 个向度单题平均变量预测班级氛围向度单题平均变量的模型摘要表

模　型	R	R^2	调整后的 R^2	估计的标准误
1	0.626（a）	0.392	0.387	0.393 65

注：预测变量：常数，知识创新单题，知识储存单题，知识取得单题，知识分享单题，知识应用单题。

表 14-10　知识管理 5 个向度单题平均变量预测班级氛围
向度单题平均变量的回归系数摘要表

模型	向度变量	未标准化系数		标准化系数	t	显著性
		β 的估计值	标准误	Beta 分布		
1	（常数）	1.795	0.122		14.702	0.000
	知识取得向度	0.144	0.042	0.165	3.447	0.001
	知识储存向度	−0.016	0.029	−0.026	−0.566	0.571
1	知识应用向度	0.211	0.048	0.245	4.350	0.000
	知识分享向度	−0.009	0.034	−0.012	−0.248	0.804
	知识创新向度	0.268	0.042	0.320	6.309	0.000

注：因变量：班级氛围向度。

　　再从复回归输出结果来看，以知识管理 5 个向度总分变量作为预测变量、以"班级氛围向度"总分变量为效标变量，进行复回归分析，其结果与采用 5 个向度单题平均得分为自变量以班级氛围向度平均单题得分为效标变量相比，不论是模型摘要或回归系数统计量数均相同。多元相关系数为 0.626，多元相关系数的平方为 0.392，调整后的 R^2 为 0.387，回归方程式的常数项为 1.795，非标准化回归系数分别为 0.144、−0.016、0.211、−0.009、0.268，标准化回归系数分别为 0.165（$t = 3.447^{**}$）、−0.026（$t = -0.566$）、0.245（$t = 4.350^{***}$）、−0.012（$t = -0.248$）、0.320（$t = 6.309^{***}$）。

　　资料处理所采用的统计分析法要适当而有其价值性，要避免使用错误的统计分析方法，研究者就必须对各变量的属性、题目的计分、统计方法的应用时机等有正确的了解。此外，研究者不能倒因为果，迁就统计方法的限制，而与之前研究抽样的程序相矛盾。以下面某研究者采用结构方程模型进行假设验证的论述为例：

　　根据理论与相关学者论述的观点，当样本数越大时，整体适配度统计量卡方值越容易达到 0.05 显著水平，此时所有假设模型都可能无法获得支持，由于本研究抽取的有效样本数高达 1 020 位，为避免上述问题发生，让原本可能与样本资料适配的假设模型变成无法适配，因此在进行 SEM 分析时，研究者只从 1 020 位有效样本中随机抽取 200 位样本进行分析，以避免样本数过大导致适配度卡方值易达到 0.05 显著水平的问题。

　　上述统计方法的应用，就是一种倒因为果的例子，可能是研究者个人未深入了解结构方程模型的应用时机与适配度统计量判别所造成的偏误。这样的论述会让他人质疑："既然研究者只用 200 位样本进行分析，为何要那么辛苦搜集一千多位样本资料？"理论或学者论述的观点是"当样本数越大时，整体适配度统计量卡方值越容易达到 0.05 显著水平，此时所有假设模型都可能无法获得支持"，因而当样本数很大时，整体适配度卡方值统计量只能当作一个参考指标，而不是一个主要指标。由于研究者未完全理解适配度（或契合度）的真正内涵与判别指标，才会将辛苦搜集的资料弃而不用，这是十分可惜的（范例中研究者的样本数高达 1 020 位，在 SEM 分析中，可以将样本切割成两个子数据文件，一个子数据文件作为验证样本，另一个子数据文件作为效度样本，进一步进行复核效度的检验）。

　　进行资料处理的统计分析时，研究者还要注意不要看错统计输出结果报告，若是将统计量数的数据位置看错，则整个统计结果的解释是错误的。以两个群体平均数差异输出的 t 统计数据为例，有些研究者不理解"方差相等的 Levene 检验"栏的含义，将判别两个群体方差是否相等的统计量数，误解为两个群体 t 检验的统计量数及显著性。在输出报表数据的解读方面，若是没有把握，最好参考已出版的应用统计书籍。

这一栏显著性是判别两个群体的方差是否同质的 p 值,不是判别两个群体平均数是否达显著水准的 p 值,表中 "显著性(双尾)" 栏才是判别两个群体平均数是否有显著不同的量数。

		方差相等的 Levene 检验		平均数相等的 t 检验		
		F 检验	显著性	t	自由度	显著性(双尾)
家庭压力向度	假设方差相等	18.152	0.000	−2.584	603	0.010
	不假设方差相等			−2.089	131.658	0.039
学校压力向度	假设方差相等	1.441	0.230	0.239	603	0.811
	不假设方差相等			0.223	146.817	0.824
自我压力向度	假设方差相等	3.738	0.054	−0.882	603	0.378
	不假设方差相等			−0.761	137.786	0.448
情感压力向度	假设方差相等	5.287	0.022	−1.133	603	0.258
	不假设方差相等			−0.993	139.416	0.322
人际压力向度	假设方差相等	5.524	0.019	−2.864	603	0.004
	不假设方差相等			−2.498	138.825	0.014